国家社科基金一般项目“理学兴起与宋代司法传统的历史转型研究”
（项目批准号：17BFX029）成果

理学兴起与宋代司法传统的历史转型研究

王忠灿　著

WUHAN UNIVERSITY PRESS
武汉大学出版社

图书在版编目(CIP)数据

理学兴起与宋代司法传统的历史转型研究/王忠灿著.—武汉:武汉大学出版社,2024.9(2025.5 重印)

ISBN 978-7-307-24330-9

Ⅰ.理… Ⅱ.王… Ⅲ.①理学—研究—中国—宋代 ②司法制度—法制史—研究—中国—宋代 Ⅳ.①B244.05 ②D929.44

中国国家版本馆 CIP 数据核字(2024)第 056427 号

责任编辑:沈继侠　　责任校对:汪欣怡　　版式设计:马　佳

出版发行:**武汉大学出版社**　(430072　武昌　珞珈山)

(电子邮箱:cbs22@ whu.edu.cn　网址:www.wdp. com.cn)

印刷:湖北云景数字印刷有限公司

开本:720×1000　1/16　印张:21.5　字数:347 千字　插页:1

版次:2024 年 9 月第 1 版　2025 年 5 月第 2 次印刷

ISBN 978-7-307-24330-9　定价:88.00 元

前　　言

就治道而言，由汉至宋为一贯，皆属“王霸杂用”，皆推行外儒内法之治，宋代“任法而治”，将汉唐治道推向极致。宋代统治者不断将儒家理想制度化并且以官僚群体推行之。为追求狱无留滞、天下无冤，宋代制定洗冤疏滞制度、翻异别勘制度和狱空制度，但是这些制度在运行中不断异化，其实践效果完全背离了儒家司法理想。宋代为洗冤疏滞制定了严密的司法制度体系和监督体系，实践结果却是冤滞难解。翻异别勘制度堪称良法美意，但在实施过程中却是弊端丛生，其根本原因是宋代司法的行政化运作强化了官僚司法模式，以功利为导向、以考核为目标的官僚司法无法实现儒家的司法理想。宋代统治者为解决这一问题，加强对官员的监督，对地方官员的司法活动严格管控，但是官员的司法犯罪行为却是层出不穷，违法司法造成的冤假错案频发。这意味着宋代承自汉唐并不断强化的传统司法模式无法实现儒家的司法理想。

宋代理学勃兴，理学家士大夫群体崛起，他们通过重新解释儒家经典，对人、社会和生命自然规律有了全新的认识。理学家士大夫不断质疑汉唐以来的“导政齐刑”治道和宋代的任法而治，认为需要重回先秦儒家经典中寻求治道原理，在宋代实行“新礼治”。在司法领域，理学家士大夫反思批判了汉唐的“德主刑辅”法律思想，主张“明刑弼教”。宋代在其哲学思想的基础上提出了一套完整的法律思想，在法哲学方面，重新解释人、人性、人欲、人命和犯罪，超越传统司法境界，追求社会的根本治理。在司法操作层面，他们主张格物明理，在折狱听讼实践中探索司法规律，解决社会矛盾。理学家法官以洗冤泽物、公正司法为己任，排除妨碍司法公正的制度因素和人为因素。理学家法官听讼则积极查明事实、明辨是非曲直、惩恶扬善，以司法实施教化。最重要的是理学家法官在折狱听讼实践中精研案件事实查明的规律和个案处断之理，融会事理、法理和情理，将天理落实到人事之中，其折狱听讼实践明显不同于同时期的官僚司法，成为改变宋代司法传统的重要力量。

理学不仅直接影响司法实践，其方法还深刻影响了宋代以降法律的概念体系。理学治学方法使得宋代之后的律学转向律意探究，其律解汇集众家之长，阐明法律规则的含义和立法目的。理学对政事、司法的分类观念影响了宋代司法活动的细致区分，宋代的司法活动较之前代分工更细密，其中典型的代表就是将刑事司法中案件事实的查明方式分为“问”“按”“推”，细分司法活动有利于司法专业化和法官的职业化，大大提高了司法效率和水平。在疑难案件的处理方面，宋代充分发挥了谳议的功能，将疑狱分为两段处理，依法当判何罪和所判刑罚是否合理允当，前者由法司依法论决，后者则由士大夫集体议决，综合考虑法律、法意、人情、礼义、风俗，通过提高议罪官员级别、扩大议罪人员范围实现众议决疑。宋代理学家士大夫群体积极参与疑难案件的审理和讨论，为辨明法理、明慎用刑而尽心竭力。

在折狱听讼、参与司法的同时，理学家士大夫始终在身体力行推行宋代新礼治，以实现法律、风俗和儒家价值观念的统一。宋代理学家士大夫积极投身于基层社会秩序的重塑，通过司法整合风俗，通过立法重建伦理秩序，使法律和风俗习惯的紧张关系得到缓和，理学价值观念通过司法渗透到社会生活之中。宋代理学家的基本主张是重新诠释儒家经典，回归司法活动本身，研究司法规律，通过“折狱致狱空”“听讼使无讼”，从而改变了汉代以司法教化不分甚至以教化取代司法的传统，为明刑弼教付出巨大努力。在思想层面，理学家士大夫同时深刻批判汉代司法则天传统，建立以“天理”为核心的司法传统，在实践层面主动改造基层社会的礼法结构，使之从根本上符合儒家司法理想和价值要求，从而彻底改变了宋代之后的司法传统。

目　　录

导　论

一、问题的提出

人们对中国古代司法传统的印象受西方法律社会学家的判断影响至深。马克斯·韦伯认为中国古代法律由秦汉至清并无太大变化，处于“僵硬化”状态。两千多年来的家产制国家司法审判具有“卡迪司法”的特征。① 其理论和论断“不仅影响到对西方人如何看中国，也影响到中国人如何看待自己的司法传统”。② 在西学占据统治地位的一百多年间，中国学界普遍认为秦朝以后的中国社会没有实质性变化，如谭嗣同在《仁学》中说：“两千年之政，秦政也，皆大盗也；两千年之学，荀学也，皆乡愿也。”中国法律史学界亦是以类型化概念解读中国古代法律和司法。马克斯·韦伯关于中国古代司法传统的论断如中国传统司法是自由裁量、不可预计的“卡迪司法”、毫无法学教育、缺乏专业的法律人阶层，司法不重视形式逻辑而重视实质的公道，伦理教化的色彩很浓，缺乏程序法特别是民事程序法的规定等皆被学界接受，深刻影响到中国人看待自己的司法传统。③

近年来，许多法律史学者进入历史深处探索钩潜，从不同角度描绘中国传统

---

① ［德］马克斯·韦伯著，简惠美等译：《中国的宗教》，台湾远流出版社 1989 年版，第 214 页。

② 杜奉胜：《中国历史发展理论——比较马克思和韦伯的中国论》，台湾正中书局 1997 年版，第 35 页。

③ 林端：《韦伯论中国传统法律》，台湾三民书局 2003 年版，第 7 页。

司法的"鲜活场景"，都是在或明或暗地回应韦伯的论断。① 这些从不同的侧面反驳当然可以纠正世人业已形成的对中国古代司法传统的印象和观感，使中国古代法律和司法呈现出丰富多彩的面貌。尤其是随着学界对马克斯·韦伯研究立场和方法的批判逐渐走向深入，反思其类型化的研究范式和欧洲中心主义立场，其关于中国司法传统的研究结论和论断已经广受质疑。但是，我们也必须看到，即便法律史学界的反驳完全成立，也只是证明了"中国古代司法传统并非如韦伯所说的那样"。"中国古代司法传统的究竟是怎样发展"并未获得真正意义上的展开。

明儒叶子奇有言："治天下之道，至公而已尔，公则胡越一家，私则肝胆楚越。"②中国历代司法同属中华法系，有很多相同的特征，但是不同历史时期也有显著不同。以往的研究重于其同而轻于其异，难免有脱离社会历史文化生活之弊，断代司法制度研究则"各管一段"，竭力突出研究对象的时代特征，这就难免将中国古代司法传统割裂而流于支离。为避免这些问题，我们尝试将中国古代司法传统放在社会文化的背景下进行观察，深入探究思想文化的重大变化对法律和司法的影响，探求中国古代司法传统发生变革的原因和规律。

宋代与汉唐社会的最大不同在于这一时期兴起了理学并产生了一个理学家士

① 针对中国古代司法是卡迪司法的论断，张伟仁和贺卫方、高鸿钧曾有正面的争论，参见张伟仁：《中国传统的司法和法学》，载《现代法学》2006 年第 5 期；高鸿钧：《无话可说与有话可说之间——评张伟仁先生的〈中国传统的司法和法学〉》，载《政法论坛》2006 年第 5 期；以中国传统司法的"确定性"为研究对象的还有马小红：《"确定性"与中国古代法》，载《政法论坛》2009 年第 1 期；柳立言：《南宋的民事裁判：同案同判还是异判》，载《中国社会科学》2012 年第 8 期。关于中国古代法律职业群体的研究，可参见陈景良：《讼学、讼师与士大夫——宋代司法传统的转型及其意义》，载《河南省政法管理干部学院学报》2002 年第 1 期；《"文学法理，咸精其能"——试论两宋士大夫的法律素养(上、下)》，载《南京大学法律评论》1996 年第 2 期、《南京大学法律评论》1997 年第 1 期；关于司法程序的研究集中在清代，代表性著作有：[日]滋贺秀三：《清代州县衙门诉讼的若干研究心得——以淡新档案为史料》，载刘俊文编：《日本学者研究中国史论著选译(八)》，中华书局 1993 年版，第 522~546 页；那思陆：《清代州县衙门审判制度》，中国政法大学出版社 2004 年版；陶希圣：《清代州县衙门刑事审判制度与程序》，台湾食货出版社 1972 年版；郑秦：《清代司法制度研究》，湖南教育出版社 1988 年版。关于法学教育，徐道隣先生有宋代法律考试的研究：《宋朝的法律考试》，参见氏著《中国法制史论集》，台湾志文出版社 1976 年版，第 188~229 页；张伟仁：《清代法学教育》(上、下)，载《台大法学论丛》第十八卷第一期(1988 年，第 1~35 页)、第二期(1989 年，第 1~55 页)。

② 叶子奇：《草木子》(卷 3)，中华书局 1959 年版，第 55 页。

大夫群体。理学不仅是高度精致化、理论化的儒家哲学，也是一种格物致知、经世致用的方法论。理学家士大夫则是具有高度历史责任感和社会担当意识的群体，他们同时具有理想主义和理性主义的特征。陈寅恪把宋明理学的出现与佛陀出世相提并论，他说："中国自秦以后，迄于今日，其思想之演变历程，至繁至久。要之，只为一大事因缘，即新儒学之产生，及其传衍而已。"①王国维高度赞扬宋学的能动精神和原创性，认为"宋代学术方面，最多进步，亦最著。其在哲学，始则有刘敞、欧阳修等，脱汉唐旧注之桎梏，以新意说经；后乃有周敦颐、程颢、程颐、张载、邵雍、朱熹诸大家，蔚为有宋一代之哲学"。② 宋史学界公认，理学兴起对宋代社会具有广泛的影响，这种影响遍及社会各个方面。从学界目前的研究成果来看，理学对宋代的诗词文风、美学、教育、史学乃至医学等领域都有深刻的影响，在这些领域，理学影响的不仅是技术和形式层面，已经触及理念和风格的转型。但是在法律史的研究中，针对理学和法律的关系，特别是以理学和宋代司法传统关系为专题的研究尚不多见。

理学兴起之后，宋代的哲学思想体系发生了重大变化。汉唐以来的儒家思想经过宋儒的创造性改造，勃发出新的生机，这一思想体系深刻影响中国近千年。所以陈寅恪先生说中国文化造极于赵宋。理学对于宋代司法传统有何影响？学界并未见专题研究，原因或在于跨度太大，哲学思想和司法实践极难建立起联系，横跨思想史和法律史两个领域对研究者的要求也是很高的。除非因缘巧合，理学和宋代司法传统的关系无法剖解清楚。巧合的是，历史就提供了这样的机缘，理学家就是沟通二者的桥梁。宋代的理学家士大夫群体数量众多，他们不仅著书立说，而且精于吏事，躬亲折狱听讼，保留了大量的理学家士大夫司法的活动记载，更巧合的是，南宋理学家群体的判词结集保存了下来，这就是《名公书判清明集》。我们从中可以发现理学家法官是如何辨明是非、断决争讼的。理学和宋代司法传统的研究有了基本的史料。

按照中国哲学史的叙事，宋代理学从宋初的孙、石二先生开始，历经百年由

① 《冯友兰文集》(第4卷)，长春出版社2017年版，第355页。

② 王国维：《宋代之金石学》，载《王国维讲考古学》，团结出版社2019年版，第158页。

朱子集其大成，朱子的弟子、再传弟子承续发扬。在理学兴起之后，宋代士大夫的精神气质和行为方式发生了明显的变化。道问学、身体力行的主体意识、担当精神超迈唐代，更为重要的是，宋代的士大夫开始研究问题、讨论问题、解决问题，在社会问题层出不穷的历史时期，秉持儒家理想去建构礼法秩序，同时，以儒家的价值为标准折狱听讼，并且真正将精力投入司法，研究社会矛盾和纠纷中的人情、人心，通过折狱听讼向社会彰示是非标准，通过审判惩恶扬善，在事实的剖析中求真，在价值导向上求善，在社会秩序的恢复中尚和。宋代的理学家士大夫在传统的司法制度和儒家伦理语境下，在法律操作过程中展现出了独特的时代风貌，可谓守正创新，脱胎换骨。纠心于人心政俗之变，实在是宋代司法传统的典型特征。

二、学术研究综述

改革开放以来的宋代司法传统研究经过了四次变化，第一次是 20 世纪 80—90 年代的宋代司法制度研究，其代表作是王云海的《宋代司法制度》，研究方法主要是史学考证方法；第二次变化是宋代司法实践的研究，主要是宋代法官群体的司法经验、技艺和智慧，从静态的司法制度到动态的司法活动，以郭东旭、柳立言、陈景良为代表；第三次变化是 2000 年以来唐宋法律变革论框架下的宋代司法传统的独特性研究，以陈景良为代表；第四次变化是宋代司法裁判的法理化研究。从研究领域来看，制度、人物、案例、判词是宋代司法的主要研究对象，从研究方法来看，从制度史学、法社会学到法学方法，具有明显的法学转向。回顾三十年来宋代司法传统的研究，笔者认为学界已达成三点共识：一是宋代司法中的确有独具特色的制度，徐道隣、王云海诸先生已备言之；二是宋代有很多专注于司法、明察善断的法官群体，其知识结构、法律素养乃至精神气质与前代有很大不同；三是宋代的司法水平要超过前代，有很多划时代的法律创造。但是还有两个问题没有解决，宋代司法传统为何会呈现这样的面貌？如果说宋代司法传统发生了转型，转型发生的原因何在？

宋代司法转型的问题是在唐宋社会变革的理论背景下提出来的。近年来，法律史学界受内藤湖南“唐宋变革论”的影响，开始研究唐宋社会变革大背景之下的司法传统的历史转型。与德国社会学家不同，日本中国史研究的京都学派将中国古代史分为古代、中世和近世三个阶段，而宋代是中国近世的开端。① 他们认为中国社会在唐宋之际发生了根本变革，这一变革影响到宋代以后的元明清三代。② 受"唐宋变革论"的影响，法律史学界有学者提出：与唐宋社会变革相因应，宋代的司法传统也发生转型。③ 史学界目前对宋代社会转型的实践有"北宋说""南宋说"两种观点，主张"北宋"说者立足于唐宋变革，重点在论唐宋之不同；"南宋说"则强调两宋社会、文化、观念之差异，认为南宋开后世先河，重在论南宋社会与元明清为一贯。④ 在法律史学界，宋代司法传统转型的讨论方兴未艾。柳立言先生认为就立法层面而言，宋代法律转型发生在宋初而定型于北宋中叶，⑤ 他对于司法传统转型的时间虽无明确的论断，但其落脚点显然是在南宋。陈景良先生从司法主体士大夫和非当事人的"中间群体"的司法理念、司法活动入手探索宋代司法传统的转型，他认为宋代司法传统转型的核心是士大夫诉讼价值观和行

① 内藤湖南按照中国文化的发展脉络将中国古代划分为三个阶段和两个过渡期，第一阶段为上古时期，从原始社会至东汉中期，这是中国文化的独立发展时期，在无外力压迫之下，中华文化形成了自己的独特风格；第二阶段是中世，从五胡十六国到中唐，这是异族入侵，异族文化侵入中国传统文化内部，中国文化遭到压迫的时期；第三阶段是近世，从宋代到清代，这是中国传统文化的复兴时代，中国文化走向成熟、圆融。参见氏著《中国史通论——内藤湖南博士中国史著作选译》，夏应元等译，社会科学文献出版社2004年版。

② 1922年内藤湖南发表《唐宋时代的研究——概括性的唐宋时代观》一文，首次提出其对唐宋某些重大转变的认定；其弟子宫崎市定进一步强调宋所具有的"近世"特征，从而形成较系统的"唐宋变革论"。"唐宋变革论"的主要观点有：中国历史分为上古、中古和近世；中世起自五胡十六国，至唐中叶为止；唐末五代是中国由中世向近世的过渡时期；唐和宋在文化形态上有显著差异，唐代是中世的结束，宋代是近世的开始。20世纪以来，"唐宋变革论"在日本、美国和中国学术界都产生了广泛的影响。相关研究综述参见牟发松：《"唐宋变革"说三题——值此说创立一百周年而作》，载《华东师范大学学报（哲学社会科学版）》2010年第1期；李华瑞：《20世纪中日"唐宋变革"观研究述评》，载《史学理论研究》2003年第4期。

③ 我国台湾学者柳立言在其《宋代的家庭和法律》（上海古籍出版社2008年版）一书中论述了唐宋以来家庭与法律的变革及其对后世的影响。戴建国先生显然也是受到"唐宋变革说"的影响，撰有专著《唐宋变革时期的法律与社会》（上海古籍出版社2010年版），论述唐宋之际的法律变革和社会变动的关系。就宋代司法传统的转型问题，陈景良先生指出"唐宋之际，中国古代的社会结构发生了深刻变化，司法传统也随之转型……宋代的司法传统与汉唐相比，一个突出的变化是由人伦理性向知识理性过渡"。参见陈景良：《讼学、讼师与士大夫——宋代司法传统的转型及其意义》，载《河南省政法管理干部学院学报》2002年第1期。

④ 相关争论的学术史梳理可参见葛兆光：《"唐宋"抑或"宋明"——文化史和思想史研究时域变化的意义》，载《历史研究》2004年第1期。

⑤ 柳立言：《宋代的家庭和法律》，上海古籍出版社2008年版，第3~42页。

为方式的转型，即“由人伦理性向知识理性过渡”，转型的时间贯穿两宋始终，大致在南宋理宗之后完成。这是学界第一次对宋代司法传统转型做出明确概括。①

整体来看，学界对宋代司法传统的评价分歧较大，对宋代司法传统的历史转型研究尚不充分，“宋代司法传统转型究竟发生在何时”“从何种类型转向何种类型”还没有明确的说法，笔者正可在现有研究的基础上进一步探讨。

在学界，如何评价宋代司法传统一直存在截然相反的观点。褒之者赞其制度精致，法官素质高超，检验技术领先于世界，是中国传统司法发展的最高峰；贬之者则斥其立法全盘抄袭前代，皇权高度集中，司法者理念陈套，贪腐严重，司法日益黑暗。两种观点可谓是针锋相对。陈景良先生对两宋法制的历史地位重新检讨，认为宋代司法审判的主体——士大夫注重狱讼、关心民间疾苦，通晓法律、工于吏事，审判时带有功利主义、个人意识，具有批判时弊的精神和德性原则，怀着忧国忧民的悲愤意识，其司法实践彰显出宋代司法的时代特色和进步性。② 20世纪90年代以来，随着对《名公书判清明集》研究的深入，学界对宋代法官审判户婚田宅诉讼案件中表现出的经验与理性达成了共识。但就刑事审判而言，依然存在巨大的分歧。许多学者认为宋代法制仍是秦汉以来封建法制的延续，并未摆脱传统司法的窠臼。比如，王云海先生认为宋代司法中仍然存在皇帝的最高司法权不受约束、刑罚加重、法外酷刑、县级司法薄弱等诸问题；③ 何忠礼先生认为主持司法的宋代士大夫群体理念陈套、司法黑暗；④ 郭东旭先生认为宋代的立法和执法之间存在很大的矛盾，法变无常，立法难守，执法腐败，有法

① 陈景良先生是从讼学、讼师、士大夫之间的关系来论述宋代司法传统转型的，认为讼学、讼师反映宋代司法传统具有知识理性和近代特征，作为司法主体的士大夫诉讼价值观念已经突破传统的“义利之辩”，具有明显的时代特征。参见陈景良：《讼学、讼师与士大夫——宋代司法传统的转型及其意义》，载《河南省政法管理干部学院学报》2002年第1期。

② 围绕士大夫与宋代司法传统之主题，陈景良教授撰有数篇论文，代表性的有《试论宋代士大夫司法活动中的人文主义批判之精神》，载《法商研究》1997年第5期；《试论宋代士大夫司法活动中的德性原则与审判艺术》，载《法学》1997年第6期；《试论宋代士大夫的法律观念》，载《法学研究》1998年第4期；《“文学法理，咸精其能”——试论两宋士大夫的法律素养(上、下)》，载《南京大学法律评论》1996年第2期、《南京大学法律评论》1997年第1期；《宋代司法传统的现代解读》，载《中国法学》2006年第3期。

③ 王云海：《宋代司法制度》，河南大学出版社1992年版，第18页。

④ 何忠礼：《略论宋代士大夫的法律观念》，载《浙江学刊》1996年第1期。

不行的现象严重。① 李交发先生则认为："自宋开始，由于传统社会进入后期发展阶段，为了维护以皇帝为中心的极端专权统治，用刑开始趋重，至明极权统治的完成，刑罚亦发展到最典型的重典治世时期。"②贺卫方先生更是对包括宋代在内的中国古代的司法传统明确否定，他指出现代的司法模式深受古代司法传统的影响，对古代司法传统必须批判地继承。他的着眼点在今而不在于古。③

相反，徐道隣先生认为宋代法律制度最精彩的部分是刑事审判，它沿袭了唐代的司法制度，将鞫谳分司、翻异别勘作为基本的原则和制度且充分发挥其效用。④ 马伯良进一步指出：宋代的法律执行系统与刑罚系统都展示出了它对传统的敏锐意识、对实践心理学的熟练掌握、对政治现实与经济局限性的交互作用的复杂性的理解。它善于在保留下来的神圣的制度外壳之下，对制度的内容因应时势而做出改变。由于宋人善于利用旧制度发挥新功能，因而宋代在保留传统的同时又步入了一个全新的世界。⑤

无论是褒扬者还是批判者关注的焦点都是司法主体、司法制度、司法理念和是司法过程，而这些正是宋代司法传统包含的要素。陈景良先生在论述宋代司法传统转型时关注的主要是司法主体和司法理念要素，他注意到宋代司法参与者多元化的特征；⑥ 吕志兴、张利、黄道诚等人从司法机关分权制衡、司法技艺和侦

---

① 郭东旭：《宋朝法律史论》，河北大学出版社 2001 年版，第 22~24 页。

② 李交发：《中国传统诉讼文化轻重之辨》，载《求索》2001 年第 5 期。同样认为宋代刑罚加重的学者还包括周密先生、薛梅卿先生、吕志兴先生以及赵晓耕先生等。参见周密：《宋代刑法史》，法律出版社 2002 年版，第 12~16 页；薛梅卿：《宋刑统研究》，法律出版社 1997 年版，第 61~84 页；吕志兴：《宋代法制特点研究》，四川大学出版社 2001 年版，第 186 页；薛梅卿、赵晓耕：《两宋法制通论》，法律出版社 2002 年版，第 335~338 页。

③ 贺卫方：《中国古代司法的三大传统及其对当代的影响》，载《河南政法管理干部学院学报》2005 年第 3 期；《中国古代司法判决的风格与精神——以宋代判决为基本依据兼与英国比较》，载《中国社会科学》1990 年第 6 期；《中国司法传统的再解释》，载《南京大学法律评论》，2000 年秋季号。

④ 徐道隣：《中国法制史论集》，台湾志文出版社 1976 年版，第 89~106 页。

⑤ 马伯良：《宋代的法律与秩序》，杨昂、胡雯姬译，中国政法大学出版社 2010 年版，第 472 页。

⑥ 陈景良：《宋代"法官"、"司法"和"法理"考略——兼论宋代司法传统及其历史转型》，载《法商研究》2006 年第 1 期；《讼学、讼师与士大夫——宋代司法传统的转型及其意义》，载《河南省政法管理干部学院学报》2002 年第 1 期。

查技术科学化等不同侧面来论述宋代司法传统的独特性。

目前以理学与法律的关系为对象的研究仅见吴晓玲的博士论文《宋明理学视野中的法律》，该文重在探讨宋明理学对立法、变法和法律价值的影响，论题所限，文中并未涉及司法的主要问题。① 关于理学对中国古代法学、法律文化的影响，法律史学者已有所涉及。何勤华先生很早就指出宋代是中国古代法学的成熟时期，并认为理学兴起对此进程具有重要意义。② 宋大琦从宏观上论述朱熹等理学大师在本体论上的理气二分影响了宋代以后民间的二分式思维惯性。③ 有学者认为理学的出现赋予正统法律思想以系统化、哲理化理论基础，"理"作为理学思想体系的最高概念，抽象了先秦儒家的"仁""德""礼"等概念，取代了汉代儒家没有系统理论依托的"天人感应"说。④ 也有学者认为宋代理学家对法律史上著名的"春秋决狱"进行重新审视，将其纳入"天理人欲"之辩(王心沁，2015)。在法律思想史的研究中，既有对理学法律思想整体的研究，又有对理学家个体法律思想的阐发。陈金全先生将理学作为一个思想流派，研究其法律思想的整体性特点(1994)，更多的学者是研究理学家个体的法律思想，如"二程"、张载、朱熹、真德秀等，成果蔚为大观，代表性著作有徐公喜的《理学家法律思想研究》和宋大琦的《程朱礼法学研究》。⑤ 整体来看，学界对于理学和法律的研究主要集中在中国传统法律思想的变化，基本上遵循中国思想史的研究范式，对宋代理学盛行之后的法哲学进行阐释，对理学家作为法官的司法实践研究较多，但对于理学和宋代司法传统转型关系则较少关注。

三、研究方法和思路

根据学界的通行定义，中国法律史学是研究中国历史上法律现象和法律发

① 吴晓玲：《宋明理学视野中的法律》，中国政法大学 2005 年博士学位论文。

② 何勤华：《宋代判例法研究及其法学价值》，载《华东政法大学学报》2000 年第 1 期。

③ 宋大琦：《不是天理，便是人欲——理学法律思想的二分思维述评》，载《政法论坛》2009 年第 5 期。

④ 赵佺：《试论程朱理学对中国正统法律思想的影响》，载《云南社会主义学院学报》2010 年第 4 期；武树臣：《儒家法律传统》，法律出版社 2003 年版，第 226 页。

⑤ 徐公喜：《理学家法律思想研究》，吉林人民出版社 2006 年版；宋大琦：《程朱礼法学研究》，山东人民出版社 2009 年版。

展、变革历程的学科。它诞生在中国法制近代化的过程中，在西风劲吹中，先进的学者痛感中国古代法律因与西洋近代法律的巨大差异而不见容于国际社会，力主以西方法学理论重新书写中国法律的历史。梁启超开风气之先，杨鸿烈承其遗续，法律史遂脱离史学而成为独立的学科。① 按照近代以来确立的法律史研究传统，是以西方法律体系为经，中国古代史的历史分期为纬，编织起中国法律史的庞大网络。这种研究方法在民国时期盛行一时。20 世纪 70 年代后期法律史学科恢复后，继承发展了这一方法，不同的是，在纬线的编织上采用了历史唯物主义指导下的历史分期，中国法制史的统编教材皆是其典型代表。

20 世纪 80 年代之后，中国法律史的研究基本上是跟随法学研究的步伐，现代法学对法律体系的分类和调整，中国法律史便重新组合古代法律材料和之。90 年代开始，许多中青年学者反思这一研究范式，对用西方现代法学作为标准评价中国古代法律，将中国古代法律事实生搬硬套进西方部门法体系的方法进行批判，对其弊端基本达成共识。② 学界开始探索新的研究方法和路径，归结起来，新的法律史研究走向两条不同的道路。

一条道路是皈依史学，用新的史学研究方法重新描述、解释历史上的法律现象。学者将中国古代法律、思想与社会、政治、经济、文化诸背景相结合，以史料为基础，综合考察古代法律事实和法律现象，提出新的解释和论断。部分学者主张法律史研究引入社会学、人类学的研究方法，主张开拓一个“法律社会史”的新领域。近年来，还有些学者借鉴西方综合史学的研究方法，以司法档案材料为研究对象，综合使用法律史、经济史、社会史的方法，在更宏观的视野内重新解

① 学者在追溯法律史学术史时，往往追溯至梁启超的《论中国成文法编制之沿革得失》，如梁治平《法律史的视界：方法、旨趣与范式》(载《中国文化》2002 年第 1 期)，范忠信：《认识法学家梁启超》，参见《梁启超法学文集》，中国政法大学出版社 2000 年版，第 1~13 页；刘广安对此有不同的观点，认为并不是某一部书、某一个人或单受外国影响而形成的。参见刘广安：《中国法史学基础问题反思》，载《政法论坛》2006 年第 1 期。

② 参见梁治平：《法律史的视界：方法、旨趣与范式》，载《中国文化》2002 年第 1 期；王志强：《略论本世纪上半叶中国法制史的研究方法》，载李贵连主编：《二十世纪的中国法学》，北京大学出版社 1998 年版，第 321~338 页；苏亦工《法律史学研究方法问题商榷》，载《北方工业大学学报》1997 年第 4 期；倪正茂主编：《法史思辨：2002 年中国法史年会论文集》，法律出版社 2004 年版，第 25~38 页。

释法律和社会。①

另一条道路是立足法学，不断探索新的研究领域，创新研究方法。有学者提出“运用现代法学理论，特别是运用部门法理论去分析中国传统社会的法史材料是中国现代法史学研究方法形成和发展的主要标志”，当下的法律史研究应当“从法学的视点做出分析和构设概念，并加以体系化的叙述”。② 或将法史研究和法理研究结合起来，研究中西共同面对的法理问题和中国人的独特应答，或从辨析契约、合同、家产、继承的微观问题着手，探究中西契约和契约精神的本质差异，论证延续传统习惯法的现实意义。或者“以适当引入现代中国法律问题为导向，在法学问题意识下选择优先研究的法律史专题，结合社会调查，探讨古今法律的联系，寻找中国传统法律中的制度理性和法律智慧”。③ 近年来，学术界还出现一种倾向，不拘泥于法学概念和部门法理论，直接深入中国古代社会中，探讨秩序建构、纠纷解决、司法经验和智慧等问题，④ 在法律史学基础问题尚未达成共识的今天，这些不再纠缠于路径、方法的争论而直接深入古代社会内部去探索不同层面的法律问题就显得难能可贵，也值得我们借鉴。

本书主要是在爬梳史料的基础上进行实证的分析、综合，具体研究方法主要包括比较法、实证分析、规范分析法和文化诠释。主要是汉宋两个时代的比较，既包括汉学与宋学的比较，又包括汉儒与宋儒的比较，比较项主要有对世界的认识，天在司法中的作用，人性、犯罪原因、德主刑辅和明刑弼教等，设定合理、典型的比较项，对汉宋司法传统进行全面的比较，分析其相同点和不同点。

实证研究是对宋代理学家的折狱听讼实践进行整理、归纳和概括，分析其司法裁判的特征，揭示现象背后的社会原因和文化意义。规范分析主要是对律文和法条的文义、概念、体系和价值进行分析，也是法学研究的基本方法。在律学转型的研究中，对汉唐律注、律疏和明清律学均采用此方法。律注、律疏中主要寻

① 尤陈俊：《新“法律史”如何可能——美国的中国法律史研究新动向及其启示》，载《开放时代》2008 年第 6 期。

② 刘广安：《中国法史学基础问题反思》，载《政法论坛》2006 年第 1 期。

③ 邓建鹏：《中国法律史研究思路新探》，载《法商研究》2008 年第 1 期。

④ 参见范忠信、陈景良二教授为陈会林博士的著作《地缘社会纠纷解决机制研究——以中国明清两代为中心》所作序言，中国政法大学出版社 2009 年版，第 1 页。

求法律的字面含义或者字面背后可能隐含的含义，而律学则更多属于法律的规范实证，探求的是法律的学术依据和概念根据，创造法律知识。研究二者的方法虽稍有区别，但都属于法学的规范分析方法。

所谓文化诠释，是指对宋代司法转型的内涵进行法律文化诠释，揭示其蕴含的意义，解释转型发生的原因。当然上述三种方法在研究过程中并非泾渭分明，而是综合运用，比如在汉宋比较中就包括法律解释方法的比较，这自然要运用规范分析，而比较的结果又要进行文化诠释，也只有如此，才能完成研究目标。

本书的研究思路是：首先从宋代典型司法制度切入，论述其宋代司法制度设计之精密和运作之弊端，继而分析宋代司法承袭前代司法体系，秉持任法而治思想，儒家理想制度化之后却产生严重背离，分析其深层次原因。其次，论述宋代理学之兴和治道之变，北宋理学兴起之后，就对汉唐以来的治道、法律和司法传统进行反思和批判，主张回到先秦儒家，在宋代推行新礼治。再次，全面梳理宋代理学家作为法官折狱听讼实践，总结其司法理念和裁判方法，其司法审判与前代循吏不同，更与宋代的官僚司法迥异，这代表着理学家重建儒家理想司法模式的努力。复次，对宋元律学的内容和方法进行解读可以发现，理学的治学方法影响律学的著述，理学的学术思想对宋元律学产生了极深刻的影响。最后，从宋元同类案件的裁判中分析理学兴起之后改变了汉唐至北宋的司法传统，宋代理学对人心政俗和司法裁判风格产生了决定性的影响。

四、主要内容和创新之处

(一)本书的主要内容

本书的研究对象是理学和宋代司法传统转型的关系。具体而言，包括四个方面：一是宋代固有的司法传统及其运行弊端，北宋为汉唐以来司法传统的延续且推到巅峰，但是在运行中却产生与立法目的相背离的结果。二是理学家的司法思想和司法实践，从中可见汉宋司法理念、司法模式的差异。三是理学家的经典诠释方法对律学转型的影响。四是理学型士大夫对基层社会的改造，从中可见人心政俗之变。

本书共分为十章，第一章论述宋代儒家司法理想的制度化及其运行效果。宋代延续了汉唐的儒家司法理想制度化并将其推向巅峰，围绕“无滞”“无冤”“无刑”，宋代设计了最精密复杂的司法制度体系，其中最具有代表性的是“鞫谳分司”和“翻异别勘”，但是制度运行效果却与目的发生背离，其根本原因在于司法行政化和官僚司法。第二章论述宋代地方司法官员的管理及其效果。宋代对于州县司法官员管理极其严格，设置内外相制、上下相维、无处不在的监督体系，司法官员处在严密的管控之中，但是并未如预期实现司法清明，司法官员违法司法、失职犯罪现象层出不穷，其根本原因是违反了司法运行规律。第三章论述理学之兴和宋代治道之变。宋代理学对汉唐以来的儒学进行批判，重新诠释经典，对儒家思想体系进行创造性发展，同时对汉唐以来的治道也进行了反思，认为外儒内法、王霸杂用的治道违背了先秦儒家精神，主张实行“新礼治”。第四章是宋代理学家士大夫的法律思想和司法理念。宋代理学家重新界定德礼政刑的关系，将汉唐以来的“德主刑辅”思想改造为“明刑弼教”，突出刑法的防范、惩戒和教育作用。在司法理念上，宋代理学家基于“性”“气”二分和“人欲”理论提出新的犯罪观，不再将犯罪视为教化的失败，而是将其作为必然的社会现象，在刑事司法中，理学家主张“哀敬折狱”“爱惜人命”，要求法官“格物穷理”，查明案件事实，总结规律，依法论罪、公正平允、“明慎断刑”。第五章是宋代理学家士大夫的折狱断刑实践，以理学家审理刑事案件为例，论述其贯彻“明慎断刑”的刑事司法理念，理学家士大夫在审理刑事案件时尽力查明案件事实，排除影响公正司法的各种障碍，保持公正的立场。在断刑时，坚决果断，罚当其罪，并充分考虑情理因素，力求情法两谐。第六章论述宋代理学家士大夫的听讼解纷实践，主要通过宋代法官审理田宅诉讼的实践来考察其民事审判的特征。理学家法官审理田宅争讼首要是发现两造讼争的实质，通过辨验证据真伪查明案情虚实，继而在查明案件事实的基础上据理辨明是非曲直，依法定分止争。其中利益衡量和人情考量的经验非常值得重视。第七章论述宋代理学对于法律方法的影响。宋代理学对于经典进行义理解释的治学方法深刻影响到宋元律学的“律意”探究，理学家的字义辨析方法也影响到律学对于法律概念辨析，这种精细化的概念区分对于宋代的立法和司法实践也有直接影响，其中一个显著的例子就是犯罪事实查明分为“问”“按”“推”。第八章论述宋代理学对于疑难案件议决的影响，首先宋代理学家明确疑难案件的标准和处理原则，并将罪行和情理分别处理，司法官员依法断刑，疑难案件则通过不断扩大讨论范围“议决”，这是对先秦司法精神的回归。第九章论述宋代理学和宋元时期的“风俗”之变，主要论述宋代理学家士大夫如何处理法律和风俗之间的关系。首先是通过司法矫正风俗，以法化俗，其次是用礼法重塑基层社会秩序，使法律和风俗逐渐一致，让礼法精神原则真正成为普通百姓的生活习惯。第十章是结论，论述理学和宋代司法传统历史转型的关系，概要有四：一是宋代治道从自上而下的任法而治转向自下而上的礼治；二是汉唐统治者尊奉的司法则天转向宋代士大夫践行的“情理折狱”；三是汉唐发展到北宋的官僚司法、行政司法被理学家士大夫群体自觉抵制，身体力行“惟良折狱”；四是理学的治学方法和经典诠释方法影响到律学著述，促使汉唐以来的“注释律学”向宋代以后“义理律学”转型。宋代理学影响下的法律解释方法，使宋代的法律适用更加精致、严谨。

（二）本书的创新之处

本书的创新之处主要有以下三个方面：

一是指出宋代司法传统的构成要素及转型关键。宋代司法传统是中国传统法律操作成分的重要组成部分，包括司法制度、司法活动及其背后的司法理念和文化基础。宋代的司法制度主干延续了汉唐以来的基本构造，但是司法监督显著加强。宋代州级及以上官府在处理狱讼事务的内部监督制衡更加细密，宋代设置了路级的专门司法监督机关并充分发挥其职能，在纠错、洗冤和问责方面起到非常重要的作用。但这些并不是宋代司法传统转型的关键原因。宋代司法传统的历史转型的关键一是新的司法理念指导下的司法活动，二是将通过三个世纪的司法实践逐渐形成的理学思想融入社会、理学家司法经验制度化、法官裁判说理规范化、法律适用精确化，这些惯例在宋代通过制度等形式被长时间实施，逐渐形成社会共识，汉唐以来的司法传统至此发生实质性的变化。

二是将宋代司法传统的历史转型放在具体的社会历史文化背景下进行研究。学界通行的观点是将宋代司法传统的转型原因归结为宋代商业社会发达或者君主集权政治体制变化。但是经济转型说过于笼统，而政治上的变化又不足以改变汉唐以来延续的司法传统，所以必须从思想和文化的变化中才有可能找到宋代司法传统转型的根源。

理学兴起之后，儒家的核心价值得以延续，理学家结合具体的历史时空和社会现象对儒家核心价值观念作出更加精细的解释，并将这些价值不断渗透到社会生活中去，完成“一道德、同风俗”。从“五经”到“四书”，变化的不仅仅是儒家经典的地位，“四书”的经典整合其本质是贯通历史和现实，重新确立价值标准和行为规范，这对于宋代社会的整合具有深层次的影响。《论语》《孟子》《大学》《中庸》的诠释将儒家的核心价值体系重述，且创造性地提出了体悟、习得这些价值观的方法，这就为儒家士大夫群体塑造了共同的价值观念并身体力行。这个群体，对于宋代司法传统的历史转型具有决定性的意义。

三是从基层秩序和价值重塑方面论述宋代理学家改造社会的努力，虽看似与司法无关，但却是最符合“刑期无刑”理想的实践路径。理学家士大夫大多是出身于平民的知识分子，他们“在朝则美政，在乡则美俗”，成为文化传统的延续者、创新者和力行者。价值体系的重塑促进了士大夫行为规范的重塑，自宋仁宗时期开始，士大夫以名节自励，先忧后乐，这改变了晚唐五代以来的士风，也改变了士大夫对待司法的观念和态度。朝野上下重视法律和司法，认为狱是“人命所系”，讼关“生民之情”。选拔熟读经典、精通法律的儒家士大夫折狱听讼。我们熟悉的宋代名臣张齐贤、寇准、王曾、范仲淹、韩琦、包拯、王安石、苏轼、司马光、范纯仁、程颢、朱熹、真德秀等都有司法活动的记载传世。这些士大夫怀抱济世安民之志，秉持仁义忠恕之道，投身于狱讼案件的司法审判，并通过司法审判将他们崇奉的价值观念融入社会生活，用司法裁判实行教化，确立普通大众在社会生活中的行为规范。可以说，理学兴起首先重新塑造了士大夫群体的价值观，进而通过士大夫群体的行为影响到社会普罗大众的价值观。司法活动是士大夫发挥影响重要的途径，在这种价值观长期影响和支配下，宋代司法传统逐渐发生了历史转型。

促成宋代司法传统转型的另一个关键因素是基层社会秩序的变化。宋代是一个高度平民化的社会，也是经济自由、民间活跃的社会。在面对五代十国割据治理状态时，宋初统治者延续了汉唐社会的统一法制、因俗而治治理思想。11 世纪的王安石变法目标是建构国家理想的基层社会秩序，新法推行十几年，基层社会被重新组织起来，但是随后又反复让基层陷入失序和自治状态。理学兴起之后，理学家士大夫按照儒家理想重新建构礼法秩序，从敦亲睦族开始建设乡里，在江南社会秩序的重建中理学家士大夫发挥了主导作用。宋代基层社会秩序建构遇到的最大问题是理想秩序和个体利益的矛盾。商业发达、经济活跃的社会人们竞相争利，而理想的秩序是建立在农业的基础上，建构的是血缘基础之上的伦理关系，义利之争会成为社会秩序中最常见的矛盾。宋代士大夫在建构基层秩序的过程中必须兼顾义与利，这就不能只推行空疏的教化，而要解决百姓生活的实际问题。宋代士大夫在基层社会中充分发挥宗族互助的力量，设立义庄、义田等公益性财产，将基层社会建成伦理组织和利益共同体。这实际上改变了汉代以来"养民""富民""教民"的治理传统，形成了具有时代特色的新的礼法秩序。这种自下而上的基层社会建构和自上而下的理学家司法实践相配合，共同促成了新的兼顾义利的礼法秩序。

第一章　儒家司法理想的制度化及其运行之弊

若论宋代司法传统之转型，必先明宋代司法传统原貌如何。北宋以政变立国，承五代之弊，为保政权不失，防范极严，法制细密。祖宗之法既立，司法体系渐成。宋代司法传统之大略有三：一是司法制度繁密，将任法而治推向极致。宋代司法制度设计精密复杂，司法监督体系完备。该制度之建本为纠正五代法制废弛、武人擅断之弊，故有上下相维、内外相制之说。其二为官僚司法模式充分发育，形成于司法运作过程。宋代因行政层级较多，监督制度复杂，官员人数众多，考核制度严格。宋代官僚群体形成应对司法制度的一套做法，日久成习，形成难以改变的司法传统。其三为儒家司法理想完成制度化，北宋统治者崇儒重法，以实现儒家司法理想为目标，追求“无滞”“无冤”“无刑”，并建立相应的司法制度体系，但司法运行过程却与儒家理想相去甚远。下面我们选取宋代最具代表性的司法制度，论述司法实践与儒家司法理想的背离。

第一节　宋代洗冤疏滞制度及其实践困境

“冤”指在刑事司法活动中错误受到追究的犯罪人所承受的追诉、审讯和刑罚，“滞”是指因司法处置延迟导致未决案件积压和囚犯长期羁押的现象，二者都是司法不公导致的后果。① 冤滞现象是中国古代司法中难解的痼疾顽症。人们通

① 《中国法制史大辞典》将冤滞解为“滞留未申的冤狱”，这个解释并不准确。从史籍记载来看，冤滞应当是中国古代司法中关系密切的两种现象。参见蒲坚：《中国法制史大辞典》，北京大学出版社2015年版，第1408页。

常认为冤案的产生是因为中国古代司法腐败，官员专断，但这种解释过于笼统，无法触及司法中深层次的矛盾和问题。近年来学者对具体冤案的成因进行制度解释和历史社会解释，前者如将冤案归结为古代的证据制度和取证水平，① 或者将其归结为司法责任制和逐级审转制，② 又或者将其概括为制度设计疏漏和制度运作失灵；③ 后者则将冤案放在特定的历史背景和社会环境下进行综合考虑，如将冤案归结于普遍性存在的外行司法加上司法运作中产生的问题和弊病；④或者就事论事认为冤案产生实际上就是违反了司法规律，司法官员违背社会常理、司法常识，尤其是相关法律规定，未查明事实即做处断。⑤ 日本学者甚至提出每一个冤案背后都存在司法系统的构造问题，从法官视角分析冤案和错判产生的原因。⑥ 对于"滞"学界关注较少，目前仅见清理留狱和敏速司法的研究，前者主要集中在古代社会疏决系囚的各种方法及其效果，⑦ 后者则指司法者为减少淹滞"凭借个人能力又快又准地办理案件"。事实上，冤滞在中国古代司法中是相互联系又相互影响的两种现象，甚至是法官面对的一个两难选择，蒋铁初教授已经注意到敏速司法和祥刑慎罚之间的矛盾，认为事实审理强调敏速会导致案件审理错误。⑧ 笔者将以宋代为例集中探讨冤和滞的关系及法官在司法过程中所面临的困境。

一、无冤无滞：宋代刑事司法的理想

自有司法以来，便有冤案。中国最早的文献已经记载了"冤"这一现象。传说

① 苏力：《窦娥的悲剧——传统司法中的证据问题》，载《中国社会科学》2005 年第 2 期。

② 史志强：《冤案何以产生：清代的司法档案与审转制度》，载《清史研究》2021 年第 1 期。

③ 彭益鸿：《清代冤案的制度解释》，载《中国社会科学报》2020 年 8 月 12 日第 12 版。

④ 徐忠明：《清代司法的理念、制度与冤狱成因》，载《中国法律评论》2015 年第 2 期。

⑤ 邓建鹏：《也论冤案是如何产生的——对〈错斩崔宁〉〈窦娥冤〉的再解析》，载《法学评论》2010 年第 2 期。

⑥ [日]秋山贤三著，曾玉婷、魏磊杰译：《法官因何错判》，法律出版社 2019 年版，第 23 页。

⑦ 参见季怀银：《宋代清理"留狱"活动述论》，载《中州学刊》1990 年第 3 期；[日]石川重雄：《宋代的狱空政策》，载《唐宋法律史论集》，上海辞书出版社 2007 年版，第 28 页。

⑧ 蒋铁初：《中国古代的敏速司法研究》，载《北方法学》2020 年第 4 期。

皋陶为法官，天下无冤，《尚书·吕刑》从国家治理的角度上主张要“明德慎刑”，反映在刑事司法上就是要不罚无辜，罪不及孥，其中罪及无辜就是冤案。《大禹谟》中云：“与其杀不辜，宁失不经”，杀不辜就是冤杀人，更是冤案。儒家经典反对司法制造冤案，主张慎刑。易经《噬嗑卦·象》曰：“柔得中而上行，虽不当位，利用狱也”，清人解释说：“有哀矜之心，无姑息之过，如雷之断，如电之明，济以仁术，狱无冤滥矣。”①具体的做法是“出轻罪，缓死罪”。② 西周时期提出明德慎罚，“与其杀不辜，宁失不经”。孔孟的仁政思想在司法上的表现就是“慎刑”“慎杀”“哀矜”。而《春秋》则将典型冤案记载下来以为后世戒。汉儒用天人感应解释儒家经义，将冤案和天象直接联系起来。董仲舒认为如果冤气横塞，阴气过盛会导致天降灾异，常见的是水潦和亢旱。汉代的史学家极力推崇狱讼无冤的循吏司法，通过史志确立了儒家的司法理想。这种司法则天的经典解释和史学叙事为历代统治者所接受，成为中国传统社会正统法律思想的重要组成部分。

“滞”实际上是“留狱”，是儒家明慎用刑的要求。《易·旅》象曰：山上有火，旅；君子以明慎用刑，而不留狱。朱子的注解是：慎刑如山，不留如火。工作上的事情风风火火，一刻也延误不得，需要当机立断，抢时间、抢速度，否则越拖难度越大。王夫之也认为“明刑”必然要求“速断”，“明慎矣，速断之，而刑者刑，免者免，各得其所，而无所连逮”；只有速断才能查明案情，拖延日久则真相难明，事实变乱。“夫人之情伪，不可掩于初犯之日，证佐未累，其辞尚直，情穷色见，犹可察也；迨及已久，取案牍而重复理之，移审于他署，而互相同异，犯者之辨，且屡屈屡伸而错舛益甚，目眩心疑，愈以乱矣。”③

从史籍的记载来看，“冤”在汉代已经大量出现，而“滞”指称刑狱淹滞的司法现象则是盛于唐。冤滞作为两种司法现象在唐代并称。颜师古在解释《汉书循吏传》时认为“政平讼理”中的“讼理”即“所讼见理而无冤滞也”。④ 唐代的官员考核制度将“洗冤疏滞”区分得很清楚，“推鞫得情，处断平允，为法官之最”，“决

① 刘沅：《周易恒解》卷二，巴蜀书社 2016 年版，第 80 页。

② 刘沅：《周官恒解》卷二，巴蜀书社 2016 年版，第 53 页。

③ 王夫之：《读通鉴论》卷十五，中华书局 1975 年版，第 525 页。

④ 班固：《汉书》，中华书局 1962 年版，第 3625 页。

断不滞，与夺合理，为判事之最”。① 唐中期之后，冤、滞被认为是同类现象而相提并论。冤是人之冤，滞是狱之滞。宋代统治者对冤滞区分得也很清楚：

咸平元年二月五日，宋真宗下诏曰：“言念庶狱，尚多系囚，或冤枉莫伸，或滞淹未决，感伤和气，莫甚于斯。”②对系囚的情况作出明确的分类，或冤或滞。神宗元丰二年，蔡确因开封府和诸路发生旱灾，言“四方犴狱，宜更澄察，决滞理冤，足召协气”，请求监督各地未结绝公事，并将未结绝案件分为“有涉枉滥者”和“无故淹延者”，前者为“冤”，需要申理，后者为“滞”，需要决遣。哲宗元祐五年范祖禹因旱灾上言，应指挥诸路转运使、提刑司“疾速结绝，无令淹延；深戒官吏，务察冤枉”。③ 宋理宗宝祐三年四月庚午，上谕辅臣：“闻刑狱多有冤滥”，方叔等奏：“不特冤滥，且有淹滞，当时加申警。”④

冤滞是司法追究不当导致的结果，会产生悲苦、愁怨之气，感应上天产生灾异现象，君主需要躬自内省何处失刑。可见冤滞都是儒家经典和汉代以来的正统法律思想所力求消除的司法现象，先秦以来，儒家追求的司法理想便是“无冤无滞”。

宋代统治者继承了这种司法理想。宋太祖开宝二年即下诏给西京诸州“轻系小罪即时决遣，无得淹滞”。自是每岁仲夏，必申明是诏，以戒官吏焉。⑤ 这显然是要求官员“不留狱”。淳化三年五月，宋太宗因为天气持续干旱，忧形于色，对宰相说：“元阳滋甚，朕恳祷精至，并走群望，而未获嘉应者，岂非四方刑狱冤滥、郡县吏不称职、朝廷政理有所缺乎？”⑥宋太宗向各路神仙求雨，均不应验，就考虑是四方刑狱有冤滥。这就是汉代以来天人感应思想在司法中的典型体现。⑦ 北宋皇祐六年三月十七日，宋仁宗的诏书说得更明白，说“王泽未孚，治

① 刘昫等：《旧唐书》，中华书局1975年版，第1823页。

② 徐松辑，刘琳、刁忠民、舒大刚、尹波等校点：《宋会要辑稿》刑法五，上海古籍出版社2014年版，第8513页。

③ 李焘：《续资治通鉴长编》卷四百三十八，中华书局2004年版，第10560页。

④ 汪圣铎点校：《宋史全文》卷三十五，中华书局2016年版，第2842页。

⑤ 李焘：《续资治通鉴长编》卷十，中华书局2004年版，第223页。

⑥ 李焘：《续资治通鉴长编》卷三十三，中华书局2004年版，第736页。

⑦ 则天司法是汉代以来最高的司法原则，统治者根据星象变化和灾异呈现采取司法政策应对。参见方潇：《法律如何则天：星占学视域下的法律模拟分析》，载《中外法学》2011年第4期。

道多缺，皇天降谴”，天降灾异都是因为政教，“庶政未协于中，众冤或壅于下，有违万物之性，以累三光之明”。① 天圣五年，“诏开封府诸县决系囚无或淹滞。以近州皆雨，而畿内独无雨故也”。② 绍兴元年七月十六日，宋高宗同样是因为旱灾求雨不灵，对宰臣安排疏决囚犯。“精祷虽至，然尚虑政事未平，刑狱冤滥，可速令疏决平反。在外州县令提刑亲行疏决，务在刑清也。”③

在宋代统治者看来，淹滞和冤抑一样，都会影响到阴阳二气的平衡。北宋时真宗曾经多次下诏说系囚淹禁感伤和气。咸平元年二月五日诏曰：“朕钦承先训，嗣守鸿图，视民如伤，惟刑是恤。言念庶狱，尚多系囚，或冤枉莫伸，或滞淹未决，感伤和气，莫甚于斯。”④绍兴元年十月三十日，南宋高宗下诏称，“窃虑刑法失当，狱讼淹滞，怨怼所由生，而和气消铄多矣”。⑤ 在儒家文化背景下，冤滞具有强烈的象征意义，消除冤滞、减少冤滞是宋代君臣的共识。首先，冤违反天道，天道为诚、为直，冤案违反天道；其次冤滞关乎天象，冤滞为阴，会造成阴气上蒸，天地失序，亢旱水潦皆其验也；再次，冤滞关乎仁政德治，既然宣称儒家的仁政、德治是统治的基础，皇帝是圣人，那么就应当代表正义，遵守西周传下来的古训：保民如保赤子，明德慎罚，如果是囹圄满市、冤滥遍地，很难自圆其说；最后，冤滞关乎民心和社会秩序。公道自在人心，一夫蒙冤，万民皆知，一人被系，举家不安，每一个冤案系囚背后都有数十人受到直接牵连，还有更多的家庭亲属受到直接影响。影响民心就会动摇统治的正当性，朝堂没有公义则百姓离心离德。这是一个政权若不代表公益，自然在百姓心目中失去威信。为此，统治者必须采取措施防止冤滥、消除淹滞。

---

① 司义祖：《宋大诏令集》卷二，中华书局 1962 年版，第 8 页。

② 李焘：《续资治通鉴长编》卷二十二，中华书局 2004 年版，第 2441 页。

③ 徐松辑，刘琳、刁忠民、舒大刚、尹波等校点：《宋会要辑稿》礼十八，上海古籍出版社 2014 年版，第 959 页。

④ 徐松辑，刘琳、刁忠民、舒大刚、尹波等校点：《宋会要辑稿》刑法五，上海古籍出版社 2014 年版，第 8513 页。

⑤ 徐松辑，刘琳、刁忠民、舒大刚、尹波等校点：《宋会要辑稿》刑法五，上海古籍出版社 2014 年版，第 8521 页。

二、疏滞洗冤：宋代为消除淹滞、防止冤滥立法定制

冤和滞是古代刑狱不公最典型的两种表现。冤是无罪被刑，无辜被追究刑事责任，滞是积压未决的案件，二者都集中在监狱被关押的囚犯上。张齐贤在太平兴国六年上书说："刑狱繁简，乃治道张弛之本……请自今外县罪人，令五日一具禁放数白州，州狱别置历，委长吏检察，三五日一引问疏理，每月具奏，下刑部阅视。"①宋代《狱官令》也要求狱官严格检视系囚，"即时付与，无使减节滞留"。② 宋代要求每个设狱的衙门都需要报囚账，设狱的官府要向刑部十日一报系囚数量、涉嫌犯罪的种类、羁押起始时间。刑部负责监督是否有羁押必要，羁押是否超过期限。上报的囚犯包括监狱羁押、寄禁就医、保外知在的涉案人。太平兴国九年三月三日，宋太宗下诏，"自今天下系囚，依旧例十日一具所犯事因、收禁月日申奏。其间留寄禁店户将养，保明出外知在，并同见禁人数，仍委刑部纠举。如事理可断，及事有小虚，有禁系者，本处官吏重行朝典，人吏仍勒停，配重处色役。奏禁人数不以实及淹延日月，当密行察访，许人告"。③ 淹滞包括不当羁押而羁押，羁押人超过期限两种情况，按照这道诏书，挂满腹造成淹滞要"重行朝典"，严厉处罚。命令刑部按照其职责催督，还允许知情人举报和被羁押人及其近亲属控告。宋代编敕中对于报囚账规定更加细致，《断狱敕》规定："诸县每旬具禁数犯囚、断遣刑名月日申州点检。如可断不断，小事虚禁，淹延不实，并令举劾。"④在南宋绍兴二年十二月，宋廷下令将地方监狱的禁囚存亡数量、案件审结情况作为赏罚的依据，各州县要定期向提刑司汇报禁囚和案件审结情况，提刑司"较其多寡量行赏罚"。⑤

---

① 李焘：《续资治通鉴长编》卷二十二，中华书局 2004 年版，第 508 页。

② 徐松辑，刘琳、刁忠民、舒大刚、尹波等校点：《宋会要辑稿》刑法六，上海古籍出版社 2014 年版，第 8558 页。

③ 徐松辑，刘琳、刁忠民、舒大刚、尹波等校点：《宋会要辑稿》刑法六，上海古籍出版社 2014 年版，第 8558 页。

④ 徐松辑，刘琳、刁忠民、舒大刚、尹波等校点：《宋会要辑稿》刑法六，上海古籍出版社 2014 年版，第 8561 页。

⑤ 李心传：《建炎以来系年要录》卷六十一，绍兴二年十二月壬子，中华书局 1988 年版，第 1055 页。

在报囚账和检查系囚过程中，如果发现羁押人数较多，则派监司官员、朝臣前往疏决，即集中审理在押囚犯，分别作出处理：轻罪即时执行释放，重罪减等处罚，疑罪上报奏谳。真宗咸平三年六月十三日诏令：“宜令两京及诸路见禁罪人有罪轻者不得禁留，旋为疏理；徒罪以上疾速勘断，无致淹延。”①宋代监狱关押多少系囚呢？徽宗崇宁二年正月有个粗略的统计，当时在审案件一百四十多件，每个案件羁押人数多的有五七十人，少的二三十人，加起来有数千人，这个统计数字不包括县级官府的监狱。宋徽宗听到这个奏报的数字非常震惊，下令“监司乘驿躬讯，限二月结绝，仍具狱官姓名、推治事目报御史台，令具籍检察”。②

为了防止发生淹滞，宋代制定了严格的审限。要求受理案件的官府必须在规定期限内结绝。太平兴国六年，宋太宗建三限之制：“大事四十日，中事二十日，小事十日，不他逮捕而易决者，毋过三日”，后又定令：“决狱违限，准官书稽程律论，逾四十日则奏裁。”③结绝之后按照本级官府的审判权限结案或者上报。对于大理寺和刑部的断谳和复审也有期限限制：仁宗皇祐四年诏大理寺：“旧制大事限三十日，中事限二十日，小事限十日，审刑院递减半。”炎热之季的农历四月到六月，“案内有系囚者减限之半”。④

对于狱讼淹滞，宋代有一套完整的督促结绝案件和监督检查制度。与之相应是对官员的赏罚制度。太宗雍熙四年正月十六日诏书要求到地方按问刑狱的钦差特使对两种情况做出分别处理：“事有可断而官吏故为稽缓者，鞫其状以闻；官吏临事强明、狱无淹滞者，亦以名闻，当行旌赏。”⑤元丰年间曾经颁布“稽留奏劾之令”，刑部必须给发生淹滞的设狱机关“严立近限，使之结绝。若刑部失纠，亦当坐罪”。崇宁四年十一月十四日定督促结绝令：“监司每年于六月中分头催促

① 徐松辑，刘琳、刁忠民、舒大刚、尹波等校点：《宋会要辑稿》刑法六，上海古籍出版社 2014 年版，第 8559 页。

② 徐松辑，刘琳、刁忠民、舒大刚、尹波等校点：《宋会要辑稿》刑法五，上海古籍出版社 2014 年版，第 8520 页。

③ 脱脱等：《宋史》卷一百九十九，中华书局 1985 年版，第 4968 页。

④ 李焘：《续资治通鉴长编》卷一百七十二，中华书局 2004 年版，第 4139 页。

⑤ 徐松辑，刘琳、刁忠民、舒大刚、尹波等校点：《宋会要辑稿》刑法六，上海古籍出版社 2014 年版，第 8511 页。

结绝断放，仍具所到州县月日，径申尚书省检察施行。”①高宗绍兴五年五月二十四定例：暑热季节，“行在委刑部郎官及御史一员，临安府属县并诸路州军令监司分头点检，催促结绝见禁罪人。”②孝宗隆兴元年四月二十三日更定盛暑日虑囚新例，每年盛暑日，要求“诸路州郡委提刑于六月内遍诣所部，将见禁公事催促结绝，事理轻者，先次决放”。③

除常态化的报囚账、审期限制、督促结绝和相应的赏罚制度，宋代统治者则天司法，每逢亢旱、暑热会派员疏决囚犯。按照《宋会要》的记载，宋代每一任皇帝在雨旱灾异发生后都会下诏处理冤滞案件，大臣们几乎每年都要多次上书提到申理冤抑、疏决淹滞。疏决系囚状况可见表 1-1。

表 1-1　　　　**宋代疏决系囚简表④**

时　间	地　点	原　因	措　施	形　式
太祖建隆二年六月九日	东京、河北诸州	旱	疏决	诏令
太宗太平兴国九年六月八日	两浙、淮南、江南、西川	冤抑	录问	遣使
太宗雍熙二年八月一日	两浙、荆湖、福建、江南、淮南	冤抑	按问	遣使
太宗雍熙四年正月十六日	西川、岭南、江浙	冤抑	按问	遣使
太宗端拱二年四月四日	全国	暑热	录问	遣使
太宗端拱二年五月十九日	诸路	暑热	点检、录问	遣使

① 徐松辑，刘琳、刁忠民、舒大刚、尹波等校点：《宋会要辑稿》刑法五，上海古籍出版社 2014 年版，第 8520 页。

② 徐松辑，刘琳、刁忠民、舒大刚、尹波等校点：《宋会要辑稿》刑法五，上海古籍出版社 2014 年版，第 8522 页。

③ 徐松辑，刘琳、刁忠民、舒大刚、尹波等校点：《宋会要辑稿》刑法五，上海古籍出版社 2014 年版，第 8524 页。

④ 本表资料来源为《宋会要辑稿》刑法五。参见徐松辑，刘琳、刁忠民、舒大刚、尹波等校点：《宋会要辑稿》，上海古籍出版社 2014 年版，第 8511~8529 页。

续表

时　间	地　点	原　因	措　施	形　式
太宗淳化元年四月五日	诸路	旱	决狱	遣使
太宗淳化三年五月十六日	诸路	久旱	决狱	遣使
太宗淳化五年正月十六日	诸州	民饥劫粟	决狱	遣使
太宗至道元年四月十九日	诸路	炎酷	决狱	遣使
真宗咸平元年二月五日	两京、诸路	恤刑	疏决、结绝	亲决、诏令
真宗咸平元年四月一日	三司、御史台、开封府	旱	疏决	命近臣
真宗咸平三年十月二十三日	川、峡路	恤刑	录问	命近臣
真宗咸平四年二月十二日	诸路	久旱	疏理	遣使
真宗咸平六年二月十九日	京东西、淮南	水灾	疏理	遣使
真宗咸平六年六月八日	陕西诸州	旱	疏理	诏令
真宗景德元年八月十六日	江南东、西路	亢旱	疏理	诏令、遣使
真宗景德元年八月二十七日	广南东、西路	恤刑	疏理	诏令、遣使
真宗景德二年九月五日	淮南路	秋旱	疏理	令转运使
真宗景德二年十二月二十二日	开封府界	恤刑	提点刑狱	遣使
真宗大中祥符二年五月十二日	陕西	旱	疏决	遣使
真宗大中祥符三年八月十八日	淮南	旱、民盗粟	疏理	令监司
真宗大中祥符七年六月五日	两京、诸路	恤刑	亲决遣	诏令长吏
真宗天禧五年五月一日	两京、诸路	恤刑	疏决	诏令
仁宗天圣十年三月二十七日	江淮	旱	体量安抚、疏决	命令
仁宗景祐二年五月二十四日	诸路	旱	疏决	诏令监司朝臣
仁宗景祐三年七月二十五日	三京、畿县	兴国寺灾	疏决	诏令、差官

续表

时　间	地　点	原　因	措　施	形　式
仁宗景祐四年五月十三日	三京、畿县	暑热	疏决	诏令、差官
仁宗康定元年六月十一日	三京、畿县	暑热	疏决	诏令近臣
仁宗庆历二年十月十四日	京师	冬至	趣令理决	遣使
仁宗庆历四年六月二十二日	三京、诸路	炎暑	疏决	委长吏
仁宗庆历五年四月一日	三京	日食、阴晦	疏决	监察御史
仁宗庆历七年三月八日	全国诸路	旱	疏决	赦降
仁宗皇祐三年五月一日	恩州、冀州	旱	疏决	长吏
仁宗嘉祐七年二月三日	河北、陕西、京东、京西、淮南、两浙、荆湖北路	灾伤	疏决	委官
英宗治平二年二月十七日	京东西、淮南	灾伤	疏决	监司长官
神宗熙宁九年五月十六日	开封府、祥符县	暑热	结绝	遣使
神宗元丰元年三月八日	三司、开封府	旱	结绝	遣使
神宗元丰三年四月十四日	开封府界、京东西、河北、河东、陕西	旱灾	疏决	诸路委监司、在京遣使
哲宗元祐元年正月三日	京师、诸路	旱	结绝	诸路委监司、在京遣使
哲宗元祐元年四月五日	京师	旱	疏决	诏令
哲宗元祐元年十一月二十八日	全国诸路	雪寒	促决现囚	诏令
哲宗元祐四年三月二十二日	京师	旱	疏决	诏令
哲宗元祐六年六月十二日	京师、诸路	暑热	疏决	在京遣使、诸路监司
哲宗绍圣元年四月八日	京师、诸路	旱	疏决	在京遣使、诸路监司
哲宗绍圣元年四月十九日	四京	旱	疏决	如故事

续表

时　间	地　点	原　因	措　施	形　式
哲宗绍圣元年十二月十一日	京师、诸路	旱	监督结绝	在京委刑部郎中、御史，诸路委监司
哲宗绍圣三年五月十六日	诸路	雨泽以时	催促结绝	监司
哲宗绍圣四年五月八日	在京、府界、三京诸县	旱	疏决	诏令
哲宗元符二年三月二十六日	京师诸路	旱	催促结绝	在京委刑部郎中、御史，诸路委监司
哲宗元符二年四月十五日	四京	旱	疏决	诏令
哲宗元符二年七月四日	京师诸路	盛暑	催促结绝	在京委刑部郎官，诸路委监司
哲宗元符三年四月三日	四京、诸路	暑日	德音、催促结绝	四京降德音，诸路监司
徽宗建中靖国元年四月二十九日	京师诸路	暑日	催促结绝	在京委刑部郎官，诸路委监司
徽宗大观元年八月五日	全国诸路	京师狱空	虑囚决狱	监司
高宗建炎元年十月三十日	诸路	旱	催督结绝	逐路宪臣
高宗建炎二年五月十三日	行在诸路	霖雨不止	催督结绝	行在委刑部郎官、诸路提刑
高宗绍兴三年七月十六日	浙东路、临安府、严州、秀州	旱	决遣、结绝	两浙提刑

续表

时　间	地　点	原　因	措　施	形　式
高宗绍兴三年七月二十二日	诸州	旱	决遣	遣强明官
高宗绍兴五年五月二十四日	临安府、诸路	暑日	催促结绝	委刑部郎官
高宗绍兴六年六月二十八日	临安府、大理寺、殿前司、马步军司、诸路	地震	催督结绝	行在委刑部郎官、诸路提刑
高宗绍兴八年六月十八日	诸路	旱	催促结绝	提刑
高宗绍兴九年六月二十五日	临安府、诸路	旱	催促结绝	监司
高宗绍兴十一年七月十九日	诸州、县	旱	决狱、疏放	差官
高宗绍兴十二年三月三日	全国	旱	虑问、责限结绝	在内委刑部郎官、监察御史，在外委提点刑狱官
高宗绍兴十五年四月八日	诸路	彗星	疏决	提刑司
高宗绍兴二十九年三月四日	全国	旱	索案结绝	在内委刑部，在外提刑司
孝宗隆兴元年四月三日	全国	雨灾	催促结绝	行在委监察御史、外路委监司守令
孝宗隆兴元年十一月二十六日	大理寺、三衙、临安府、钱塘、仁和县	雪寒	催促结绝	委刑部郎官
孝宗隆兴二年八月二十六日、二十七日	大理寺、临安府浙西、江东	久雨未晴	决遣	遣侍御史提刑司

续表

时　间	地　点	原　因	措　施	形　式
孝宗乾道元年二月二十四日	大理寺、临安府、仁和、钱塘县两浙东西路	久雨未晴雨灾	决遣	遣侍御史提刑司
孝宗乾道二年四月四日、五日	临安府、诸路州郡、大理寺	雨灾	立宪结绝、决遣	临安府、大理寺委台官、浙西州县委宪臣
孝宗乾道二年六月	大理寺、临安府、三衙、浙西	雨灾	决狱	在内委刑部、御史台官，在外委守臣、县委通判
孝宗乾道二年九月十二日	温州	水灾	疏放	差官
孝宗乾道三年八月二十四日	两浙	久雨	决遣	在内委刑部郎官在外委提刑
孝宗乾道五年十二月十七日	大理寺、临安府并属县、三衙	久雨	疾速结绝	在内委刑部郎官在外委通判
孝宗乾道六年闰五月四日	大理寺、临安府并属县、三衙	久雨	决遣	在内委刑部郎官在外委通判
孝宗淳熙元年十月九日(二年六月、三年八月、四年十月，皆以久雨，并同此制)	大理寺、临安府并属县、三衙及诸路州县	久雨	决遣	在内委台官在外委提刑
孝宗淳熙五年五月八日	常州、镇江府、淮南、江东	旱	决遣	提刑
孝宗淳熙十六年闰五月二十六日(定为例)	诸路州军	盛暑	点检结绝	提刑
孝宗淳熙十六年九月十九日	大理寺、临安府并属县、三衙及诸路州县	久雨		在内委台官在外委提刑

续表

时　间	地　点	原　因	措　施	形　式
光宗绍熙元年七月十四日	大理寺、临安府并属县、三衙及诸路州县	旱	检察决遣	在内委台官在外令提刑
光宗绍熙五年四月十一日、二十一日	全国	旱	检察决遣	差官、提刑
宁宗庆元元年二月七日(定为例)	大理寺、临安府并属县、三衙及两浙诸路州县	久雨	检察决遣	在内委台官在外委提刑
宁宗庆元元年六月十二日、二十六日(定为例)	行在、临安府、马军行司	盛暑	催促结绝、决遣	行在委刑部郎官及御史，临安府属县委提刑、马军行司委淮西总领
宁宗庆元元年十二月八日	大理寺、临安府并属县、三衙及两浙诸路州县	旱	点检结绝、决遣	在内委台官在外委提刑
宁宗庆元四年八月二日	大理寺、临安府并属县、三衙	久雨	检察决遣	委长官
宁宗开禧二年三月十六日(定为法)	全国	盛暑、严寒	五月、十月疏决、虑囚	监司

概括来说，宋代疏滞主要包括常态化的盛暑虑囚之法，雨旱疏决之制，灾异决遣之例；检察系囚分类处理，轻罪即决即放，重罪限期结绝，疑案奏谳。

三、或冤或滞：宋代司法实践中的冤滞矛盾

消除减少冤滞是宋代朝野共识，从太祖、太宗便开始建立防范严密的司法制度，外部监督无处不在，内部机构分立相互制衡，如徐道隣先生所说：宋代司法

制度的设计达到传统社会的最高水平。① 即使事为之防，曲为之制，宋代的冤滞数量比前代并未减少，冤滞一直是宋代刑事司法中的痛点和顽症。

真宗时，李防建言："天下多冤狱，请与判官间三五日入府司军巡院狱，有未明者得以讯之"，请求巡狱。② 仁宗天圣七年，苏舜钦上疏痛切指出，每逢天降灾异，皇帝都下赦书释放罪囚，结果造成更多的冤案，"杀人者不死、伤人者不抵罪"，根本不合天理人心，必须断决滞讼，赏罚得中才能消除灾异。③

从宋代史籍的记载来看，冤滞并未减少，宋朝的每一代皇帝都在重复内容大同小异的诏令。可以说冤滞现象不绝于史书，以至于宋代君臣谈起冤滞总是痛心疾首，北宋名臣钱若水一次审理冤案雪活数十人，并断然拒绝朝廷的褒奖时，他认为这是作为法官应当做的事情，是分内之事，不应受赏。马端临的《文献通考》记载宋代著名的理雪案件 37 起，《宋会要辑稿》记载洗冤案件 26 起，可以说冤滞无处不有，无年不有。这个比例有多高呢，我们看南渡之初建炎二年刑部对各地的案件进行复核，共复核 224 件官员犯罪案件，其中涉及折狱听讼奸赃不法案件 121 件，其中三四年未结绝案件导致系囚死亡的数量"不知几何人"。宋高宗看到复核结果，大为震惊，令各路提刑司依照法令，详加检查。到了孝宗乾道年间，冤滞的状况没有减少，反而变得更加严重。宋代的冤滞为什么总是消除不了甚至无法减少呢？

概括来说，有以下几个原因：

一是官员形成利益共同体，司法监督流于形式。北宋司法体系中非常著名的"监司决狱"制度因为官员的颟顸在北宋后期没有发挥其作用。奉旨决狱的官员拖延、应付，根本不愿意到地方决狱。"诸路监司岁奉诏旨，分部决狱，而承例差官吏或不虔，徒为文具。"④甚至州县造成的冤滥，申诉到监司，监司也不愿意调查受理，只听取州县上报的成案。监司对州县司法可谓是"有司而无监"，监司官员对州县狱讼冤滞不以为意。政和八年闰九月十四日，有臣僚上奏称，"伏州县

① 徐道隣：《中国法制史论集》，台湾志文出版社 1976 年版，第 133 页。

② 李焘：《续资治通鉴长编》卷四十五，中华书局 2004 年版，第 960 页。

③ 李焘：《续资治通鉴长编》卷一百八，中华书局 2004 年版，第 2516 页。

④ 徐松辑，刘琳、刁忠民、舒大刚、尹波等校点：《宋会要辑稿》刑法五，上海古籍出版社 2014 年版，第 8525 页。

听讼，其间或有冤滥，即诣监司申诉，而监司多不为根治，但以取索公案看详为名，久不结绝，或只送下本处，或不为受理，致无所控告。自来非无法禁，盖官吏玩习，恬不介意”。上书大臣将原因归结为“官吏玩习，恬不介意”，所以提出要严格赏罚制度，纠正冤假错案重赏，显然是没有看到问题的根本，因为“稽留之罚轻而差失之罪重”，平反冤案、消除淹滞的风险实在是太大了。

绍熙四年的一份奏章分析“一案推结”是导致冤滥的重要原因。后审法官既要纠正前审官员的错审错判，还要追究前审官员的出入人罪责任，这就导致追究人员大量增加，而且造成后审官员和前审官员之间出现矛盾。结果案件越深越复杂，为纠正冤案反而造成大量的淹滞。①

在宋代司法实践中，监司逐渐和州县官员形成利益共同体，监司的监督形同虚设。一个案件在判决之前，县、州和监司通过请示、报告和答复形成了一致意见，监司的意见已经反映在州县判决中。正如乾道十四年七月十四日的一份奏章中所说：“访闻其间却有轻重任情，先授意旨，往来申请，必欲符合，乃许结案。”②

宋代所有的司法制度都为此目标设计围绕消灭冤滞，但是在司法制度的运作中，同一案件的参与审判者持相同意见者形成利害关系，一荣俱荣，一损俱损。按照宋代《刑部法》的规定，“诸官司失入死罪，其首从及录问、审问官定罪各有等差”，其中案件的推勘官为首，审问、录问官稍为降等。③ 唐律中明确规定不应禁而禁杖六十，将司法官违法决罚的责任形式明示，告诫官员依法断狱决罚，如若失法，将负有牵连罚则，按照“反坐”原则对其论罪处罚。《宋史·刑法志》记载，宋仁宗时，“凡集断急按，法官与议者并书姓名，议刑有失，则皆坐之”。进一步明确了司法官与议者之间对于错案的共同责任。陈顾远先生指出，“法官断狱，失出入者皆负相当之责任，此实中国诉讼史上一大特色，其他应负之责亦极繁多，俾执法者仍有法之须遵守也”。宋刑统规定：诸同职犯公坐者，长官为

① 徐松辑，刘琳、刁忠民、舒大刚、尹波等校点：《宋会要辑稿》职官五，上海古籍出版社 2014 年版，第 3620 页。

② 徐松辑，刘琳、刁忠民、舒大刚、尹波等校点：《宋会要辑稿》职官五，上海古籍出版社 2014 年版，第 3618 页。

③ 司义祖编：《宋大诏令集》，中华书局 1962 年版，第 533 页。

一等，通判官为一等，判官为一等，主典为一等，各以所由为首。此谓之“同职连坐”。① 在宋代，官员为了避免受到出入人罪的处罚，与上级官府和监司之间经过充分的请示、沟通，已经达成了一致意见。南宋庆元三年五月二十四日，诏令诸路提刑司约束州县，“应合解州公事有预将案款先为计嘱州吏者，许诸色人指实，经提刑司陈诉”。② 但是三令五申，无法禁绝，同样的禁令平均三年就要重申一次。

按照宋代法律的规定，州县审理案件，是不能将案情汇报监司的，也不得按照监司的指挥来审理断案，“而比年以来，诸路监司往往狭情偏见，每有公事，必使州县先具情节申禀，听候指挥，方得断遣。稍未如意，即再三问难，必快其欲而后已”。③ 这就导致监司和所部州县已经提前达成一致，监司的司法监督形同虚设。

二是理雪制度造成官员对抗，公正执法之士面对同僚的强大压力。

对于能理雪冤案，救活人命的法官予以奖励。太祖立国第二年九月就重申唐唐长兴四年、晋开运二年的法官奖励制度。景德二年五月二十一日，宋真宗下诏“勘事之官，惟能雪活人命乃得叙为劳绩”，后来制为令，仁宗时期定为雪活条贯。

仁宗时期曾有多名法官因为雪活人命得到奖励。仁宗天圣四年八月八日，前权知石州判官冯元吉辨雪得百姓李海等两人不该极典，仁宗“特与超授一资，仍赐绯章服”。景祐二年十二月二十七日，“太常博士陈希亮雪活合得酬奖，诏赐绯”。景祐三年九月二十一日，大理寺详断官杨务本、焦好雪活太常博士林宗言死罪，“诏各赐银绢三”。宝元元年二月二十九日，虞部员外郎郑知白雪活得徐德一名性命，依令“合该酬奖，诏赐金紫”。④ 康定二年三月七日，审刑院、大理寺

① 巩富文：《中国古代法官责任制的基本内容及其现实借鉴》，载《中国法学》2002 年第 4 期。

② 徐松辑，刘琳、刁忠民、舒大刚、尹波等校点：《宋会要辑稿》刑法六，上海古籍出版社 2014 年版，第 8627 页。

③ 曾枣庄、刘琳主编：《全宋文》(第 370 册)，上海辞书出版社、安徽教育出版社 2006 年版，第 136 页。

④ 徐松辑，刘琳、刁忠民、舒大刚、尹波等校点：《宋会要辑稿》刑法四，上海古籍出版社 2014 年版，第 8488 页。

言广济军录事参军麻永肩任和州录事参军日，雪活得贼人于诚、陈益死罪，合该酬奖。诏与两使职官，赐绯。

洗冤的官员获得奖励，造成冤案的官员则要处以刑罚处罚。《宋刑统》沿袭唐律，具体规定了法官故意出入人罪的责任制度，故意入人罪，全入以全罪论，故意从轻入重，以所剩论，若入人死罪，以全罪论。错判未执行，未造成错误后果者，各减一等。追究法官责任时，凡在文案上签署的官员都要负刑事责任，分长官、通判、判官和主典四等。轻重首从，看错判由谁开始，依次递减一等。不知情者为失入人罪。如果接受贿赂入人罪则可能处以死刑，接受请托或者报私怨、畏避上司而入人罪，则会受到降职、勒停和除名等不同的处罚。① 按照《宋刑统·断狱律》规定，“失入人罪，减故入罪三等”，最严重失入人死罪，当徒二年半，且不得以官减赎。

三是洗冤和疏滞之间存在内在冲突，在实际操作中是相互矛盾的

洗冤、平冤和滞狱在表现上虽有一致，但是实际上却是矛盾的，滞是为了洗冤、平冤，而冤是为了消除滞。相同的是，冤滞对于犯罪人而言蒙冤下狱反倒是一个缓冲，至少不至于蒙冤而死。这就导致冤滞此消彼长，几乎不可消除。

洗冤、平冤需要详细调查、审讯，查明真相需要时间，法律规定的时间很短，甚至提倡片言折狱、剖断如流。为不滞可能会造成冤案。无冤和无滞在时间上是冲突的。还有因仁政、恤狱而导致的刑狱淹滞现象。按照宋代的《断狱令》，在特定的节庆日和断屠日判决案件减轻罪人的刑罚，结果各地在执行这条法令时，“是日例正停决，则反致留狱矣”。因为复杂案件会经过反复讨论奏谳，因而能够得到重视纠正其中的冤情。

地方州县监狱为了规避检查和监督，将系囚分别关押在不同的地方。在监狱关押的系囚叫“正禁”，在监狱之外其他地方羁押的叫作“寄禁”。和正禁相比，寄禁更加混乱，导致大量的在押人犯染病，死亡率很高。但是上级官府的监督检查很难发现，他们看到的囚账和正禁人犯反而是一致的。

仁宗嘉祐六年，司马光上疏说：疏决“本以盛暑之际，恐囹圄之中有滞积冤结，有司不为申理，使无所告诉”，疏决是要“平其枉直。无辜则赦，有罪则诛，

① 王云海主编：《宋代司法制度》，河南大学出版社 1992 年版，第 434~443 页。

使久系之人，一朝而决”。① 并不是不问是非，将系囚全部释放，表面上解决了滞，实际上造成了更大的冤枉。因冤而疏滞，因为冤案的冲击力很大，在统治者眼中滞其实和冤是一回事，都是司法中存在的问题，所以遇到冤案就会产生联想，进而遣使决狱，疏决系囚。

四是诉冤渠道阻塞，人为制造出巨大的障碍阻止诉冤

绍圣元年，殿中侍御史郭知章论及当时诉冤之艰难，蒙冤军民诣阙理诉冤抑，刑部会问稽留，“有逾一二年不决者，辨诉之人致竭资产，困踬道涂，而官吏习为卤莽，惟以沮格为能”。② 还有法官人为制造的障碍，导致诉冤不被受理，因为审理不公，故意不给断由，当事人向上级官府申诉时因为没有断由而被拒绝受理，导致申诉无门。③ “比年以来，州县或有不肯出给断由之处，盖其听讼之际不能公平，所以隐而不给。其被冤之人或经上司陈理，则上司以谓无断由而不肯受理，如此则下不能伸其理，上不为雪其冤，则下民抑郁之情皆无所而诉也。”④即便是上级官府受理了申诉，还是发回下级官府重审，让下级官府查实案情，为当事人洗雪冤枉，下级官府根本没有动力去做这样的事，结果在公文往来中当事人的申诉就被拖延下来。如绍熙五年九月十四日明堂赦所言：“州县民户词诉已经朝省、监司受理，行下所属州县追究定夺之类，往往经涉岁月，不与断理，使实负冤抑之人无由伸雪。”⑤

诉冤最重要的渠道就是蒙冤者及其近亲属的申诉。最常见的情形是当事人自下而上一级一级申诉，官府是自上而下一级一级批转下来。各衙门之间案牍传递使得所有的案件是以公文的形式被处理。早在北宋初年就有大臣指出，这种案牍上下传递无法根本发现冤情。大中祥符二年八月三日，纠察在京刑狱周起等言：“在京刑禁不少，若止凭逐处案牍或节状看详，虑有暧昧，无由辨其枉滥。”⑥

---

① 李焘：《续资治通鉴长编》卷一百九十四，中华书局 2004 年版，第 4700 页。

② 曾枣庄、刘琳主编：《全宋文》（第 85 册），上海辞书出版社、安徽教育出版社 2006 年版，第 119 页。

③ 参见陈景良：《执政者务以民事为急　给断由：南宋司法公正的制度实践》，载《人民论坛》2020 年第 21 期。

④ 参见朱铭盘所撰《宋会要》刑法三。

⑤ 曾枣庄、刘琳主编：《全宋文》（第 302 册），上海辞书出版社、安徽教育出版社 2006 年版，第 79 页。

⑥ 曾枣庄、刘琳主编：《全宋文》（第 13 册），上海辞书出版社、安徽教育出版社 2006 年版，第 366 页。

四、宁冤毋滞：宋代司法官员面对冤滞的利益权衡

冤和滞存在相反相生的关系，一方面为了发现冤案、冤情，就需要更多的调查、复核程序，调查程序、复核机关越多，案件审理时间就势必延长，发生淹滞的可能性就越大。宋代“立法之制严，而用刑之情恕”，宋代统治者为恤狱、慎刑采取的各种措施最后都可能使得案件久拖不决。另一方面为了消除滞设计了严格的监督检查催促结绝制度，而官员在压力之下为消除“滞”会迅速听断，“片言折狱”，满狱的在押系囚“一夕而空”。这显然会造成更多的“冤”。太宗太平兴国七年八月，两浙路转运使高冕就指出州县审理刑狱的两个极端，或是迁延不决，造成淹滞，或是弄虚作假，妄奏狱空，“隐落罪人数目，以避朝廷按问”。①

设狱机关为了逃避检查，最惯常使用的手段是转移系囚，转到邸店、厢军甚至是衙门的走廊里。地方州县将狱中囚犯藏匿他处以应付刑部派员对监狱的检查，在宋代虚报的几次狱空中，都有藏匿囚犯的情况，这说明隐匿罪犯是一个常用的手段，只不过是否被发现的问题。

官员对冤滞的反应非常淡漠，无冤在实践中被等同于无诉，最后变成不让百姓诉冤，二无滞被简化为狱无系囚。大量的司法造假也就产生了，州县牧民官员“听讼之事，置而不问；字民之效，邈焉无闻”。在实际操作中，只要在监督检查中没有淹滞，百姓诉讼不至于到上司就可以了。②

冤滞都是不公的表现，都是弊政。从政治上说，都是政事有阙，引起上天垂诫。所以对统治者而言，冤滞并无区别，但是从司法上，冤滞存在本质不同。首先，冤是隐藏在案卷背后的抽象事实，是不易觉察，需要下很大气力才能发现的；而滞则是显现在外的具体事实，是很容易通过查看羁押人数和积压案件数量发现的，二者在发现和纠正方面存在明显的差异。其次，二者追求的目标不同，一个是公平正义，一个是司法效率；一个代表着司法审判的质量和水平，一个代表着案件处理的速度和效率。法律上滞轻冤重，但滞可见而冤不可见，在实践中

---

① 曾枣庄、刘琳主编：《全宋文》(第3册)，上海辞书出版社、安徽教育出版社2006年版，第376页。

② 司义祖主编：《宋大诏令集》，中华书局1962年版，第684页。

重无滞轻无冤。无冤被异化为无诉。根本原因有三个：一是“无冤”“无滞”本身就不符合司法的规律；二是司法理想是由庞大的官僚群体执行的，官僚制将司法改造为官僚司法；三是官僚体制内部的封闭合作，利益考量和权衡的结果。

当宋代司法理想遇到庞大的官僚体系，司法迅速行政化，官员在处断案件时和处理其他政务并无不同，官员在面对监督和考核时，会作出最有利于自己的选择，宋代设计严密的司法制度沦为形式，只有官员考核、赏罚真正决定官员的行为，司法的结果和效果最终被大多数官僚的利益选择决定，这就是官僚司法。官僚司法是宋代冤滞难解的症结，冤滞在宋代是不可能解决的顽症。

从法官的角度来说，成案是最重要的，如何制作成案，谁来制作成案呢？理想的状态当然是自己亲力亲为，亲自审理案件，法律要求法官必须调查证据，查明事实，但是那就需要投入巨大的精力，狱讼在法官眼中都是麻烦，那么最省力的方法是交给熟悉业务的胥吏，由胥吏将成案拟定，自己签名即可。在官箴中反复告诫的也是此事。但是官员有什么动力去做这些事情呢？成案既是结绝拟判的依据，也是上报案件事实，更是各级衙门复审复核的主要书面材料。成案最终由胥吏来做的可能性最大。因为这中间既有证据真假的审核、证供虚实的判断，又有是非的剖断，需要专业的术语和方法。如何制作成案，成案就办成了铁案。

在官僚体制下的司法表面上是按照司法程序在运作，但是实际上从受理开始就包括各种各样的斗争，主要包括：受理不受理，诉冤和嚣讼的认定，成案的上报、奏谳和复审复核，当这些成为衡量官员利益的因素时，案件本身就不重要了，判决就变成不同衙门、不同官员之间的博弈。不同衙门之间、同一衙门之间审案时的关系。出入人罪同一衙门的上下级之间，连带责任，长官责任重，鞫谳皆有罪。不同衙门之间，同一意见，连带责任，平反者和同一意见的官府之间是对立关系，追查到底是敌人，同一意见是朋友。朋友越来越多，不是朋友也要拉成朋友，共同对付敌人。各种司法制度几乎失灵，原因在于司法制度也是官僚制度的一部分，司法追求的是无冤、无滞，司法官僚追求的是无诉。官僚制度内部可以用官僚的逻辑解决，当事人无诉也可以用越诉禁令消解。被皇帝寄予厚望的监司巡按实际上是在地方化和日趋同化。统治者能用的手段：赏罚二柄，遣使督促、催逼，御史弹劾，追究责任。反复下诏，如此而已。

这些矛盾和问题在宋代反复发生，统治者虽然对此有所认识，但是只能在当时的历史背景和制度框架下寻求解决问题的方法。延至后来，连解决问题本身也变成了一种形式。冤滞难解成为大宋王朝刑事司法中的痛点和顽疾。

第二节　翻异别勘制度设计及其运行效果

翻异别勘是指在刑事司法过程中罪囚推翻、改变原来的口供和服罪态度，依法必须更换法官或司法机关对案件重新审理的制度。宋代的翻异别勘制度远承唐代，直接承袭自后唐，至迟在太宗淳化年间开始全面施行。宋代设计了一套更加精细的司法制度将翻异别勘落到实处，将州级及以上翻异官府内部换推和外部移司别勘结合起来，以最大限度地减少冤案的发生。法律史学界公认翻异别勘制度是代表宋代司法水平的优良制度。① 但是对于其实际运作的效果则关注较少。徐道隣在最早研究该制度时指出系因多次翻异会产生刑狱淹滞问题，② 戴建国、郭东旭也注意到多次翻异换官移司别推造成了案件积压和刑狱淹延，认为在慎刑恤狱和司法效率之间存在内在的矛盾。③ 但是，问题并不止于此。如果我们深入考察宋代翻异别勘制度的运作过程，就会发现这个以“无冤”为目标的制度在司法实践中遭遇到极大的困难，弊端丛生。一个优良的司法制度在实践中是如何被扭曲的？其背后的原因又何在？下面本节将对宋代翻异别勘制度运行的困境进行详细考查并分析宋代刑事司法的深层次矛盾。

一、宋代翻异别勘制度及其立法目的

（一）宋代的翻异别勘制度

宋代为防止冤案发生，将汉唐以来的录囚、复审制进行融合，确立了翻异别

① 对翻异别勘进行评价的代表性观点可参见各种中国法律史教材。如范忠信、陈景良主编：《中国法制史》，北京大学出版社 2007 年版，第 358 页；邓建鹏：《中国法制史》，北京大学出版社 2011 年版，第 177 页；赵晓耕主编：《中国法律史》，高等教育出版社 2019 年版，第 135~136 页。从统编教材表达的观点来看，学界对于宋代翻异别勘评价基本上是正面的，鲜有例外。

② 徐道隣：《徐道隣法政文集》，清华大学出版社 2017 年版，第 278 页。

③ 戴建国、郭东旭：《南宋法制史》，人民出版社 2011 年版，第 203~204 页。

勘制度。① 按照宋代法律规定，翻异包括三种情形：一是被审讯的囚犯改变原来的供词，案件事实的陈述发生重大变化，“大情显别”，足以影响犯罪性质；二是拒绝承认犯罪是自己所为，不再认罪；三是罪囚在录问、引断或在行刑时喊冤。概括而言，翻异的标准是案情有疑或罪囚称冤，只要符合这个标准，就需要移司别推或者差官别勘。如北宋吕陶所言：“囚无翻异，则论决如律；事有可疑，则移治他司。”②南宋许枢在奏论中也说：“引断翻异，申提刑司审详，如情犯分明，则行下断遣。或大情疑虑，推勘未尽，即令别勘。”③如是前后所供只是微小差异，重要案情清楚，只是细节有出入，不影响定罪量刑，则不构成翻异。《庆元条法事类》规定：“今后翻异公事，当职官予细照应，所翻情节，实碍重罪，即依条移司别推外，若所称冤翻异一项，不碍从重论决……不须移推决遣。”④该条对翻异的内涵作出详细规定。

罪囚在一个司法机关审讯期间翻异，移送该机关的其他审讯机构叫作“别推”。如果犯人在录问时翻异，案子则会马上交给另一个官司重审。⑤ 真宗景德四年之后，翻异别勘程序已经非常规范：翻异称冤在录问以前，由各州府移送本地方的其他法院移司别勘，如在录问以后，则由各州府申报提刑司，再由提刑司差官别勘。⑥ 南宋的翻异别勘皆由本路提刑司决定，“在法，狱囚翻异皆委监司差官别推。若犯徒、流罪已录问后引断翻异，申提刑司审详”。⑦ 概括而言，罪囚在录问前翻异移司别推，录问后翻异差官别勘。哲宗时期，大理寺也确立了翻异内部审讯机构换推制度，“诏大理寺分左、右推，如左推翻异即送右推”。⑧ 如

① 陈晓风、柳正权：《中国法制史》(下册)，武汉大学出版社 2012 年版，第 795 页。

② 李焘：《续资治通鉴长编》卷三百六十九，中华书局 2004 年版，第 8914 页。

③ 徐松辑，刘琳、刁忠民、舒大刚、尹波等校点：《宋会要辑稿》刑法三，上海古籍出版社 2014 年版，第 8438 页。

④ 谢深甫撰，戴建国点校：《庆元条法事类》卷七十三，黑龙江人民出版社 2002 年版，第 761 页。

⑤ 王云海主编：《宋代司法制度》，河南大学出版社 1992 年版，第 277 页。

⑥ 徐道隣：《徐道隣法政文集》，清华大学出版社 2017 年版，第 270 页。

⑦ 徐松辑，刘琳、刁忠民、舒大刚、尹波等校点：《宋会要辑稿》刑法三，上海古籍出版社 2014 年版，第 8438 页。

⑧ 李埴撰，燕永成校正：《皇宋十朝纲要校正》卷十三，中华书局 2013 年版，第 364 页。

录问时翻异，则送御史台或者尚书刑部别勘。和汉唐虑囚、复审制度相比，宋代的翻异别勘具有下列特征：

1. 宋代罪囚在整个刑事司法过程中皆可翻异

宋代系囚在审讯、录问、引断乃至执行全过程皆可翻异。地方州府、大理寺等司法机关内部设有多个审讯机构，通常叫作左推、右推。在一个审讯机构时犯罪人不招供或者招供后又翻供的，则转至另外一个审讯机构。如太平兴国九年(984年)，开封府审讯王元吉案，“事下右军巡按之，未得实状，移左军巡”。王元吉在左军巡自诬服，开封府“本府引问，始以实对”。因罪囚改变了之前的供词，“又移司录司”。① 经过一级官府审讯结束，即须将口供及各种证据材料进行整理，作出事实认定，这被称为“结款”或“结案”。结款以后，地方徒、流案件由本州没有参加过审讯、依法不应回避的其他官员提审囚犯，当面核实供词，这个环节叫作录问。② 诸州死刑由“长吏、通判、幕职官同录问详断”③，真宗大中祥符三年规定死刑和重大刑事案件本州录问后由邻州官员再次录问，“诸州大辟罪及五人以上狱具，请邻州通判、幕职官一人再录问讫决之”。④ 中央法司大理寺审理死刑案件，录问也是由大理寺卿、少卿录问，刑部组织本部官员和其他官员审问。在录问、再录问、审问中罪囚皆可翻异，地方州府审讯的案件如有翻异由本级官府、路级监司报请或决定移司别推。“大辟或品官犯罪已结案，未录问，而罪人翻异，或其家属称冤者，听移司别勘。若已录问而翻异称冤者，申提刑司审察。事有不可委本州者，差官别勘。”⑤大理寺审理的案件，罪囚翻异由尚书省决定别勘。

2. 翻异别勘既重审当事人、干证人，同时追究前勘法官的司法责任

罪囚翻异引发案件覆推或重审，对罪囚、干连人、证人和元勘机关都会产生直接影响。首先，案件的当事人再次受审，相关证人需要再次被追至官府推问，

① 徐松辑，刘琳、刁忠民、舒大刚、尹波等校点：《宋会要辑稿》刑法五，上海古籍出版社2014年版，第8503~8504页。

② 王云海主编：《宋代司法制度》，河南大学出版社1992年版，第268、276页。

③ 李焘：《续资治通鉴长编》卷五十三，中华书局2004年版，第1157页。

④ 李焘：《续资治通鉴长编》卷七十三，中华书局2004年版，第2575页。

⑤ 徐松辑，刘琳、刁忠民、舒大刚、尹波等校点：《宋会要辑稿》刑法三，上海古籍出版社2014年版，第8430页。

案卷材料需要移交。别推是按照初审程序进行的，杖罪以上不能马上审决的案件当事人、干连人依法都应收禁。当事人需要被继续羁押受审或者收禁待审，而所有与案件有关的"干连人"也被追呼拘禁。干连人既包括了解犯罪事实的证人，也有与案件有牵连的罪轻犯人。因为翻异案件属于案情复杂的疑难案件，这些人需要继续作证，所以监禁待审。①

翻异别勘对于所有前审此案的官员实行一案推结。所谓一案推结，是指翻异案件在后审中同时审查前审官员的违法失职、出入人罪责任。"谓如前勘官吏，或有失实，于法须并行追勘。"②按照徐道隣先生的说法就是因犯人翻异的案件，是把所有参加过这件案件的官吏佐证，全都聚合在一起，当庭对质。③ 犯人"翻异"导致之前审理本案的所有官员都成了被审讯的对象，南宋时期在别勘中将前勘官员因故意、过失造成的事实认定错误、判决不当与被讯犯罪人一同论罪。"绍兴法，鞫狱官推勘不得实，故有不当者，一案坐之。乾道法，又恐有移替事故者，即致淹延，乃令先决罪人不当，官吏案后收坐。"④一案推结时，前审官员是需要在任待罪，参与审理的胥吏则被监禁待审。"罪人至有翻异送别狱者。元勘官待罪未得离任，元行人吏监禁未得别行他案，则后勘便得一案结绝。"⑤

3. 宋代翻异别推、别勘并无次数限制

关于宋代翻异次数，徐道隣先生曾经做过详细的梳理，他将其分为"刑统的旧三推制""绍兴五年的新三推制"和"孝宗的五推制"。但是这种划分并不准确，所谓"旧三推制"或者"有条件的三推制"，是针对临决称冤案件。临刑称冤的罪囚已经过三度推勘，且三次都认罪伏法的案件，才不再重推。如果"本推官典受赂，推勘不平，反称冤事状，有据验者"，仍要重推。⑥

南宋绍兴五年(1135年)令："诸鞫狱明白，而妄行翻异。虽罪至死者，三经

① 王云海主编：《宋代司法制度》，河南大学出版社1992年版，第193页。

② 徐松辑，刘琳、刁忠民、舒大刚、尹波等校点：《宋会要辑稿》职官五，上海古籍出版社2014年版，第3148页。

③ 徐道隣：《徐道隣法政文集》，清华大学出版社2017年版，第350页。

④ 脱脱等：《宋史》卷一百九十九，中华书局1985年版，第4995页。

⑤ 李心传：《建炎以来系年要录》卷一百七十二，中华书局1988年版，第2831页。

⑥ 徐道隣：《徐道隣法政文集》，清华大学出版社2017年版，第272~278页。

别推，即令逐路提刑司申察缴奏，加本罪一等。"①这里实行所谓"绝对化的三推制"依然是针对"鞫狱明白，而妄行翻异"情形的。无论是在北宋还是南宋，犯罪事实不清、法官鞫狱不明、判决不当的翻异案件的移推、别勘是没有次数限制的。如乾道二年姚孝资所言："在法，诸录囚有翻异者，听别推，然后移推，初无止限，至有一狱经六七推不得决者。"②在孝宗时期，对于翻异在五次以上的案件，由提刑司长官亲自审理，再由邻路提刑司差官录问或审问，如果罪囚再次翻异，"即令本路提刑具前后案款，指定闻奏"。③ 这样翻异别勘次数就达到七次，且仍未终结。纵观《宋会要辑稿》的推勘档案记录，宋代始终没有对翻异别勘的次数进行限制。南宋孝宗时期对于五次以上的翻异要求提刑司长官亲自审理，如再翻异，则将之前所有审讯案卷进行全面审核，"指定所勘情节是与不是实情，所翻词理，系与不系避罪妄行翻异"④，上报中央司法机关，由朝廷指挥断遣施行。实际运行的情况如范成大所说："刑狱旧制翻异，不问次数，今限五勘文具而已。"⑤

（二）宋代翻异别勘制度的良法美意

宋代的翻异别勘制度设计极为细密，且和鞫谳分司、推勘、录问、复审制度相互配合，形成完整的刑事司法监督制约体系。翻异别勘制度的立法目的是最大限度地减少冤抑，纠正官员故意或过失造成的推勘不当，防止民负冤抑、含冤不白。宋代统治者希望通过刑事审判的制约机制实现"无冤"，这是西周以来贤人圣主的司法理想。

---

① 徐松辑，刘琳、刁忠民、舒大刚、尹波等校点：《宋会要辑稿》刑法三，上海古籍出版社 2014 年版，第 8435 页。

② 徐松辑，刘琳、刁忠民、舒大刚、尹波等校点：《宋会要辑稿》刑法三，上海古籍出版社 2014 年版，第 8439 页。

③ 徐松辑，刘琳、刁忠民、舒大刚、尹波等校点：《宋会要辑稿》职官五，上海古籍出版社 2014 年版，第 3144 页。

④ 徐松辑，刘琳、刁忠民、舒大刚、尹波等校点：《宋会要辑稿》职官五，上海古籍出版社 2014 年版，第 3144 页。

⑤ 范成大：《范成大集》卷四十四，中华书局 1983 年版，第 64 页。

1. 翻异别勘的思想渊源是仁政和慎刑

西周以来，便主张“明德慎刑”，在刑事司法上“不罚无辜”。《尚书·大禹谟》云：“与其杀不辜，宁失不经。”罚及无辜、造成冤案是司法者见事不明、用刑不当、德不配位的表现。所以西周统治者和先秦儒家均主张“慎罚”“慎刑”。在刑事司法中要“有哀矜之心，无姑息之过，如雷之断，如电之明，济以仁术”。①

孔子主张“道之以德，齐之以礼，有耻且格”，努力扩大礼乐教化之效用，缩小政刑适用之范围。追求的司法理想是“焉用杀”“必也使无讼”。反映在刑事司法上就是教化为主，刑罚为辅，施政的理想是天下之民咸遵教化，刑设而不用。孟子承孔子之宗旨而阐发仁心、仁政。仁心源于性善，仁政是以不忍之心，行推恩之政。在司法方面就是要轻刑慎刑，最终目标是刑设而不用，是为“刑措”。

孔孟的仁政思想经过后代儒生的阐发，自汉代以后成为治理国家的主导思想，在司法中的表现为“慎刑”“慎杀”“哀矜折狱”。宋代统治者也奉行“仁政”和“慎刑”，其中一个基本的要求就是不能制造冤案，这就构成了翻异别勘制度的思想基础。宋代不对翻异别勘次数做出限制，就是基于宋代君臣具有“仁无止境”的观念，认为“圣人之仁，当尽天下之情，而勿限于三鞫”。② 苏轼也主张“仁可过也，义不可过也”，他说“知天下之恶不胜刑，而刀锯不足以裁也。是故疑则举而归之于仁，以君子长者之道待天下”。③ 此说得到宋代士大夫们的高度认可。从宋太宗淳化年间到南宋高宗绍兴、孝宗乾道年间多次争论是否限制翻异别勘的推勘次数，但是司法实践中始终没有严格限制，正是因为要实现“有冤必究，有疑必勘”的司法理想。

2. 翻异别勘的立法目的是防冤

按照许慎《说文解字》的解释，“冤”是人被委屈、被强制的状态。在司法领域主要是指无辜者被错误地追究刑事责任处以刑罚。就刑事案件的审判而言，“冤案”是指法官因故意或者过失错误认定事实、适用法律不当导致罚不当罪、无

① 刘沅：《周易恒解》卷二，巴蜀书社 2016 年版，第 80 页。

② 杨万里著，辛更儒笺校：《杨万里集笺校》卷八十九，中华书局 2007 年版，第 3516 页。

③ 苏轼著，孔凡礼注解：《苏轼文集》卷二，中华书局 1986 年版，第 37 页。

辜被刑。在中国传统法律思想中，“刑”本应为纠正人的错误行为，使之符合礼的要求。冤却是错误追究本不该追究的人，刑罚加于无罪，这就违背了刑法的目的，造成的结果是被刑罚处罚者不服，刑罚实施失去公正，违反最基本的社会正义。法官失刑，统治者失德。

在宋代统治者的思想观念中，冤案还关乎“天道”“天命”。汉儒用天人感应解释儒家经义，认为如果蒙冤者痛苦惨怛会造成冤气横塞、阴气过盛，天将降灾异以垂诫，冤案会导致天怒人怨。有鉴于此，历代统治者都以防止冤案发生为己任，设计了服辩、申诉、虑囚和复审制度，保证犯罪人不服则诉、有冤则鸣。宋代统治者显然也接受了这一观念，为了防冤，建构了比前代更加细密的刑事司法监督制约体系，以防止冤案的发生，达到“洗冤不如民自以不冤，平冤又不若天下之无冤”的理想效果。①

翻异别勘设立的理论基础是“有冤推定”，即只要数量众多刑狱案件存在，则刑事司法中必将产生错误的追究。宋代翻异别勘的立法目的是纠正刑事司法中口供定案所产生的错误，采取的方法是保证受审当事人有充分的申辩和申诉自由，只要当事人翻异即更换一个没有利害关系的法官重新认定案件事实。一般来说，被追究刑事责任的当事人最清楚是否蒙冤，也最有动力为自己洗刷冤屈。而没有利害关系的法官也是最有可能将案件事实查明，所以说翻异别勘是宋代社会背景下最好的防冤制度设计。

二、宋代翻异别勘制度运行的效果

宋代翻异别勘制度确立之后，即在刑事司法中全面、深入施行。让统治者始料不及的是翻异别勘制度在运行过程中产生了诸多问题和弊端，其运行效果基本背离了“防冤”的立法目的，与“无冤”理想更是背道而驰，虽然宋代统治者不断采取措施解决翻异别勘运行中的问题，竭力消除其弊端，但是效果并不明显。

(一)防冤致滞：翻异别勘破法定审限导致案件积压、系囚淹滞

刑狱淹滞是指因对刑事案件的审理断决违反审限导致未决案件积压、囚犯长

① 王与撰，杨奉琨校注：《无冤录校注》，上海科技出版社1987年版，第2页。

期羁押的违法状态。宋代司法制度中对刑事审判规定有严格的审限，要求司法机关在规定期限内结绝受理的刑事案件。太平兴国六年，宋太宗建三限之制：“大事四十日，中事二十日，小事十日，不他逮捕而易决者，毋过三日”①，后又颁布了决狱违限令：“决狱违限，准官书稽程律论，逾四十日则奏裁。”②对于大理寺和刑部的断谳和复审也有期限限制：仁宗皇祐四年诏大理寺：“旧制大事限三十日，中事限二十日，小事限十日，审刑院递减半。”炎热之季的农历四月到六月，“案内有系囚者减限之半”。③

没有次数限制的翻异别勘破坏了法定的审限，造成了刑狱淹延和新的冤案发生。罪囚翻异案件导致案件久拖不决，每一个环节都费时日。翻异之后，层报上级官府，上级官府选官别勘需要时间，选择的官员如推脱不行，则必须再选官员，后勘官和前勘官审讯结果一致，在罪囚很有可能再次翻异；如后勘与前勘不同，则需将前勘官“一案推结”。这就导致审讯旷日持久，涉案人员越来越多，淹滞愈不可解。如楼钥所说：“翻异愈繁，淹延愈甚，囚系愈多矣。”④南宋孝宗时期，大理寺少卿周自强说：“其干连人被追逮者多至一二百人，少亦不下数十人，狱成之后，往往翻异，差官别勘，有经年不决者。”⑤这些干连人、证人都要被羁押在监狱，造成大量淹滞。每次别勘，案件所有的干证人都要被牵连入狱，大量无辜的人被羁押，甚至在长期的无休止的审讯中死于非命，这可以说是翻异别勘的“次生灾难”。

宋代翻异别勘造成的刑狱淹滞情况究竟有多严重呢？正常的翻异别勘如果经过“五推”最快也需要一年。“如罪囚止一名，限以半月；三名以上，限以一月，方许出院……期限既定，大约计之，每推自其被差以至出院，亦须两月之期而后讫事。如是五推，盖可以岁计矣。”⑥实际上因为翻异别勘没有次数限制，案件拖

① 李焘：《续资治通鉴长编》卷一百七十二，中华书局 2004 年版，第 491 页。

② 脱脱等：《宋史》卷一百九十九，中华书局 1985 年版，第 4968 页。

③ 李焘：《续资治通鉴长编》卷一百七十二，中华书局 2004 年版，第 4139 页。

④ 楼钥：《楼钥集》卷二十六，浙江古籍出版社 2010 年版，第 479 页。

⑤ 徐松辑，刘琳、刁忠民、舒大刚、尹波等校点：《宋会要辑稿》刑法三，上海古籍出版社 2014 年版，第 6620 页。

⑥ 徐松辑，刘琳、刁忠民、舒大刚、尹波等校点：《宋会要辑稿》职官五，上海古籍出版社 2014 年版，第 3148 页。

延的时间远超一年。北宋时期，“蓬州贾克明为杀人前后禁系一年半，七次勘鞫，皆伏本罪，录问翻变”。① 永济县令崔道昇“指论百姓刘宁打折母手及强夺地土事，道昇前后推勘五年，逐度招承虚诳，每经录问，多是翻变”。② 南宋时期的因翻异别勘导致的刑狱淹滞更加严重，嘉定六年七月，刑部报告说：“见催促诸路累翻积年未决之狱四十六件，其间有系八年、九年公事，今来已经涉七年，尚未了绝。兼诸路翻异公事径行移勘，不曾申上者又不知其几。”③翻异别勘本为防冤，却造成经年不决的滞狱现象，而淹滞又会造成新的冤案。

翻异别勘导致刑狱淹滞的另一个重要原因是“一案推结”。后审法官既要纠正前审官员的错审错判，还要追究前审官员的出入人罪责任，这就导致被追究刑事责任的人员大量增加，且引发后审官员和前审官员的矛盾。在多次翻异别勘案件中，推勘结果不同、判决意见不同的官员间形成相互对立的关系。如南宋官员所言：“比年以来，推勘之法未尽，是致多有冤滥。推原其故，则法有所谓一案推结者，实病之也。谓如前勘官吏或有失实，于法须并行追勘。关涉人数既多，追逮繁扰。彼冤者既不能得直，而后勘官吏已与前勘官吏自相争讼。……关涉之人愈多，则愈难一案推结。”④

（二）仁反为残：翻异别勘导致有罪者脱罪、无辜者瘐死

宋代翻异别勘制度最大的特点是审讯次数多，持续时间长，且每一次审讯都是由不同的官员重新审讯。罪囚很容易利用审讯时间和法官的审讯心理逃脱罪责。早在宋太宗淳化四年，柴成务就指出了翻异别勘“滋长弊倖”，犯重罪有可能判处死刑的犯罪人通过多次翻异，让审讯持续进行，在漫长的待决时间内，就有可能遇到赦免，从而逃脱刑罚处罚。

---

① 徐松辑，刘琳、刁忠民、舒大刚、尹波等校点：《宋会要辑稿》刑法三，上海古籍出版社 2014 年版，第 8419 页。

② 徐松辑，刘琳、刁忠民、舒大刚、尹波等校点：《宋会要辑稿》刑法三，上海古籍出版社 2014 年版，第 8425 页。

③ 徐松辑，刘琳、刁忠民、舒大刚、尹波等校点：《宋会要辑稿》刑法五，上海古籍出版社 2014 年版，第 8529 页。

④ 徐松辑，刘琳、刁忠民、舒大刚、尹波等校点：《宋会要辑稿》职官五，上海古籍出版社 2014 年版，第 3148 页。

施行日久，翻异别勘的制度漏洞更加暴露无遗，很多犯罪人精心设计自己的翻异，他们在前官推勘中故意留下破绽，等待录问时翻异，别勘时翻案。北宋范纯仁在河中府审理宋儋年被毒杀案时就识破了犯罪人的虚假招供，犯罪人故意供述在鳖肉中投毒杀害宋儋年，实际上宋儋年根本不吃鳖肉。“罪人以儋年不嗜鳖而为坐客所共知，且其后巡数尚多，欲为他日翻异逃死之计尔。”①到南宋时，犯罪人利用翻异别勘逃罪的伎俩繁多：“每一移推，旋改情节，或自招服而令家属称冤，或故为不圆以使监司疏驳，或沉溺遞角以致奏案不到，迁延岁月，以待按发之官去任。或徒伴有死亡者，然后计嘱官司，尽脱其罪。”②罪囚脱罪之计层出不穷，或者故意留下破绽为将来翻异称冤做好充分准备，或者拖延时间等待审讯法官任满去职、同案犯死亡，时间拖得越久，事实无法查清的可能性就越大，犯罪人脱罪的机会就越多。

审讯官员为防止罪囚翻异，就采取酷刑锻炼成狱，让其不敢或不能翻异。北宋时蔡确称开封府司狱“鞭笞束缚，既得以自专，往往颠倒曲直，使无罪诬服。一有翻异，复加锻炼，益甚于前”。③ 南宋李元弼也说：“主吏有勒囚招状者，必戒其引问无翻异。囚畏不如所戒，必遭楚掠。”④蒙冤者害怕不敢申冤，本为防冤的制度实行中却用酷刑逼迫系囚招供认罪，防冤变成了造冤。

案件审讯过程中，除犯罪人外，还有大量的证人被勾追待问，长时间的羁押会造成系囚的非正常死亡。如邵武军曾均殴打阿黄致死案，“嘉祐三年事发，四年六月方始断遣，在禁及在狱病患到家身死者一十八人”。⑤ 乾道九年，孝宗为翻异别勘牵连入狱者专门下诏：“审录引断，随即翻异，追逮干连，经涉岁月，深可怜悯。”⑥

---

① 郑克：《折狱龟鉴》卷六，浙江出版联合集团 2013 年版，第 195 页。

② 徐松辑，刘琳、刁忠民、舒大刚、尹波等校点：《宋会要辑稿》刑法三，上海古籍出版社 2014 年版，第 8435 页。

③ 李焘：《续资治通鉴长编》卷二百三十五，中华书局 2004 年版，第 5698 页。

④ 李元弼等撰，闫建飞等点校：《宋代官箴书五种》，中华书局 2019 年版，第 140 页。

⑤ 徐松辑，刘琳、刁忠民、舒大刚、尹波等校点：《宋会要辑稿》刑法三，上海古籍出版社 2014 年版，第 8427 页。

⑥ 徐松辑，刘琳、刁忠民、舒大刚、尹波等校点：《宋会要辑稿》刑法三，上海古籍出版社 2014 年版，第 8442 页。

杨万里在论及翻异别勘之弊端时，痛切指出："杀人者一夫也，而连逮者十之焉。不惟十也，有再其十，有三其十焉，捕同捕也，系同系也，讯同讯也。狱吏岂曰彼有罪，汝无罪也？幸而狱成矣，连逮者得释矣，而杀人者临刑不伏，则又鞫也。则连逮者释未毕也，而捕又继之。又伏又不伏，则又鞫也。而连逮者复与焉。鞫至于三，至于五，至于十，而连逮者皆与焉。连逮者家破矣，瘐死矣，而狱未竟也。大抵一狱有十年不决者，狱决矣，不杀人者俱死，而杀人者独生焉。"①这些无辜的干连人、证人在翻异别勘中反复被羁押审讯，导致瘐死者甚众，旧冤是否属实尚未查明，新的冤情已经大量发生。翻异别勘制度对被追问的犯罪人固然可以称得上"仁至义尽"，但对无辜的干证人而言，实在是残酷无情。

（三）趋利避义：官员为规避翻异别勘的责任风险致使监督形式化

宋代翻异别勘制度的立法目的是想要通过官员之间的相互监督制约实现司法公正，减少冤案发生。但是事与愿违，官员往往会作出对自己最为有利的行为选择，他们会竭力规避翻异别勘所带来的责任风险，使自己处于安全的境地，至于罪囚是否含冤、案件审理是否公正则无暇顾及。宋代的审讯官员为应对罪囚翻异主要采取以下几种办法来规避自身风险。

一是躲避责任，尽可能不担任推勘官员。早在咸平二年，宋真宗就发现"所差京朝官推勘公事，承命之后，多闻称疾"，他判断"此有所规避也"。② 而州县官员一旦接到改任命令，马上停止在办案件的审理，急切离任。"外州推劾有方行追鞫或当结案次，以勘官受命移官，皆避事牒本州而去。"③在选择别勘官员时，各州之间常相互推诿，不愿意参与翻异案件的审讯，唯恐给自己带来麻烦。刘克庄接到饶州朱超打死人命案的翻异报告，"委官别推，一路官员之多，无敢承当者"。④ 录问是翻异别勘案件中最重要的程序，而派来录问的官员往往不愿

---

① 杨万里撰，辛更儒笺校：《杨万里集笺校》卷八十九，中华书局2007年版，第3516页。

② 徐松辑，刘琳、刁忠民、舒大刚、尹波等校点：《宋会要辑稿》刑法三，上海古籍出版社2014年版，第8421页。

③ 徐松辑，刘琳、刁忠民、舒大刚、尹波等校点：《宋会要辑稿》刑法三，上海古籍出版社2014年版，第8423页。

④ 曾枣庄、刘琳主编：《全宋文》（第327册），上海辞书出版社、安徽教育出版社2006年版，第417页。

深涉案件之中，履行完程序性职责便报请别推。如南宋孝宗乾道六年汪大猷上书所说："窃见诸勘鞫公事，多是翻异别勘，录问官未尝诘问，才闻冤便取责短状以出。"接到推鞫、别勘命令的官员，想方设法规避审讯。为防止官员规避审理案件，还专门制定法律，"勘会被差鞫狱、录问，起发违时及辄占留辞避者，皆有成法"。① 由此可见官员因害怕罪囚翻异、不愿参与各环节审讯的情形的确非常严重。

二是推勘官员对罪囚从轻判处，以免其翻异。罪囚翻异的目的无非是为了脱罪，其脱罪目的达到自然就不会再翻异。所以，后勘官员往往会选择对翻异罪囚从轻判处。"后勘官见累勘不承，虑其翻诉不已，狱情一变，或坐失入之罪，故为脱免。"②

三是官员之间相互配合，后勘不改前勘结果。罪囚翻异之后，后勘官必须面对前勘官的审讯结果，如事实认定和判决发生改变，则前勘官必然面临故、失出入人罪的刑事追究。当然，后勘官自己也会因罪囚的再次翻异而成为前勘官。为避免同僚之间因断案异同而被处罚，最好的办法是后勘官与前勘官保持一致。这样，官员就能够规避风险，而代价就是罪囚如果真的有冤枉就没有翻案的机会了。

庆历七年十月，宋仁宗在其一道诏书中就指出各路派出推勘的官员因循前判的行为。"自来行下诸路转运、提刑司差官置院推勘，甚有徇情偏曲，所差官不晓道理，承前勘鞫，致元诉之人冤状不伸。"③南宋时期，这种利益共同关系就更为牢固，后勘官勘得结果与前勘官常相一致。如赵师夔所言："窃见诸州军重囚或有翻异，必于邻郡差官再勘，承勘官深虑犯人供具异同，则为元勘官司之累，往往循习旧案，相为符合，使有冤抑者不得自伸。"④翻异别勘本为公平审判，让

① 徐松辑，刘琳、刁忠民、舒大刚、尹波等校点：《宋会要辑稿》刑法三，上海古籍出版社 2014 年版，第 8440 页。

② 徐松辑，刘琳、刁忠民、舒大刚、尹波等校点：《宋会要辑稿》刑法三，上海古籍出版社 2014 年版，第 8440 页。

③ 徐松辑，刘琳、刁忠民、舒大刚、尹波等校点：《宋会要辑稿》刑法三，上海古籍出版社 2014 年版，第 8427 页。

④ 徐松辑，刘琳、刁忠民、舒大刚、尹波等校点：《宋会要辑稿》刑法三，上海古籍出版社 2014 年版，第 8442 页。

各司、官员之间相互监督，追求真相，不枉不纵，结果是后官为自己利益而作出选择，给前审保持一致。如此一来，同一案件持相同意见的审判者或参与审判者就形成了共同利害关系。

更为严重的是，在宋代翻异别勘制度运行中，路级监司逐渐和州县官员也在判决前就案件处理达成一致意见，让一路之内的翻异别勘监督制约机制失去效用。乾道十四年七月十四日的一份奏章中说："访闻其间却有轻重任情，先授意旨，往来申请，必欲符合，乃许结案。"①

（四）因弊生奸：翻异别勘运行成本高昂且为胥吏留下大量的刑狱操纵空间

宋代翻异别勘运作过程中产生高昂的司法成本，官府需要付出巨大的人力、财力和物力。选派官员推勘，则派出官员的机关、沿途官府、设狱官府、原审官府均需要支付必需费用，翻异别勘次数越多，官府支付的成本越高昂。南宋的翻异别勘广泛推行，差官别推遍及本路各监司，甚至邻路、隔路监司，监司委派州府官员千里推勘，交通差旅费就是一笔巨大的开支，加上干证人的生活开支，给参与审讯的官府造成巨大的负担，导致"郡有浮费而数路无宁居"，各地州府、监司不堪其扰。宣和二年，中书省奏报皇帝："勘会诸路监司、郡守被奉特旨置司推勘公事，其指差司狱支破请给及缘狱司费用之类，皆有条法。近来往往旋行申请画一，致有数千里待报去处，显是淹延刑禁。"②

翻异别勘作为防冤制度在运行中成为扰民扰官的恶政，实在是出人意料。杨万里算过这笔账："外路之官吏被命而往鞫者，所居则有给，所过则有给，所至则有给。不则居者行者交病于饥寒，给则县官不胜其费。其鞫之一，其里之千，费钱万者，亡虑三数十焉。其鞫之十，则为千里者十，费钱万者，亡虑三数百焉。此其费何名者耶？犹曰推仁不计费也。"③以推行仁政、防民蒙冤之名，不计成本地推行翻异别勘制度，结果是官员疲于奔命、干连人犯痛苦惨怛，冤滞不减

① 徐松辑，刘琳、刁忠民、舒大刚、尹波等校点：《宋会要辑稿》职官五，上海古籍出版社 2014 年版，第 3145~3146 页。

② 徐松辑，刘琳、刁忠民、舒大刚、尹波等校点：《宋会要辑稿》刑法三，上海古籍出版社 2014 年版，第 8431 页。

③ 杨万里撰，辛更儒笺校：《杨万里集笺校》卷八十九，中华书局 2007 年版，第 3516 页。

反增。

翻异别勘的运行，破坏了宋代正常的司法秩序，给胥吏操纵司法谋取私利留下了空间。刑狱淹滞、案件的久拖不决甚至羁押人员的痛苦正是奸吏谋取利益的机会。“盖司狱之利在于枝蔓，而无辜受害，有不胜言。”①他们利用自己熟悉翻异别勘程序和办理具体司法事务的优势，教人攀扯脱罪伎俩以牵连更多的人入狱。“州县捕获盗贼，狱吏往往教导，使广引豪富之人，指为窝藏。至有一家被盗，邻里骚然，贼情未得，而胥吏之家贿赂充牣。”②

因为翻异需要大量的官员跨州审判案件，而精明强干的官员往往借故推托或者疲于往还推勘，监司委派别勘官员多是不熟悉业务的新手或者闲差，他们对推勘事务并不熟悉，不得不将审讯事务交给业务精熟的胥吏。这就为胥吏们操纵审讯、谋取私利提供了条件，他们贪赃受贿，操纵刑事案件的审判结果。南宋绍兴十二年，有臣僚言：“比者诸路推究翻异公事，或朝廷委之鞫勘，多于闲慢可差出之官，例皆初官荫补子弟及新第进士，于法令实未暇习，其势必委之于其下，老胥猾吏得以轻重其手。”③这些胥吏操纵刑狱的手段五花八门，概括起来就是教罪囚翻异、攀扯，使案件更加复杂，事实无法查清，从中就可以恣意轻重。

三、宋代统治者消减翻异别勘所生弊端而采取的对策

宋代统治者对翻异别勘制度有着强烈的自信，认为这是祖宗旧制且具良法美意，故三百年间坚持施行。如上所述，翻异别勘运行过程中产生了巨大的弊端，实践效果和立法目的发生严重背离，宋代统治者又如何解决这些问题呢？归纳起来，为消除、减少翻异别勘运行中的弊端，宋代统治者主要采取以下三种对策：

（一）因事立法、三令五申

针对翻异别勘制度运行过程中出现的问题，宋代统治者采取的最主要的方法

---

① 徐松辑，刘琳、刁忠民、舒大刚、尹波等校点：《宋会要辑稿》刑法三，上海古籍出版社2014年版，第8434页。

② 徐松辑，刘琳、刁忠民、舒大刚、尹波等校点：《宋会要辑稿》刑法三，上海古籍出版社2014年版，第8434页。

③ 徐松辑，刘琳、刁忠民、舒大刚、尹波等校点：《宋会要辑稿》刑法三，上海古籍出版社2014年版，第8436页。

是因事立法，也即根据出现的弊病有针对性地制定新法。譬如为防止翻异案件过分拖延，造成刑狱淹滞，天禧四年二月制定翻异案件审刑院备案、结绝销案之法。同年五月规定翻异案件如罪囚因拖延时间遇赦，差官追究元勘官员的罪责。① 为了畅通诉冤渠道，防止司法监督制约体系空转而百姓冤抑不伸，庆历七年制定诣阙诉冤案件中书省登记督办制度：对于诣阙诉冤案件，由中书登记在案，将案件发回所在路转运司、提刑司重审，审理结束，到中书销案，“候断放日，具节略公案入马遞闻奏，中书对簿销落”。② 为防止司狱在翻译案件审讯中舞弊，制定司狱回避法。宋徽宗政和七年规定“其移勘公事，需先次契勘后来呈勘司狱与前来司狱有无亲戚，令自陈回避，不自陈者许人告，赏钱三百贯，犯人决配”。③

为解决翻异别勘制度运行中所生弊病，宋代统治者三令五申，要求官员遵守翻异别勘程序，违反禁令要作出相应处罚。譬如关于禁止翻异案件牵连枝蔓的问题，绍圣三年下诏重申：“鞫狱请治状外事者，论如求他罪律。”④乾道元年正月，下诏申明只许追证紧切人证，不准枝蔓追逮：“应鞫狱干证如紧切照勘，方得时暂追证，有罪先次摘断，无罪日下疏放。前后约束，非不严备，尚虑当职官不切究心，止凭胥吏枝蔓追逮，连及无辜，有失恤刑之意，仰监司常切觉察，不得容庇。”⑤乾道二年，再次重申：“翻异公事，如经三推者，其紧切干证，若干碍出入情节，方许追证，其余不得泛滥追呼。”⑥乾道六年十一月，再次申明：“若狱成翻异，惟据所翻之事别勘，所有干证，止许追紧切人，或有滥追淹禁，并令提

① 徐松辑，刘琳、刁忠民、舒大刚、尹波等校点：《宋会要辑稿》刑法三，上海古籍出版社 2014 年版，第 8424 页。

② 徐松辑，刘琳、刁忠民、舒大刚、尹波等校点：《宋会要辑稿》刑法三，上海古籍出版社 2014 年版，第 8427 页。

③ 徐松辑，刘琳、刁忠民、舒大刚、尹波等校点：《宋会要辑稿》刑法三，上海古籍出版社 2014 年版，第 8431 页。

④ 徐松辑，刘琳、刁忠民、舒大刚、尹波等校点：《宋会要辑稿》刑法三，上海古籍出版社 2014 年版，第 8429 页。

⑤ 徐松辑，刘琳、刁忠民、舒大刚、尹波等校点：《宋会要辑稿》刑法三，上海古籍出版社 2014 年版，第 8439 页。

⑥ 徐松辑，刘琳、刁忠民、舒大刚、尹波等校点：《宋会要辑稿》刑法三，上海古籍出版社 2014 年版，第 8439 页。

刑司案奏。"①乾道九年十一月九日，"今后并仰狱官依条亲行勘鞫，务得实情，除紧切干证人外，不得枝蔓追呼"。② 十年间，同一法令由皇帝下诏申明六次，可见该法令实际上并未被官员遵守。嘉泰三年、开禧二年、嘉定二年重申的还是同一法令："刑狱翻异，自有条法，不得于词外推鞫。其于连人虽有罪，而于出入翻异称冤情节元不相干者，录讫先断"。③

宋代统治者申明较多的还有"一案推结"制度，声称要对违法推勘官员严肃问责，几乎每过几年就要重申一次。如真宗大中祥符七年八月重申："自今勘鞫官须尽理推勘本犯，不得以形势及元奏抑令招服，致有枉曲。如囚事罥罣，及被诉虚招情罪，别勘诣实，其元勘官当行朝典。"④绍兴二十八年刑部申明："今后应中外翻异、驳勘及别推公事，若前勘有不当，依条合一案推结者，其官吏未有移替事故，即依绍兴九年指挥施行。"⑤绍兴三十年再次重申："今后外路翻异之囚，悉祖宗条格施行。"⑥到宋理宗嘉定二年还在重申几乎同样的内容，"今后县解公事或有情节未圆，不许将罪人往复押下，止许追承勘人吏一案勘结"。⑦ 法令被重申的次数越多，说明被遵守的成都越低，也反映出翻异别勘制度运行极不正常。

（二）指挥约束、强化监督

为纠正翻异别勘中出现的违法现象，宋代常用的行政手段有三种，分别是自

① 徐松辑，刘琳、刁忠民、舒大刚、尹波等校点：《宋会要辑稿》刑法三，上海古籍出版社2014年版，第8437页。

② 徐松辑，刘琳、刁忠民、舒大刚、尹波等校点：《宋会要辑稿》刑法三，上海古籍出版社2014年版，第8442页。

③ 徐松辑，刘琳、刁忠民、舒大刚、尹波等校点：《宋会要辑稿》刑法六，上海古籍出版社2014年版，第8555页。

④ 徐松辑，刘琳、刁忠民、舒大刚、尹波等校点：《宋会要辑稿》刑法三，上海古籍出版社2014年版，第8423页。

⑤ 徐松辑，刘琳、刁忠民、舒大刚、尹波等校点：《宋会要辑稿》刑法三，上海古籍出版社2014年版，第8437页。

⑥ 徐松辑，刘琳、刁忠民、舒大刚、尹波等校点：《宋会要辑稿》刑法三，上海古籍出版社2014年版，第8437页。

⑦ 徐松辑，刘琳、刁忠民、舒大刚、尹波等校点：《宋会要辑稿》职官五，上海古籍出版社2014年版，第3150页。

上而下的个案处理指示，自下而上的请示和中央行政机关的普遍约束。首先，朝廷对于影响较大的疑难案件以诏令形式就案件处理颁布指挥。如前述永济县令崔道昇翻异案，“诏以道昇为安州参军，其余干连人并放”。① 其次，地方州府主动申取朝廷指挥，对某类特殊案件作出处理。如地方州府对因特殊情况造成刑狱长期不决，应主动层级上报申取朝廷指挥。譬如绍兴八年六月，刑部要求“今后诸路州县及推判官司勘鞫公事，虽有缘故若经一年之外不决者，并具因依申本路提点刑狱司，备申刑部及御史台，看详有无冤滞，申请朝廷指挥施行”。② 再如对于多次翻异案件，本路监司无法差官、本路安抚司差官别勘后罪囚再次翻异，“令本司具案并翻异因依申取朝廷指挥”。③ 最后，由尚书省立法或申明立法，对地方州府、监司的司法审判行为进行普遍性约束。哲宗元祐元年，尚书刑部立法禁止法官将囚徒交给胥吏审讯，徽宗宣和七年，尚书责成刑部给地方州府结绝稽留案件立限结绝。④ 五月二十六日，针对翻异别勘中前后官员无视刑律出入人罪的规定，恣意轻重。“或后勘驳正前勘所犯不至前勘之重，或前勘已得实情而后勘却与出脱”，由尚书刑部“检视见行条法，申严行下”。⑤ 无论是具体案件的请示、指挥还是普遍性的行政命令均需要层报和向下传导，其效力是逐级递减的。

为了纠正翻异别勘中的违法司法行为，地方加强监司按劾，中央由刑部司法监督、御史台对官员进行专门监督。真宗年间，提点刑狱司制度固定下来，成为路级专司刑狱的长官，监督地方州县监狱系囚成为其重要的职责，“所部每旬具囚系犯由、讯鞫次第申报，常检举催督。有淹系久者即驰往案问”。⑥ 绍兴六年

---

① 徐松辑，刘琳、刁忠民、舒大刚、尹波等校点：《宋会要辑稿》刑法三，上海古籍出版社 2014 年版，第 8425 页。

② 徐松辑，刘琳、刁忠民、舒大刚、尹波等校点：《宋会要辑稿》刑法三，上海古籍出版社 2014 年版，第 8434 页。

③ 徐松辑，刘琳、刁忠民、舒大刚、尹波等校点：《宋会要辑稿》刑法三，上海古籍出版社 2014 年版，第 8438 页。

④ 徐松辑，刘琳、刁忠民、舒大刚、尹波等校点：《宋会要辑稿》刑法三，上海古籍出版社 2014 年版，第 8432 页。

⑤ 徐松辑，刘琳、刁忠民、舒大刚、尹波等校点：《宋会要辑稿》刑法三，上海古籍出版社 2014 年版，第 8442 页。

⑥ 李焘：《续资治通鉴长编》卷六十六，中华书局 2004 年版，第 1477 页。

诏令："如有司故作淹留，并令监司按劾。"①针对翻异别勘中出现的其他违法行为，加强监督的方法基本都是"在内委刑部、御史台，在外委监司觉察按劾"。

乾道九年，对于官员规避推勘、录问委派，受命之后故意拖延导致罪人久被囚系，"仰监司、守臣觉察按劾，重置典宪"。②

（三）严惩胥吏乱法，规范司法

宋代在太宗时期就确立翻异别勘制度，但是实际操纵案件审讯是胥吏。官员对翻异别勘中复杂的程序设计和纷繁的法令并不熟悉，被动或者主动把审讯交给胥吏。狱吏因缘为奸，将系囚视为奇货，将刑狱视为财源。所以审判刑事案件最为积极。狱吏通常根据长官的需要出入人罪，长官欲重罚，则罗织罪名，逼囚伏罪，长官欲轻惩，讯问则避重就轻，草草结案。或者收受贿赂，教唆翻异，帮助犯罪人脱罪，牵连无辜者入狱。狱吏对折狱的程序、技巧和公文极为熟悉，制造出来的案卷无懈可击，别勘官员从成案中发现问题为系囚翻案的机会极小。

宋代士大夫在很早就指出翻异别勘中存在吏强官弱的现象，这既有官员的原因，也有胥吏的原因，官员怠于行使职权，胥吏逐渐掌握处理刑狱案件的专业技能，完全掌握刑狱案件审理的主动权。而胥吏操纵刑狱审讯，一味"舞文弄法，贪饕货赂而已"。

针对胥吏乱法，宋代统治者和士大夫并无更好的办法，只是严加约束，重惩奸吏。同时也给胥吏出路，给他们发放例钱，允许其参加法律考试，通过者给与做官的机会。但是，这些措施也没有根除宋代胥吏乱法的问题，在翻异别勘制度运行中，胥吏始终是刑狱淹滞的制造者和操纵者。

通过宋代翻异别勘制度运行的历史考察，笔者发现该制度的运作效果背离了其立法目的，宋代统治者想尽办法予以补救其弊，但收效甚微。由于时代和历史的局限性，宋人不可能认识到翻异别勘制度运行的两大深层次矛盾，所以也就无法从根本上解决问题。

---

① 徐松辑，刘琳、刁忠民、舒大刚、尹波等校点：《宋会要辑稿》刑法三，上海古籍出版社 2014 年版，第 8434 页。

② 徐松辑，刘琳、刁忠民、舒大刚、尹波等校点：《宋会要辑稿》刑法三，上海古籍出版社 2014 年版，第 8442 页。

其一，翻异别勘虽为司法程序，但实际上其遵循的是行政逻辑。这主要体现在两个方面：一是罪囚翻异之后，决定别勘的是各级行政长官。在地方州府推鞫犯罪时翻异，由本处长官决定移司别勘，选择和本案没有利害关系、没有参与过之前司法程序的官员重审；如果本州府审结之后翻异，则由上级监司长官——路级转运使、提点刑狱公事差官推勘。翻异别勘案件都要层报到中央法司，重大翻异案件最终是由各法司的长官奏报皇帝定夺。所以翻异别勘虽然是由罪囚启动，但是决定移推或者别勘的仍然是各级官府的长官。如乾道元年十二月臣僚所言："窃见近岁以来，大理狱多取决于大臣，州县狱多取决于太守，狱官不循三尺，专以上官私喜怒为轻重，求民无冤，不可得矣。"①二是在官员违反翻异别勘制度时，由中央行政机关申明指挥，约束违法官员的行为。对于没有成法可依的行为，中央命令刑部立法，对于有成法的情形，则予以行政命令的形式自上而下发布指挥。所以在翻异别勘制度中，常见的是上级官府"申严法禁行下，令监司觉察纠举"。翻异别勘制度虽然设计精巧，运转复杂，成本高昂，其本质是行政机关之间对于司法政务的监督，其运行过程是按照行政逻辑进行的。

宋代的翻异别勘在本质上是一种行政监督式司法，制度的核心要义是控制和监督，所以审讯者需要由行政长官指定，审判结果对上级汇报，按照长官命令或者更高层级的指挥进行审判。这是宋代加强行政监督在司法领域的反映，也是上下相维、内外相制在司法程序上的体现。但是因为依靠行政权力指挥控制的司法制度在运行中遇到巨大的挑战，本身是通过当事人翻异和没有利害关系的其他官员对审讯官员进行监督，但是制度设计的缺陷导致所有的参与者都是利益相关方，当事人、审讯官员、胥吏展开激烈的利益博弈，各有所得也各有所失。因关乎各方利益，中央管制式的指挥系统部分甚至全部失灵，制度运行中受到伤害最大的是涉案的无辜干连人。

其二，翻异别勘制度运行效果反映了司法理想和官僚司法实践的矛盾。

翻异别勘制度追求的是"无冤"理想，制度本身并不符合司法的规律；而这一理想化的司法制度是由官僚群体执行的，官僚制将司法改造为官僚司法；官僚司

① 徐松辑，刘琳、刁忠民、舒大刚、尹波等校点：《宋会要辑稿》刑法三，上海古籍出版社2014年版，第8439页。

法优先考虑的是利益、赏罚和责任风险，当司法理想遇到庞大的官僚体系，司法迅速行政化，官员在处断案件时和处理其他政务并无不同，官员在面对监督和考核时，会作出最有利于自己的选择。宋代设计严密的翻异别勘制度沦为形式，制度运行效果最终被大多数官僚的利益选择所决定。

在官僚体制下的翻异别勘表面上是按照司法程序在运作，但是实际上从受理案件开始就包括各种各样的斗争。不同司法机关之间持同一意见者具有连带责任，持不同意见者则是利益对立关系。在利益纠葛之下，各种司法监督大部失灵，被皇帝寄予厚望的监司巡按实际上是在地方化和日趋同化。宋代统治者能用的手段也只是重申法令、催督守法、严格赏罚，这些手段不仅无助于救弊，反而强化了司法的行政化。也正因如此，宋朝虽为施行翻异别勘制度付出巨大的司法成本，但运行效果却完全背离立法目的，冤滞始终难解，统治者的“无冤”理想最终也只能是理想。

第三节 “刑期无刑”的司法目的及其实践途径

刑措是儒家社会治理的理想状态，指的是教化大行，人们道德水平普遍提高，无须使用刑法的理想状态。儒家经典《尚书·大禹谟》云：“汝作士，明于五刑，以弼五教，期于予治。刑期于无刑，民协于中。”《论语·子路》也说：“善人为邦百年，亦可以胜残去杀矣。”又云：“圣人之设防也，贵其不犯也，制五刑而不用，所以为至治。”①

民国学者张金鑑据此论述道：“法治的最高理想，期于措刑罚而不用；若不得已而用刑，则科刑准则一依于矜恤主义。”②法律史学者夏锦文认为儒家法哲学最高标准的“和谐”，而追求“和谐”的价值理想在司法诉讼领域中的表现是“无讼”。③ 吕丽对儒家“制刑之义”进行系统梳理，认为古代刑法的终极追求则是“以德去刑”，“刑期于无刑”，达到“刑措不用”的“大治”境界。这种大治理想在

① 《孔子家语》第三十，北京燕山出版社2009年版，第166页。
② 张金鑑：《中国法制史概要》，台湾中正书局1947年版，第9页。
③ 夏锦文：《中国传统司法文化的价值取向》，载《学习与探索》2003年第1期。

历史上也曾经实现过，如西周成康之际实现了“刑措”，汉文帝、唐太宗时用刑数量极少，也接近“无刑”的完美境界。① 刑法学者蔡军认为这种无刑思想贯穿整个中国古代社会，三代以后，“刑期于无刑”成为历朝历代最重要的刑事策略，是指导中国古代法制发展的最基本刑事政策。② 应该说，中国古代司法理想是“刑措”或曰“无刑”，这是学界的共识。

儒家为了实现无刑的理想，将其蕴含的价值、标准和规则逐渐外化，这就是制度化过程。③ 干春松认为儒家在中国的发展包括“儒家的制度化”和“制度的儒家化”双向互动，前者包括孔子的圣王化、儒家经典文献的经学化等，后者则包括儒家观念的意识形态化，儒家观念在政治、法律和习俗中的体现。④ 事实上，儒家观念的法律化、制度化也是一个动态的过程，宋代儒学复兴，儒家的思想观念外化为具体的制度，这些为实现儒家理想而设计的制度在实际运作中效果如何，恰恰能反映出“制度化儒家”的境遇。笔者选取宋代狱空制度作为切入点，来考察儒家无刑理想制度化的效果，以就教于方家。

儒家司法理想追求的乃是至高至远的“刑措”“无刑”，这需要长时间的努力才能实现。但是在国家治理过程中总会有犯罪案件发生，对于这些已发之罪，应当如何处置呢？儒家主张对于已发的刑事案件应该快速审结，不能淹滞。儒家的经典《易经》要求“不留狱”，《易·旅》象曰：山上有火，旅；君子以明慎用刑，而不留狱。朱子的注解是：慎刑如山，不留如火。王夫之对此卦的解释是“明慎矣，速断之，而刑者刑，免者免，各得其所，而无所连逮”⑤，迅速查明事实，对刑事案件作出裁断，使刑狱不滞，这是儒家经典确定的原则。

到了宋代，刑措的理想的实现变成司法实践中对“狱空”的追求，从宋太祖时

① 吕丽：《中国传统慎刑观对“制刑之义”的阐释》，载《法制与社会发展》2012 年第 6 期。

② 蔡军：《“刑期于无刑”思想与和谐社会刑事政策的构建》，载《河南大学学报(社会科学版)》2007 年第 3 期。

③ 本书所称制度化，是指“从个人的习惯到群体的习俗，从习俗到惯例，从惯例到制度这样一个内在于社会过程中的动态逻辑发展进程”。参见韦森：《文化与制序》，上海人民出版社 2003 年版，第 4 页。

④ 干春松：《制度化儒家及其解体》，中国人民大学出版社 2012 年版，第 2 页。

⑤ 王夫之：《读通鉴论》卷十五，中华书局 2013 年版，第 247 页。

期开始，京城奏报了第一次狱空，在接下来的三百多年，目前能够看到的宋代记载的狱空有一百二十多次，这些狱空现象成为中国法律史上一大奇观，也是我们透视宋代法制状况的一个切入点。宋代统治者已然将狱空视为刑措实现的标志，在宋朝统治者看来，狱空就是无刑理想的部分实现，这在狱空发生后的嘉奖诏书中能够清楚地看到。

宋开禧元年二月二十五日，大理寺奏报数月之内，两次狱空。大理寺卿请求将此事记入史书，“以明帝王措刑之极功”。宋宁宗下令按例嘉奖，诏书的内容是：

> 盖闻刑者所以辅治，而非所以致治也……故凡天下具狱，悉上廷尉，庶几哀矜审克，期于无刑。闻者数月之间，圄空不试，至于一再，非卿等持法平恕、蔽断详明之功欤！①

嘉定九年五月十二日，大理卿钱仲彪称：“本寺狱空实及一年”，请求“遵典故”封赏，并付史馆。宋宁宗下诏称：

> 朕观至治之世，时和岁丰而礼逊之俗兴，家给人足而争夺之风息。是以刑错不试，囹圄屡空，朕甚慕之。……而期月以来，狱无颂系，实惟汝等明刑弼教，风动四方，以称朕期于无刑之意。省览来奏，嘉叹不忘。②

非常值得注意的是，大理寺卿在奏报狱空时都提出封赏之例和送史馆的典故，这说明在宋代已经形成稳定的狱空制度，那么宋代狱空制度的内容如何，是怎样形成的呢？

一、宋代的狱空制度设计

和历史上其他任何朝代都不同的是，宋代发生、奏报了数量众多的狱空，集

① 徐松辑，刘琳、刁忠民、舒大刚、尹波等校点：《宋会要辑稿》刑法四，上海古籍出版社 2014 年版，第 8499 页。

② 徐松辑，刘琳、刁忠民、舒大刚、尹波等校点：《宋会要辑稿》刑法四，上海古籍出版社 2014 年版，第 8499 页。

中发生在宋真宗、徽宗、高宗、孝宗四朝，其中京师府(包括北宋开封府和南宋临安府)奏报的狱空次数最多，大理寺(元丰改制后，大理寺设狱)次之，地方路、府、州、军、县再次之。从宋初开始，宋代逐步形成狱空的奏报、审核、奖惩等一系列制度。

宋代的狱空制度是由皇帝的敕令确定的。从时间顺序来看，是先有狱空现象，后有狱空制度。宋太祖开宝年间开始，开封府和开封诸司就开始奏报狱空，后来大理寺、殿前司和地方州府也奏报狱空。宋太祖开宝七年、八年，赵光义任开封府尹，连续奏报两次狱空，这是宋代狱空最早的记载。两次奏报狱空都获得太祖降诏奖励，狱空制度略具雏形。淳化三年，宋太宗在诏书中确立“狱空”奏报的条件，“诸州所奏狱空，须是司理院、州司、倚郭县俱无系囚”。①这一条敕令是对地方州府狱空明确具体的规定。一般来说，诸司、诸州的狱空应达到三天以上才可上奏。狱空奏报还要经过查验，御史台查验狱空属实，皇帝对实现狱空的官员们进褒奖。真宗时期，认定狱空的条件更加严格，“其诸州、府、军、监，以公事多少分为三等、第一等公事多处五日，其次十日，其次二十日，并须州司、司理院、倚郭县全无禁囚，及责保寄店之类，方为狱空，委提点刑狱司据等第日数勘验诣实，书为印历”。② 狱空的检查核实制度也更加严格，“每奏到，刑部将旬奏禁状一处点对，如应得元敕，特降诏奖谕”③。因为奏报狱空会受到高规格的奖赏，官员在狱空奏报中弄虚作假的现象时有发生，在制度初创的太平兴国七年(982 年)，已经发现有虚报狱空的情况出现。“两浙转运司言，部内诸州系囚满狱，长吏隐落，妄言狱空，盖惧朝廷诘其淹滞也。诏自今诸州有妄奏狱空及隐落囚数者，必加深谴，募告者赏之。”④

神宗时期，形成了完整的狱空奏报查验制度。为防止虚报，由御史台对狱空进行专门监督，元丰七年四月十九日，诏：“自今有司上狱空，令御史台刑察按实上，以开封府、大理寺比岁务为狱空，恐希赏不实也。”⑤这项制度在南宋保留

① 李焘：《续资治通鉴长编》卷七十一，中华书局 2004 年版，第 1609 页。

② 李焘：《续资治通鉴长编》卷七十二，中华书局 2004 年版，第 1640 页。

③ 李焘：《续资治通鉴长编》卷七十一，中华书局 2004 年版，第 1609 页。

④ 李焘：《续资治通鉴长编》卷二十三，中华书局 2004 年版，第 527 页。

⑤ 徐松辑，刘琳、刁忠民、舒大刚、尹波等校点：《宋会要辑稿》刑法四，上海古籍出版社 2014 年版，第 8493 页。

了下来，地方转运使和提点刑狱寺负责地方州府上报狱空的监督核查，绍兴十九年，高宗下诏："自今有奏狱空者，当令监司验实。果妄诞，即按治，仍命御史台察之。"①

因为狱空具有非同寻常的象征意义，所以每一次查证属实的狱空都会受到褒奖。起初是皇帝手诏褒美，以资鼓励，后来就和官员的考核、政绩挂钩，奖励包括转官、减磨勘、赐章服、赐缗钱等形式。② 在北宋后期，对奏报狱空的官员已经形成固定的赏格。比如王安礼、王存和王震的开封府三院狱空，均被迁官、赐章服、银、绢和减磨勘，崔台符奏报大理寺狱空也被减磨勘。马端临在《文献通考》中记载："故事，法司断绝，必宣付史馆狱空，降诏奖谕，或加秩赐章服。后以冒赏者多，熙宁初，以断绝乃常事，不足书，罢宣付史馆，仍不降诏奖谕。"③从《宋会要辑稿》关于狱空的记载中可以看到，宋代狱空已经形成固定的赏格：(1)奖赏的范围包括狱空发生地官府的长官、佐贰官、幕职官、专门的推官、检法官、诸曹官；(2)奖赏的种类包括转官、减磨勘、赐章服等形式；(3)奖赏的标准主要包括经历狱空的次数、官职级别和在狱空中发挥的作用大小。这种赏格已经非常规范、细致，所有和狱空有关的人等都会得到不同的奖励，这肯定会鼓励官员们努力用各种手段去促成狱空。

宋代奏报的狱空在查证属实后都"诏付史馆"，载入官方的档案和史籍，人们今天能够在宋代典籍中看到大量关于狱空的记载，正是得益于宋代狱空入史的制度。在统治者看来，狱空是美事，可以风化天下，至迟从宋太宗太平兴国年间开始，每逢狱空都要做道场祭祀。"凡诸州狱空，旧制皆除诏敕奖谕。若州司、司理院狱空及三日以上者，随处起建道场，所用斋供之物，并给官钱，节镇五贯，诸州三贯，不得辄扰民吏。"④此条记载验证了狱空褒奖制度，即"旧制皆除诏敕奖谕"，更重要的是，狱空之后要"随处起建道场"，费用由官府承担。《庆元条

① 脱脱等：《宋史》卷四百七十三，中华书局 1985 年版，第 13761 页。

② 狱空是突出的治绩，皇帝为了树立典范和政治导向，赏赐狱空奏报者高于其官阶对应服色的衣服和佩饰。比如赐四品以下官员金、紫，六品以下官员银、绯。宋代赏赐章服的内容和意义可参见王艳：《宋代的章服赏赐》，载《史学月刊》2012 年第 5 期。

③ 马端临：《文献通考》卷一百六十七，中华书局 2004 年版，第 5010 页。

④ 徐松辑，刘琳、刁忠民、舒大刚、尹波等校点：《宋会要辑稿》刑法四，上海古籍出版社 2014 年版，第 8492 页。

法事类》规定：“诸州院、司理院，狱俱空三日者，以官钱设道场”，“诸州狱空，给道场钱：节镇，一十贯；余州，五贯。”明确规定地方诸州狱空做道场的赏赐管钱数额，节度使州是十贯，节度州以下为五贯。① 洪迈曾记载了福州狱空设醮的场景：“福州左右司理院，每岁上元，必空狱设醮。因大张灯，以华靡相角，为一郡最盛处。”②

正是因为形成了狱空制度，宋代狱空发生的数量和范围远超前代，这个承载着儒家刑措理想的制度在实践中运行得怎么样，是否实现了制度设计的初衷呢？

二、宋代狱空制度在实践中的异化

只要认真研究每一次狱空发生的背景，就会发现这些载诸史册的狱空实在是非常可疑。有许多证据都表明，这些狱空是基于不同的目的而被人为制造出来的，这中间既有最高统治者皇帝自己主动追求的狱空，也有揣摩上意的官僚为了自身利益而千方百计炮制的狱空。下面，我们用几个典型的例证来进行说明。

（一）皇权强力推动下的狱空

皇帝追求狱空主要通过赦令和针对性的清理留狱来实现。就史籍的记载情况来看，有超过半数的狱空奏报和赦令的颁布有时间上的关联性，其因果关系可以确定。如大中祥符七年（1014 年）十月，河北提点刑狱司奏报博州狱空一百三十九日。这次狱空长达四个多月，也就是从六月就已经狱无系囚。这就必须提到这一年的六月五日真宗颁布的一份诏书，二者或许有直接的关系。

> 齐民之刑，惟舜犹恤。导扬善气，方属于丰穰，长养仁风，适当于炎暑。念缧绁或有系淹，特示宽恩，并从轻典。除在京系囚朕已亲疏决外，宜令两京、诸路限敕到，据见禁罪人除重刑外，便仰长吏躬亲详鞫情款，流罪

---

① 谢深甫：《庆元条法事类》卷七十五，宋代地方州分为节度州、防御州、团练州和刺史州，节度州的长官品秩最高。各级别的州在公使钱和俸禄方面有很大差别，一般节度州是其他州的两倍。参见余蔚：《宋代的节度、防御、团练、刺史州》，载《中国历史地理论丛》第 17 卷第 1 辑。

② 洪迈：《夷坚志·夷坚甲志》卷六，中华书局 2006 年版，第 48 页。

降等决遣，杖已下释之。官典等不得一例减降。管内县分，应系杖罪，并就县疏放。①

真宗诏书中的“宽恩”和“轻典”诏书下发一个月前颁布德音和亲自录囚两事。这一年的五月初一，真宗颁布德音：降天下死罪囚，流以下释之，十恶至死、劫杀、故杀、谋杀、犯枉法赃，论如律。② 从真宗皇帝的赦宥的内容和范围来看，博州狱空和五月的德音应该有直接的关系。

每逢水旱灾害，皇帝会派出使臣巡察各地方监狱的系囚情况，灾区的监狱尤其要重点疏决。因为皇帝相信，冤气充塞、阴阳不和才会导致水旱灾害，所以必须采取措施将灾区的系囚疏决。宋真宗景德二年江南诸州狱空是个典型的例证。

景德二年(1005年)正月江南诸州除袁州外，所有的州都狱空。这是怎么做到呢？景德元年，江南大旱，真宗派出李防、张知白为安抚使，分赴江南东、西路。他们主要的任务就是疏理系囚：若案情清楚，限长吏三日内结案；罪证不明的，督促其调查、审讯。张知白带着朝廷的这道诏令到江南西路，实际上是完成皇帝交付的任务，他按照皇帝的指示，集中清理灾区的留狱，很快就上报了五州狱空。③

上述两类狱空，都是在皇帝的直接推动下，利用特殊的刑事政策实现的，无论是赦令还是派出特使清理留狱，都是皇帝意志的体现，这种狱空是皇帝直接追求的目标。

(二)司法官僚制造狱空

宋代狱空制度的确立，激发了官员追求狱空的热情。因为实现狱空可以得到封赏，还能够为皇帝粉饰太平，各级官僚为迎合上意，希求恩赏，不断制造狱空。官员制造狱空，主要是利用手中的权力，想方设法让监狱里没有羁押的囚犯，这是能够做到的，他们炮制狱空的手段主要有以下几种：

---

① 徐松辑，刘琳、刁忠民、舒大刚、尹波等校点：《宋会要辑稿》刑法五，上海古籍出版社2014年版，第8514页。

② 李焘：《续资治通鉴长编》卷四十七，中华书局2004年版，第1014页。

③ 李焘：《续资治通鉴长编》卷五十九，中华书局2004年版，第1310页。

1. 隐匿、转移囚犯

官员制造狱空常用的手段是隐匿囚犯，将已经逮捕入狱的囚犯隐藏起来，虚报狱空。太宗太平兴国七年八月，两浙路转运使高冕就指出州县审理刑狱的两个极端，或是迁延不决，造成淹滞，或是弄虚作假，妄奏狱空，“隐落罪人数目，以避朝廷按问”。① 地方州县将狱中囚犯藏匿他处以应付刑部派员对监狱的检查，在宋代虚报的几次狱空中，都有藏匿囚犯的情况，这说明隐匿罪犯是一个常用的手段，只不过是否被发现的问题。宋真宗大中祥符三年(1010 年)一月，皇甫选任职两浙提点刑狱报告狱空，后来被知杭州王济揭发：皇甫选将部内系囚全部寓禁他所，妄奏狱空。结果皇甫选被罚金三十斤，徙江南路。② 隐匿囚犯的地点有很多，州县通常把囚犯隐匿在旅馆、邸店、仓库等地方，南宋绍兴时台州黄岩县发生一起虚报狱空的案件。台州通判洪适巡察下辖诸县到人口众多号为难治的黄岩县。黄岩县令将狱内罪犯十余人藏在县衙大堂左右的廊房里，向上奏报狱空。洪适在堂上审查时，听到左右大呼小叫，就发现左右藏匿的罪囚呼喊称冤。洪适将此情况直接上报本路提刑司。

转移系囚是指在一定管辖范围内，将所有的囚犯集中到一个监狱，造成本辖区其他地区的狱空。比如在一州范围内，州级长官命令各县的系囚集中到某一县狱，就造成其他下辖诸县的狱空，如此轮流，都可得到狱空的奖励。元丰时期的开封府狱空基本上都是通过这种办法来实现的，开封府将本府系囚羁押到两厢，造成府院的狱空。元祐三年，钱勰再次使用这个方法奏报狱空时，被保守派的台谏官员抓住不放，直至将他贬出朝廷。下面简单介绍一下这次狱空的经过。

元祐三年，钱勰奏报狱空，诏付史馆。权知府钱勰转一官，推、判官赐章服。③ 中书很快就开始调查钱勰这次狱空的不实情况，认为他将开封府的系囚转移到新、旧四厢予以隐匿，为求恩赏虚报狱空。朝廷对此事展开调查，连哲宗皇帝自己都承认，将系囚放在四厢的是惯常做法，狱空是美事，不应当穷追不舍。但是，中书省和台谏不依不饶，九月七日，皇帝下诏对钱勰等人进行处罚：“龙

① 曾枣庄、刘琳主编：《全宋文》(第 3 册)，上海辞书出版社、安徽教育出版社 2006 年版，第 376 页。

② 李焘：《续资治通鉴长编》卷七十三，中华书局 2004 年版，第 1650 页。

③ 李焘：《续资治通鉴长编》卷四百九，中华书局 2004 年版，第 9958 页。

图阁待制、权知开封府钱勰知越州；朝散大夫、仓部郎中范子谅知蕲州；朝奉大夫、新差提点江西路刑狱林邵知光州；仍各罚铜二十斤。内勰展三年磨勘，邵展二年磨勘，以坐奏狱空不实也。”①台谏对这个结果仍然不满，认为处罚太轻，最后，朝廷加重了对钱勰等人的处罚。到绍兴十九年三月，高宗仍对秦桧说：“闻诸郡奏狱空，皆是将见禁罪人于县狱或厢界寄藏，此风不可滋长。今后如奏狱空，可令监司验实，或有妄诞，即行按劾。”②

2. 杀害系囚

狱空制造过程中最严厉也最残酷的一种方式是杀害系囚、迅速审结案件，使图圄一空。在太宗时期太平兴国初期，五代十国时期残暴司法模式尚有遗存，杀害系囚求赏的现象也时有发生。真宗大中祥符二年，权判刑部慎从吉奏称：“伏见提点刑狱司所奏狱空，本司比对，多不应旧敕，外州妄觊奖饰，沽市虚名。近邠、沧二州勘鞫大辟囚，于往数人，裁一夕即行斩决。伏见前代京师决狱，尚五覆奏，盖欲谨重大辟，岂宜一日之内，便决死刑。朝廷比务审详，恐有冤滥，非有求于急速，其间州府不体朝旨，邀为己功，但务狱空，必无所益。”③

用隐匿、转移、杀害罪囚的手段来上报狱空的大多发生在州县官府，主要利用司法监督的漏洞和地理优势来骗取朝廷恩赏和奖励，使用这种方式制造狱空隐蔽性强，监督检查部门很难发现，一直都是狱空监督检查的难点所在。

3. 规避司法程序

官僚违反司法程序制造狱空有两种情形，一是简化司法程序，规避司法监督，直接进入对案件的实质处理；二是不让应当受理的刑狱案件进入司法程序。简单地说，就是不让新的司法程序开始，让已经开始的司法程序迅速结束。前者如陈尧叟，景德四年任开封知府，二十多天后便上奏狱空，为了这次狱空，陈尧叟采取了非常极端的手段，“尧叟居守，虽大辟罪亦止面问状，亟决遣之，未尝

① 李焘：《续资治通鉴长编》卷四百十四，中华书局2004年版，第10057页。

② 徐松辑，刘琳、刁忠民、舒大刚、尹波等校点：《宋会要辑稿》刑法四，上海古籍出版社2014年版，第8497页。

③ 徐松辑，刘琳、刁忠民、舒大刚、尹波等校点：《宋会要辑稿》刑法四，上海古籍出版社2014年版，第8492页。

留狱”。① 盛章任开封府知府之后，用刑惨苛，“果于诛杀，率取特旨以快意”。②另一酷吏王革追求狱空，手段之惨毒不亚于盛章。对于这些一味追求狱空的官僚来说，简化程序，迅速处断最有效的方法就是刑讯逼供，利用肉体折磨的手段取得口供，迅速结案。

另一种手段是将已经受理的刑事案件审结之后，不再受理新的刑事案件。徽宗时期，盛章为开封府知府，下辖咸平县发生严重的犯罪案件，“豪民席势犯法”，咸平县知县向子諲按照法定程序向开封府移交案件，盛章拒绝受理案件，因为刚经过努力实现了狱空，等待朝廷降诏奖励，“子諲以闻，诏许自论决，章大怒，劾以他事勒停”。③

集中突击审讯，短期内疏决大量系囚是最常见的实现狱空的方法。这种方法并不违法，甚至为朝廷法令所鼓励。如政和五年，盛章任开封知府，“奏陈，御笔，时当大暑，应两狱系囚催督，限日近结绝，所有已未上朝廷断遣公事，欲乞候案上，共限三日断下，如有续上公事，亦乞依比诏。依奏，限三日断下，无致卤莽”。④ 但这种方式对法官司法能力要求非常高，在一个时间段内又快又准地处理案件非常人所能，钱勰被苏东坡誉为“电扫讼庭，响答诗问”，一日处理六百案件，吏不敢欺，其司法才能之超卓断非寻常官员所能及。能力稍差的官员就要靠勤政，王宁在崇宁四年为显谟阁待制、权知开封府，“府事浩穰，讼者株蔓千余人，缧系满狱。襄昼夜决遣，四旬俱尽；又阅月，狱再空。迁龙图阁直学士、吏部侍郎”。王宁实现狱空依靠的就是集中清理，“昼夜决遣”⑤。

三、儒家司法理想的制度化的困境

狱空是儒家的刑事司法理想。儒家思想立国的赵宋王朝建立后不久就确立了狱空制度，以编敕形式对狱空的奏报、考核、奖惩等方面做了规定，在我国法制

① 李焘：《续资治通鉴长编》卷六十五，中华书局 2004 年版，第 1442~1444 页。

② 脱脱等：《宋史》卷四百四十八，中华书局 1985 年版，第 13200 页。

③ 脱脱等：《宋史》卷三百七十七，中华书局 1985 年版，第 11639 页。

④ 徐松辑，刘琳、刁忠民、舒大刚、尹波等校点：《宋会要辑稿》刑法六，上海古籍出版社 2014 年版，第 8563 页。

⑤ 脱脱等：《宋史》卷三百五十二，中华书局 1985 年版，第 11126~11127 页。

史上，儒家的狱空理想第一次成为具体的制度。和所有的司法制度一样，狱空制度在实际运行中迅速偏离了制度设计的目标，所面临的困境就是君权至上和官僚政治。

(一)君权干扰正常司法

对于王朝最高统治者来说，狱空是天下大治的象征，是其统治具有合法性、正当性的证明，因此具有非同寻常的意义。宋代既以儒家思想立国，追求"狱空"和"无讼"就是当然的目标。然而，理想和现实的差距实在太远，繁荣的商品经济、社会成员的高度流动性造成了较高的犯罪率，在囹圄充塞的现实面前谈狱空理想实在是痴人说梦，于是宋代统治者采取了非常的手段来营造狱空，皇帝亲自决狱录囚(后来成为赦宥的另一种形式)，规定严格的刑狱审理期限，督促对各级官府疏决羁押囚犯，这还是常规的制度手段。实在无法奏效时就颁布赦令，普遍减免系囚的刑罚处罚。这种狱空实现方式蕴含着巨大的风险——皇权对司法的控制加强破坏了正常的司法程序，皇帝个人的意志起着决定性的作用。

皇权号称受命于天，皇帝为证明自己统治的合法性、正当性就需要遵循天道，因此皇权主导追求狱空的实现，其本质是"司法则天"。司法则天就是指最高统治者依据天象或者从天象中领悟的天道开展司法活动。"大理二星，在宫门左，一云在尚书前，主平刑断狱。明，则刑宪平，不明，则狱有冤酷。"①狱空这种理想状态从汉代以来就和天象紧密结合在一起，狱空和天象有明确而具体的联系："昴宿七星，天之耳目也，主西方及狱事……黄道所经。明，则天下牢狱平……岁星犯之，狱空；守之，主急刑罚，狱空，一曰臣下狱有解者。"②人间的政事活动要遵循天象的运行。古人将今天所说的"气象"也纳入"天象"范畴，诸如风、雨、雷、电、雾、虹、雹也有特别的政治寓意，甚至蝗、旱、黄河决口、地震等自然现象也是天象的组成部分。根本原因就是人们对那个主宰一切并以"自然之天"作为表现而存在的"神灵之天"的虔诚信仰和敬畏。正如江晓原所指出的那

---

① 脱脱等：《宋史》卷四十九，中华书局1985年版，第978页。
② 脱脱等：《宋史》卷五十一，中华书局1985年版，第1038页。

样：“所有气象现象全都属于‘天文’的范畴。”①中国古代的司法活动作为政事活动的重要组成部分，也遵循“则天象”这一最高原则，宋代皇帝作为天子，也必须对上天垂诫做出反应，用实际行动来化解天怒，疏解人间的冤气。更何况，宋真宗和宋徽宗还崇信道教，对自然的变化就更加敬畏，所以真徽两代是宋代狱空奏报最频繁的时期，原因无他，上有所好，下必甚焉。

（二）官僚政治破坏司法

儒家理想制度化的另一个阻碍是官僚集团。秦汉之后形成的官僚集团虽然也是熟读儒家经典，但他们做官不是为了实现儒家理想，而是为了自身的利益。在狱空实践中，我们清楚看到官僚司法的功利性。官僚是将刑狱案件作为政事活动的组成部分，将刑狱案牍和政务公文等量齐观。因此官僚在司法活动中，主要是寻找狱讼的两造，在两造齐备的情况下利用官府的权威迫使被指控者认罪，因此在刑事案件发生后，官员的主要职责就是命令侦捕机关去抓捕犯罪人，或者按照受害人及其亲属的指控抓捕犯罪嫌疑人，利用官府的合法暴力迫使其供述犯罪，因而在官僚司法中，司法官员直接面对的问题总是如何让羁押的犯罪人认罪伏法，刑讯就成为最有效的手段。其次，官僚司法指向的是官员考核和管理制度。宋代的中央和地方官员由皇帝直接任命，按照层级界定权限，各层级的官员向皇帝负责；官员按照稳定的规则和秩序享受俸禄，接受考核和监督，依序升迁。官僚天生向权力靠拢，积极迎合皇权，对稳定的秩序和规则具有的期待。

职业官僚面向的是国家关于听讼决狱的奖惩制度，主要包括：(1)不得滥用权力出入人罪，枉法裁判；(2)不得疏忽轻率，造成冤狱；(3)按照法律规定的期限审结案件。对决狱表现良好的官员记入档案，考核时给予减磨勘、越次提拔或其他奖励。也就是说，官僚司法是在规范的约束之下不得不为，或是追求褒奖的主动作为，其动机和目的皆在狱讼之外。

宋代是官僚制发展的重要阶段，宋代通过科举制选拔了大批职业文官，他们是政治统治的主体力量。职业文官占据帝国的行政职位，对世袭君主负责。对马克斯·韦伯而言，官僚制不是指一种政府类型，而是指一种由训练有素的专业人

① 江晓原：《天学真原》，译林出版社2011年版，第23页。

员依照既定规则持续运作的行政管理体制。宋代官僚制主要的特征有：中央和地方官员由皇帝直接任命，按照层级界定权限，各层级的官员向皇帝负责；官员按照稳定的规则和秩序享受俸禄，接受考核和监督，依序升迁。官僚天生向权力靠拢，积极迎合皇权，对稳定的秩序和规则具有的期待。官僚集团迎合皇权和皇帝的个人意志，不断炮制狱空，既可为皇家粉饰太平，也可为自己邀功请赏，加官进爵，当官僚集团出于私意和皇帝的私意结合到一起时，狱空就变成了符瑞，与司法的状态没有必然联系，甚至是正常司法遭到破坏的反映。

儒家“以德去刑”的无刑理想在宋代落实到“狱空”上，宋代形成狱空奏报、查验、奖惩等完整的一套制度。在实践中却出现官僚为政治目的或希求恩赏而炮制狱空的现象，儒家无刑理想制度化之后遭遇君主粉饰德政、官僚谋取私利等因素的干扰，还要面对官吏考核、司法程序等制度的约束，其结果是在真、徽之时，狱空异化为符瑞，其他大部分时间，则成为官员获取政治利益的工具，完全背离了儒家的司法理想。宋代的狱空制度及其实践反映儒家思想制度化过程中必须面对的君主制、官僚制挑战，而最终实现儒家司法理想的仍然是“为政在人”，即具有儒家理想的士大夫的折狱实践。

第二章　宋代地方司法官员的管理及其效果

宋代地方司法官员是指宋代设州(包括与州同级的府、军、监)、县两级地方行政机关承担折狱听讼职能、审理狱讼案件的官员。州县官员都是亲民官，是宋王朝统治的基础，如乐黄目所说："从政之源，州县为急，亲民之任，牧宰为先。"①州县长官按照宋代法律要求应"躬决狱讼"，长吏以下属官均承担司法职能。县是基层司法机关，除审判民事案件外，其刑事判决权限于杖刑以下罪案。但是州县均独立审理案件，"州县鞫狱，在法不得具情节申监司，及不得听候指挥结绝"。② 宋代对于承担司法职责的州县官员有一套严密的管理制度。

第一节　宋代地方司法官员管理制度概述

一、宋代地方司法官员

宋代州级官府设"知州事、通判州事各一人，府、军、监事如州"，知州"总理郡政，包括狱讼之事。下属县县令、县丞无法决断的案件，由州长官决断。知州之下是通判，通判"掌倅贰郡之政，凡兵、民、钱谷、户口、赋役、狱讼听断之事，可否裁决，与守臣通签书施行"。③ 州府通判对狱讼裁断事务与长吏共同负责。知州通判以下，每州属官一般有七名：判官、推官、兵马都监、录事参

---

① 李焘：《续资治通鉴长编》卷四十九，中华书局 2004 年版，第 1063 页。

② 徐松辑，刘琳、刁忠民、舒大刚、尹波等校点：《宋会要辑稿》刑法六，上海古籍出版社 2014 年版，第 8563 页。

③ 参见朱铭盘撰《宋会要》卷一六七，职官七。

军、司理参军、司户参军、司法参军。判官、推官按照职责分工，分案治事，推官的司法事务较多。兵马都监掌管巡捕盗贼，录事、司理、司户参军。分典狱讼，司法参军，检法拟判。州级官府长吏以下，均承担司法职能，承担专门职责的有录事参军、司理参军、司户参军和司法参军，此谓之诸曹官。

州府录事参军主要负责民事案件的审理，后来也兼管刑事诉讼。司理院是专门审理刑事案件的机构，司理参军"章狱讼勘鞫之事，不兼他职"①，专门负责审理刑事案件。司法参军专司"议法断刑"。司理参军查明案情，由司法参军根据事实和法律，拟定判决意见，最后由长官决断。

宋代县的长官称"知县"或者"县令"。知县或县令是最基层的亲民官，"掌字民治赋"，属官有县丞、主簿和县尉。县丞协助知县或县令处理县政，受理词讼，主簿参与审理民事诉讼案件，县尉负责捕捉盗贼，维持地方治安。县丞、主簿和县尉都是辅助知县、县令处理司法事务，县级的司法官员主要是指知县或县令。②

二、宋代地方司法官员的管理制度

宋代地方司法官员的管理，主要分为行政管理、监督和司法官员责任制度，其大略如下：

宋代是行政司法合一的制度，地方官能动司法也是履行自己的职责。据《宋会要》职官四十八之29《哲宗正史职官志》载："掌总治民政，劝课农桑，平决狱讼，有德泽禁令，则宣布于治境。……有孝悌及行义闻于乡闾者，具事实申于州，激劝以励风俗。"这是对宋代制度设计追求功能多元合一倾向的最恰当概括。古今中外，行政皆具有主动性、能动性，主动贯彻统治者的各项政策和措施。

宋代司法官员监督制度是实行分权制衡，上下相维、内外相制的多元化监督。宋代地方官不但受上司的监督，而且还受通判和下属的监督，其监督体制分述如下：

---

① 马端临：《文献通考》卷六十三，中华书局2011年版，第1906页。

② 王云海主编：《宋代司法制度》，河南大学出版社1992年版，第49~50页。

1. 监司对地方司法的监察

宋政府对州县官的司法行为非常重视，多次强调监司要按察所部：如太宗淳化二年(991 年)五月，令提刑司“州郡敢积稽留大狱，久而不改，及以偏辞按谳，情不得实，并官吏用情者，悉以闻”。① 太宗淳化三年(992 年)五月又规定：“转运使按部，所至州县，先录问刑禁。”②后虽然设置了专门监察刑狱的提点刑狱司，但转运司的监察刑狱的职能并未减弱。庆历七年(1047 年)三月规定：“转运、提刑司每巡历至州县，先入刑狱中询问罪人。其有禁系人身死，仰画时具检验状申二司点捡，如情理不明，有拷掠痕，立使取索公案差官看祥，依公施行。”③南宋法律仍规定：“诸监司每岁点检州县禁囚淹留不决或有怨滥者，具当职官、职位、姓名，按劾以闻。”④

2. 通判对州县官的监察

宋代在州一级设知州和通判二职。通判对知州权力的行使有监督权，如太祖建隆四年(963 年)十一月，诏“应诸道府公事。并须长吏通判签议连书，方得行下”。⑤在司法上知州、通判二者之间还有互相监督的职能。如太宗时诏：“诸处长吏无得擅断，徒、杖刑以下，听与通判官等量罪区分。”⑥这样，通判、知州二者之间就形成了互相制约的关系，当然，如果知州在断狱上出现了误判，通判未能及时纠正，也要受到一定的处罚。如神宗熙宁三年(1070 年)八月，苗振知明州时不法及故入人罪，而通判丁諲，不能纠正，降远小处差遣。⑦

3. 州县长官与属官的互察

知州、通判对属下及县级官员，负监察之责。太宗太平兴国三年(978 年)诏：“诸州察司理参军有不明推鞫致刑狱淹滞，具名以闻；蔽匿不举者罪之。”⑧

---

① 马端临：《文献通考》卷一百六十六，中华书局 2011 年版，第 4978~4979 页。

② 李焘：《续资治通鉴长编》卷三十三，中华书局 2004 年版，第 736 页。

③ 徐松辑，刘琳、刁忠民、舒大刚、尹波等校点：《宋会要辑稿》刑法九，中华书局 1957 年版，第 6721 页。

④ 戴建国点校：《庆元条法事类》卷七，黑龙江人民出版社 2002 年版，第 118 页。

⑤ 徐松辑，刘琳、刁忠民、舒大刚、尹波等校点：《宋会要辑稿》职官四十七，中华书局 1957 年版，第 3447 页。

⑥ 李焘：《续资治通鉴长编》卷三十七，中华书局 2004 年版，第 809 页。

⑦ 李焘：《续资治通鉴长编》卷二百一十四，中华书局 2004 年版，第 5199 页。

⑧ 马端临：《文献通考》卷一百六十六，中华书局 2011 年版，第 4977 页。

这是要求长官纠察属吏。仁宗皇祐五年(1053年)润七月八日诏："诸路知州、军武臣并须与僚属参议公事，毋得专决。"①这是要求属下对长官权力的监督与制约。

由此可知，宋代州县官的司法问责主体，由监司、通判、知州对其下属的违法失职要依法举劾，不举劾的要追究其责任，州县长官的权力行使也受属下的制约，这足以说明，宋代形成了自上而下、自下而上的监督体系。②

宋代地方司法官员主要实行长官(法官)责任制。宋代，作为亲民之官的州县长官，必须躬亲审理案件，否则要承担法律责任(刑案：处理杖以下罪的判决)。如真宗乾兴元年(1022年)诏："诸路转运使副、提点刑狱及州县长吏，凡勘断公事，并须躬亲阅实，无令枉滥淹延。"③徽宗时强调："州县官不亲听囚而使吏鞫审者，徒二年。"④这既是制度，也是司法的理念，司法的公平与效率与州县长官是否亲自审理案件密切相关，这也是宋代独有的司法新理念。

宋政府要求审判官须熟知礼法。真宗曾说："刑狱之官，尤须遴择。朕常念四方狱讼，若官非其人，宁无枉滥。"⑤宋代的审判官既要是饱读经书的士大夫，又要知晓法律，即出任官时，都要参加"律令大义或断案"的考试，合格后，方能出任地方长官。审判官的懂"礼"与知"法"，就是公正准确评判案件诉讼纠纷是与非的坚实有力的保证。神宗熙宁年间又对明法科进行改革，新明法科考试中，在律令之外试刑统大义和断案，而不再试经书，这是科举考试中的一项重要改革内容。同时对有做官职格的人员还要"出官试法"。通过严格的考试选拔和法官遴选，宋代地方官员的法律素养与前代相比有大幅度的提升，司法官员巧妙地运用法律技术，在诉讼调解中，多以法说理、以法息讼，这是法律史学界公认的事实。

---

① 徐松辑，刘琳、刁忠民、舒大刚、尹波等校点：《宋会要辑稿》职官四十七，中华书局1957年版，第3423页。

② 邢琳：《宋代县级官员问责制》，载《中州学刊》2014年第7期。

③ 李焘：《续资治通鉴长编》卷九十九，中华书局2004年版，第2303页。

④ 马端临：《文献通考》卷一百六十七，中华书局2011年版，第5011页。

⑤ 李焘：《续资治通鉴长编》卷七十三，中华书局2004年版，第1659页。

第二节　宋代地方官的司法责任

宋代为制约地方各级司法官员的职责和权力的行使建立了监督和责任追究制度，且依据不同情况和责任大小、轻重划分。如法官受赃者故出入人罪者，往往加重处罚；法官私报恩怨故出入人罪者，处限制人身自由的编管等；司法人员失出入人罪的，以剥夺或黜降官职和爵位的除名、勒停等责任形式，这种责任形式，避免了"一错"定生死，对一些司法问责官员的工作积极性起了保护作用。对大辟案实行集体审核签署的司法责任，既突出了各司专职之责，又强调集体责任，对社会稳定和法律文明的进步起了积极的推动作用。

一、宋代地方官司法责任的类型

宋代地方官的司法问责制度所包含的内容十分丰富，几乎穷尽了所有司法活动，下面择其要而论之。

（一）诉状受理之责

受理多半与控告联系在一起，即依法决定接受控告。有关诉状受理的机构和相关规定，学界已有研究成果，做了系统的梳理和分析，① 这里仅简要而论。

1. 应受理而不受理

《宋刑统》规定："若应合为受，推抑而不受者，笞五十，三条加一等，十条杖九十。"②对仅限于笞、杖之罚的规定，宋代在实际执行中却往往是加重惩罚。如宋真宗咸平五年，开封府一妇人在接其父母时，路上被醉人殴伤，诣有司诉冤，"不听"，后妇人投水而死，"上闻其事，大怒，由知府以下悉遭遣罚"。③再如宋哲宗元祐四年（1089年）八月，"因刘淑知苏州与提刑莫君陈，不受理章惇强买昆山民田事，而被降职"。④

① 王云海：《宋代司法制度》，河南大学出版社1992年版，第164~174页。

② 窦仪等撰，薛梅卿点校：《宋刑统》卷二十四，法律出版社1999年版，第431页。

③ 李焘：《续资治通鉴长编》卷五十二，中华书局2004年版，第1133页。

④ 李焘：《续资治通鉴长编》卷四百三十一，中华书局2004年版，第10419页。

2. 不应受理而受理

宋代不应受理而受理的案件有以下几种情况：

第一，非州县官不能受理刑事案件。就是说，不是缉捕机构的官吏不能受理案件。宋法规定：“非州县而辄置狱，若县令容纵捕盗官置者，各杖一百。”①

这里的“置狱”就是受理刑事案件。“非州县而辄置狱”的这种情况主要是指巡检、县尉。县尉司有一定的刑事审判权，如宋太祖建隆三年规定“乡村斗讼公事”，可“委令、尉勾当”。② 但真宗咸平元年十月诏“天下县尉司不得置狱”③，这样尉司私自受理案件即为“违制”。王栐对此说得很明白：“尉职警盗，村乡争斗，惮经州县者多投尉司，尉司因此置狱，拷掠之苦，往往非法。咸平元年十月己丑，有诏申警，悉毁撤之，词讼悉归之县。盖后生初任，未历民事，轻于用刑，县令权轻不能制伏，民受其殃。此令一行，至今无敢犯者。”④

可见北宋时期，尉司私自受理案件的情况并不太严重。但到了南宋绍兴年间，据《建炎以来系年要录》载：“司农寺主簿盛师文面对，论诸州都监、诸县巡尉，擅置刑狱。”⑤虽然未详细说明尉司擅置刑狱的具体情况，但与北宋相比明显严重了一些，否则也就没有必要向皇帝“面对”了。

第二，非所统属的案件，官员不得直接受理。如果遇到邻州、邻县的狱讼案件可以通过监司或台省间接的受理，否则就要承担责任。如高继升知石州时，受理了“延州茭村族军主李都呣等诉茭村巡检李威明叶的所为不法的诉状”⑥，高继升被追一官勒停。

第三，孤寡老人的诉状一般不得受理。唐代对孤寡老人的诉状是不得受理的，但是宋代有所变通，对有宗族的老病之人诉状不得受理，这是考虑到老人的

---

① 中国社会科学院历史研究所宋辽金元史研究室点校：《名公书判清明集》卷三，中华书局1987年版，第68页。

② 徐松辑，刘琳、刁忠民、舒大刚、尹波等校点：《宋会要辑稿》职官四十八，中华书局1957年版，第3485页。

③ 徐松辑，刘琳、刁忠民、舒大刚、尹波等校点：《宋会要辑稿》职官四十八，中华书局1957年版，第3486页。

④ 王栐著，诚刚点校：《燕翼诒谋录》卷二，中华书局1981年版，第9页。

⑤ 李心传：《建炎以来系年要录》卷一百六十四，中华书局1956年版，第2680页。

⑥ 李焘：《续资治通鉴长编》卷一百零三，中华书局2004年版，第2399页。

行动不便和困难，如果有宗族的老人的利益受到侵害，必须有宗族人的亲人陪同，其诉状才可受理。对于无宗族亲者的老人的诉状，可以无条件地受理。如太宗雍熙四年(987 年)规定：七十以上老人诉状需令宗族中一人同状，官司乃得受，如孤老无宗族者不在此限。① 此规定，目的是让同状人便于承担责任。

(二)羁押人犯之责

宋代的羁押，主要指羁押犯人等待审判，或罪犯正在被审理、判刑过程中与案件有关的人员。② 具体而言有以下几种情况：一是“犯笞者不合禁，杖罪以上始合禁”。③ 就是说犯杖罪以上重罪嫌疑人，才能羁押，其他轻罪不得羁押。二是犯杖罪以上的人犯，只要事实清楚，长官可以当即结案的，也不收监或者取保候审，即不羁押。太宗雍熙元年(984 年)诏：“诸州笞、杖罪不须证逮者，长吏即决之，勿复付所司。”④三是，对于在犯罪现场的证人或与案件有牵连的轻罪之人，可以不羁押，但如果干连人(证人)与官方不配合，拒绝吐露实情者，或者案情复杂，需要继续作证者，也要羁押待审。据《作邑自箴》卷二载：“罪轻之人，先令本案申举，未肯通吐实情，判押讫，方可加禁。”四是各级官员犯罪，必须事实清楚，证据充分，才能羁押。仅仅是“官人有被告者，不须即收禁，待知的实，然后依常法”。⑤ 否则司法人员都要承担法律之责，即“诸囚不应禁而禁者徒二年，当职官知情与同罪，失觉察者减二等”。⑥

(三)刑讯之责

宋代把刑讯逼供视为合法的取证手段，但必须依法进行。宋法规定：首先，立案后，才能审讯。《宋刑统》规定：“事须讯问者，立案同判，然后拷讯，违者

---

① 徐松辑，刘琳、刁忠民、舒大刚、尹波等校点：《宋会要辑稿》刑法三，中华书局 1957 年版，第 6583 页。

② 王云海：《宋代司法制度》，河南大学出版社 1992 年版，第 199 页。

③ 窦仪等撰，薛梅卿点校：《宋刑统》卷二十九，法律出版社 1999 年版，第 529 页。

④ 脱脱等撰：《宋史》卷一百九十九，中华书局 1977 年版，第 4970 页。

⑤ 窦仪等撰，薛梅卿点校：《宋刑统》卷二十九，法律出版社 1999 年版，第 530 页。

⑥ 徐松辑，刘琳、刁忠民、舒大刚、尹波等校点：《宋会要辑稿》刑法六，中华书局 1957 年版，第 6731 页。

杖六十。"①其次，证据分明的情况下，罪犯仍不招供时，由长官同意后，才得施刑。建隆三年(962年)十二月诏，"凡有贼盗刑狱，并须用心推鞠……支证分明，及赃验见在，公然抗拒，不招情款者，方得依法拷掠，仍须先申取本处长吏指挥。"②太宗太平兴国六年诏："自今系囚，如证左明白而捍拒不伏合掠讯者，集官属同讯问之，勿令胥吏拷决。"③雍熙三年(986年)又诏："诸州讯囚，不须众官共视，申长官得判乃讯囚。"④如果不经长官同意而擅自拷讯者，则要负更重的刑事责任。如真宗天禧二年(1018年)三月，法官参议："自今捕盗、掌狱官不禀长吏而捶囚，不甚伤而得情者，止以违制失公坐；⑤ 过差而不得情，挟私拷决有所规求者，以违制私坐。"⑥即使应该拷讯，但如果没有请示长吏，要处杖一百，不应该拷讯的则要处徒二年(违背私坐)。⑦ 同时，长吏也要负一定责任，如"诸大辟公事，长吏若依前违慢，致有出入，信凭人吏擅行拷决，当重行朝典"。⑧

当然，宋代在司法实践中，并未按照法律规定执行，只要有长官同意即可对嫌疑犯刑讯。如凤州"河池远乡酒家杀人，无左验，诬其旁近下贫小民为杀人者，县吏受赂，掠笞数千百不服"，于是对其实施酷刑，并"昼夜不释"，因"不胜痛诬服"。⑨ 最后，施刑的工具、次数、部位，法律都有规定。⑩ 但在执行时，不如法者也不在少数。如黄梅县尉潘义方在刑讯朱凝时，"遣狱卒以牛革巾湿而蒙其首，躁则愈急，凝不胜楚痛，即自诬受赃"。⑪ 南宋时期，刑讯工具不遵条法

---

① 窦仪等撰，薛梅卿点校：《宋刑统》卷二十九，法律出版社1999年版，第538页。

② 窦仪等撰，薛梅卿点校：《宋刑统》卷二十九，法律出版社1999年版，第542页。

③ 马端临：《文献通考》卷一百六十六，中华书局2011年版，第4977页。

④ 脱脱等撰：《宋史》卷一百九十九，中华书局1977年版，第4971页。

⑤ 古代有公罪和私罪之分，涉及公事的犯罪，为公罪，即惩处轻，涉及私事的犯罪，为私罪，即惩处重。

⑥ 李焘：《续资治通鉴长编》卷九十一，中华书局2004年版，第2150页。

⑦ 王云海：《宋代司法制度》，河南大学出版社1992年版，第276页。

⑧ 徐松辑，刘琳、刁忠民、舒大刚、尹波等校点：《宋会要辑稿》刑法六，中华书局1957年版，第6720页。

⑨ 毕仲游：《西台集》卷十二，载《影印文渊阁四库全》(第1122册)，台湾"商务印书馆"1986年版，第162页。

⑩ 王云海：《宋代司法制度》，河南大学出版社1992年版，第277~278页。

⑪ 李焘：《续资治通鉴长编》卷六十七，中华书局2004年版，第1500页。

的情况仍很严重，如教宗乾道四年，臣僚言："比年以来，吏务酷虐，浸乖仁恕之意。凡讯囚合用荆子，一次不得过三十，共不得过二百。此法意也。今州县不用荆子，而用藤条，或用双荆，合而为一，或鞭股鞭足至三五百，刑罚冤滥，莫此为甚。"①可见，无论是北宋或南宋，违法刑讯的行为始终都存在。

(四)长官"狱不躬亲"之责

宋代建立了完善的地方长官躬亲审理原则。太平兴国六年(981 年)诏："诸州大狱，长吏不亲决，胥吏旁缘为奸，逮捕证佐，兹慢逾年而狱未具。"②宋真宗规定：诸路州县长吏，"凡勘断公事，并须躬亲阅实，无令枉滥淹延"。③ 徽宗时强调："州县官不亲听囚而使吏鞫讯者，徒二年。"④此制度，不仅有助于确保案件的审判质量，减少司法黑暗，而且还有助于树立审判官员的亲民形象，从而产生良好的社会效果。当然，司法实践中，地方长官不躬亲狱讼，而委托胥吏的也为数不少。正如高宗绍兴年间刑部员外郎张巇说："郡县长吏间有连日不出公厅，文书讼牒多令胥吏传押，因缘请托，无所不至。乡民留滞，动经旬月。至有辨讼终事而不识长官面者，如此则岂能尽民之情、宣上之德。欲望申严，今后守令非疾病或假，不许不出厅治事，仍令监司常切督察。"⑤也有"诸州大狱，长吏不亲决，胥吏旁缘为奸，逮捕证左，滋蔓逾年而狱未具"。⑥

(五)故出入人罪之责

根据宋法规定，法官故意入出人罪，有以下三种情况：第一，故意入出人罪，以全罪论(全出罪、全入罪)，即被告人本无罪，而法官"或虚立证据或妄构异端，舍法用情，锻炼成罪"。⑦ 或者是被告人本有罪，法官也以"假证据，使被告人逃脱

---

① 马端临：《文献通考》卷一百六十七，中华书局 2011 年版，第 5016 页。

② 脱脱等撰：《宋史》卷一百九十九，中华书局 1977 年版，第 4968 页。

③ 李焘：《续资治通鉴长编》卷九十九，中华书局 2004 年版，第 2303 页。

④ 马端临：《文献通考》卷一百六十七，中华书局 2011 年版，第 5011 页。

⑤ 徐松辑，刘琳、刁忠民、舒大刚、尹波等校点：《宋会要辑稿》职官四十七，中华书局 1957 年版，第 3433 页。

⑥ 李焘：《续资治通鉴长编》卷二十二，中华书局 2004 年版，第 491 页。

⑦ 窦仪等撰，薛梅卿点校：《宋刑统》卷三十，法律出版社 1999 年版，第 552 页。

法律的制裁"这种故入人罪或故出人罪，法官都应承担加害给被告人之罪名。

第二，故意从轻入重，或从重减轻，以所剩论。① 法官出于各种动机，故意把轻罪判为重罪，这种情况，法官要承担犯罪人所剩下的刑罚，如犯罪人本应处笞刑十下，而罪犯却被处笞刑三十下，法官就应承担多出的二十下刑罚(笞刑分五等，从十至五十，每等为十)。法官或收贿赂或受请托，故意把罪犯的重罪，从轻处罚，如犯罪人本应判二年徒刑，而得到的刑罚是一年半的徒刑，少判的半年徒刑就由法官来承担。

第三，如果故意更改刑罚的种类，从笞入杖，从徒入流，亦以所剩论。② 如果从笞刑入杖刑，从徒刑、入流刑，或从流刑入死罪，亦以全罪论。即罪犯本应处笞刑五十下，结果打了六十下，对罪犯多打十下，即从笞刑入了杖刑(杖刑分五等，从六十至一百，每等为十)，法官就应承担十下的杖刑。如果罪犯本应处一百下的杖刑，结果被判处徒刑三年，法官就应承担徒刑的处罚(徒刑分五等，每半年一等。)法官故意多判的刑罚，由法官来全部承担。如果罪犯本应处徒刑，结果处了流刑，(流刑分三等，每五百里为一等。)多判的流刑，由法官来承担；如果是出罪者，同样追究其责。如太祖开宝八年(975 年)六月，宋州观察判官崔约、录事参军马休等因受赇不法而被弃市。③ 宋太宗雍熙元年(984 年)十月，忠州录事参军卜元干因贿赂枉法而被杖杀。④ 仁宗天圣六年(1028 年)，滑州观察支使索希甫接受百姓刘兴贿赂而枉法曲断出罪，被刺面决配远州牢城。⑤

二、宋代地方官吏司法官员问责制度

宋政府为督出司法官吏很好履行其职责，建立了相配套的制度和措施。其司法问责制具有明显的时代特征。

第一，失入死罪者，不得再出任地方官吏。宋代的司法实践中，判案出现错

① 窦仪等撰，薛梅卿点校：《宋刑统》卷三十，法律出版社 1999 年版，第 552 页。

② 窦仪等撰，薛梅卿点校：《宋刑统》卷三十，法律出版社 1999 年版，第 552 页。

③ 李焘：《续资治通鉴长编》卷十六，中华书局 2004 年版，第 342 页。

④ 脱脱等：《宋史》卷四，中华书局 1977 年版，第 73 页。

⑤ 徐松辑，刘琳、刁忠民、舒大刚、尹波等校点：《宋会要辑稿》刑法六，中华书局 1957 年版，第 6699 页。

判者，要求特别严格，特别是残酷滥施刑罚的官吏，国家对他们在仕途发展方面进行了严格的限制，如仁宗时，“广州司理参军陈仲约误入人死罪，有司当仲约公罪应赎。帝谓知审刑院张揆曰：‘死者不可复生，而狱吏虽暂废，他日复得叙官。可不重其罚耶！’癸巳，诏仲约特勒停，会赦未许叙用。”①再如神宗元丰七年(1084年)，由于祥符县令阙，朝廷准备让朝奉大夫俞希旦权发遣祥符县。可给事中韩忠彦说：“希旦近知滑州，以拷无罪人死冲替，应入监当。”②神宗得知，即令改他人。

第二，失入人罪，不得再出任司法官员。“仁宗时，刑部尝荐详覆官，帝记其姓名，曰：‘是尝失入人罪不得迁官者，乌可任法吏？’举者皆罚金。”③不仅不能再为法官，甚至被外放至“僻远小处”为官。

由此可知，宋代司法官员在获得权力的同时，官员自己的政治生涯取决于履行职责情况而定。重视官本位的中国古代，因为官的收益太大，包含政治权力和地位以及经济利益等，司法官员对自己的行为后果不得不三思而后行。

第三，根据出入人罪责任的大小和轻重区别对待，凸显层次性。一是法官受赃故出入人罪者，往往处死刑。如乾德三年(965年)十月，太子中舍王沼权知西县时，受赃枉杀人而被弃市。④ 二是法官私报恩怨故出入人罪者，处限制人身自由的编管等，如宋仁宗庆历六年(1046年)六月，向绶权知永静军时，因不法之事，怕通判告发，迫使通判自尽，后向绶被削官除名编管潭州。⑤ 三是司法人员失出入人罪的，处除名⑥、勒停⑦、追官⑧等。如大中祥符八年(1015年)八月，

① 李焘：《续资治通鉴长编》卷一百七十八，中华书局2004年版，第4307页。

② 李焘：《续资治通鉴长编》卷三百四十五，中华书局2004年版，第8277页。

③ 脱脱等撰：《宋史》卷一百九十九，中华书局1977年版，第4974页。

④ 李焘：《续资治通鉴长编》卷六，中华书局2004年版，第159页。

⑤ 李焘：《续资治通鉴长编》卷一百五十八，中华书局2004年版，第3831页。

⑥ 除名就是，在官籍除去名字，削去官爵，夺去官位和爵禄，而后听后发配。

⑦ 勒停，即撤销现任职务，勒令停职或降一任官职。

⑧ 追官，又称降官、免官。追三官指的是职事官、散官、卫官为一官，勋官为二官，宋代有“以待文学之选”，这是宋代的一种加官，也是荣誉性的职称。追官、降官都属于追回或降低官衔官阶的处罚。追官不单单是剥夺或减少官吏的俸禄，而且影响到官吏的政治生命和政治待遇。参见沈括：《梦溪笔一谈》卷十一，上海书店出版社2003年版；《宋刑统》，法律出版社1999年版，第26页。

“大理少卿阎允恭、开封判官韩允坐枉狱，除名”。① 又如仁宗景祐三年(1036年)年四月，泉州录事参军张寻失入吴皓死罪，张寻被处合追(降)一任勒停。②这类根据责任大小的处罚方式一方面能“撤职和剥夺”实权，另一方面还能在官爵上降级使用的。在实际执行中又便于操作，同时也避免了“一棒子”打死，更好地保护一些问责官员的工作积极性。③

宋代颇具特色的司法问责制，旨在维护封建统治，其弊端是不言而喻的，如监督权与司法权混淆、制度设计和司法实践脱节等。但是，责任制度对法官行为的约束和冤假案错案的减少发生等，仍不失为完善当今的司法问责制有其资鉴。

宋代建立较为完善的司法监督配套制度，即从中央到地方层层监督。御史、谏官监督路级监司，监司监督州县官等，且对每一个各层级都有配套的制度规章。如上级申报制度，以便上级对下级的督查和监督。太平兴国六年(981 年)十二月规定：“外县罪人，令五日一具禁放数白州。”④再如监司对州县官的司法监督等，形成了制度预防到执行以及执行后，依据结果奖惩较完整的司法监察体系。即法律层面上规定官员应尽的职责，到执行过程中的监司巡历制度，再通过官员《考课令》制度，决定官员是否升迁、罢黜等，形成一套较完善的监察规章制度。正是这一较完善的监察制度体系的建立，才使地方官员的司法问责制度得以有效运行。

宋代大辟案实行集体审核签署制，产生的效果是：强化责任心。集体审核签署责任制，对每一位司法官员来说，是政治生命和经济利益的集合体。如一人审核出现问题，导致失出入人罪，集体受罚。这种结果是参与案件审核的人员都不愿意看到的，所以参与审核的司法人员，都会尽职尽责认真审理核案件的。

① 脱脱等：《宋史》卷八，中华书局 1977 年版，第 158 页。

② 徐松辑，刘琳、刁忠民、舒大刚、尹波等校点：《宋会要辑稿》刑法四，中华书局 1957 年版，第 6658 页。

③ 邢琳：《宋代县级官员问责制》，载《中州学刊》2014 年第 7 期。

④ 李焘：《续资治通鉴长编》卷二十二，中华书局 2004 年版，第 507 页。

第三节　宋代地方司法官员的违法司法及其原因

宋代司法官员管理制度之严格远超前代，官员之间的监督无处不在。在司法过程中，甚至不允许负有监督之责的官员相见。法网如此繁密，效果又当如何呢？我们可以看到，宋代地方司法官员的违法司法行为并未因法治严密、管控严格而减少，地方官员违法司法行为屡见不鲜，此种原因颇值得探究和分析。

一、宋代县级官员司法中的违法表现

宋代的县级长官是知县或县令，其职能是集行政、司法于一身。司法职能主要负责审理境内各种案件，对民事案件和杖以下的刑事案件作出判决，徒以上的刑事案件必上报州，但有预审权，对超越权限的刑事案件无权审理；其佐官为县丞、主簿、县尉，协助县长官处理政务。宋代由于商品经济的繁荣，各种社会矛盾不断出现，在司法领域中出现了大量的违法现象，其主要表现形式有以下几种。

（一）违法缉捕

打击盗贼、保一方平安是宋代县尉的首要职能。宋政府为了提高县尉的工作效能，对盗贼抓捕规定了严格的时限。如建隆三年(962年)十二月诏："凡盗贼，斗讼先委镇将者，诏县令及尉复领其事。"紧接着颁布了《捕贼条》："给以三限，限各二十日。……过三限不获，尉罚一月俸，令半之。尉三罚，令四罚，皆殿一选；三殿，停官。令尉与贼斗而尽获者，并赐绯，尉除令，仍超两资，令别加升擢。"①这样一来，有的县尉为逃避责任或邀功，就以缉拿盗贼为名，随意抓捕无辜平民百姓，甚至严刑拷打，敲诈勒索。如仁宗景祐元年(1034年)六月十八日，审刑院言："自今巡检、县尉下军人、弓手，以缉贼为名，捉搦平人，执缚拷决，

① 徐松辑，刘琳、刁忠民、舒大刚、尹波等校点：《宋会要辑稿》兵十一，中华书局1957年版，第76页。

逼取资才，乞从强盗定断至死奏载。”①仁宗六年(1046年)，“强至，初为婺州浦江令，时有民与其母税邸舍于道，客有过者，暴病未及闻县而死。县尉希功，往执其母榜之，其子惶恐，即自诬杀客”。② 县尉为了得到奖赏，在对过客是正常死亡还是非正常死亡未确定的情况下，也未作任何调查，即认定了嫌疑人。很显然，这是一起冤案，因儿子怕母亲受刑，侮称自己杀死过客。还有的县尉，在处理案件时，不从多方面搜集证据，仅凭一人之词，就擅自抓捕拷讯致死。如真宗景德四年十二月初，“青神县民史光宝家为盗所劫，耆保言是夕雷，延赋、延谊不宿本舍，县尉即捕而讯之。县吏王嗣等恣行拷掠，因而至死。有顷，州得劫光宝贼七人，乃明赋、谊之冤”。③

(二)违法刑讯

宋代虽然把刑讯逼供视为合法的取证手段，但必须依法刑讯。如建隆三年(962年)十二月诏，“凡有贼盗刑狱，并须用心推鞫……支证分明，及赃验见在，公然抗拒，不招情款者，方得依法拷掠，仍须先申取本处长吏指挥”。④ 太宗时也规定，“自今系囚，如证左明白而捍拒不伏，合掠讯者集官属同讯问之，勿令胥吏拷决”。⑤ 然而，州县官吏在刑讯过程中，往往突破法律限制，造成很多冤狱。如凤州“河池远乡酒家杀人，无左验，诬其旁近下贫小民为杀人者，县吏受赂，掠笞数千百不服”，于是对其实施酷刑，并“昼夜不释”，因“不胜痛诬服”。⑥ 这样的事例，在宋代史料记载中，不胜枚举。

另外，宋代对刑讯工具的长短、厚薄、轻重、大小皆有法律明文规定，可在司法实践中，违法刑讯的行为往往屡禁不止，如真宗景德四年(1007年)黄梅县尉潘义方在刑讯朱凝时，“遣狱卒以牛革巾湿而蒙其首，躁则愈急，凝不胜楚痛，

① 徐松辑，刘琳、刁忠民、舒大刚、尹波等校点：《宋会要辑稿》兵十一，中华书局1957年版，第76页。

② 杨奉琨校释：《折狱龟鉴疑狱集校释》卷二，复旦大学出版社1988年版，第116页。

③ 李焘：《续资治通鉴长编》卷六十七，中华书局2004年版，第1511页。

④ 窦仪等撰，薛梅卿点校：《宋刑统》卷二十九，法律出版社1999年版，第542页。

⑤ 马端临：《文献通考》卷一百六十六，中华书局2011年版，第1444页。

⑥ 毕仲游：《西台集》卷十二，载《影印文渊阁四库全书》(第1122册)，台湾“商务印书馆”1986年版，第162页。

即自诬受赃”。① 南宋时期，刑讯工具不遵条法的情况仍很严重，如教宗乾道四年，臣僚言：“比年以来，吏务酷虐，浸乖仁恕之意。凡讯囚合用荆子，一次不得过三十，共不得过二百，此法意也。今州县不用荆子而用藤条，或用双荆，合而为一，或鞭股鞭足至三五百，刑罚冤滥，莫此为甚。”②宁宗庆元三年，臣僚也言：“州县之间”，“虐民者莫甚于惨酷”，“推司辄自讯囚，荆杖代用藤条，观望锻鍊，备极荼毒。此惨酷之害民者也”。③ 由此可知，无论南宋或北宋，违法刑讯的行为始终都存在。

（三）违法科罚

宋代的科罚，即当代所说的罚金。宋代根据犯罪的性质及犯罪情节的轻重，对案犯处以一定数量的罚金或赎金。这是审判机关对犯罪嫌疑人处罚的一种手段，宋政府为了防止司法官吏滥用手中的权力强取民财。法律明文规定，“凡犯罪者轻重自有断罪条法，如或巧作名目，令犯人献助钱物以自勉（浼）者，官吏当以坐赃论”。④ 尽管如此，司法实践中州县官员违法罚金的记载却不少，如《州县提纲》载：“凡讼至有司，不宜先萌意科罚。盖萌意科罚，则或发富家之阴私，或牵连富家之妇女者，往往倚为奇货，其心必喜。喜则行之必严，追逮必众，其事本细，张皇成大，指顾可以破人之家。殊不知张官设吏本为民理曲直耳，今不问曲直而取财以破人之家，于心宁无愧，于君宁无负，于幽明宁无责！可不戒哉！”⑤真德秀也言：“今县道有行科罚之政，与夫非法科敛者，皆民之深害也。”⑥宋理宗宝祐二年诏曰：“近闻有不畏刑法之人辄倚声势，公肆掊敛，借名

① 李焘：《续资治通鉴长编》卷六十七，中华书局 2004 年版，第 1500 页。

② 马端临：《文献通考》卷一百六十七，中华书局 2011 年版，第 1454~1455 页。

③ 徐松辑，刘琳、刁忠民、舒大刚、尹波等校点：《宋会要辑稿》刑法一，中华书局 1957 年版，第 6560 页。

④ 徐松辑，刘琳、刁忠民、舒大刚、尹波等校点：《宋会要辑稿》刑法二，中华书局 1957 年版，第 6572 页。

⑤ 陈襄：《州县提纲》卷二，载《影印文渊阁四库全书》（第 602 册），台湾“商务印书馆”1986 年版，第 630 页。

⑥ 中国社会科学院历史研究所宋辽金元史研究室点校：《名公书判清明集》卷一，中华书局 1987 年版，第 3 页。

贡献，实在营私。豪民富室，本无愆尤，吹毛求疵，反致其罪。甚至抢财籍产，无所赴诉。怨归于上，利归于己，有累官府，孰甚于斯。”①从这些记载看，南宋时期对案犯的科罚行为，已经成为审判机关“取财”的重要渠道之一了。这也是县级司法中表现的又一种违法现象。

（四）违法监禁

宋代的监禁，主要指的是等待审判，或正在被审理、判刑过程中与案件有关的人员。宋代县级机关对犯杖罪，且不能马上结案的嫌犯或被告，拥有羁押权。宋代监禁权的滥用，归纳起来如下几个方面。

1. 不书禁历

“禁历”是指将被监禁人之姓名、籍贯、被监禁原因、时间等详细情况，记载到相应的监禁记录之中。凡“不书（禁）历”者，“在法有（杖）一百之罪”②的责任。从史料记载看，宋代县级司法实践中不书禁历情况有：

一是“正禁”不书禁历。正禁即审判机构依法进行的监禁。政和二年，臣僚上言：“窃闻远方郡邑官吏多轻视狱，囚不书历。虽在法有一百之罪，深怨未尽。遵承及门留、知在，亦多不书，致监司无由检察，遂成留滞。”③南宋时，不书禁历情况仍未改变，宋政府吸纳臣僚建议，嘉定七年正月七日诏：“应州县除事干人命及重害公事许照条收禁，提刑司以州县申到禁历须管，躬亲检察，将不应禁及久囚去处严行责罚，毋为文具。”④由此说明，正禁中不书禁历的现象较为普遍。

二是，被监禁人转移，不书禁历。宋代规定，县佐有“寄收”权，即审判机构因某种原因将被监禁人转移到巡司、尉司等缉捕机构进行监禁，但必须“禁历”。然而，县佐多不书禁历，如嘉定十六年八月八日，臣僚言：“州县将不应禁人辄

---

① 李之亮校点：《宋史全文》卷三十五，黑龙江人民出版社2005年版，第2314页。

② 徐松辑，刘琳、刁忠民、舒大刚、尹波等校点：《宋会要辑稿》刑法六，中华书局1957年版，第6722页。

③ 徐松辑，刘琳、刁忠民、舒大刚、尹波等校点：《宋会要辑稿》刑法六，中华书局1957年版，第6722页。

④ 徐松辑，刘琳、刁忠民、舒大刚、尹波等校点：《宋会要辑稿》刑法六，中华书局1957年版，第6731页。

行收禁，自有见行条法、指挥，其间县佐寄收人，多是不曾书上禁历，非理囚禁。”①

2. 不应监禁而监禁

宋代法规定：“诸囚不应禁而禁者徒二年，当职官知情与同罪，失觉察者减三等，许被关留人越诉。”②严格的法律制度在司法实践中，却表现出另一种景象：

为勒索钱财，违法监禁。从史料记载看，南宋时期，违法监禁的情况比较突出，特别是把富有人家，作为勒索钱财的对象。如绍兴二十六年臣僚言：“近年以来，州县守令类多贪墨，每有等第豪户及僧道富赡者犯罪，一至讼庭，往往视为奇货，连逮禁系，动经旬月，方令入状。以愿献助钱物为名，或作赡军支用，或作修造亭馆，更不顾其所犯轻重，一例释放。”③

（五）违限决狱

宋代，无论是刑事案件或民事案件，都有一定的审案期限，司法官如违反期限结案，承担相应的刑事责任。太平兴国年间规定：“诸道刑狱，大事限四十日，中事二十日，小事十(日)。一日笞十下，三日加一等，罪止杖八十”，“凡达四十日以下者，比附官文书定断，罪止杖八十。四十日以上，奏取旨。”④南宋的审案期限：“小事十五日，大事三十日……有故不能如限，具事因申所委官司量展，并不得过元限之半。”⑤州县遇特殊案件，审案期限“可延长至一年，一年仍不能决者，申报提刑司处理”。⑥ 严格结案期限，在具体的执行过程中却表现为：

① 徐松辑，刘琳、刁忠民、舒大刚、尹波等校点：《宋会要辑稿》刑法六，中华书局1957年版，第6731页。

② 徐松辑，刘琳、刁忠民、舒大刚、尹波等校点：《宋会要辑稿》刑法六，中华书局1957年版，第6731页。

③ 徐松辑，刘琳、刁忠民、舒大刚、尹波等校点：《宋会要辑稿》刑法二，中华书局1957年版，第6572页。

④ 徐松辑，刘琳、刁忠民、舒大刚、尹波等校点：《宋会要辑稿》刑法三，中华书局1957年版，第6602页。

⑤ 戴建国点校：《庆元条法事类》卷八，黑龙江人民出版社2002年版，第143页。

⑥ 徐松辑，刘琳、刁忠民、舒大刚、尹波等校点：《宋会要辑稿》刑法三，中华书局1957年版，第6616页。

第一，胥吏，为觅钱财而违限。宋代由于司法、行政合一制，县长官事务特别繁忙，他们就把长官躬亲狱讼的职责，委托于胥吏(具体办事人员)行使。宋前期胥吏无俸禄，后期俸禄微薄，他们为觅钱财，对狱讼的审理超越期限，据史料所载："州县鞫狱，事之大小，各有定限，至四十日而止。有司往往虚文枝蔓，逮及无辜，至有踰年而狱不具者。"①"诸县徒以上罪虽有结解期限，而吏胥利于追逮求觅，或一年或数月，始以解州。又数月或半年，方能结案。"②更甚者，有的胥吏为了达到勒索钱财的目的，不惜让涉案人员死于狱中，如《华阳集》所载"奸吏受赇，滋漫及于平人，是致狱久不决，而毙于累囚者不可胜数"。③ 到南宋理宗时，案犯留狱不决更成为常态。正如监察御史程元风所奏："今罪无轻重，悉皆送狱，狱无大小，悉皆稽留。或以追索未齐而不问，或以供款未圆而不呈，或以书拟未当而不判，狱官视以为常，而不顾其迟，狱吏留以为利，而惟恐其速。"④

第二，官吏不尽职责而违限。由于官吏素质不高、社会风气的转变等原因，勤于职守的官员较少，尤其是两宋末期，这种现象更为突出。《宋会辑稿要》和《名公书判清明集》里对郡、县政不理、宴饮度日的官员有大量的记载，甚至成为了一种风气。这里仅举几例说明之。如仁宗末年，"凤翔妇与黄冠通奸，即妊不决，在禁中四年"，直到英宗即位大赦才得以释放，出狱时，"妇生子，发满面，齿满口"。⑤ 徽宗年间，"监司守令，皆赴寄居之家酒食，甚者杂以婢妾，深夜方散。交通所部，驰废职事"。⑥ 南宋时，不尽职责的官员更为常见，如，令"狱吏自行审问，但视成款佥署，便为一定，甚至有狱囚不得一见知县之面者"。⑦

① 李心传：《建炎以来系年要录》卷一百六十六，中华书局1956年版，第2715页。

② 洪适：《盘洲文集》卷四十一，载《影印文渊阁四库全书》，台湾"商务印书馆"1986年版，第518页。

③ 张纲：《华阳集》卷十四，载《影印文渊阁四库全书》(第1131册)，台湾"商务印书馆"1986年版，第174页。

④ 脱脱等：《宋史》卷二百零一，中华书局1977年版，第5015页。

⑤ 丁如明校点：《宋元笔记小说大观》，上海古籍出版社2001年版，第1537页。

⑥ 徐松辑，刘琳、刁忠民、舒大刚、尹波等校点：《宋会要辑稿》刑法二，中华书局1957年版，第6541页。

⑦ 胡太初：《昼帘绪论·治狱篇》，载《影印文渊阁四库全书》(第602册)，台湾"商务印书馆"1986年版，第723页。

(六)违反司法官员管理制度

宋代规定县级长官既负责行政事务，又要亲自审判刑、民案件(刑案：处理杖以下罪的判决)，对未能很好地履行其职责者，实行责任追究制。宋真宗乾兴元年(1022年)诏：诸路州县长吏，“凡勘断公事，并须躬亲阅实，无令枉滥淹延”。① 宣和二年(1120年)进一步规定：“州县官不亲听囚而使吏鞫讯者，徒二年。”②长官躬亲制的实行，确实对部分地方长官职责的履行起到了积极有效的监督作用，但是不留意狱事，视中央政令为儿戏的官员也不乏其人，如《宋会要》载，徽宗年间，“今之居官者，或以酣咏遨游为高，以勤强谨恪为俗”。③ 再如陈漕增对移的一知县亦是“日日宴饮，必至达旦，命妓淫狎，靡所不至。谓知县不理民事，罕见吏民……又非理不法之事，有难载之纸笔者”。④ “狱者，民之大命”，判案本是州县长官的重要职责之一，然“大辟刑名公事，件件不理，但有纵吏受赇，贪声载路”。⑤ 这样的事例在《名公书判清明集》里不胜枚举。

宋真宗咸平三年(1000年)十月，诏：“今后杀伤公事，在县委尉，在州委司理参军，如阙正官，差以次官，画时部领一行人躬亲检验。委的要害至命去处，或的是病死之人，只仰命官一员画时检验。若是非理致命及有他故，即检验毕，画时申州差官覆检，诣实，方可给与殡埋。其远处县分，先委本县尉检验毕，取邻近相去一程以下县分内，牒请令、尉或主簿一程以上，只关报本县令、佐覆检，独员处亦取邻州县最近者覆检，诣实，即给尸首殡埋，申报所隶州府，不得推延。”⑥仁宗康定二年(1041年)二月十七日，朝廷规定，“自今诸县令、佐受到

① 李焘：《续资治通鉴长编》卷九十九，中华书局2004年版，第2303页。

② 马端临：《文献通考》卷一百六十七，中华书局2011年版，第5011页。

③ 中国社会科学院历史研究所宋辽金元史研究室点校：《名公书判清明集》卷一，中华书局1987年版，第2页。

④ 中国社会科学院历史研究所宋辽金元史研究室点校：《名公书判清明集》卷二，中华书局1987年版，第42页。

⑤ 中国社会科学院历史研究所宋辽金元史研究室点校：《名公书判清明集》卷二，中华书局1987年版，第59页。

⑥ 徐松辑，刘琳、刁忠民、舒大刚、尹波等校点：《宋会要辑稿》刑法六，中华书局1957年版，第6694页。

诸县牒请覆检者，须本县簿、尉及监当官员阙，县令独员在县，方听依条免去”。①这是对如本县官员缺员，可以不去参加复检，另派附近县人员复检。但是，在法医检验实践中，暴露出一系列问题，“州县之官视检验一事不肯亲临，往往多以事辞免，率委之巡检”。② 为此徽宗政和七年(1117 年)十月十九日，针对官员不亲自到场检验的问题，颁布了一道诏令，曰：“访闻福建路州县乡村检验、覆检，多不躬亲前去，只委公人同耆壮等，事干人命虑有冤枉。仰提点刑狱条法，行下州县，违者奏劾，不以赦原。”③尽管如此，实践中的复检弊端进一步暴露。孝宗淳熙元年(1174 年)五月十七日，浙西提刑郑兴裔曰：检验之制自有成法，州县视为散慢，不及差官，或所差官迟延起发，或因道里隔远，于寒暑，却作不堪检覆，或承验官不肯亲临，合干人等情弊百端。遂使冤枉不明、狱讼滋繁。④ 由此可知，宋代司法检验中县尉不履行职责的行为，是多么严重。

二、宋代地方官员违法司法的动因

(一) 恩赦无度，助长不法行为

宋代统治者标榜以忠厚为本，以宽仁为治。⑤ 恩赦之制则是其具体体现。宋代的恩赦主要有大赦、曲赦、德音等。三者的区别是：“大赦者，不以罪大小，皆原。曲赦者，即或某处有灾，或车驾行幸，则曰赦某郡以下；复有递减其罪，谓之德音者，比曲赦则恩及天下，比大赦则罪不尽除。”⑥宋代的赦降，正如《宋

① 徐松辑，刘琳、刁忠民、舒大刚、尹波等校点：《宋会要辑稿》刑法六，中华书局1957 年版，第 6695 页。

② 徐松辑，刘琳、刁忠民、舒大刚、尹波等校点：《宋会要辑稿》刑法六，中华书局1957 年版，第 6695 页。

③ 徐松辑，刘琳、刁忠民、舒大刚、尹波等校点：《宋会要辑稿》刑法六，中华书局1957 年版，第 6695 页。

④ 徐松辑，刘琳、刁忠民、舒大刚、尹波等校点：《宋会要辑稿》刑法六，中华书局1957 年版，第 6696 页。

⑤ 脱脱等：《宋史》卷一百九十九，中华书局 1977 年版，第 4961 页。

⑥ 王应麟：《玉海》卷六十七，载《影印文渊阁四库全书》(第 944 册)，台湾“商务印书馆”1986 年版，第 734 页。

史》所载："宋自祖宗以来，三岁遇郊则赦，此常制也。世谓三岁一赦，于古无有。"①据郭东旭先生研究，仅《宋史·本纪》《续资治通鉴长编》《宋会要辑稿·刑法五》《文献通考》第一百七十三卷中的记载，从宋太祖到宋端宗，共有赦降活动694次之多，仅宋徽宗元符三年赦降活动就有9次之多。②

除此之外，还有皇帝针对个案的特赦。如乾德五年(967年)，王全斌等因在破蜀时豪夺子女、擅发府库、隐没货财、擅克削士兵装钱、杀降致寇等，"法当死，上特赦之"。③ 尤其是对赃官的赦免，如赵普受金一事，宋太祖不仅不怪罪，还笑着说："但受之无妨。彼谓国家事，皆由汝书生耳。"④真宗的宠臣王钦若科场受贿事败，御史中丞赵昌要对其惩治，而皇上却赵昌说："朕待钦若至厚，钦若欲银，当就朕求之，何苦受举人赂耶？且钦若才登政府，岂可遽令下狱乎？昌言争，不能得。"最后对王钦若不但不追究，反而使"昌言等皆坐故入并及于责"。⑤ 这虽然只是对高官特殊人物而言，但所产生的效应是"大吏不正而责小吏，法略于上而详于下，天下之不服固也"。⑥ 皇帝过多恩赦、姑息官吏的做法，使正常的司法制度遭到了破坏，法律的尊严被践踏得荡然无存。正如司马光所言："今立法以禁之于前，而发赦以劝之于后，则凡国家之令，将使民何信而从乎！"⑦结果是大小官吏无所顾忌，敢以身试法，践踏法律。特别是，宋代后期，对贪赃官吏不处死刑，甚至连掌管"民之大命"⑧的司法官吏，即使有草菅人命的，也少有死刑，至多放罢。这样，无形中就助长了司法官吏的不法行为。

---

① 脱脱等：《宋史》卷一百九十九，中华书局1977年版，第4961页。

② 郭东旭：《宋朝法律史论》，河北大学出版社2001年版，第379页。

③ 李焘：《续资治通鉴长编》卷八，中华书局2004年版，第187页。

④ 江少虞：《事实类苑》卷一，载《影印文渊阁四库全书》(第874册)，台湾"商务印书馆"1986年版，第21页。

⑤ 李焘：《续资治通鉴长编》卷五十一，中华书局2004年版，第1119~1120页。

⑥ 杨万里：《诚斋集》卷八十八，载《影印文渊阁四库全书》(第1161册)，台湾"商务印书馆"1986年版，第178页。

⑦ 李焘：《续资治通鉴长编》卷一百九十七，中华书局2004年版，第4778页。

⑧ 真德秀：《西山文集》卷四十，载《影印文渊阁四库全书》(第1174册)，台湾"商务印书馆"1986年版，第618页。

(二)官权吏行，奸弊丛生

宋代的地方司法实务中，是通过官和吏(吏也称胥吏)两个阶层实现的。官员的职责是在吏对案犯审讯和检控的具体事务基础上，作出判决。这样官与吏之间就存在着微妙的关系。以科举进身的县级官员对法律知识虽有了解，但不精通，相反胥吏们却掌握着充分的法律知识，因为，宋代的胥吏仍然保留着汉唐时期的刀笔吏“以吏为师，以法为教”的传统，因此，熟悉律令制度是作胥吏的最基本条件，这就为胥吏把持县的狱讼创造了条件，进而也就产生了狱讼弊端。

第一，官不知法，吏以权弄法。正如高宗朝的李椿年所言：“所谓吏强官弱者非吏挠权之罪，官不知法之罪也。明乎法则曲直轻重，在我而已，吏岂得而欺乎?”官员因不知法，“临民遇事，不能自决，吏始得以弄法而欺之，曲直轻重皆惟吏所为”。① 长此以往，胥吏弄权也就不足为奇了。

第二，官不躬亲狱讼，惟吏是从。宋代虽然有长官躬亲狱讼之制，但由于县政事务的繁杂，加上对狱讼实务又不太熟悉和腐败的政风，到南宋时期，县长官不处理狱讼的情况已相当严重。南宋初，刑部员外郎张巘言：“郡县长吏，间有连日不出公厅，文书讼牒，多令胥吏传押，因缘请托，无所不至，乡民留滞，动经旬月，至有辨讼终事而不识长官面者。”②更甚者，有的县官“终日昏醉，万事不理，惟吏言是用”，③ 如崇安知县，“日日宴饮，必至达旦，命妓淫狎，靡所不至，凡有词诉，吏先得金，然后呈判，高下曲直，惟吏是从”。④ 正是由于官不躬亲狱讼之事，宋代司法腐败成为一种突出的社会现象。

第三，三年一轮任的任期制度，为吏违法造成可乘之机。官员任期短，对当地的风土人情不能全面了解，在处理狱讼案件时就难于作出正确的判断，因此，官员为积累资历，只有委托当地了解情况的胥吏，听任他们的摆布。

---

① 李心传：《建炎以来系年要录》卷八十九，中华书局1956年版，第1486页。

② 徐松辑，刘琳、刁忠民、舒大刚、尹波等校点：《宋会要辑稿》职官四十七，中华书局1957年版，第4333页。

③ 中国社会科学院历史研究所宋辽金元史研究室点校：《名公书判清明集》卷二，中华书局1987年版，第40页。

④ 中国社会科学院历史研究所宋辽金元史研究室点校：《名公书判清明集》卷二，中华书局1987年版，第42页。

第四，官祖护不法之吏，加深了县级司法的腐败。官员应对自己的属下严格要求，特别是对违法的下属，更应配合司法机关教育或抓捕，而在宋代，一些县级官员却作出藏匿属下的行为。如蔡久轩判词云："配吏程伟等横敛虐取，铅山县民怨入骨髓，讼之者不可胜计。本司将程伟等徒杖加配，拘收外寨，而于知县则未之闻焉。今知县乃反将程伟、张谨等夺收藏匿宅堂，不肯交付。"①致使不法之吏逍遥法外，更进一步加重了司法吏治的腐败。

（三）监察官失职，官官相护

宋代对县级官员，建立了严密的监察制度。有关宋代监察制度研究成果较多，② 但多半是从宏观上论述宋代监察制度的，从微观上论述县级监察制度的成果较少。县级官员不但受监司（路级监察机构中的转运司、提点刑狱司、提举常平司等，统称监司）、通判的监督，也要受郡守的监督。太平兴国六年（981 年）三月，诏：诸路转运使察部下官吏，"有罢软不胜任、怠慢不亲事及渎货扰民者，条其事状以闻"。③ 神宗熙宁四年（1071 年）三月诏：河北、京东转运提点刑狱司"察所部知州、通判、都监、监押、巡检、知县、县令不职者以闻。"④绍兴十五年（1145 年）七月，高宗命监司"审察县令治状显著、及老懦不职者，上其名以为黜陟。"⑤宁宗嘉定二年（1209 年）五月，宁宗诏："诸路监司"劾守令之贪残者。"⑥可见，无论是北宋或南宋，宋代统治者对县级官员的监察是严格的，如果

---

① 中国社会科学院历史研究所宋辽金元史研究室点校：《名公书判清明集》卷十一，中华书局 1987 年版，第 419 页。

② 主要论著有：贾玉英：《宋代监察制度研究》，河南大学出版社 1966 年版；刁忠民：《宋代台谏制度研究》，巴蜀书社 1999 年版；虞云国：《宋代台谏制度研究》，上海社会科学出版社 2001 年版。主要论文有：肖建新：《宋代监察体制述论》（载《安徽史学》2006 年第 2 期）、《宋代的监察机制》（载《宋史研究论文集》第 11 辑，四川出版集团、巴蜀书社 2006 年版）、《论宋朝的弹劾制度》（载《河北学刊》1996 年第 2 期）；陈骏程：《宋代对监察官进行监督的特点》（载《广西社会科学》2005 年第 9 期）；方宝章：《宋代通判在财经上的监督》（载《辽宁大学学报》1995 年第 2 期）。

③ 李焘：《续资治通鉴长编》卷二十二，中华书局 2004 年版，第 490 页。

④ 李焘：《续资治通鉴长编》卷二百二十一，中华书局 2004 年版，第 5378~5379 页。

⑤ 脱脱等：《宋史》卷三十，中华书局 1977 年版，第 563 页。

⑥ 脱脱等：《宋史》卷三十九，中华书局 1977 年版，第 752 页。

监察官能很好地履行其职责，敢于依法监督，对吏治的清明是有积极意义的。但是监察官由于受封建社会中人治因素的影响，各级监察制度，在具体执行中，所表现的是“或观望而挠于势，或阿私而殉于情，或是非不公而以枉为直，或毁誉失实而以污为廉”的现象。① 监察官不能正己，焉能正人？更何况，还有官官相护的士风，也使监察官望而却步。这就形成了，“县吏之与在朝有姻有旧者，皆不敢问也。民诉其守，则封其词以送其守；民诉其令，则封其碟以与县令，是为守令执仇雠也”的后果。② 本来宋代实行独立审判，联名签署，同职公坐，加强了司法官吏内部互察机制，但是面对众多的“中外狱吏，以捶楚取赂，以直为曲，怨苦无告，当职惮烦受成吏手，同官拱默，不复审听囚词，州县承帖，吏卒困苦小民万状”的不法现象，“同官虽知不敢告，长官亦视为常，恐拂其属姑容之。上官刚德始或案奏，其漏网者多矣，民怨吏，卒怨官，遂怨及朝廷”。③ 正是官官相护，致使县级司法黑暗监司互察法成为一纸具文。

综上所述，宋代司法审判中所表现的各种违法现象，是与社会转型期的时代大背景密切相关的，统治者虽然制定了严密的法律制度和预防犯罪的各种措施，如监察制度、司法官员责任制度等，但是这些制度并未得到真正的贯彻执行。宋代对司法官员的管理如此之严格，防范亦可谓无微不至，但却终究没有实现理想的效果，这就使得宋代理学家士大夫不得不思考宋代的治道问题。

---

① 脱脱等：《宋史》卷四百二十五，中华书局 1977 年版，第 12674 页。

② 章如愚：《群书考索·续集》卷三十七，载《影印文渊阁四库全书》(第 938 册)，台湾“商务印书馆”1986 年版，第 457 页。

③ 杨简：《慈湖遗书附录》，载《影印文渊阁四库全书》(第 1156 册)，台湾“商务印书馆”1986 年版，第 605 页。

第三章 理学之兴与宋代治道之变

第一节 宋代理学兴起和理学士大夫群体的形成

“理学”发源于唐代中后期的韩愈、李翱，中经北宋的周敦颐、邵雍，程颜、程颐，最后由南宋的朱熹集其大成。韩愈提出由尧舜、禹、汤、文、武、周公、孔、孟一脉相承的“道统”谱系，但他认为自孟子之后“道统”已经中断，他以继承中断了的“道统”为己任，推崇孟子，崇抑《大学》，主张个人道德修养从“诚意”开始，最后达到“治国”“平天下”的目的。宋代与汉唐社会之最大不同，正在于出现了理学和理学家。理学不仅是高度精致化、理论化的哲学，也是一种格物致知、经世致用的方法论；理学家则是具有高度历史责任感和社会担当意识的士大夫群体，他们同时具有理想主义和理性主义的特征。陈寅恪把宋明理学的出现与佛陀出世相提并论，他说，“中国自秦以后，迄于今日，其思想之演变历程，至繁至久。要之，只为一大事因缘，即新儒学之产生，及其传衍而已”。① 王国维高度赞扬宋学的能动精神和原创性：天水一朝，人智之活动与文化之多方面，前之汉唐，后之元明，皆所不逮也。②

① 陈寅恪：《冯友兰中国哲学史下册审查报告》，载《金明馆丛稿二编》，上海古籍出版社 1980 年版，第 250~251 页。

② 王国维：《宋代之金石学》，载《王国维讲考古学》，团结出版社 2019 年版，第 158 页。

一、宋代理学之兴

宋代理学的发展主要是因为宋代平民知识分子的觉醒，北宋真宗之后，经过数十年的积淀，宋代理学“像千丘万壑间忽有崛起的高峰，像蓬蒿萧艾间忽有惊眼的异卉”①，宋代理学型士大夫在社会各领域开始自己的独立思考和探索。

宋代理学的先驱者，当属胡瑗、孙复、石介和范仲淹，此四人基本代表了后来理学型士大夫的走向，范仲淹居官忧民，砥砺士节，先忧后乐，担当天下，对士风的影响，冠绝一时；胡瑗开启宋儒教育的新途径，他首创分科教学，在湖州讲学时，分经义和治事两斋，经义众学理，讲的是纯粹的儒学；治事重实际，注重经世致用的实学。孙复重新解读儒家经典，跨越汉儒的春秋经学，作《春秋尊王发微》，奠定了宋代理学“重纲纪、严名分”的基础。石介讲究思想精纯，排斥儒家之外的异端邪说，他著《怪说》，排斥佛老，又著《中国论》，提出中国固有的道统，要求建立以中国为本位的文化。

北宋理学先驱有一共同的目标，就是重整中国旧传统，重新诠释儒家经典，追求真儒的精神，并积极投身于实践。王安石是将理想付诸实践的杰出代表人物，他以全新的方法探求儒家大义，并运用到改革实践中。

确立宋代理学的是周敦颐(濂溪)，他在《通书》和《易太极图说》两本著作中，阐明了世界产生、变化之由来和人处世界之中的自处之道。他由宇宙观而建立人生观，阐发心性义理的精微，建立了宋学的“型范”(paradigm)。周敦颐不但在纯粹的思辨上有卓越的成就，个人生活也有极高的境界，黄山谷称他“濂溪先生胸怀洒落，如光风霁月”，他教导学生不只是思辨，更注重行为的实践。“二程”跟随周敦颐学习时，周敦颐就教他们要“寻仲尼、颜子乐处”，体认孔子和颜渊“所乐何事”。张载学术规模宏阔，行为坚卓。他认为秦汉以来儒学之大蔽是“只知求为贤而不知求为圣”，主张“学必如圣人而后已”。② 张载讲“合天地万物一体”，他确实是“民胞物与”的仁者，要求儒者当“为天地立心，为生民立命，为往圣继

---

① 张荫麟：《北宋四子之生活与思想》，载《儒家思想新论》，中国台湾正中出版社 1958 年版，第 67 页。

② 脱脱等：《宋史》卷四百二十七，中华书局 1986 年版，第 9947 页。

绝学，为万世开太平”。朱熹集理学之大成，把张载的“气”和“二程”的“理”加以改造融合，将生生之“仁”置于“理”中，完成宋代理学的建构。诚如吕思勉先生在《理学纲要》一书中说：“宋学之确然自成为一种学问，实由周、(二)程、张、邵。康节(邵雍)之学偏于数，理学家不认为正宗。”“宋学家为后人所尊者，莫如朱子。朱子之学，最宗濂溪及二程”，“故朱子非宋学之创造家，而宋学之集成者也”。①

理学是宋代文人士大夫在长期社会生活和儒家文化的深学细悟过程中形成的精神世界、经典诠释方法及其创造的智力成果。包括理学士大夫群体在两宋三百二十年间复杂的政治社会文化背景下通过诠释经典、洞察人心政俗之变而形成的宇宙观、世界观、人生观及其指引下的生活方式和思维方式，其中最为突出的是理学家士大夫对于社会人生和外在自然所形成的规律性认识，即所谓“理”。宋代理学的主要内容是中古之后中国士人形成的世界万物整体联系、人与万物休戚相关、物我一体的宇宙观和世界观，以及在政治社会文化生活中人们养成的生命规律认识整体思维、联系思维，以及在理学哲学思想的指引下形成的敬畏自然、敬畏生命意识。宋代理学强调人们在遵循规律的生活环境中增进情感交流，在伦理建构中让人们具备共情能力和仁爱精神。宋代理学家士大夫最值得后世珍视的思想是回归先秦儒家，重新解释经典，质疑离经叛道之学，积极担当天下之事，身体力行探寻符合儒家精神的生活方式。理学兴起最大的社会功能在于为培养顺天知命、安贫乐道、守志有得的君子品格提供伦理和文化环境。

二、宋代理学对儒家思想的创造性发展

(1)宋代理学重新解释儒家思想的核心概念“仁”，强调在社会生活中认识自然规律和生命规律，积极利用规律助物成物，和万物一体完成生命循环过程。安仁、利仁，奋发有为，成己成物。

在理学家看来，人们在生活中最先要认识的是人与自然的关系。华夏先民在高天之下、黄土之上耕种劳作时强烈感受到宇宙间万物的生生不息。周人认为这是天地之大德，先秦儒家认为天地之间有大仁，让万物生生不息，通过阴阳二气

① 吕思勉：《理学纲要》，东方出版社 1996 年版，第 26、94 页。

交感，化育万物，形成包含人类在内的丰富多彩的世界。《尚书·周书·泰誓》云：“惟天地，万物父母；惟人，万物之灵。”在长期的农耕生活中，人们认识到人是自然界的一部分，和万物一样在天地之间繁衍生息，来自自然，与自然一体，与所有生命一起循环。先秦儒家把天地之间的生生不息、生命流动称之为“仁”，仁是天地间的大道，也是生命规律。“仁”是中国传统文化的核心价值理念，也是千百年来儒家士大夫追求的理想境界，而这种理念和境界只有个体融入自然才能真正体会得到，只有躬耕陇亩，在天地之间自由劳作，才能真正体会到“仁”的存在。

儒家经典《易经》将一个生命周期概括为“元亨利贞”，“元为生物之始，春也；亨谓会聚于物，夏也；利为和谐品物，秋也，贞能干济万物，冬也。乾用此四德，以成君子大人之法也”。①天之道大在于化育万物，地之德厚在于载育万物。体会天道地德，便近于“仁”。人能感受到仁的存在，体会到仁的妙用，还不是最重要的，最重要的是利仁、助仁。如孔子所说，“仁者安人，智者利仁”，《易经》载“仁者安仁，智者利人，成己，仁也。成物，智也。利仁乃为智，利天下乃为成物”。② 惟仁者能安仁，惟仁者能利仁。身体力行，助万物生长，顺应自然规律，积极参与自然生物的演进，就是“与天地合其德”。③ 传说中的周祖弃“好耕农相地之宜，宜五谷者稼穑之，民皆法之”。④ 儒家的圣人孔子为司空，“乃别五土之性，而物各得其所生之宜，咸得厥所”。⑤ 相高下，视肥，序五种，省农功，谨蓄藏，以时顺修，使农夫朴力而寡能，治田之事也。⑥

宋代理学家重新解释了天地之间运转不息之理。就自然界而言，四季更替，春生夏长，秋收冬藏，人则需要遵循这样规律，安排自己的生活。《尚书·尧典》记载“主春者张，昏中可以种谷；主夏者火，昏中可以种黍、菽；主秋者虚，昏中可以种麦；主冬者昴，昏中可以收敛、盖藏”。⑦ 汉代的《四民月令》把每个月

① 王弼著，韩康伯注，孔颖达疏：《宋本周易注疏》，中华书局 2018 年版，第 574 页。
② 焦循：《易通释》，凤凰出版社 2012 年版，第 247 页。
③ 阮元校刻：《周易正义》，中华书局 2009 年版，第 30 页。
④ 阮元校刻：《毛诗正义》，中华书局 2009 年版，第 1142 页。
⑤ 郭沂：《子曰全集》第三卷，中华书局 2017 年版，第 112 页。
⑥ 王先谦：《荀子集解》，中华书局 2013 年版，第 316 页。
⑦ 皮锡瑞：《尚书大传疏证》，中华书局 2015 年版，第 13~14 页。

要做的事都安排妥当，什么季节做出什么行为，什么节气应做什么事情，什么天气该做什么样的反应，人们都是按照自然的变化安排自己的生活。孔子讲，信如四时，四时变化是天地之间最大的信。汉儒主张遵循阴阳二气的变化，四季交替安排人们的生活，即所谓则天而行。宋代理学家则更进一步，透视自然生命背后之理。在长期的生命周期交替中，知道物有本末、事有终始，在生命生长规律中体验万物新陈交替的规律，以及人类自身新陈交替的规律。

理学家强调人在自然之中感悟“仁”，身体力行，助物生长，感受积极参与自然，在天地之间体会到不违仁，利仁、助仁，就是君子的至高境界。人类在长期的生产生活中认识天道刚健，人应当自强不息。理学将人与自然的关系定位在一种积极的和谐关系上，不主张片面征服自然。人们在长期的社会生活中认识生命规律，遵循、利用自然规律，将生命创造、生命自我更新融入自然循环系统。在对自然的实践中，“自强不息”就是要积极地参加自然的演进，尊重生命规律，遵循、利用自然规律，将生命创造、自我更新融入自然生命的循环系统。

(2)理学发展了人与万物休戚相关、物我一体的宇宙观和世界观，形成民胞物与的思想。在自然界长期劳作中，人们形成长期劳作形成人与自然一体、万物一体的整体观念，人和万物一样在自然中循环，所以人和万物是命运共同体。生活在农耕生活中应仁民爱物，《孟子·尽心上》说“亲亲而仁民，仁民而爱物”，程颢说“学者须先识仁，仁者浑然与物同体，义、礼、智、信皆仁也”①，张载在《西铭》中说：“乾称父，坤称母；予兹藐焉，乃混然中处。故天地之塞，吾其体；天地之帅，吾其性。民吾同胞，物吾与也。”②宋儒袁洁斋在解释《论语·颜渊》时说得最为透彻：“吾亦天地万物中之一物耳”，“此身与天地万物了无阻隔，人即己也；天地万物，皆非形驱之所能间也，故曰天下归仁焉，言天下皆在吾仁之内也”。③ 人与自然、人与人、人与万物都是生命的共同体，在共同生长的世界中应相互成就、相互扶助，各自完成生命的历程。对于万物之灵人而言，需要控制自己的欲望，不因己私而害仁，如春秋《左传》所云：“上下和睦，周旋不

① 黄宗羲、全祖望：《宋元学案》，中华书局1986年版，第540页。
② 张载著，章锡琛点校：《张载集》，中华书局1978年版，第62页。
③ 黄宗羲、全祖望：《宋元学案》，中华书局1986年版，第2532页。

逆，求无不具，各知其极。”①人类不要为了自己的欲望而损害其他生灵和万物，如果一意孤行，最终人类自己也要受到损坏。《周书》警告人们说：“敬思以明德，备乃祸难，难至而悔，悔将安及?”②

宋代理学将天地万物视为一个整体，相互之间均有影响，人们将已经掌握的自然规律视为“常”，不了解的自然现象视为反常的“灾异”，灾异对人类有警示，特别是对统治者有谴责。人类活动影响自然变化在传统文化中用“天人感应”进行解释，自然现象和人类休戚相关。理学经过百年的发展，在南宋时期形成世界万物整体联系、人与万物休戚相关、物我一体的宇宙观和世界观，人的活动最重要的原则是人与自然万物的和谐共生。人类在自然中劳作，但不能破坏自然平衡，在农耕时代有很多禁令都是保护人类生存的环境，不过度砍伐，不涸泽而渔，掌握人的生存繁衍和自然资源之间的度。

在自然灾害和环境变化对农耕生活的剧烈影响之下，农耕时代的人们对自然和自然规律有真诚的敬畏之心，所谓君子有三畏，首先要畏天命，万事万物均须遵循自然规律。如张载所说：浩然无害，则天地合德，照无偏系，则日月合明，天地同流，则四时合序，酬酢不倚，则鬼神合吉凶。天地合德、日月合明，然后能无方体，能无方体，然后能无我。③

人和物之间的关系主要有人对物有“爱”，对生命和自然规律有敬畏，归根结底都是人要控制自己的欲望，千百年来，古圣先贤在农耕生活提倡节俭、节用，崇尚朴拙，反对生活奢侈，反对声色华美。农耕生活不能让人富裕，甚至生活常处于困乏之中，但是孔子赞扬颜回箪食瓢饮的安贫乐道生活，儒家认为人最大的成功在于控制自己的欲望，即“克己”，农耕生活是限制人类欲望的生活方式，能在农耕生活中修己安人，节用制欲，进入物我两忘的精神境界。《礼记·曲记》告诫人们“欲不可纵”，《贞观政要》进一步指出人纵欲的后果是“纵欲成灾”。

这些主张体现在政治和司法上，春夏庆赏、秋冬行刑，农忙季节停止审理民事争讼，立法禁止二月渔猎，杀害鱼仔幼兽。人们行为遵守礼的节制，长幼有

---

① 阮元校刻：《春秋左传正义》，中华书局2009年版，第4162页。

② 魏征等：《群书治要》，中华书局2014年版，第102页。

③ 张载著，章锡琛点校：《张载集》，中华书局1978年版，第33页。

序，乡饮酒有礼，以时间为序，以农耕为中心，安排人们的生活，形成稳定的社会结构和秩序。四时对应元亨利贞，也是农作物的生长周期，也是生命的周期，也是推陈出新、周而复始的过程，人的生活从四季交替来看，是春耕夏种，秋收冬藏，从每月来看，四民月令已经安排了人们的生活，从每天来看，日出而作，日落而息，人的生活完全顺应四时、节气和日月变化。

(3)理学概括自然运行和社会运转的普遍之“理”，并据此创造出符合规律的人类行为规范，以维系社会秩序，则天明理，规范人们行为。儒家极为重视历史经验，在其经典中常以年、时、月、日为序记载天象常异、自然灾变、人事更替、作物丰歉，这些记述往事的材料便是“史”。从传说时代的结绳记事，到文字产生后的百国春秋、二十五史，完整记载了先民到当世的人类文明史。通过修史，总结自然变化和应对方法，总结人事变化和经验教训。这就是“易”。“古者包牺氏之王天下也，仰则观象于天，俯则观法于地，观鸟兽之文，与地之宜，近取诸身，远取诸物，于是始作八卦，以通神明之德，以类万物之情。”①人们在自然循环、周而复始的农耕生活中体味到“变”是唯一不变的东西，任何事物都在变化，而变化都有规律可循。人们按照自身的理解，创制了“易”。易者，观物取象，演其变化也。在长期的生命周期交替中，人们知道物有本末、事有终始，在生命生长规律中体验万物新陈交替的规律以及人类自身新陈交替的规律，按照自然变化的规律安排人事生活，是为“顺天而行”。

在传统农耕社会，人们生产生活遵循基本规律的是农作物的生长周期。农作物春生夏长，秋收冬藏，人也按照四时安排其生活。如《尚书·尧典》记载尧“乃命羲和，钦若昊天，历象日月星辰，敬授人时”。人们照四时播种适宜生长的不同作物：“主春者张，昏中可以种谷；主夏者火，昏中可以种黍、菽；主秋者虚，昏中可以种麦；主冬者昴，昏中可以收敛、盖藏。”②汉代的《四民月令》把农耕时代每个月要做的事都安排妥当，从正月到十二月，每个季节、月份对应的人事活动井然有序，要求人们按照自然变化、四季交替和二十四节气来安排自己的农耕生活。人们每天日出而作、日没而息，生活顺应四时、节气和天气的变化。

---

① 李民、王健译注：《尚书译注》，上海古籍出版社 2004 年版，第 3 页。
② 李民、王健译注：《尚书译注》，上海古籍出版社 2004 年版，第 13~14 页。

人们按照“天道”安排“人事”，建立起适应农业生产的社会秩序。周民族在长期生产生活中形成的部族习惯在西周演变为成文化的礼，从此，礼成为人们社会生活的基本规范。周礼经过儒家的阐释和弘扬成为农耕时代人们需普遍遵守的行为规范。战国至秦，“礼”蔓延到社会生活的诸方面并促生了具有强制性的“法”。汉代之后，礼法结合，共同规范人们的行为。譬如立法禁止二月渔猎，杀害鱼仔幼兽；司法方面，农忙季节停止审理民事争讼，秋冬行刑；赏罚执行方面，春庆夏赏、秋罚冬刑；日常生活中，人们行为遵守礼的节制，长幼有序，有乡饮酒之礼。在中国传统社会中，礼始终是最高的原则，指导所有社会规范的构建。

宋代理学家在儒家知识体系的基础上，通过对自然界和人事的观察、比较和分析，抽象概括出判断是非善恶的标准：理。朱熹认为：“宇宙之间一理而已，天得之以为天，地得之以为地，而凡生于天地之间者，又各得之以为性。其张之为三纲，其纪之为五常，盖皆此理之流行，无所而不在。”①其弟子陈淳说：“道之大纲，只是日用间人伦事物所当行之理。众人所共由底方谓之道……其根源皆是从天上来”，“众人所是谓之理”。② 理是公认的是非标准，是在具体时空条件下应当作某种行为或者不应当作某种行为。理是万古不易的准则，在人世间是通行的。在理学家看来，适合于农耕生活的人伦社会准则就是理，掌握理之用，对社会关系及其变化能够洞明幽隐，判断是非曲直。

人们在长期稳定的社会生活习惯中提炼出经验法则，作为人类社会中判断是非的标准，辨明善恶，从而维护人和万物共同体的整体利益。理学家主张，理应成为人们行为的最高准则，在社会生活中广泛运用。掌握生活常理，则可以判断事实真假，掌握伦常之理，则可以判断人情真伪，在面对社会矛盾和纠纷时，能明辨是非曲直。这对于维系社会的运转是至关重要的。在生产生活中总结自然规律，按照自然规律安排自己的生活，并将生活经验抽象概括为“理”，这就保持了自然和社会的一致，是人类认识自然、组织自我的理性体现。所以说，先秦儒家

① 曾枣庄、刘琳主编：《全宋文》，上海辞书出版社、安徽教育出版社 2006 年版，第 349 页。

② 陈淳：《北溪字义》，中华书局 1983 年版，第 38 页。

的“礼”和宋代理学家的“理”代表着儒家对自然社会的洞察和对其规律的主动因应，而理学更加强调人们对自然社会规律的遵从。掌握道与理，则万物、人事皆可洞察幽微。按照理学家所倡导的社会标准，违反整体利益者为恶，破坏人们团结者为恶，所以社会形成的善恶标准和人们观念中的福祸相连，所谓祸因恶积，福缘善庆，为众人、为他人而行事者为善，其报为吉，为自己、为小我私欲而行事者，为恶，其报为凶。如掌握大道，则能为善行。

三、宋代理学家士大夫的社会改造思想

《宋明学案》和《性理大全》所收录的理学家分别是：周敦颐、张载、邵雍、程颐、程颢、司马光、苏轼、苏辙、黄庭坚、王岩叟、游酢、谢良佐、镏质夫、李端伯、吕大忠、吕大临、范育、杨时、候仲良、张绎、尹焞、范祖禹、刘立之、刘安节、朱光庭、胡瑗、吕希哲、晁以道、刘良世、罗仲素、李侗、朱松、刘子翚、朱熹、李衡、张栻、陆九渊、游九言、吕祖谦、黄干、陈祥道、刘爚、蔡元定、马伸、胡安国、胡寅、胡宏、陈恬、陈渊、张峤、欧阳棐、冯忠恕、祁宽、吕稽中、吕本中、吕坚中、章宪、徐几、翁泳、蔡模、胡安之、谢无梾、叶采、饶鲁、杨复、李士英、熊刚大、臧格、孟康、许仲翔、陈栎、张行成、陈淳、李方子、陈埴、李铢、陈孔硕、张九成、廖子晦、吴寿昌、度正、杨简、真德秀、魏了翁、项安世、祝泾等八十八人。这些人都有理学核心问题心性、性命和天理的论述，其学术观点、政治立场并不相同甚至相互对立。比如程颐、朱光庭和苏轼因政见不和曾发生过正面冲突，在学术观点上，蜀党和洛党的差别也很明显，但他们却有一个最基本的共同点，就是将儒家理想作为自己施政的原则，为实现理想持续不断地努力。“居庙堂之高则忧其民，处江湖之远则忧其君”，是进亦忧退亦忧。这批具有理想主义的士大夫的崛起是宋代和以往其他历史时期最大的不同，本书把这批士大夫称为理学型士大夫，他们用自己的思想影响遍及整个社会的各个层面，入仕则追求儒家理想，司法遵循国法、天理、人情，出仕则居乡著书立说，传播儒家理想，推行儒家礼治的平民化、世俗化，这一集体举动影响到当时乃至后世每个人的行为方式和思维方法。

(1)理学不是抽象的理论，而主张将儒家精神、原则生活化，通过亲族乡里不断将人际关系伦理化，在伦理化的关系中，以自然和人文涵养人的品德，培

育、训练乐天知命、守道有为的仁德君子。

“仁”是中国传统文化的核心价值理念，也是千百年来儒家士大夫追求的理想和境界，而这种理念和境界只有融入自然、“得悟大道”的圣人才能真正体会得到。普通人则需要在伦理关系中不断习得。孟子曰：人之所以异于禽兽者几希；庶民去之，君子存之。舜明于庶物，察于人伦，由仁义行，非行仁义也。① 汉代班固说“夫人宵天地之貌，怀五常之性，聪明精粹，有生之最灵者也”。②人和其他生命体的最大区别是“怀五常之性”。君子何以存仁义呢？就是从处理最近的人际关系开始的。

农耕时代的人们首先要处理的便是父母与子女的关系，这是最自然最亲近的关系，先秦儒家将家庭关系定位为最重要的关系，处理家庭关系的基本原则是孝悌，如有子所说：“孝悌也者，其为人之本欤？”从最近的血缘关系向外推衍，就是“敦亲睦族”，如帝尧“克明俊德，以亲九族，九族既睦，平章百姓”。③ 礼的基本原则就是“亲其所亲”，只要将亲亲原则推而广之，天下自然亲如一家，“人人亲其亲，长其长，而天下平”，亲族之外，就是没有血缘关系的人，农耕社会用“推己及人”的方法将社会关系伦理化，“老吾老以及人之老，幼吾幼以及人之幼”，从而达到“四海之内皆兄弟也”的拟制亲缘状态。

宋代理学家主张社会关系伦理化的主要方法是“推己及人”。张载说“以爱己之心爱人，以责人之心责己”④，推己及人的过程中，人与人之间形成“共情”。如孟子所说，人们共有恻隐之心、辞让之心、羞恶之心、是非之心四端，都是“共情”的体现。⑤ 以己度人，理解之同情，在农耕文化中的人情是将人们组织起来的重要元素。陈淳对人的性情和伦常之间的关系有经典的解释：

> 主于吾身，统乎性情，是之谓心。感物而动，斯性之欲，是之谓情。为性之质，刚柔强弱，善恶分焉，是之谓才。心之所之，趋向期必，皆由是

① 刘沅：《孟子恒解》，巴蜀书社2016年版，第287页。

② 邱汉平：《历代刑法志》，商务印书馆2017年版，第1页。

③ 李民、王健译注：《尚书译注》，上海古籍出版社2004年版，第1页。

④ 张载：《张载集》，中华书局1978年版，第32页。

⑤ 刘沅：《孟子恒解》，巴蜀书社2016年版，第203页。

焉，是之谓志。为木之神，在人则爱之理，其发则恻隐之情，是之谓仁。为金之神，在人则宜之理，其发则羞恶之情，是之谓义。为火之神，在人则恭之理，其发则辞逊之情，是之谓礼。为水之神，在人则别之理，其发则是非之情，是之谓智。人伦事物当然之理，是之谓道。行此之道，有得于心，是之谓德。①

人立于天地之间，成为万物之灵，是因为能够有意识地将自己组织起来。农耕生活主要依赖植物生长周期，所以要求长时期的稳定生活，在长期的农耕生活中，人们形成了稳定的人际关系，其中最主要的就是家庭伦常关系，伦常关系保证家庭成员之间的协作和劳动力的繁衍。有父母子女而宗族，人们之间的关系不断延展，在稳固的人际关系和乡族社会中形成生活习惯。在伦常化的人际关系中，人们形成共为一体的情感，在伦常化人际关系的扩展过程中，最重要的是推己及人的“共情”。在农耕生活中，人们依靠伦常关系在生产中协作，在共同的生活环境中强化情感交流，人们普遍有共情能力和仁爱精神。人们在社会生活中形成稳定的伦常关系，处理人际关系的规则成为普遍的习惯，人们依靠伦常关系在生产生活中协作，在共同的生活环境中强化情感交流，人们普遍有共情能力和仁爱精神。在伦理化的关系中，以自然和人文涵养人的品德，培育、训练乐天知命、守道有为的仁德君子。

(2)宋代理学家主张以儒家礼治改变社会风俗，士大夫身体力行，自家而族推而至乡里改变基层社会秩序，使之符合儒家精神和礼治原则。

宋代士大夫认识到要改变风俗，实行儒家的葬仪，必须重建礼仪赖以生长的宗法秩序，培育起和礼相一致的社会关系。为此，他们从自身开始，进行了重塑乡俗的实践，决意使人们改变行为方式，自觉遵守礼仪要求，日远罪而不自知。

宋代士大夫从修身齐家开始改变风俗，制定家庭成员行为规范——家训。两宋著名的家训有司马光的《家范》《书仪》《居家杂仪》，袁采的《世范》，真德秀的《真西山先生教子斋规》，陆游的《放翁家训》，朱熹的《朱子家礼》《朱子训子贴》等，司马光的《书仪》规定实行传统的丧葬礼仪，且要立家庙，行祭礼；《朱子家

① 黄宗羲、全祖望：《宋元学案》，中华书局1986年版，第2279页。

礼》规定了详细的葬仪，提出建立宗族祭祀的祠堂，《放翁家训》明确禁止家庭成员实行火葬。这些具有崇高威望的士大夫家庭试图通过自身的实践改变浇漓的风俗。

从北宋符承宗撰《符彦卿家谱》、向珹撰《向敏中家谱》到欧阳修撰《欧阳氏族谱》、苏洵撰《苏氏族谱》，逐渐确立了族谱的体例，此后族谱大量出现。编写族谱是要按照礼制的要求重新组建宗族组织，在宗族中通过祭礼凝聚血缘族群，培养宗族情感，建立宗子制度，明确尊卑上下，重新建立宗法关系。典型的如南宋郭子纵，编《宗礼》《宗义》，附以《立宗文约》《公状》《家约》《家谱》，与宗人相聚共祭其祖，共同饮食，实现"冠婚丧葬必相助，贫困患难必相恤……然后为尊尊亲亲恩义之至"。① 吕祖谦更是明确指出："管摄天下人心，收宗族、厚风俗，使人不忘本，须是明谱系，收世族，立宗子法。"②

通过宋代士绅长期的努力，在民间社会逐渐实现敬宗收族"收宗族，厚风俗，使人不忘本"。且通过家族的重建形成了族权，在门阀宗法制度衰落之后，敬宗收族的制度逐渐形成和确立，宗族成员的关系紧密，向心力增强，"吉凶嫁娶之类，须相与为礼，使骨肉之意常相通"，"凡事死之礼，当厚于奉生者。人家能存得此等事数件，虽幼者可使渐知礼仪"。③ 通过日常的婚丧嫁娶礼仪和生活联系，人际关系日渐紧密，宋代基层社会的宗法制度重新建立起来。在宗族关系的基础上，宋代士大夫将紧密的社会关系继续向外扩大，建立乡里成员之间的伦理亲情，这一目标主要是通过乡约实现的。

范仲淹在北宋中期就曾举办义庄义学，"以教养宗族，凡冠婚丧葬，咸有所助"。④ 这些做法为宋代理学家所赞赏并推而广之，将其以"乡约"形式固定下来，著名的蓝田《吕氏乡约》就被朱熹反复称道，并亲自裁定，作为乡约的典范。

《吕氏乡约仪》规定："凡行婚姻、丧葬、祭祀之礼，礼经具载，亦当讲求，如未能遽行，且从家传旧仪，甚不经者，当渐去之……凡遇庆吊，每家只家长一人与同约者皆往，其书问亦如之。若家长有故，或与庆吊者不相识，则其次者当

① 参见陈淳：《北溪大全集》，四库全书本。
② 吕祖谦：《近思录》，浙江古籍出版社 2017 年版，第 106 页。
③ 吕祖谦：《近思录》，浙江古籍出版社 2017 年版，第 106 页。
④ 范仲淹：《范仲淹全集》，中华书局 2020 年版，第 952 页。

之，所助之事，所造之物，亦临时聚议，各量其力，裁定名物及多少之数，若契分深浅不同，各从其情之厚薄。丧葬始丧，则用衣服或衣段以为襚礼，以酒脯为奠礼，计值多不过三千，少至一二百。至葬，则用钱帛为赙礼，用猪、羊、酒、蜡烛为奠礼，计值多不过五千，少至三四百。”①上述乡约条文规定了乡里人际关系的基本原则：患难相恤，守望相助，遵守礼法，共同向善。在日常生活中乡里成员行为要符合礼的要求，互相纠正不经的行为。具体到丧葬问题，则要求乡约成员互相扶持，按照亲情乡谊量力助钱助物。在这种乡里敦睦的关系中，每个家庭既有亲族，又有乡邻，为顺利完成葬礼提供了物质保障和人力支持。

更重要的是，吕氏乡约规定了违反乡约义务时的处罚，包括罚款、限制参加乡里活动等，这就使乡约具有一定的强制性，因而具有民间法的性质。人们自愿加入乡约这一自治团体，人际关系变得非常紧密，伦理化的社会关系在此基础上逐步形成。新的宗法制度和乡土社会的形成具有明显的社会效果，宗族力量增强，宗法关系确立使得社会成员重新进入一个集体，贫穷的社会成员能够得到及时的帮助和救济，人们有能力实现礼制的要求。

南宋以降，理学逐渐成为士大夫阶层奉行的思想，士民“冠婚丧葬，必稽朱子《家礼》而行。执亲丧，哀甚，三年不御酒肉。子孙从化，皆孝谨，虽尝仕宦，不敢一毫有违家法”。②

第二节　宋代之前的治道思想和实践

理学家绝大部分是官员士大夫，有着地方或者中央朝廷施政的经验，直接接触大量的狱讼案件，作为法官的理学家士大夫既有儒家传统理想，又在实践中融会知识和理性，体现出与职业官僚明显不同的特点。宋代理学家的政治理想是跨越汉唐，直追三代。他们不仅形成庞大精细的理论体系，且从“坐而言”到“起而行”，不断探求符合时代特点的宋代治道。

北宋神宗熙宁三年（1070年），时任陈州学官的苏辙应邀到洛阳妙觉寺考核

① 吕大钧等撰，陈俊民辑校：《蓝田吕氏遗者辑校》，中华书局1993年版，第565页。
② 魏源：《元史新编》，岳麓书社2004年版，第1303页。

河南府举人，他出了一道令时人瞩目的策问试题：

> 孟子言：五亩之宅，植之以桑，则五十者可以衣帛，鸡豚狗彘，无失其时，则七十者可以食肉。数罟不入洿池，鱼鳖不可胜食也；斧斤以时入山林，材木不可胜用也。诚哉，是言也！虽然，孟子将何以行之？岂将立法设禁以驱之欤？夫立法设禁而无刑以待之，则令而不行，有刑以待之，则彼亦何罪？请言孟子将何以行此。①

这道策问文简旨明，意涵深刻，以“孟子何以行此”设问，直指儒家理想的实现途径，也就是儒家的治道问题。孟子提出了一个理想的图景：老百姓有宅有田，居有定所，从事耕织，依时令采伐渔猎，可以丰衣足食，安居乐业。这是儒家理想的社会状态。可是，问题在于如何实现这个理想的社会状态，是立法设禁强制人们去按照孟子的设计方案行事吗？如果百姓违反法令，用刑罚去处罚他们吗？可是这个社会生活模式是孟子设计出来的，并不必然符合民心民意，如果用刑罚处罚他们，百姓又犯了什么罪呢？苏辙的问题实际上是在问儒家的社会理想是否需要通过法家的手段来实现，宋代的治道是否真正符合儒家的思想。这是一个涉及宋代治国模式选择的大问题，值得我们认真辨析和梳理。

学界对于儒家治道的研究主要集中在两个时期，一是周秦至汉的儒法治道之争及其定形，二是明清思想家对于儒家治道的批判与反思。② 对于宋代的治道的争论则关注较少。③ 事实上，宋代任法治国，延续汉唐以来的治道并将其提升到一个新的水平。但随着儒学复兴，宋代士大夫重新解读经典，辩难宋代的治道，

① 苏辙著，曾枣庄、马德富点校：《栾城集》，上海古籍出版社2009年版，第444~445页。

② 周秦之间治道研究可参见刘巍：《以礼统法——晚周秦汉儒法竞合之归宿与中国政治文明精神之定格》，载《齐鲁学刊》2021年第5期；刘巍：《王霸分张与儒法争流——周秦之际治道的传承、裂变、分化》，载《社会科学研究》2022年第1期。宋洪兵：《论先秦儒家与法家的成德路径——以孔孟荀韩为中心》，载《哲学研究》2015年第5期。明清之际儒家治道的批判性反思研究可见：《儒家为何必然需要法治？——黄宗羲的“法”理论及其内在转向》，载《法制与社会发展》2020年第5期。

③ 关于宋代治道的争论，可见白贤：《宋代士大夫对传统社会“法治”实践的省思——从叶适对宋朝“任法”的态度谈起》，载《温州大学学报（社会科学版）》2022年第1期。

再次提出儒家和法治的关系问题。我们通过"苏辙之问"可以透视宋代治道争论的焦点及其走向。历史上关于儒家治道大规模的争论曾经发生过两次，宋代的这一次争论具有鲜明的时代特色。首先，将"苏辙之问"放在中国法律思想史中考察其渊源。

一、先秦儒家治道思想及其异变

在中国法律思想史中，最重要的关系莫过于德礼政刑四者之间的关系了。自从孔子提出"导之以政，齐之以刑，民免而无耻，导之以德，齐之以礼，有耻且格"以来，论述德礼政刑的思想家们比比皆是。孔子的这一经典表述后世注疏又三种不同的解释：一种说法认为这是孔子在总结商周两代的治国经验和教训，传说"殷人执五刑以督奸，伤肌肤以惩恶；成康不式，四十余年间天下不犯，囹圄空虚"。① 导德齐礼为周治道，导政齐刑是商治道。第二种说法是"为政若以法制导民，以刑罚齐民，则民畏苟且，百方巧避，求于免脱罪辟，而不复知避耻，故无耻也"，导政齐刑，"百姓从制外正而心内未服"；"德者得其性，礼者，体其情，导德齐礼，故民服从而知愧耻，皆归于政也"②，意思是说治理国家如果用德礼，百姓人人知羞耻而自觉端正自己的行为，如果崇尚政刑，则百姓想方设法躲避刑罚惩罚，内心没有羞耻之心。前者是人畏法令不敢犯，后者是人知耻辱而不愿犯，前者易行而见效快，但其弊在于法网密织、刑罚日重，后者非贤者不能行，日久方能见效。如孔子说"善人为邦百年，亦可以胜残去杀矣"，即使他本人施政，也需要"期月可以行其政，教必三年乃有成功"。③ 第三种说法将"政"释为"政令"，"免"释为"远避"，"格"释为"来"。统治者以政令指导百姓，用刑罚强制其服从，老百姓内心并不服，就竭力远离以躲避其统治；如果统治者体察百姓之性，引导百姓做正确的事，用符合人情的礼去规范其行为，那么人们就会内心和乐、心悦诚服，主动来到这样的国家。这实际上是两种治国模式，人们普遍认为"导德齐礼"要比"导政齐刑"模式更为优良。

---

① 康有为：《春秋董氏学》卷八，《董子经说》，中华书局 1990 年版，第 247 页。

② 皇侃：《论语义疏》，中华书局 2013 年版，第 24~25 页。

③ 阮元：《论语注疏》卷十三，中华书局 2009 年版，第 5447 页。

先秦儒家的德礼政刑之说提出了两个标准：一个是内心标准，一个是外在标准。内心标准指的是人的道德自觉，外在标准指的是行为规范。就内心标准而言，法制显然较低，只是不为非而已，道德德标准则较高，是为善行。就外在标准而言，则刑罚强制性更强，礼只是一种指引性、倡导性规范。政刑是以国家的强制力量让人不得不为，而不顾其内心是否心悦诚服，德礼则是依靠贤人君子的教导和柔性约束让人日迁善而不自知。值得注意的是，这里德和政相对应，礼和刑相对应，按照经典的解释，德指的是理解人性，政则关注人的行为规范，德在每个人身上是有差异性的，德主张示范、带动和影响，而政则是自上而下管理众人，其方法通常是发布政令，安排事务让百姓去做，更强调普遍的遵守和服从。德和政最大的区别就是是否有恻隐之心，为施政对象考虑。

一般认为，先秦儒家是主张礼治的，但是礼的基本原则是不下庶人，那么普通百姓的行为靠什么来约束和规范呢？通常认为是教化，就是通过教育改变其认识，通过示范带动其行为。但是，这中间有一个根本性的问题，就是教化失灵怎么办？如何实现孟子所设想的理想图景？这就是苏辙之问的核心问题，这个问题荀子早就给出了答案，就是立法设禁，违反法律则以刑罚处罚之。

> 草木荣华滋硕之时，则斧斤不入山林，不夭其生，不绝其长也；鼋鼍、鱼鳖、鳅鳣孕别之时，罔罟毒药不入泽，不夭其生，不绝其长也；春耕、夏耘、秋收、冬藏四者不失时，故五谷不绝而百姓有馀食也；洿池、渊沼、川泽谨其时禁，故鱼鳖优多而百姓有馀用也；斩伐养长不失其时，故山林不童而百姓有馀材也。①

荀子所说的圣王之制和孟子描述的理想治理状态基本相同。荀子主张设立山林泽梁之禁。目的是财用有余，百姓财用不致匮乏。圣王之所以为圣，就是因为能够尽地力之教，许慎《说文解字》对“圣”的解释是“汝颍之间谓致力于地曰圣”，这些利用高超的技术和经验智慧为普通百姓设定可持续发展规范的人就是圣，他们被推举为首领，就是圣王。圣王立制的根本目的就是保证人们生活富足且可持

① 王先谦：《荀子集解》，中华书局2013年版，第226页。

续，不会因为目光短浅的涸泽而渔、滥砍滥伐行为导致资源枯竭。

现在重新回到苏辙最关心的那个问题上，先王之制目的符合众人的利益，立法设禁也具有正当性，但是如果老百姓不听命令，违法犯禁了怎么办呢？是不是要严刑峻法呢？

荀子认为首先国家要设官分职来管理这些事务，为指导百姓从事农业生产，劝导人们按照农业时令耕作储藏，国家设置治田官。① 为掌管山林泽梁之禁，根据时令来确定是否开放山林泽梁，设置专门的官员叫作虞师。② 还有专门教导百姓建造住宅、豢养家畜、植树养蚕、安居乐业的乡师。

> 相高下，视肥，序五种，省农功，谨蓄藏，以时顺修，使农夫朴力而寡能，治田之事也。修火宪，养山林薮泽草木、鱼鳖、百索，以时禁发，使国家足用而财物不屈，虞师之事也。顺州里，定廛宅，养六畜，闲树艺，劝教化，趋孝弟，以时顺修，使百姓顺命，安乐处乡，乡师之事也。③

所以，主掌分田、农业生产和山林泽梁之禁的都是官员，官员推行的是国家的制度和法令，那么下面会面对百姓如果不听从教化、违反禁令当如何的问题。

荀子认为，无论是指导或是教育，老百姓都有听从和不听从的，禁令有遵从的也有违反的，所以接下来就要将老百姓分类，荀子将其分为“安职之民”和“奸邪之民”。安职之民就是听从长官的教化指导，安心从事农业生产，逐步树立儒家的价值观念。反侧之民的特征是“奸言、奸说、奸事、奸能”，狡诈、邪恶、违反法令的人被认为是反侧之民。对于反侧之民怎么办呢？先教后刑。“故叛逃反侧之民，职而教之，须而待之，勉之以庆赏，惩之以刑罚。安职则畜，不安职则弃。”又说“邪民不从，然后俟之以刑，则民知罪矣”。④

---

① 周官中设置了遂人掌邦之野，以土地之徒经田野。参见杨天宇：《周礼译注》，中华书局2004年版，第223~224页。

② 周官中设置乡师制地之法六乡以教民，遂士掌管禁令。参见杨天宇：《周礼译注》，中华书局2004年版，第225~226页。

③ 王先谦：《荀子集解》，中华书局2013年版，第316页。

④ 王先谦：《荀子集解》，中华书局2013年版，第149页。

若以是否违反国家法令制度为标准，将人民区分为安职之民和奸邪之民，对违反禁令、不听教导的奸邪之民实施刑罚就有了正当性。对于百姓而言，官员的教化要遵从、国家的法令必须遵守，否则就是奸邪之民，要接受刑罚处罚。治民是否需要立法设禁，孟子和荀子已有分别，孟子主张仁义德教，其立根于“人性本善”，荀子认为人“好利而欲得”，其性本恶，故需要“明礼义以化之，起法正以治之，重刑罚以禁之”，是为“隆礼重法”。①

二、秦汉“导政齐刑”的治理实践

荀子的“性恶论”和“重刑主义”为法家所继承，并在秦朝被贯彻实施。韩非子将法和教化结合起来，提出“故明主之国，无书简之文，以法为教；无先王之语，以吏为师”。② 如果说教化和禁令颁布的正当性在荀子那里是打着“先王”“圣王”的旗号，韩非子完全抛弃了先王，要“法后王”，后王颁布的法令同样具有正当性，必须服从。秦代奉行其说，“以法为教、以吏为师”，将田制和山林泽梁之禁都定为律，违反者有刑罚以待之。所以说秦朝时任法为治，“万事皆有法式”，用严刑峻法推行国家法令。秦《田律》对于不违农时和山林泽梁之禁都有具体的规定，如关于农业生产须依时令而行的规定：“南郡用节不给时令。”“春二月，毋敢伐材木山林及雍堤水。不夏月，毋敢夜草为灰，取生荔，麛卵鷇，毋毒鱼鳖。”③在秦代，先秦儒家提出的理想社会状态已经变成国家的制度法令，强制人们遵守。事实上儒家理想的法制化已经完成。

汉承秦制，已经完成立法设禁。反映儒家理想的法令制度在汉代依然是国家法令制度。汉代张家山汉简田律有“田不可田者，勿行；当受田者欲受，许之”。④“禁诸民吏徒隶，春夏毋敢伐材木山林，及壅堤水泉，燔草为灰，取产麛卵鷇，毋杀其绳重者，毋毒鱼。”⑤这些法令和秦律有明显的继承关系，在奏谳书中可以看到这些法令的实施过程。既然儒家的理想已经成为国家的法令，违反法令有明

① 王先谦：《荀子集解》，中华书局 2013 年版，第 440 页。
② 王先慎：《韩非子集解》，中华书局 2013 年版，第 452 页。
③ 孙铭：《简牍秦律分类辑析》，西北大学出版社 2017 年版，第 104 页。
④ 彭浩：《二年律令与奏谳书》，上海古籍出版社 2000 年版，第 187 页。
⑤ 彭浩：《二年律令与奏谳书》，上海古籍出版社 2000 年版，第 187 页。

确的刑罚处罚，对于人民而言，自然是有守法的，有违法的，违法就要受到刑罚处罚。这与先秦儒家的思想导德齐礼已经有显然的差别，更像是法家的“导政齐刑”。汉儒对此议论不已汉初贾谊继承荀子之说，折中孟荀人性论，认为人性有善有恶，治民当以德教为本，“道之以德教者，德教洽而民气乐，驱之以法令者，法令极而民风哀”，“以礼义治之者，积礼义；以刑罚治之者积刑罚。刑罚积而民怨背，礼义积而民和亲”。①这就主张回到先秦的礼治。随着儒学复兴，汉儒力主将儒家思想制度化，如申公和其徒子徒孙们讲经复礼，建议统治者制礼作乐，希望实现礼乐治国。② 汉武帝提出了儒家理想究竟如何实现，也就是治道的问题。元光元年，汉武帝时期就曾经问策于贤良：“何行而可以章先帝之洪业休德，上参尧舜，下配三王？”③董仲舒提出的天人三策中说：“天令之谓命，命非圣人不行；质朴之谓性，性非教化不成；人欲之谓情，情非度制不节。是故王者上谨于承天意，以顺命也；下务明教化民，以成性也；正法度之宜，别上下之序，以防欲也。”④这就将以阴阳统儒法，以天子为圣人，不再强调其德，“圣人之性，不待教而成”，只需居其位承天发令即可。这就在实质上变换了儒家圣人之“道德”，易之以法家之“隆君”；治人者既为圣人，又将被治者分为两类，斗筲之性和中民之性。圣人之性，不待教而成，是天生的统治者，负责教化万民；斗筲之民，贪欲很重，虽教化也不能为善，占人口大多数的中民“有善质而未能为善”，经过教化后可以为善。对中民要“厚其德而简其刑”，对冥顽不灵的斗筲之民则侧重用刑。

孔子家语中记载了据说是孔子所说的另一段话，则表明这两种治国模式并非非此即彼的关系，而是相辅相成的关系。

> 圣人之治，化也，必刑政相参焉。太上以德教民，而以礼齐之。其次以政焉导民，以刑禁之。刑不刑也，化之弗变，导之弗从，伤义以败俗，于是

① 班固：《汉书》，中华书局1962年版，第2253页。

② 陈苏镇：《春秋与“汉道”——两汉政治与政治文化研究》，中华书局2011年版，第153～158页。

③ 班固：《汉书》，中华书局1962年版，第161页。

④ 董仲舒著，苏舆注：《春秋繁露义证》，中华书局1992年版，第311～313页。

乎用刑矣。①

在这里，先秦儒家主张的德礼政刑德关系明显发生了变化，出现了“化之弗变，导之弗从”的表达，具有明显的统治者立场和强制主义色彩。很像是汉宣帝所说的王霸杂用之道。这里的德礼政刑关系并没有发生变化，只不过由原来的优劣之别变成了相辅相成。很明显，在汉代儒家最初的德礼政刑关系经过了改造，将两种治国模式进行糅合。这种外儒内法式的治国模式其本质上依然是法家的，治人者德薄恃力，立法不是缘于人情而是基于统治者的需要。这就背离了先秦儒家提倡的“导德齐礼”的德治和礼治。

三、“外儒内法”治道争论及其定型

汉代关于治道的争论始终没有停止，汉昭帝始元五年，六十多位贤良文学和桑弘羊就曾经王霸之道再次展开激烈辩论。贤良文学主张回归先秦儒家主张的“导德齐礼”之治。“治人之道，防淫佚之原，广道德之端，抑末利而开仁义，毋示以利，然后教化可兴，而风俗可移也。”②通过导之以德，让百姓“各安其居，乐其俗，甘其食，便其器”。③

如何能使百姓如孟子提出的理想治理状态——丰衣足食，安居乐业呢？贤良的治道是复古，“行役不踰时”“夫妇不失时”、省赋敛、平狱讼、“上不苛扰，下不烦劳，各修其业，安其性”，这样就可以使“元元各得生理”。④

可是并不是所有的百姓都会接受“德导”的，会出现导之不从的情形。此时应当如何实现治国理想？以桑弘羊为代表的大夫一方主张立法设禁，“令者所以教民也，法者所以督奸也。令严而民慎，法设而奸禁”。⑤ 贤良文学则认为“法者，缘人情而制，非设罪以陷人也”，“故德明而易从，法约而易行”。⑥ 所以两派均

① 杨朝明、宋立林主编：《孔子家语通解》卷七，中华书局2013年版，第353页。
② 王利器校注：《盐铁论校注》卷一，中华书局1992年版，第1页。
③ 王利器校注：《盐铁论校注》卷一，中华书局1992年版，第45页。
④ 王利器校注：《盐铁论校注》卷七，中华书局1992年版，第508页。
⑤ 王利器校注：《盐铁论校注》卷十，中华书局1992年版，第627页。
⑥ 王利器校注：《盐铁论校注》卷十，中华书局1992年版，第629页。

认为应当立法，可是立法的依据不同，桑弘羊等人立法设禁是站在治理者的立场，其目的是为富国强兵；而贤良文学则更加关注被治理者的利益需要。贤良文学主张推行仁政惠民，桑弘羊极力为法家辩护。最终汉宣帝的选择还是“王、霸道杂用之”。① 以法家手段实现儒家治理的理想成为后世统治者的通行治国模式，根据社会形势变化适时调整施政策略。

董仲舒之后，历代的儒家法律思想家也主此说。《唐律疏议》名例篇曰：“德礼为政教之本，刑罚为政教之用，犹昏晓阳秋相须而成也。”这显然是继承了汉儒的思想，与董仲舒所说相一致。由汉至唐，治道的实质是“导政齐刑”，只不过这个“政”经过仁义的装饰，并不是赤裸裸的“政”。唐代大儒韩愈认为，“性之品有上中下三。上焉者，善焉而已矣；中焉者，可导而上下也；下焉者，恶焉而已矣”，“上之性就学而愈明，下之性畏威而寡罪；是故上者可教，而下者可制也”。② 所以对下者可以用刑来制。《唐律疏议·名例律》也明确立法定制的目的：“其有情恣庸愚，识沈愆戾，大则乱其区宇小则睽其品式，不立制度，则未之前闻。”③

汉代以来，王霸道杂用，以刑法推行儒家理想。“民有不事农桑、任气游侠、犯历法禁、不从吏教者，伤王之化。”④不事农桑的社会群体有商贾、游侠、优伶等，汉代以后法律上皆为贱民阶层。地方官员在地方施政时，一方面极力劝课农桑，另一方面则制定更加严格的禁令。在后汉，有的地方甚至出现只允许人们从事农业生产，禁止从事其他产业。“郡国以官禁二业，至有田者不得渔捕。”⑤三国时期的郑浑更是采用强制手段推行单一的农业生产方式，“浑所在夺其渔猎之具，课使耕桑，又兼开稻田，重去子之法”。⑥

秦汉律令经过数百年的发展，至唐代达到完备。对于上述田令、山林泽梁禁令在唐代律令格式中规定得非常详尽。唐代实性均田制，授田于民，分为口分田

① 桓宽撰集：《盐铁论校注》，前言，中华书局1992年版，第2~3页。
② 韩愈：《韩昌黎文集》，上海古籍出版社2013年版，第293页。
③ 长孙无忌等：《唐律疏议》，中国政法大学出版社2013年版，第1页。
④ 马骕：《绎史》卷十九，中华书局2012年版，第76页。
⑤ 范晔：《后汉书》卷三十九，中华书局1965年版，第1305页。
⑥ 陈寿撰、裴松之注：《三国志》，中华书局1982年版，第509页。

和永业田。在唐令中明确规定有“乐住之制”和“给田之制”，规定永业田皆传子孙，永业田课种桑、榆、枣。① 与唐令相对应，《唐律疏议》规定国家分配的口分田，不允许买卖，“诸卖口分田者，一亩笞十，二十亩加一等，罪止杖一百，地还本主，财没不追”。② 对基层的里正，依令“授人田，课农桑”，若应授不授，应还而不收，应课而不课，失一事，笞四十。③ 非时烧田野也是一项专门的罪名，规定在杂律中，违者笞五十。唐代宗时期，重申非时渔猎的禁令：“三月丙午，禁畿内渔猎采捕，自正月至五月晦，永为常式。”④唐代百官中设有虞部郎中专门负责“凡采捕渔猎，必以其时”。⑤ 法令规定得如此细致，先王之制可谓尽在律令矣。百姓只需要守法就可以了，对于违反的法令之徒，要厉行刑罚。

第三节　理学家对于传统治道的质疑和宋代治道之变

苏辙在其《河南府进士策问三首》中的第三首以“孟子何以行之”为题眼，重新提出儒家如何实现其社会理想的问题，对汉唐已有定论并在政治实践中贯彻千年的“法行儒效”为政之道提出了疑问。策问问题简洁明了，但直击要害。按照孟子的这个设计，是让老百姓按照儒家思想家的设计从事生产活动。对被治者而言这中间其实隐含有两类规范：第一类是当被赋予田宅时，自己植桑养蚕，缫丝织布，饲养家禽家畜；第二类是按照官府指定的时间捕鱼采伐。

在这个完美的方案中，治民者需要做三件事：一是与民制产，给老百姓分配土地；二是不夺农时，让百姓能够安心劳作；三是让老百姓按照时节打鱼捕猎、伐木取材。前二者取决于统治者。治民者如果经田界、立田制、轻徭薄赋，与民制产、不夺农时是能够做到的，也是仁政的主要内容。第三件事是问题的关键，如果老百姓没有按照孟子的设想从事农耕生产、家庭养殖、按时令渔猎采伐，孟子又该怎么办呢？是像荀子所主张后来被法家所发扬光大的“立法设禁、以刑待

① 仁井田陞：《唐令拾遗》，长春出版社 1989 年版，第 540~553 页。
② 长孙无忌等：《唐律疏议》，中国政法大学出版社 2013 年版，第 165 页。
③ 长孙无忌等：《唐律疏议》，中国政法大学出版社 2013 年版，第 170 页。
④ 刘昫等：《旧唐书》，中华书局 1975 年版，第 304 页。
⑤ 刘昫等：《旧唐书》，中华书局 1975 年版，第 1841 页。

之”吗？刑罚的正当性何在？如此一来，苏辙的问题直指宋代的治道是否真正符合儒家的思想。苏辙之所以将千年前争论的问题再次讨论，是因为当时宋代正面临一场治道的大变化，王安石要通过推行大变法实现儒家的治世理想。

一、宋代“任法而治”与士大夫治道之争

苏辙河南府策问问题提出的背景是王安石即将全面推行新法。就在前一年（1069年）二月，宋神宗任命王安石为参知政事，开始推行“改变风俗、确立法度”大变法。苏辙当时就在王安石变法的核心部门“制置三司条例司”任职，他因反对王安石正在酝酿推行的青苗法和农田水利条约被贬出京，任河南府留守推官。次年，被张方平辟为陈州教授，他应邀到洛阳考核河南府的举子，出了这道试题。试题指向王安石变法的意图很是清楚：一是王安石变法的核心部门“制置三司条例司”就是专门立法设禁的；二是王安石变法追求的目标是尧舜三代之治，此试题中孟子所说的理想社会正是三代之治的图景；三是王安石特别重视刑罚的作用；四是王安石被称为当时的孟子。但是，苏辙的这道策问并非是为反对王安石变法而设的，他的目的是在认真讨论北宋王朝的治道问题，甚至是反思汉代以来“导政齐刑”的治国模式。其本质是回到先秦儒家重新探讨儒家如何实现自己的政治理想？通过王安石立法设禁和自上而下推行的变法能否实现？是否应当考虑重新回到“导德齐礼”的治理模式中？

毫无疑问，北宋统治者继承了汉唐以来“导政齐刑”的治道传统。立法上，宋代律令继承了唐代律令，在《天圣令·田令》中对劝课农桑的规定详细而具体，诸每年课种桑枣树木，以五等分户，第一等一百根，第二等八十根，第三等六十根，第四等四十根，第五等二十根，各以桑枣杂木相半。①《宋刑统》也完全照搬了唐律中关于田地、非时采伐的律文。

北宋神宗熙宁变法，王安石提出祖宗之法不足守，当因时而变。“朝廷立法，当内自断以义，而要久远便民而已，岂须规则恤浅近人人之议论”，“流俗之人，罕能学问，故多不识利害之情，而于君子立法之意有所不思，而好为异论。”②王

① 吕夷简、庞籍：《天圣令》，国家图书馆出版社2013年版，第88页。
② 李焘：《续资治通鉴长编》卷二百二十三，中华书局2004年版，第13302页。

安石这个立法论和儒家主流的思想是不合的，儒家立法几个依据，一是立法制度当观其象，即《唐律疏议·名例》所云："天垂象圣人则之，观雷电而制威刑，睹秋霜而有肃杀"，象天立法，立法合乎数。二是立法设刑，动缘民情。三是立法垂范，法行有常，不欲数变。

王安石变法的理论依据是天变不足谓、祖宗不足法、人言不足恤，将反对者一概斥为流俗之人和浅近之人，如何能保证其立法必善，久远便民呢？这是苏辙等人反对其立法理论的原因之一。更重要的分歧在于，苏辙将变法立制作为为治之具，并非为治之地，认为法制再变也无法改变宋王朝的根本问题，通过立法设禁能够实现吗？对于违反法禁的人们要用刑罚吗？如果对他们适用刑罚，民有何罪？这指向的是立法或变法的正当性问题。

在这里，我们需要辨析几个概念，法、禁、罪和刑。《管子·正篇》云：当故不改曰法，尔雅训为常，不变之意也。法比五音，专正善恶。禁，广雅解释禁，止也。制也，胜也，戒也，谨也，止也。《易·系词》解释"义"："禁民为非曰义。"立法设禁首先都是区分是非善恶，对恶的行为进行禁止。罪，犯法曰罪，民有恶行乃有罪，是对已经犯恶行的人进行的强制规范和处罚，目的还是导民向善。

法禁设之在前，刑罚待之在后。如果不考虑法之善恶，国家自然是可以按照需要立法设禁，百姓违反法禁，即是有罪，按照刑罚处罚之。但是，如果考虑法之善恶，立法设禁本身的正当性，苏辙的策问就触及了问题的根本，后世的立法者不是先王也不是圣人，为何就能保证自己立法设禁是正当的呢？既然不能保证立法必善，那么民触犯了法禁又有何罪呢？

本来是老百姓养家糊口的活动，原本是不受限制的，现在要求他们有节制地捕捞，不要过度捕捞和砍伐，这是限制了他们向自然界获取行为，他们不愿意听怎么办，要不要采用立法去禁止呢？苏辙提的这两个问题，用现代法理学的观点，这些都是课以义务的规则。如果违反了义务，则会导致责任。苏辙问题的核心是要不要将这些儒家理想的图景进行制度化，如何制度化，要不要立法进行强制，强制人们做不愿意做的事情，禁止人们做他们想做的事情，立法应缘人情，违背人情的法律如何执行？需要不需要刑罚作为强制手段。现在就牵涉一个问题，有罪才有刑，无罪则不受刑。苏辙显然认为，这样的行为不为罪。既然立法设禁，直接强制人们去遵守，用刑罚去惩治不是为政之道，也解决不了问题。他在河南府进士另一首策问中明确说：“三代之治，以礼乐为本，刑政为末，后世反之。”显然他对这种刑政为本，礼乐为末的治国治道是不赞成的。这说明苏辙不仅是反对王安石变法的具体内容，而且认为变法只是形式，根本问题是没有正确理解先王之道。这和后世对王安石的评价是基本吻合的。后世学者论及北宋灭亡，常归罪于王安石变法，比如王夫之就说王安石既不懂先王治道，也不懂治法：

夫尧、舜之学，与尧、舜之治，同条而共贯者也。安石亦知之乎？尧、舜之治，尧、舜之道为之；尧、舜之道，尧、舜之德为之。二典具存，孔、孟之所称述者不一，定以何者为尧、舜之治法哉？命岳牧，放四凶，敬郊禋，觐群后，皆百王之常法。唯以允恭克让之心，致其精一以行之，遂与天同其巍荡。①

二、宋代理学士大夫的“礼治”主张

苏辙对于儒家如何治世的问题可谓是念兹在兹，十年以后，他在礼部进士考试中又出了一道题，问三代之法为何不能行于今。

问：三代、汉唐之法行于前世，而施之于今，辄以不效，何也？昔者，盖尝取经界之旧法以为方田，采府卫之遗意以为乡兵，举黜陟之坠典以为考课矣，然而为方田则民扰而不安，为乡兵则民劳而无益，为考课则吏欺而难信。三者适所以为患，不若其已也。《孟子》有言：“为高必因丘陵，为下必因川泽，为政必因先王之道。”凡今世之法，骎骎近古矣。政之近古，天下之所以治也，然而如彼三者独何哉？岂古之法，遂不可施之于今欤？抑亦救之不自其本，为之不得其道，以至于此也？②

① 王夫之：《宋论》，中华书局2019年版，第123页。

② 苏辙著，曾枣庄、马德富点校：《栾城集》，上海古籍出版社2009年版，第443页。

在这首策问中，苏辙的核心问题是熙宁变法既然是遵孟子之说，法先王之政，为什么没有实现天下大治，反而会产生这么多的弊端呢？方田、乡兵、考课都是前代旧法，并非新创。根据孟子所说，为政必因先王之道，是要遵守古代流传下来的制度，但是为何这三者实施起来，没有起到预期的效果反而适得其反呢？是不是违背了先王之道呢？北宋法制即使立法本意是好的，实施结果可能是为民之患，造成破坏性的结果，那么在治世是奉行常法还是因时而变呢？苏辙认为，无论是奉行常法还是变法都不是为政的根本，根本在于洞察为政之道。

这里苏辙区分了先王之政和先王之道，政因时而变，道则一以贯之。那么这个先王之道是什么呢？苏辙认为首先是建立儒家主张的社会秩序，主要是民有所养、各安其分的生活秩序，这是“为治之地”。王道和霸道都是为治之具，没有为治之地，为治之具根本没有用武之地。这道策问应该元祐六年进士考试题，王安石变法已经被全面废除。苏辙出此试题之意显然是要总结王安石变法的教训，探求大宋王朝的治世之道。

因此苏辙之问是问治世究竟以何为本、变法当遵循何种原则的问题，他不是从变法结果来倒推变法的错误，而是认真地探求治世之道当以何为本。苏辙和王安石之分歧不在于变法与否，而在于为政之道的理解根本不同，道既不同，治世之术自然迥异。王安石的治国之术是自上而下的变法，本质上是“导政齐刑”。王安石认为，当时形势危急的原因是“患在不知法度”，出路在于“变革天下之弊法”。想通过变法来变俗，以推行法制来“一道德，同风俗”，增强国力，富国强兵。而苏辙一开始就认为这种治世之术根本无法发挥作用，熙宁二年八月，他写了《制置三司条例司论事状》，对新法作了全面批评。他在河南府进士另一首策问中也明确说：

> 数百年之间，凡所以经世之用，君臣父子之义，礼乐刑政之本，何所不取于此。然而穷理不深而讲道不切，学者因其成文而师之，以为足矣。①

① 苏辙著，曾枣庄、马德富点校：《栾城集》，上海古籍出版社 2009 年版，第 443～444 页。

可见他认为王安石所鼓吹的三代之治落脚于变法是“穷理不深、讲道不切”。那么苏辙赞赏的为政之道是什么呢？

苏辙主张的治世模式，是由文化而治世，缘民情而治世；王安石的治世模式由法制而治世，强调国家主导，人民服从，从而改变人们的习惯。前者强调仁人君子的主体作用，所以苏辙在策问中会问孟子何以行之，在苏辙自己这里其实是有答案的，他在新论中说：

人之治其家也，其最上者为虞舜，其次为曾闵，而其次犹得为天下之良人，其下者乃有不慈不孝。置其不慈不孝，盖自其得为良人以上至于为舜，其所以治其身，上以事其父母，下以化服其妻子者不同，而其所以为生者，子耕于田，妇织于室，养其鸡豚，殖其菜茹，无失其时，以养生送死，虽舜与天下之良人均也。舜而不然，不得以为舜；天下之人不然，不得以为良人。①

如何培根固原，就是重建基层社会的儒家伦理秩序，引导其百姓从事农业生产，不是不能变法，变法必须利民，立法必须有利于儒家伦理秩序的建立。苏辙认为，这才是先王之道。在其新论中，他论述了自己的治世安民之道。认为应当是自下而上地改变人们的行为，使之符合儒家礼法的要求。因此要改变社会，必须从敦亲睦族开始，通过家族、宗族、乡里组织重建儒家主张的伦理，如忠孝、长幼、尊卑、男女等，同时承担起生存、维持、保护、绵延、族化和文化的功能。②

苏辙在元祐年间力主“宽厚、恺悌”之政，为安民靖国之术：

窃见方今天下虽未大治，而祖宗纲纪具在，州郡民物粗安。若大臣正己平心，无生事要功之意，因弊修法，为安民靖国之术，则人心自定，虽有异

① 苏辙著，曾枣庄、马德富点校：《栾城集》，上海古籍出版社2009年版，第437页。

② 王沪宁：《中国的村落家族文化：状况与前景》，载《上海社会科学院学术（季刊）》1991年第1期。

党，谁不归心？①

按照苏辙的主张，孟子要通过正人伦来实现自己的政治理想。如其在《新论》中所说："建其父子，立其君臣，正其夫妇，联其兄弟，殖之五种，服牛乘马，作为宫室、衣服、器械，以利天下。天下之人，生有以养，死有以葬，欢乐有以相爱，哀戚有以相吊，而后伏羲、神农、黄帝之道得行于其间。"为治之地也就是"长幼之节、生养之道"。② 首先建立伦理关系，然后引导其从事农业生产，为治的核心是"利天下"，这是仁人之治。苏辙也承认，这种治理模式需要仁人君子为治。

三、宋代理学家士大夫的"新礼治"治道实践

贤人士大夫治世，从哪里开始呢？苏辙认为学习三代之治，首先要重建伦理秩序：

> 三代之间，治其井田沟洫步亩之法、比闾族党州乡之制，夫家卒乘车马之数，冠昏丧祭之节，岁时交会之礼，养生除害之术，所以利安其人者，凡皆已定而后施其圣人之德。是故施之而无所龃龉。③

苏辙这个说法并非无源之水、无本之木，他的主张是来源于其切身体验。他的父亲苏洵早在宋仁宗治和二年就开始编纂本族的《苏氏族谱》。苏洵论述自己编纂族谱原因时说：

> 《谱》，吾作也。呜呼！观吾之《谱》者，孝弟之心可以油然而生矣。情见乎亲，亲见于服，服始于衰，而至于缌麻，而至于无服。无服则亲尽，亲尽则情尽，情尽则喜不庆，忧不吊。喜不庆，忧不吊，则途人也。吾之所以

① 脱脱等：《宋史》，中华书局1985年版，第10830页。
② 苏辙著，曾枣庄、马德富点校：《栾城集》，上海古籍出版社2009年版，第434页。
③ 苏辙著，曾枣庄、马德富点校：《栾城集》，上海古籍出版社2009年版，第435页。

相视如途人者，其初兄弟也。兄弟，其初一人之身也。悲夫！一人之身分而至于途人，此吾《谱》之所以作也。其意曰：分而至于途人者，势也。势，吾无如之何也已。幸其未至于途人也，使之无至于忽忘焉可也。呜呼！观吾之《谱》者，孝弟之心可以油然而生矣。①

苏洵学习的是欧阳修编写族谱的先例，采小宗之法，以五世为图。这种通过敦亲睦族来实现社会治理的方法在士大夫中是有共识的，文彦博在《眉阳苏氏族谱引》中引用孟子的话说："人人亲其亲，长其长，而天下平"，他认为亲睦之道必须先立谱法："然亲睦之道惟何？始谱法立则伦理明，伦理明则恩义笃，推而致之荡荡平平何有也？"②苏辙幼承父教，长大之后与欧阳修、文彦博、司马光交游，其政治主张基本一致，在重建宗法伦理方面也有广泛的共识。

回到最初的策问问题，苏辙在策问中问孟子何以行之，其答案跃然可见：敦亲睦族，伦理大明，推而致之，乡里化淳，贤大夫居乡美俗，则天下自然可治。

苏辙这种治世理想在后王安石时代显然占据了主流。经过王安石变法之后，关于治道之争论始终是北宋的国是。③ 在扰攘之中，北宋遭遇靖康之变。北宋南渡而据半壁江山，南宋君臣痛定思痛，将国破丧乱皆归咎王安石。反对变法的苏辙却被不断追封，在宋高宗时期，苏辙已经被赠太师、魏国公。宋孝宗时期专门召开御前会议讨论苏辙的谥号问题。淳熙三年(1176年)七月十三日，苏辙被追谥为文定，谥法的定论是："道德博闻曰文，安民大虑曰定。"这是肯定他入仕治世，以"安民静国"之术为本。④ 无论是在南宋还是在后世的元明清，对于苏辙的安民靖国之举都是高度肯定的。既然王安石的为政之道被否定，苏辙的为政之道被肯定，基层社会的礼治化改造蔚然成风，士大夫依照敦亲睦族的理念重建伦理秩序。

其实从北宋中期开始，家礼、家范、世范、劝农文、谕俗文等具有强烈规训色彩的文本，在社会上开始大量出现并普遍流通。明人谢肇淛就曾论及汉唐与宋

① 苏洵：《苏氏族谱》序，江苏广陵书局2003年版，第1799页。
② 文彦博：《苏氏族谱》引，江苏广陵书局2003年版，第1780页。
③ 余英时：《朱熹的历史世界》，生活·读书·新知出版社2004年版，第104页。
④ 苏辙著，曾枣庄、马德富点校：《栾城集》，上海古籍出版社2009年版，第399页。

代的家训类著作的数量差别之巨，“汉称万石君家法，唐则穆质、柳公权二家，为世所崇尚；至宋则不胜书矣”。① 据史籍所载，宋代家训作品，知名的不下数十部。② 其中声名尤著者有：范仲淹的《范氏义庄规矩》、司马公的《温公家范》、朱熹的《朱子家礼》、袁采的《袁氏世范》、陆游的《放翁家训》、赵鼎的《家训笔录》等。此外，谕俗文中较著名的有郑玉道、彭仲刚等编著的《琴堂谕俗编》。“其书大抵采摭经史故事关于伦常日用者，旁证曲喻，以示劝戒……本为乡里愚民设，不为士大夫设，故取其浅近易明，可以家喻户晓。”《谕俗编》事实上是对当时百姓日用伦常之中形成的惯例的提炼，目的也是要适用于乡里百姓，通过浅近明了的方式，达到家喻户晓的效果，以重建儒家向往的基层伦理秩序和社会生活。这些族谱、家规、乡约虽“非狱牍之词，亦非禁令之事”，与国家暴力之间并无直接的关联，但是对于人们的社会生活同样具有较强的约束力，违反这些规则，会使行为者“不协于亲族，不齿于乡党”，在社会中陷于孤立。

这样的宗法伦理重建活动在宋朝南渡之后变得非常普遍，特别是理学流行之后，理学家士大夫不遗余力推行乡族、村落社会的建设。最典型的是朱子家礼，“《家礼》一书更将古礼加以改编和普及，使之世俗化和平民化”。③《家礼》借鉴宋儒对家庙以及宗法制度的构想，创造性地改造了原有的“祠堂”概念，通过设定宗子在“家礼”中的核心地位，从而发挥宗法制度在维护家族秩序中的作用。历史证明，祠堂及其宗法体系在后世的运用中确实发挥了敬宗收族、凝聚家族力量的重大作用。④ 明清之后，这一基层社会治理的理念成为士大夫通行理念，并积极投身于实践，从而建构了宋代已降千年以来的社会基层秩序。

从苏辙的策问问题可以看出，苏辙并不是单纯反对王安石变法，他和王安石之间最大的分歧是社会治理思想的迥异。苏辙认为儒家理想的天下大治需要从根本上重建社会伦理秩序，明伦理需要顺民之情，亲其所亲，然后推至族人、乡

---

① 谢肇淛：《五杂俎》，上海书店出版社 2009 年版，第 294 页。

② 对于宋代家训，台湾知名宋史学家柳立言曾做过统计，存世的尚有 20 余种之多。参见柳立言：《宋代的家庭和法律》，上海古籍出版社 2008 年版，第 202 页。

③ 徐道彬、杨哲：《从〈文公家礼〉到〈茗洲吴氏家典〉——论徽州乡绅的礼仪实践》，载《朱子学研究》2019 年第 2 辑。

④ 周元侠：《朱子〈家礼〉的特质——基于社会教化的视角》，载《中国哲学史》2019 年第 1 期。

里，如此则风俗可变，人们的行为方式会符合儒家礼法规范。王安石主张是国家例行变法，以法变俗，增强国力。在主导力量方面，苏辙主张以饱读儒家经典的士大夫为主体，从坐而言到起而行，身体力行，大明伦理。王安石的主张是以官员为主体，推行法令。苏辙主张的社会改造是自下而上的缓慢的建设，王安石主张的变法则是自上而下的急速的变革和强制推行。这些分歧决定了苏辙必然坚决反对王安石的为政之道和为政之术，历史证明，苏辙的主张后来成为社会基层社会治理的实践。从这个意义上讲，王安石变法之所以遭到大批士大夫的反对，“道不同、不相为谋”是最关键、最根本的原因。

朱子对宋代任法而治评论说：“今世有二弊：法弊，时弊。法弊但一切更改之，却甚易；时弊则皆在人，人皆以私心为之，如何变得！嘉祐间法可谓弊矣，王荆公未几尽变之，又别起许多弊，以人难变故也。”他认为北宋“任法而治”导致的结果是：“今日之法，君子欲为其事，以拘于法而不得骋；小人却徇其私，敢越于法而不之顾。”①

① 黎靖德：《朱子语类》，中华书局1986年版，第2688页。

第四章　宋代理学士大夫法律思想和司法理念的变化

明人陈邦瞻云："宇宙风气，其变之大者有三：洪荒一变而为唐、虞，以至于周，七国为极；再变而为汉，以至于唐，五季为极；宋其三变，而吾未睹其极也。变未极，则治不得不相为因，今国家之制，民间之俗，官司之所行，儒者之所守，有一不与宋近者乎？"①近世历史学者或从文化角度将中国古代史分为二周期、三阶段，或从经济史角度分为四分期，大多将宋代作为一个分界线。"唐宋变革论"已为越来越多的学者所接受，法律史视野下的唐宋社会变动的研究也在日益走向深入。就司法传统而言，学界虽对中国古代的司法主体、司法程序、司法经验和审判技艺展开多方面研究，但研究者或将中国司法传统视为一贯，或只专注于断代的司法研究。事实上，若从司法传统角度对中国古代史进行分期，则可分为三阶段：上古司法时期(夏商周至战国)，中古司法时期(秦汉至唐)，近世司法时期(宋元至清)。宋代正因理学兴起，对法律思想和司法传统产生决定性的影响，从抽象观念而言，宋代士大夫的法律思想从"德主刑辅"转向"明刑弼教"，其司法理念则从司法则天转向情理决狱。

第一节　从"德主刑辅"到"明刑弼教"的法律思想变化

一、从"德主刑辅"到"明刑弼教"

汉代治道为导政齐刑，其政又分赏罚、教化与司法。教化与司法何者为主？

① 陈邦瞻：《宋史纪事本末》，中华书局2015年版，第1191~1192页。

通常认为汉代是以德教为主而刑罚为辅，这就是所谓的“德主刑辅”论。董仲舒的阳德阴刑论通常被认为是德主刑辅说的形成源头。其依据是董仲舒的两条论述：其一为“教，政之本也，狱，政之末也，其事异域，其用一也”。① 其二是“天道之大在阴阳，阳为德，阴为刑，刑主杀而德主生……以此见天之任德不任刑也”。“王者承天意以从事，故任德教不任刑。”②董仲舒的结论是“大德而小刑”。后世学者据此将其先秦至汉的儒家法律思想概括为“德主刑辅”，学界至今仍在沿用。③

德主刑辅实际上是在论述统治者施政中教与刑的关系，推而论之，即是德教和刑罚之间的关系。先秦至汉，儒家思想家强调的是以教化为主，刑罚惩罚为辅，政以教为主，以化民为施政目标。孔子讲先教后刑，不教而诛谓之虐，汉儒则将教和德联系起来。具体到司法领域中，德主刑辅有三个条件：一是从事司法者应为“贤者”，也就是德行高卓的人，唯有贤者可以实施教化；二是在具体司法活动中强调“轻刑”“慎刑”和“息讼”；三是在狱讼纠纷中特别重视当事人的主观方面，充分考量人的动机善恶，即所谓“春秋之听狱也，必本其事而原其志；志邪者不待成，首恶者罪特重，本直者其论轻”。④ 从董仲舒春秋决狱的案例中，可以看出其对于犯罪人主观善恶的重视，董仲舒也被认为是“德主刑辅”法律思想的首倡者。

德主刑辅的关键是股肱良臣，地方治理则依靠“良二千石”。只有让其守一方土，长期推行教化，才有可能见到治理成效。汉昭帝认为要想人民安居乐业，地方长官政平讼理是关键：“庶民所以安其田里而亡叹息愁恨之心者，政平讼理也。与我共此者，其唯良二千石乎！”他认为地方各郡的太守是“吏民之本”，为保证施政的连续性和稳定性，地方行政长官不宜经常更换，让施政者理念得以实行，人民对其有稳定的预期。“数变易则下不安，民知其将久，不可欺罔，乃服从其

① 董仲舒著，苏舆注：《春秋繁露义证》，中华书局 1992 年版，第 94 页。

② 班固：《汉书》，中华书局 1962 年版，第 2502 页。

③ 最早将儒家法律思想概括为“德主刑辅”说的是杨鸿烈，他认为“德主刑辅”是孔孟至汉儒一贯相传的学说，但从其引用的史料来看，儒家思想家都是在论述“教”与“刑”的关系。参加杨鸿烈：《中国法律思想史》，商务印书馆 2020 年版，第 143~151 页。

④ 董仲舒著，苏舆注：《春秋繁露义证》，中华书局 1992 年版，第 92 页。

教化。"①

汉代循吏司法均是"德主刑辅"思想的忠实实践者。如黄霸"力行教化而后诛罚，务在成就全安长吏"，"外宽内明，治为天下第一"。汉宣帝下诏褒奖黄霸的功绩，称其教化百姓、效果显著。"颍川太守霸，宣布诏令，百姓向化，孝子弟弟贞妇顺孙日以众多，田者让畔，道不拾遗，养视鳏寡，赡助贫穷，狱或八年亡重罪囚，吏民向于教化，兴于行谊，可谓贤人君子矣。"②也就是说，汉代的贤臣能臣致力于教化，遵循的是养民、富民、教民的一套办法，并不关注司法本身。在处理司法事务时，刑事案件着眼于轻刑、慎罚，重视感化的力量，其重点还是消灭犯罪的根源。如汉宣帝时，渤海发生民乱，盗贼蜂起。龚遂受命安齐地之民，"移书敕属县悉罢捕盗贼吏，诸持锄钩田器者皆为良民"。他并不追究盗贼的责任，而是赦免其过，引导其归农。③ 民事争讼则以劝解、教育为主。如焦赣(延寿)在梁"尚德止讼""爱养吏民、化行县中"。④ 在实践中，贤士大夫最为重视的是劝农和道德教育，司法则处于从属地位。在德主刑辅的思想指导下，汉代的司法实际上是德教为主，司法为辅。唐代继承了汉代的德主刑辅思想，《唐律疏议》序言云："德礼为政教之本，刑罚为政教之用，犹昏晓阳秋相须而成者也"，唐代大儒韩愈也说："德礼为先而辅以政刑"，政刑不可废，但不可独任，欲用德礼，便需要在地方兴办学校。⑤

宋代理学家根据其治道主张，对德礼政刑的关系作了重新界定。理学家认为，汉唐以来最大的问题是以德代政、以教代政。朱子正本清源，他说："为政以德，不是欲以德去为政，亦不是决然全无所作为，但德修于己而人自感化。然感化不在政事上，却在德上。盖政者，所以正人之不正，岂无所作为？"⑥这就对为政者提出新的要求，朱子的主张是不是用道德规范去要求百姓，也不是用道德教化的方法去施政，德是对人内在修养的要求，首先是为政者自身道德的要求。

① 班固：《汉书》，中华书局1962年版，第3624页。

② 班固：《汉书》，中华书局1962年版，第3631页。

③ 班固：《汉书》，中华书局1962年版，第3639页。

④ 班固：《汉书》，中华书局1962年版，第3160页。

⑤ 何焯：《义门读书记》，中华书局1987年版，第602页。

⑥ 黎靖德编：《朱子语类》，中华书局1986年版，第533页。

为政有为政的方法和规律，二者不能混为一谈。折狱听讼是为政的重要内容，为政者必须研究司法，为政者既要修德，但更重要的处理包括狱讼在内的政事。这就将重点转到为政本身，为政者需要重视司法事务，提高司法能力。这是理学家对司法的基本观点。朱子说“政者，为治之具，刑者，辅治之法”，“政刑能使民远罪而已，德礼之效则有以使民日迁善而不自知”,① 这是对德礼政刑基本功能的辨明。但是同为为治之法，刑和教关系又如何呢？宋代理学家提出了“明刑弼教”的法律思想。

折狱明刑的理论依据来自易经。程颐、程颢在解释《易经·丰卦》说：“雷电皆至，明震并行也。二体相合，故云皆至。明动相资，成丰之象。离，明也，照察之象。震，动也，威断之象。折狱者必照其情实，唯明克允；致刑者以威于奸恶，唯断乃成。故君子观雷电明动之象，以折狱致刑也。”②要想折狱明允，必须格物致知。朱子引用伊川之语来说明折狱致刑的原理：“‘雷电噬嗑’与雷电丰似一般。”曰：“噬嗑明在上，动在下，是明得事理，先立这法在此，未见犯底人，留待异时而用，故云：‘明罚敕法’。丰威在上，明在下，是用这法时，须是明见下情曲折，方得，不然，威动于上，必有过错也，故云‘折狱致刑’。”③要明断刑狱，法官必须持重沉静，端庄威严，谨慎观察，才能明见下情曲折，准确断案。在上的法官如果随意躁动，就会犯下错误，制造冤狱。张载说：“盛明如天，大之至也，动于上而明于下，故折狱致刑，民不惑矣。”④明刑的前提是格物明理。朱熹说：“必先格物致知，以极夫事物之变，使义理所存，纤悉毕照，则自然意诚心正，而可以应天下之务”⑤，格物明理，深入探究案情，查索真相，才能明辨是非曲直。

按照《易经》之象，综合丰卦、噬嗑卦、旅卦，可以推知明刑的三个主要因素。一是循理明法，二是明察事实，三是明断是非。“二程”的解释是：“雷电皆至，明震并行也。二体相合，故云皆至。明动相资，成丰之象。离，明也，照察

① 朱熹：《四书章句集注》，中华书局1983年版，第54页。
② 程颐、程颢：《周易程氏传》卷四，中华书局1981年版，第984页。
③ 黎靖德编：《朱子语类》，中华书局1986年版，第1780页。
④ 张载：《张载集》，中华书局1978年版，第163页。
⑤ 脱脱等：《宋史》卷四百二十九，中华书局1986年版，第12752页。

之象。震，动也，威断之象。折狱者必照其情实，唯明克允；致刑者以威于奸恶，唯断乃成。故君子观雷电明动之象，以折狱致刑也。《噬嗑》言先王饬法，《丰》言君子折狱。以明在上而丽于威震，王者之事，故为制刑立法。以明在下而丽于威震，君子之用，故为折狱致刑。《旅》，明在上，而云君子者，《旅》取慎用刑与不留狱，君子皆当然也。"①

宋代理学家重新审视德教和刑罚的关系，他们认为刑罚是教化的前提，立刑的目的在于教化，所以明刑是教化的前提。程颐认为刑法立法目的就在于教化，他说"不知立法制刑，乃所以教也"。立刑是为教化，教化必须明刑。要想把百姓从蒙昧中解放出来，必须明确刑罚所禁止的内容。这样老百姓看到刑罚的威力就知道畏惧。没有畏惧，就不会明白什么当为、什么不当为。所以"威以刑"是"教"的前提。朱熹认为执法应当"以严为本，而以宽济之"。只有"严刑"，才能树立是非善恶标准的威严。

二、"明刑弼教"思想的特征和基本要求

（一）明刑弼教的特征

在理学家看来，明刑的目的有三：一是防奸邪，二是惩罪恶，三是彰天理。"二程"认为，刑狱如同良好社会秩序的阻碍，必须将罪行所致刑狱去除，才能恢复社会秩序。"天下之事所以不得亨者，以有间也，噬而嗑之，则亨通矣。利用狱，噬而嗑之之道，宜用刑狱也。天下之间，非刑狱何以去之。不云利用刑，而云利用狱者，卦有明照之象，利于察狱也。狱者所以究察情伪，得其情则知为间之道，然后可以设防与致刑也。"②

防奸邪主要是就刑法的预防功能而言。宋代士大夫主张"罚当罪则奸邪止，亦所以信于天下也"。③ 北宋中期，欧阳修说："财必取于民，官必养于禄，禁暴必以兵，防民必以刑。"④王安石也认为君主的权威和法律的权威必须通过实行刑

① 程颐、程颢：《周易程氏传》卷四，中华书局1981年版，第984页。
② 程颐、程颢：《周易程氏传》卷四，中华书局1981年版，第802页。
③ 李焘：《续资治通鉴长编》，中华书局2004年版，第11009页。
④ 王梓材、冯云濠：《宋元学案补遗》，中华书局2012年版，第464页。

罚确立，因为只有恶人受到处罚，正义得到伸张，才能得到民众的拥戴。“民悦汝德，乃以汝罚之行也。有罪而不能罚，则小人无所惩艾，骄陵放横，责望其上无已。虽加以德，未肯心说，故于罚行，然后说德也。”①苏洵质疑汉儒所论德刑关系，认为任刑、任德并不是霸道、王道的区别，关键在于“各观其势之何所宜用而已”，“然则今之势何为不可用刑，用刑何为不曰王道”。② 李觏更是大胆颠覆了传统儒家思想中仁政与刑罚的关系，认为必须使用刑罚维持社会秩序。他揭示圣人所说仁术本质是爱善不爱恶，爱众不爱寡：“术于仁者皆知爱人矣，而或不得爱之说。彼仁者，爱善不爱恶，爱众不爱寡。不爱恶，恐其害善也；不爱寡，恐其妨众也。如使爱恶而害善，爱寡而妨众，则是仁者天下之贼也。安得圣贤之号哉？舜去四凶而谥以仁圣，汤初征自葛放莱南巢，而仲虺谓之宽仁。武王枭封白旗，而孟子曰以至仁伐不仁，仁者固尝杀矣。世俗之仁则讳刑而忌戮，欲以全安罪人，此释之慈悲，墨之兼爱，非吾圣人所谓仁也。”③犯罪之人自有恶行，儒家圣贤也对其实施刑罚，对凶恶之徒断刑执法无赦，否则不得称为“仁”。这就将充分展示了仁中之“义”，也就是是非善恶的裁断标准，否则就会引起社会秩序的混乱。

惩罪恶是就刑法的制裁功能而言。法律制定之后，应当统一实施，即“法无二门”，刑罚轻重与其罪相当，则符合“刑罚得中”，令有罪之人认罪伏法。宋真宗论及治国理政，对宰相说：“为国之要，在乎赏当其功，罚当其罪。不任情于其间，则赏罚必当，惩劝必行，万方必理，和气必生，自然天地降祥，四方无事。”④这是从国家治理的角度论述“罚当其罪”的重要性，且和“天降祥瑞”联系起来，显然是延续了汉唐的法律思想。反之，如果罚不当罪，则法律失信于天下，人心不服，吏民不劝，认为司法不如人情之重。刑罚不当其罪，则冤滥生，启奸邪之行。这是北宋统治者和士大夫们的共识。理学家则从被追究刑事责任的当事人角度论述罚当其罪的必要性，即要让被刑者“服”。蔡沈在解释《尚书·舜

---

① 王水照编：《王安石全集》第二册，复旦大学出版社2016年版，第265页。

② 吕祖谦：《东莱标注三苏文集》，浙江古籍出版社2017年版，第92页。

③ 李觏：《李觏集》，中华书局2011年版，第235页。

④ 李焘：《续资治通鉴长编》，中华书局2004年版，第1642页。

典》时说“服者，天下皆服其用刑之当罪也。”①皋陶用刑之“明”，在于“其刑罚当罪，可以畏服乎人也”。② 吕祖谦说：“大辟之科，至死而不敢怨者，法当其罪也。”③

北宋时期，著名法官范应辰很早就上书反对真宗赦宥。他长期担任提点刑狱司使，对司法实践非常熟悉，主张罚当其罪，反对滥赦，范应辰说滥赦会放纵大量的奸凶之辈，使犯罪者无法受到应有的惩罚，他说：“过误而被者者虽多，切害而蒙释者亦众，盖以奸凶之辈，密料赦期，百计阁有不为，万途得以残酷。”“怯弱者因此受辜，强梁者由是得便”。这些奸凶之徒“逢此霖恩，亦除其罪，悉又配为卒伍，皆给衣粮。今力耕之夫，遍饥原野，而此辈季支以服，月赐以粟，又何异赏人之为盗邪？与夫疑则赦之，谅有殊矣”。④ 这就区分了“罪疑之赦”和“滥赦”，滥赦是放纵犯罪，没有发挥刑罚的制裁作用。

北宋士大夫对刑法制裁作用集中体现在因为“阿云之狱”引发的“按问欲举之法”的讨论上。熙丰时期，王安石、司马光争论按问欲举之法，王安石的按问欲举自首之法容奸太多，司马光按问欲举自首不减等则又过于严酷。范纯仁提出：“熙宁按问欲举条并得原减，以容奸太多，元丰八年，别立条制。窃详已杀人、强奸，于法自不当首，不应更用按问减等。至于贷命及持杖强盗，亦不减等，深为太重。按《嘉祐编敕》：‘应犯罪之人，因疑被执，赃证未明，或徒党就擒，未被指说，但诘问便承，皆从律按问欲举首减之科。若已经诘问，隐拒本罪，不在首减之例。’此敕当理，当时用之，天下号为刑平。请于法不首者，自不得原减，其余取《嘉祐编敕》定断，则用法当情，上以广好生之德，下则无一夫不获之冤。”从之。⑤

宋代理学家将刑和天理联系起来，认为刑罚适用也是天理昭彰的体现。首先把刑法作为天讨有罪，是天意惩罚恶者。李觏说：“然而天讨有罪，王者奉之以

① 蔡沈：《书集传》，中华书局2018年版，第17页。
② 蔡沈：《书集传》，中华书局2018年版，第45页。
③ 吕祖谦：《宋文鉴》，中华书局1992年版，第1527页。
④ 李焘：《续资治通鉴长编》，中华书局2004年版，第2051页。
⑤ 脱脱等：《宋史》卷二百零一，中华书局1985年版，第5011页。

作五刑。刑者非王之意，天之意也。”①所以他认为，“刑罚之行尚矣，积圣累贤未能有去者也。非好杀人，欲民之不相杀也；非使畏己，欲民之自相畏也”。②陆九渊也把刑罚看作天讨，“五刑之用，谓之天讨，以其罪在所当讨，而不可以免于刑，而非圣人之刑之也”。所以舜令皋陶以明五刑，告知以弼五教，期于无刑。③ 和传统儒家不同，宋代理学家主张依法处罚犯罪行为，认为刑罚立才能教化行，刑罚必须严格执行，否则就会使“各私其亲，不遵法制，移易往来，曾无定止。互相攘夺，不顾是非，受贿纳赂，法禁不行，奸豪得志，暴虐日敷，根本摇动”。④

南宋理学家吕祖谦认为刑罚的作用就是保护善良，惩罚罪恶。所以在刑法适用中应当罚当其罪，不应轻易赦免犯罪之人。他反对皇帝频降赦宥，称之为“妇人之仁”，他说：“大凡仁与义本是一事，而今人作两字看，殊不知仁而无义，乃妇人之仁尔。故先王有不忍之心，行不忍之政。所赦者止于过，若有罪，则义所当刑。自汉以来皆不知此，惟知赦过为仁而不知有义。至于恶大憝，得肆其志，而善良之民或被其害，是知仁义之道，本非两事。”吕祖谦严格区分“罪”与“过”，先王赦免无心的过失却不能赦免故意犯罪的人，“彼有罪恶之可诛，则当诛之，而不宥在我，亦自无咎”。⑤ 南宋光宗绍熙元年(1190年)，一岁四赦，洪迈说：“凶盗杀人一切不死，惠奸长恶，何补于治哉？”⑥

(二)“明刑弼教”的基本要求

宋儒明刑弼教原则的基本要求有三：一是先刑后教，二是尽心断刑，三是罚当其罪。

宋代理学家提出了“先刑后教”的主张。譬如程颐，他说：“发下民之蒙，当明刑禁以示之，使之知畏，然后从而教导之。自古圣王为治，设刑罚以齐其众，

---

① 李觏：《李觏集》，中华书局2011年版，第99页。
② 李觏：《李觏集》，中华书局2011年版，第96页。
③ 陆九渊：《陆九渊集》，中华书局1980年版，第356页。
④ 胡宏：《胡宏集》，中华书局1987年版，第93页。
⑤ 吕祖谦：《丽泽论说集录》，浙江古籍出版社2017年版，第94页。
⑥ 马端临：《文献通考》，中华书局2011年版，第5177页。

明教化以善其俗，刑罚立而教化行，虽圣人尚德而尚刑，未尝偏废也。故为政之始，立法居先。治蒙之初，威以刑者。所以说去其昏蒙之桎梏，桎梏谓拘束也。不去其昏蒙之桎梏，则善教无由而入。既以刑禁率之，虽使心未能喻，亦当畏威以从，不敢肆其昏蒙之欲，然后渐能知善道而革其非心，则可以移风易俗矣。”程颐将明确立法作为为政之基，去除蒙昧桎梏是实施教化的前提。不能去除蒙昧，人欲肆滥，则不能移风易俗。朱熹进一步论述法令既立，则必须严格执法。他说：“号令既明，刑罚亦不可弛，苟不用刑罚，则号令徒挂墙壁耳。与其不遵以梗吾治，曷若惩其一以戒百？与其核实检察于其终，曷若严其始而使之无犯？做大事岂可以小不忍为心？”①在朱熹看来，除罪疑者可以从轻，其余犯罪都不应从轻处罚，这是明刑的必然要求。“罪之疑者从轻，功之疑者从重，所谓疑者，非法令之所能决，则罪从轻而功从重，惟此一条为然耳；非谓凡罪皆可以从轻，而凡功皆可以从重也。今之律令亦有此条，谓法所不能决者，则俟奏裁。今乃明知其罪之当死，亦莫不为可生之涂以上之。惟寿皇不然，其情理重者皆杀之。”②

林光朝在策问中说：“明刑以弼教，先王之善经也”，“先王之用刑也，尽心焉而，轻重出入，约之于吾心，又乌往而不合哉”？③ 吕祖谦在解释儒家经典《尚书·吕刑》时说：“以哀敬之心折狱，既有其本，至于议法之时，必澄定其精神，澡雪其耳目，然后启法律，与众占度，裁其轻重，则咸庶几协乎中正。”④蔡沈解释哀敬折狱时强调司法官当尽心，“哀敬折狱者，恻怛敬畏，以求其情也；明启刑书胥占者，言详明法律，而与众占度也……此言听狱者当尽其心也”。⑤ 宋代理学集大成者朱熹将诸经贯通解释，他详细论述了士大夫应认真对待司法，认为士大夫格物明理才能意诚心正，也才能公正审理刑事案件。他说：“必先格物致知，以极夫事物之变，使义理所存，纤悉毕照，则自然意诚心正，而可以应天下之务。”⑥在解释“哀敬折狱”时说：“作与趋固是敬，然敬心之所由发则不同：见

---

① 黎靖德：《朱子语类》，中华书局1986年版，第2688页。

② 黎靖德：《朱子语类》，中华书局1986年版，第2711~2712页。

③ 曾枣庄、刘琳主编：《全宋文》（第210册），上海辞书出版社、安徽教育出版社2006年版，第46页。

④ 吕祖谦：《增修东莱书说》，浙江古籍出版社2017年版，第429~430页。

⑤ 蔡沈：《书集传》，中华书局2018年版，第294页。

⑥ 曾枣庄、刘琳主编：《全宋文》（第288册），上海辞书出版社、安徽教育出版社2006年版，第426页。

冕衣裳者，敬心生焉，而因用其敬；见齐衰者、瞽者，则哀矜之心动于中，而自加敬也。吕刑所谓‘哀敬折狱’，正此意也。”①首先要将折狱作为一件极重要的事，如行大礼，执重端庄；其次折狱时为百姓所受伤害、破坏礼制的行为感到悲悯。这就要求法官“律己廉公、执重勤谨、如临渊谷”，如此折狱听讼可致狱讼清简，实现儒家天下无冤、刑期无刑的美好理想。

朱熹对宋代的司法体系能否查明冤案表示怀疑，他认为宋代严格的司法程序在实际运作中可能是流于形式，必须依靠君子“尽心折狱”。他说：“臣闻狱者民命之所系而君子之所尽心也。今天下之狱，死刑当决者，皆自县而达之州，自州而达之使者。其有疑者，又自州而上之朝廷，自朝廷而下之棘寺，棘寺谳议，而后致辟焉。其维持防闲，可谓周且审矣。然而宪台之所详覆、棘寺之所谳议者，不过受成于州县之具狱，使其文案粗备、情节稍圆，则虽颠倒是非、出入生死，盖不得而察也。”②

范成大也说：“臣闻狱者，君子之所尽心也。求其生而不可得，故虽死而不怨杀者，使其尚有可生之理，则必置之死地，则冤矣。”③

准确适用刑罚的前提是事实清楚，严格适用刑罚就需要减少赦宥、德音，按照查明事实准确适用法律。司法的最主要功能就是惩罚罪恶、保护善良。司法功能不能发挥，教化的功用也无法彰显。

夏竦、欧阳修、司马光、范应辰等虽政见各异，但任法为治、反对滥赦的立场则同。北宋中期夏竦就提出赦宥是权宜之计，不能成为司法的常态，他说：“盖赦者偏枯之物，权时之制。君子所惧，小人所悦。夷吾嫉其大害，孔明讥其小惠，故无赦之国，其刑必平，居上者攸宜矜慎。”④宋代最影响罚当其罪的是赦宥，而赦宥基本上是提前可以预判的，比如皇帝通常都会宣布数月后举行南郊大礼，后来南郊三年、明堂三年制度化，人们完全可以预测大礼必有大赦，这样就

① 黎靖德：《朱子语类》，中华书局1986年版，第962页。

② 曾枣庄、刘琳主编：《全宋文》(第243册)，上海辞书出版社、安徽教育出版社2006年版，第85页。

③ 范成大：《范成大佚著辑存》，中华书局1983年版，第14页。

④ 曾枣庄、刘琳主编：《全宋文》(第17册)，上海辞书出版社、安徽教育出版社2006年版，第94页。

违反了赦不可预知原则："夫赦者不可以逆知，逆知则奸作"，不降赦书的国家刑法执行反而持平。欧阳修认为：其一，赦宥是以私恩小惠乱国家大法；其二，良好的法制环境是良法的有效运行而不是滥赦；"无罹民之不远，无纵诛以快怒。使愚民知所避，奸吏无所弄，则狱虽不赦，刑将自平。"法律是国家之信，颁布之后就应当严格遵守，不应当以赦令来破坏它，"又何必申小惠、推私恩，启民心之奸，弛古刑之典者哉？故谓不赦者，良医之针石，赦者奔马之委辔"。① 王安石对宋神宗直接指出滥赦的危害。熙宁七年旱灾，宋神宗想要降赦，当时已经两赦了，王安石说："汤旱以六事自责，曰政不节与？若一岁三赦，是政不节，非所以弭灾也"②，司马光也认为："赦多害多利少，非国家之善政也，谓过误有害则赦之，怙恶自终则杀之，非不择罪之有无并赦之也。"③

宋代理学型士大夫强烈要求执法必严，反对滥赦。朱熹主张为政以严为本，在司法中当严格遵守法律的规定，准确适用法律。"或问为政者当以宽为本，而以严济之。曰：某谓当以严为本，而以宽济之。曲礼，谓往官行法，非礼，威严不行，须是令行禁止。若日令不行，禁不止，而以是为宽，则非也。"朱熹反对俗儒以宽为本的施政理念，他认为宽正会导致更大的社会不公，结果必然是"奸豪得志，平民既不蒙其惠，又反受其殃矣"。④ 在司法中，朱熹认为必须严格区分"恤刑慎刑"和"舞法卖情"，宋代统治者喜欢矜贷人命、减轻处罚，"凡罪之当杀者，比多为可出之途，以俟奏裁，则率多减等：当斩者配，当配者徒，当徒者杖，当杖者笞"。朱熹反对这种做法，认为："是乃卖弄条贯，舞法而受赇者也！何钦恤之有？"⑤

《唐律疏议》中明确写道："故铨量轻重，依义制律。"按照唐律的规定，义就是制定法律的依据。唐代的立法原则为"制刑以义"，司法指导思想为"用其义刑义杀"。正如《唐律疏议·名例》所说："以刑止刑，以杀止杀。"何谓"制刑以义"？

① 曾枣庄、刘琳主编：《全宋文》（第35册），上海辞书出版社、安徽教育出版社2006年版，第51页。

② 脱脱等：《宋史》卷二百零一，中华书局1985年版，第5028页。

③ 曾枣庄、刘琳主编：《全宋文》（第54册），上海辞书出版社、安徽教育出版社2006年版，第214页。

④ 黎靖德：《朱子语类》，中华书局1986年版，第2689页。

⑤ 黎靖德：《朱子语类》，中华书局1986年版，第2712页。

制刑就是立法，以义就是用“义”作为立法指导思想。义何以成为立法指导思想呢？有以下三点原因：第一，义就是众人之是为是，众人所非为非，以古今不变的是非之理作为立法指导思想；第二，“义”是指一种区分是非善恶的理，是一种社会所公认的伦理，是立法者所追求的公平正义；第三，义是合适、适宜，立法中要罪刑相应，司法中用其义刑义杀。

明慎断刑自先秦以来，将其归为宽严、刚柔之限，甚至将刑法政策比之于水火。譬如《左传》记载子产临终戒子太叔之言：“唯有德者能以宽服民，其次莫如猛。夫火烈，民望而畏之，故鲜死焉；水懦弱，民狎而玩之，则多死焉。”①法家更是主张轻罪重刑，商鞅说：“行刑，重其轻者，轻者不生，则重者无从至矣。”韩非更是认为严刑重罚才能实现国家大治，他说：“夫严刑重罚，民之所恶也，而国之所以治也。哀怜百姓，轻刑罚者，民之所善，而国之所危也。”②唐代贞观时，立法公平，务求宽简，要求司法官员“务在宽缓”。

孝宗对狱吏的不法行为也有较为清醒的认识。乾道二年，下诏曰：“狱，重事也。用法一倾，则民无所措手足。比年以来，治狱之吏，巧持多端，随意轻重之，朕甚患焉。其自今革玩习之弊，明审克之公，使奸不容情，罚必当罪，用迪于刑之中”，乾道三年，再次强调“狱，重事也。稽者有律，当者有比，疑者有谳。比年顾以狱情白于执政，探取旨意，以为轻重，甚亡谓也。自今其祗乃心，敬于刑，惟当为贵，毋习前非。不如吾诏，吾将大寘于罚，罔攸赦”。③

朱子则提出“以严为本，而以宽济之”，他反对折狱断刑中一味追求宽、缓、轻，认为“刑愈轻而愈不足以厚民之俗，往往反而长其悖逆作乱之心，而使狱讼之愈繁。”罚当其罪。经学家解释“义”即是“平”，平即是“刑罚当罪”，“刑罚当罪则国成，事物以礼则国定”。④

宋代理学家对刑罚宽严之论进行批评。认为刑事司法追求的是公允，罚当其罪，而不在宽严、刚柔。如陆九渊说：“朱元晦在南康，已得太严之声。元晦之政，亦诚有病。然恐不能泛然以严病之。使罚当其罪，刑故无小，遽可以严而非

① 阮元校刻：《春秋左传正义》，中华书局2009年版，第4549页。

② 王先慎：《韩非子集解》，中华书局1998年版，第103页。

③ 脱脱等：《宋史》卷二百，中华书局1985年版，第4994页。

④ 方向东：《大戴礼记汇校集解》，中华书局2008年版，第849页。

之乎？某尝谓不论理之是非，事之当否，而汎然谓宽严之论者，乃后世学术议论无根之弊。道之不明，政之不理，由此其故也。"①宽严的掌握在法官，而罚当其罪的标准在于"理"。

宋代理学家司法理念从德主刑辅转向明刑弼教，其原因是多方面的。一是为政者是通过科举选拔出来的士人，其德行和政事并无直接关系；二是宋代狱讼频发，和汉唐时代的社会关系相比有很大不同；三是理学家不仅要求道问学，而且要求起而行，空疏的道德说教并不能解决日益复杂的社会矛盾；四是士大夫主体意识的觉醒，为实现儒家理想，必须身体力行。所以他们主张在新的社会背景下，士大夫固然需要明德，但更重要的是明刑，只有确立社会底线、惩罚罪恶，才能真正确立是非标准。

第二节　北宋理学家士大夫的折狱理念变化

一、宋代理学家对于"人欲"和刑事司法关系的认识

（一）"人欲"与宋代理学家士大夫的犯罪观

宋代理学家士大夫对于"人"的看法较之唐代有所变化。《唐律疏议》序言认为"禀气含灵，人为称首"，是万物之最灵者。但是宋代理学家认为，人和万物一样，皆是阴阳感化而生。理先于人存在，人秉气而生，有天命之性，此是理在人身上的体现，所以人性相近。所不同者，所禀之气也。所相同者，皆体现"理"。所不同者，在于气。

程颢说："气之所钟，有偏正，故有人物之殊；有清浊，故有智愚之等。"②朱熹说："人所禀之气虽皆是天地之正气，但滚来滚去，便有昏明厚薄之异。盖气是有形之物，是有形之物，便自有美恶"，"禀得精英之气，便为圣、为贤，便是得天理之全，得理之正。禀得清明者，便英爽；禀得敦厚者、便温和；禀得清

① 陆九渊：《陆九渊集》，中华书局1980年版，第494页。
② 程颢、程颐：《二程集》，中华书局2004年版，第1266页。

高者，便贵；禀得丰厚者，便富；禀得长久者，便寿；禀得衰颓薄浊者，便为愚、不肖、为贱、为夭。天有那气生一个人出来，便有许多物随他来。”①禀气有差异，各色人等便不相同。

人既有天命之性，故皆有善根；有禀气之性，故人与人有差别。先天的赋予不是犯罪的根源，人犯罪的根源在“人欲”，“人欲”是人们萌发犯罪念头与产生犯罪行为的根本原因。程颐说：“甚矣，欲之害人也。人之为不善，欲诱之也。诱之而弗知，则至于天理灭而不知反。”②人的肉体充满欲望，犯罪就不可避免地发生，折狱断刑必不可少。

对于犯罪受刑罚处罚的人，理学家并不认为他们应为社会所放逐。在理学家看来，犯罪人虽被人欲所控制，依然是人，具有天赋向善之性，若能自我控制人欲或外力强行约束人欲，完全可以回复本原，弃恶从善。对于因罪入狱审讯中的人犯和正在服刑的犯罪人，理学家们也未站在道德的制高点将其抛弃，而是以“民胞物与”态度“视民如伤”。

理学家士大夫对于人性和犯罪观的认识发生了根本变化。从汉代以来的“性三品”到宋代的“气、性、欲”，宋代理学家对犯罪产生的根源有更为理性的认识，认为犯罪产生于人的欲望，必须对犯罪行为依法惩处，以刑罚灭人欲，使天理得彰。在司法实践中，朱子反对轻刑，甚至主张恢复肉刑。他说：“今徒流之法，既不足以上穿窬淫放之奸，而其过于重者则又有不当死而死，如强暴赃蒲之类者，苟采陈群之议，一以宫剕之辟，则虽残其支体，而实全其躯命，且绝其为乱之本，而使后无以肆焉。岂不仰合先王之意，而下适当也之宜哉。”③此说甚至重新回到魏晋时肉刑存废之辩。事实上，在宋代理学家看来，刑罚是人欲之堤防，也是惩奸之主要手段，刑不明则是非不分，善良者不能保而罪恶不能除，尤为社会秩序之大害。如朱子论刑时说：“今人说轻刑者，只是所犯之人为可悯，而不知被伤之人尤可念也。如劫盗杀人者，人多为之求生，殊不念死者之为无辜；是知为盗贼计，而不为良民地也。若如酒税伪会子，及饥荒窃盗之类，犹可

① 黎靖德：《朱子语类》，中华书局1986年版，第77页。

② 程颢、程颐：《二程集》，中华书局2004年版，第319页。

③ 曾枣庄、刘琳主编：《全宋文》(第245册)，上海辞书出版社、安徽教育出版社2006年版，第359页。

以情原其轻重大小而处之。”

(二)宋代理学家士大夫的“人欲”影响司法论

宋儒张九成认为良士大夫折狱不夹杂个人喜怒和欲望，能察情辨理。“夫民之所以治者，以典狱之官先得理之中，无私喜，无私怒，以此听狱之两辞，则直者得理，曲者服刑”。司法官员应当保持中立立场，“曲直在彼，而我无一毫私心变动于其间焉”。① 真德秀云：“狱者，民之大命，不可少有私曲，私意一萌，则是非易位，欲事之当理，不可得也。”影响秉公折狱的因素主要是人情、贿赂、个人喜怒、权势、利害关系：“公事在官，是非有理，轻重有法，不可以己私而拂公理，亦不可骫公法以狗人情。然人之情每以私胜公者，盖狗货贿则不能公，任喜怒则不能公，党亲戚，畏豪强，顾祸福，计利害，则皆不能公。”②“断狱不公狱者，民之大命，岂可少有私曲……惨酷用刑，刑者，不获已而用，人之体肤，郎己之体肤也，何忍以惨酷加之乎，今为吏者，好以喜怒用刑，甚者或以关节用刑，殊不思刑者，国之典，以代天纠罪，岂官吏逞忿行私者乎！不可不戒。”③

朱子多次提到“公”心是法官折狱的基本立场。他严厉批评了在他看来“不公”的做法。一个是吕公著以德抱怨。“吕晦叔为贾昌朝无礼，捕其家人坐狱。后吕为相，适值朝廷治贾事，吕乃乞宽贾之罪，‘恐渠以为臣与有私怨’。后贾竟以此得减其罪。此‘以德报怨’也。然不济事，于大义都背了。盖赏罚出于朝廷之公，岂可以己意行乎其间？”④认为吕公著为了以德报怨，请求宽免仇人的罪行，是亏朝廷之公，违背大义。黄宗羲在编纂《泰山学案》时批评王安石因为私怨追究祖无择之罪，也是因“人欲”而干预司法，造成不当的重罚。“择之知杭州，王介

① 张九成：《尚书详说》，浙江古籍出版社2013年版，第654页。

② 曾枣庄、刘琳主编：《全宋文》(第213册)，上海辞书出版社、安徽教育出版社2006年版，第15页。

③ 中国社会科学院历史研究所宋辽金元史研究室点校：《名公书判清明集》卷一，中华书局1987年版，第2页。

④ 吕家因元丰元年(1078年)的陈世儒案受到牵连，吕公著父子被讯，侄、婿下狱。此处贾昌朝应系贾种民之误，贾昌朝是北宋前期宰相，在宋英宗治平二年(1065年)已经去世。诸吕下狱参见李焘：《续资治通鉴长编》卷三百三，中华书局2004年版，第7376~7377页。朱熹论吕公著以德报怨之论述参见黎靖德：《朱子语类》，中华书局1986年版，第1136~1137页。

甫以前事恨之，密谕监司求择之罪。监司承风旨，以赃滥闻于朝廷，遣御史王子韶按治，摄择之下狱，锻炼无所得，坐送宾客酒三百小瓶，责节度副使安置。同时有知明州光禄卿苗振，监司亦因观望，发其赃罪，朝廷遣崇文院校书张载按治。“悉平反之，罪止罚金。其幸不幸有若此也。”①

另一个是执法者以“罪福报应”宽免刑罚。

今之法家，惑于罪福报应之说，多喜出人罪以来福报。夫使无罪者不得直，而有罪者得幸免，是乃所以为恶尔，何福报之有！……所谓钦恤者，欲其详审曲直，令有罪者不得免，而无罪者不得滥刑也。今之法官惑於钦恤之说，以为当宽人之罪而出其死；故凡罪之当杀者，必多为可出之涂，以俟奏裁，则率多减等：当斩者配，当配者徒，当徒者杖，当杖者笞。是乃卖弄条贯，舞法而受赇者耳！何钦恤之有？罪之疑者从从轻，功之疑者从重，所谓疑者，非法令之所能决，则罪从轻而功从重，惟此一条为然耳；非谓凡罪皆可以从轻，而凡功皆可以从重也。今之律令亦有此条。②

朱子主张法官折狱在内立心需公，在外依法定罪量刑，罚当其罪。无罪者得直，有罪者被刑，不因祸福报应之说宽免刑罚。朱子提出的恤刑观和俗儒的恤罪囚有本质不同，他认为刑罚宽减只有一种情况就是事实既明，但定何种罪尚有疑问，可以从轻。由此观之，朱子的罪刑观基本符合现代刑法的罪刑法定原则。

甲与乙辨，方各自是其说，甲则曰愿乙平心也，乙亦曰愿甲平心也，平心之说，恐难明白，不若据事论理可也。此言美矣。然熹所谓“平心”者，非直使甲操乙之见、乙守甲之说也，亦非谓都不论事之是非也，但欲两家姑暂置其是己非彼之意，然后可以据事论理而终得其是非之实。如谓治疑狱者当公其心，非谓便可改曲者为直、改直者为曲也，亦非谓都不问其曲直也，但不可先以己意之向背为主，然后可以审听两造之辞，旁求参伍之验，而终得

① 黄宗羲、全祖望：《宋元学案》，中华书局 1986 年版，第 116 页。
② 黎靖德：《朱子语类》，中华书局 1986 年版，第 2711~2712 页。

其曲直之当耳。今浅之心挟忿怼之气，不肯暂置其是己非彼之私而欲评义理之得失，则虽有判然如黑白之易见者，犹恐未免于误，况其差有在于毫厘之间者，又将谁使折其衷而能不谬也哉?①

南宋理学家真德秀在任荆湖制置使时劝解属吏四事：曰律己以廉、抚民以仁，存心以公，莅事以勤;② 同为理学家的张均在其任知州的大堂上书曰：“奉公如上帝，克己如勍敌，爱民如赤子，防吏如馁狼。”③可见理学家士大夫对克己欲、存公心有共识，在折狱听讼时就要求折狱不可有私欲：

公事在官，是非有理，轻重有法，不可以己私而拂公理，亦不可骫公法以徇人情。诸葛公有言：吾心如秤，不能为人作轻重。此有位之士，所当视以为法也。然人之情，每以私胜公者，盖徇货贿则不能公，任喜怒则不能公，党亲戚、畏豪强、顾祸福、计利害，则皆不能公。殊不思是非之不可易者，天理也，轻重之不可逾者，国法也。以是为非以非为是，则逆乎天理矣；以轻为重以重为轻，则违乎国法矣。居官临民而逆天理违国法，于心安乎？雷霆鬼神之诛，金科玉条之禁，其可忽乎？故愿同僚以公心持公道，而不汩于私情，不挠于私请，庶几枉直适宜，而无冤抑不平之叹。此所当勉者三也。④

---

① 曾枣庄、刘琳主编：《全宋文》(第245册)，上海辞书出版社、安徽教育出版社2006年版，第308页。

② 真德秀的属吏四事具体内容是：律己以廉(凡名士大夫者，万分廉洁，止是小善，一点贪汙，便为大恶，不廉之吏，如蒙不洁，虽有他美，莫能自赎，故此以为四事之首)；抚民以仁(为政者当体天地生万物之心，与父母保赤子之心，有一毫之惨刻，非仁也，有一毫之忿疾，亦非仁也)；存心以公(传曰：公生明。私意一萌，则是非易位，欲事之当理，不可得也)；莅事以勤是也(当官者一日不勤，下必有受其弊者。古之圣贤犹且日昃不食，坐以待旦，况其馀乎？今之世有勤于吏事者，反以鄙俗目之，而诗酒游宴，则谓之风流娴雅，此政之所以多疵，民之所以受害也，不可不审)。参见中国社会科学院历史研究所宋辽金元史研究室点校：《名公书判清明集》卷一，中华书局1987年版，第2页。

③ 黄宗羲、全祖望：《宋元学案》，中华书局1986年版，第2423页。

④ 中国社会科学院历史研究所宋辽金元史研究室点校：《名公书判清明集》卷一，中华书局1987年版，第6页。

理学家认为必须尽心排除影响公正判决的人欲因素。理学家认为，最易影响审判案件的是胥吏的“人欲”，他们因熟悉法律和办事程序，最易上下其手，徇私舞弊，严防奸吏是理学家的共识。审案官员对于羁押的案犯应当“一一亲临，饭食处时时检察，严戢胥吏，毋令擅自拷掠，变乱情节”。①司法官员不能以案结事了、应对官员考核为目标，尤其应当排除胥吏对司法的干扰。“盖昏缪疾病之人苟且微禄，唯知自营，其于狱事，蒙成吏手，漫不加省。而胥史之入官者，又或狃于故习，与吏为徒，贩鬻走弄，无所不至。故州郡小大之狱，往往多失其平。”②

二、宋代理学家士大夫的刑事司法境界

宋代刑事司法实际上存在三种境界：分别为“无滞”“无冤”“无狱”。“无滞”是指刑事案件及时审结，没有超期羁押的系囚；“无冤”是刑事案件能够公正审判，无蒙冤受屈和枉受刑罚者；“无狱”，是教化大行，没有刑事案件发生。

一般而言，刑事司法的基本要求是效率要求，也就是在法定时间内能够结案。形式上完成案件的审理，形成“成案”并按照职权拟定判决。更高一层的要求是司法公平的要求，就是案件的判决符合事实和法律，无罪的人没有受到追究，罚当其罪，折狱允当。这是实质性的正义要求，也是法官的责任。最高境界是儒家的理想状态，也就是无狱、无刑，这比实质正义的境界还要高，是社会治理的理想状态，可能永远也达不到，但是是儒家士大夫追求的司法目的。

狱不留滞是指司法官员没有超出案件法定的审理期限，相关系囚没有被超期羁押。系囚淹滞是中国古代刑事司法的一个重要问题，被认为是政事有缺的表现之一，囚徒的愁怨会感伤和气，导致天降灾异，进而危及王朝统治的合法性。儒家经典《易经·旅卦》象曰：山上有火，旅；君子以明慎用刑而不留狱。是所谓“慎刑如山，不留如火”。程颐的解释是：“火之在高，明无不照。君子观明照之象，则以明慎用刑。明不可恃，故戒于慎明，而止亦慎象。观火行不处之象，则

① 中国社会科学院历史研究所宋辽金元史研究室点校：《名公书判清明集》卷一，中华书局1987年版，第12页。

② 曾枣庄、刘琳主编：《全宋文》(第243册)，上海辞书出版社、安徽教育出版社2006年版，第85页。

不留狱。狱者不得已而设，民有罪而入，岂可留滞淹久也？”①即使高明的贤士大夫在审理刑事案件时也应该慎于用刑，因为人的智识并不可靠，但是如果过于慎则会造成刑狱淹滞。“明者或不慎，慎者或留狱，失旅之象也。”②吕大临解释说：“山上有火，近者蒙其照，远者观其明，故明慎用刑，而不留狱。心服则情得，狱以其立断，故不留也。”③宋代理学家研究司法是从《易经》诠释开始的。几乎所有著名的理学家都曾对易经做出解释。根据《易经》卦象研究的结果，理学家提出司法活动的三个原则：一是断狱明速，二是听讼中正，三是无刑无讼。断狱“明”是针对事实而言，法官应当查明事实，对案件的是非曲直有清晰的认识，在查明事实的基础上做出明白、合理的剖断。速指的是“敏速”，主要是司法效率，迅速将案件审结，做出判决结果。断狱主要在“蒙卦”的解释中。听讼则是在“讼卦”“师卦”的解释中，争讼对讼者而言是凶事，只有见到“大人”则为吉。大人审理争讼秉持“中正”，则能辨明曲直，分清是非。无论是折狱还是听讼，其最终的目标是消灭狱讼，制刑期无刑，设狱希狱空，听讼求无讼。归纳起来，就是将已经发生的狱讼迅速处理，并让治下不再发生狱讼。这是理学家解释经典所得的结论，也是儒家千载相传的原则。

历代统治者都非常重视刑狱淹滞问题，为此规定了严格的审理期限和严厉的监督制度。不能按期处理狱讼造成案件积压和人犯羁押的官员被认为是没有能力的庸懦之辈，在官员考核中被定不合格档次甚至会被追究法官责任。为了完成司法政务，官员首先要按照法定期限审结案件，避免考核不合格，这是法官在官僚考核制度下所面临的共同问题。宋代的审限制度很严格，太平兴国六年(981 年)三月，宋太宗“不欲天下有滞狱，乃建三限之制，大事四十日，中事二十日，小事十日，需追捕而易决者无过三日”。④ 宋代《公式令》规定了案件的处理时间和公文传递的时间：“小事五日程，中事十日程，大事二十日程，徒罪以上狱案，辩定后三十日程。”违反日程的司法官员要依照职制律处罚：“决狱违限，准官书稽程律论，逾四十日则奏裁”，“其鞫狱违限、可断不断、事小而禁系者，有司驳

① 程颐：《周易程氏传》，中华书局 2011 年版，第 321 页。

② 朱震：《汉上易传》，中华书局 2020 年版，第 342 页。

③ 吕大临等：《蓝田吕氏遗著辑校》，中华书局 1993 年版，第 160 页。

④ 李焘：《续资治通鉴长编》卷二十二，中华书局 2004 年版，第 491 页。

奏之。”①

为了对各地案件积压状况特别是系囚数量进行监督，宋代设置了专门的路级司法监督机构提点刑狱使司，对本路所辖州县的案件审结状况进行监督检查。还实行定期虑囚制。宋天圣《狱官令》规定：“诸囚，当处长官十日一虑；无长官，次官虑。其囚延引久禁，不被推问，若事状可知，虽支证未尽，或告一人数事，及被告人有数事者，若重事得实，轻事未了，如此之徒，虑官并即断决。”②

在官僚体制之下，宋代统治者对官员操赏罚之二柄，一方面定章立制，循名责实，一方面奖励司法方面表现卓异的官员，能够片言折狱、庭无留讼，最好是将系囚疏决一空。断绝和狱空都是司法机关经过一段时间的集中清理，达到案件审结或者系囚疏放完毕的一种状态，这种状态按照惯例会受到朝廷的嘉奖。在这种考核制度和监督制度下，官员自然会将司法效率放在首位，首先考虑的是考核的通过和司法政绩，案件本身反而成了不重要的。在追求庭无留讼的过程中，自然容易产生统治者不愿意看到的结果：“冤情壅塞。”

无滞是中国古代司法的基本要求，违反此要求即是违法，但无滞只能说明司法官员按照法定期限完成了刑事案件的处理，并不能说明其完成刑事司法的质量。在很多情况下，司法官员为追求无滞，隐匿、转移甚至杀害系囚。一味追求无滞的刑事司法导致了更加严重的后果。“冤”是宋代统治者更加不能接受的，《尚书·吕刑》从国家治理的角度上主张要“明德慎刑”，反映在刑事司法上就是要不罚无辜，罪不及孥，其中罪及无辜就是冤案。《大禹谟》中云：“与其杀不辜，宁失不经”，杀不辜就是冤杀人，更是冤案。

儒家经典反对司法制造冤案，主张慎刑。易经《噬嗑卦·象》曰：“柔得中而上行，虽不当位，利用狱也”，清人解释说：“有哀矜之心，无姑息之过，如雷之断，如电之明，济以仁术，狱无冤滥矣。”③具体的做法是“出轻罪，缓死罪”。西周时期提出明德慎罚，“与其杀不辜、宁失不经”。孔孟的仁政思想在司法上的表现就是“慎刑”“慎杀”“哀矜”。而《春秋》则将典型冤案记载下来以为后世戒。汉

① 窦仪等：《宋刑统》，中华书局1984年版，第67页。

② 《天一阁藏明钞本天圣令校证》，中华书局2006年版，第418页。

③ 刘沅：《周易恒解》，巴蜀书社2016年版，第80页。

儒用天人感应解释儒家经义，将冤案和天象直接联系起来。董仲舒认为如果冤气横塞，阴气过盛会导致天降灾异，常见的是水潦和亢旱。汉代的史学家极力推崇狱讼无冤的循吏司法，通过史志确立了儒家的司法理想。这种司法则天的经典解释和史学叙事为历代统治者所接受，成为中国传统社会正统法律思想的重要组成部分。

宋代《刑部法》的规定，“诸官司失入死罪，其首从及录问、审问官定罪各有等差”。其中案件的推勘官为首，审问、录问官稍为降等。《宋史·刑法志》记载，宋仁宗时，“凡集断急按，法官与议者并书姓名，议刑有失，则皆坐之”。①进一步明确了司法官与议者之间对于错案的共同责任。对于造成冤案的官员要严格追求责任，而对于洗冤雪活的官员则要给予赏赐。但是宋代的洗冤始终面对一个制度难题，即洗冤者必将面临与原审判官员及其上下级、共同责任者之间的利益冲突甚至对立，洗冤雪活固然能立功受奖，但是同时造成冤案的官员群体将会受到处罚，这也是在宋代官僚体制之下无法解决的矛盾。

理学家则力图解决这个矛盾，其最大的特点是洗冤而不求功，折狱无冤是求。理学家士大夫当然也是官员，他们也生活在官僚体制之中，但是理学型士大夫却是完全不同的官员，他们有高度的道德自觉性和主体意识。他们出仕的目的是为了实现儒家的理想，所以对待官僚考核制度的态度更加超然。他们关注的是司法本身而不是司法所带来的利弊荣辱。所以在司法中能够无冤是求。这是比无滞更高一层次的追求，指的是司法官员以更加理性的态度处理刑事案件，希望无罪的人不蒙冤入狱并被处刑罚。

在宋代，追求这一境界的典型代表是理学型士大夫，即掌握一定政治权力，能够实行自身政治主张的理学家或受理学影响的官员。众所周知，理学不仅是高度精致化、理论化的哲学，也是一种格物致知、经世致用的方法论；理学型士大夫则是具有高度历史责任感和社会担当意识的士大夫群体，他们同时具有理想主义和理性主义的特征。北宋著名理学先驱周敦颐在其司法实践活动中体现了“无冤”的追求，他“为广东转运判官，提点刑狱，以洗冤泽物为己任。行部不惮劳

① 脱脱等：《宋史》卷二百零一，中华书局 1985 年版，第 4976 页。

苦，虽瘴疠险远，亦缓视徐按”。① 南宋理学型士大夫宋慈更是格物明辨的模范。他在其泽被后世的名著《洗冤集录》序言中说：“慈四叨臬寄，他无寸长，独于狱案，审之又审，不敢萌一毫慢易心。若灼然知其为欺，则亟与驳下；或疑信未决，必反复深思，惟恐率然而行，死者虚被涝漉。每念狱情之失，多起于发端之差；定验之误，皆原于历试之浅”②，遂著《洗冤集录》以为司法官员所借鉴。书中很多检验知识都是宋慈经验的结晶，很多方法都亲自实践，这部划时代的法医学著作遥遥领先于世界，而其最初的目的就是为了洗冤泽物。

无狱是指某一区域因教化大行而使得人们道德水平大大提高，刑事案件不发生。这是士大夫施政最为理想的状态，也是中国古代刑事司法的最高境界。若全国范围内不再发生刑事案件，刑罚设而不用，是为刑措。三代以下，公认的刑措只有一次，即西周成康之世，刑措四十年不用，汉文治世，断狱四百，是几至刑措，唐太宗贞观和明皇开元年间，断狱数百，也只是有刑措之风而已。无狱的核心是以德化劝人心，使人向善，远离罪恶，即“禁邪于冥冥，绝恶于未萌”。

实现无狱理想的条件是人们对礼法规范的普遍自觉遵守，这源自人们内心的确信和价值认同。要实现儒家价值观的认同就必须接受良好的教育，所以，儒家自其先圣孔子以来无不注重教育。教化是实现礼治的根本。所以千百年来，儒家将养民、富民、教民作为实现天下大治的基本途径。宋代的理学家继续担当这一使命，他们“在朝在美政，居乡在美俗”。在朝者追求的是“得君行道”，自北宋范仲淹、王安石以来，宋代的贤士大夫无不如是期盼，但是如果不能行道则去，宁肯主政一方、惠及百姓或者干脆居乡美俗。

北宋理学家程颢在任地方官时剖决狱讼，善于利用证据查明案情的基础上做出果断的判决，但他的落脚点还是放在对百姓的教化上。“民以事至县者，必告以孝弟忠信，入所以事其父兄，出所以事其长上。度乡村远近为伍保，使之力役相助，患难相恤，而奸伪无所容。凡孤茕残废者，责之亲戚乡党，使无失所。行旅出于其途者，疾病皆有所养。乡必有校，暇时亲至，召父老与之语。儿童所读

① 脱脱等：《宋史》卷四百二十七，中华书局 1985 年版，第 12711 页。

② 曾枣庄、刘琳主编：《全宋文》（第 325 册），上海辞书出版社、安徽教育出版社 2006 年版，第 179 页。

书，亲为正句读，教者不善，则为易置。择子弟之秀者，聚而教之。乡民为社会，为立科条，旌别善恶，使有劝有耻。在县三岁，民爱之如父母。”①

范应铃是南宋著名的理学型法官，他的司法实践具有典型意义。他对于案件的处理明确无误，“冠裳听讼，发擿如神，故事无不依期结正，虽负者亦无不心服”。在任地方官期间，施政始终如一，与百姓休息，“阁债负，蠲租税，释囚系，恤生瘗死，崇孝劝睦，仁民厚俗之事，悉举以行，形之榜揭，见者嗟叹”。范应铃长期任地方官，“所至无留讼，无滞狱”，家居时，人有不平，不走官府，而走应铃之门；为不善者，辄相戒曰：“无使范公闻之”。时人徐鹿卿评价道：“应铃经术似儿宽，决狱似隽不疑，治民似龚遂，风采似范滂，理财似刘晏，而正大过之。”②

三、宋代理学家士大夫“人命至重”的刑事司法价值论

张载认为，“天无心，心都在人之心。一人私见固不足尽，至于众人之心同一则却是义理，总之则却是天。故曰天曰帝者，皆民之情然也”。③ 天心即民心，民情决定天命，故“天下之务莫大于恤民，而恤民之本，在正心术以立纪纲”。故“狱者，民命之所系而君子之所尽心也”④，刑狱关乎人民的生命，是天大的事情，必须心存敬畏。“狱讼，面前分晓事易看。其情伪难通，或旁无佐证，各执两说系人性命处，须吃紧思量，犹恐有误也。”

朱子和李方子的一番对话能够说明理学家在折狱中最为重视的是人命。

李公晦问：“‘恕’字，前辈多作爱人意思说，如何？”曰：“毕竟爱人意思多。”因云：“人命至重，官司何故斩之于市？盖为此人曾杀那人，不斩他，则那人之冤无以伸，这爱心便归在被杀者一边了。然古人‘罪疑惟轻’，‘与其杀不辜，宁失不经’，虽爱心只在被杀者一边，却又溢出这一边些子。”⑤

李公晦问既然人命最重，为什么要斩于闹市呢？朱子回答说因为此人犯下的

① 脱脱等：《宋史》卷四百二十七，中华书局1985年版，第12715页。

② 脱脱等：《宋史》卷四百一十，中华书局1985年版，第12347页。

③ 张载著，章锡琛点校：《张载集》，中华书局1978年版，第256页。

④ 黎靖德：《朱子语类》，中华书局1986年版，第2711页。

⑤ 黎靖德：《朱子语类》，中华书局1986年版，第2711页。

杀人重罪，站在受害人的角度来看，既然人命至重，只能以命抵命。古代定罪量刑的原则“罪疑惟轻”，“与其杀不辜，宁失不经”也是从受害人的立场上考虑的，但并不完全，也间有对犯有疑罪的犯罪者，没有犯罪无辜者利益的平衡。

程颐提出爱惜人命的重要表现是议狱缓死，以防止冤杀、错杀。他解释《易经》的《中孚》卦：“君子观其象，以议狱与缓死。君子之于议狱，尽其忠而已；于决死，极其恻而已。故诚意常求宽缓，缓，宽也。于天下之事，无所不尽其忠，而议狱缓死，最其大者也。”①

人命究竟是什么呢，理学家认为是气。折狱不明制造冤案会使冤气不散，这可能是对人命至重最本原的解释。真德秀认为司法官员必须以民命为念，认识到刑狱关系到人民的生命，尽心折狱。“狱者，生民大命，苟非当坐刑名者，自不应收系。为知县者每每必须躬亲，庶免冤滥。访闻诸县间有轻寘人囹圄，而付推鞫于吏手者，往往写成草子，令其依样供写，及勒令立批出外索钱，稍不听从，辄加棰楚，哀号惨毒，呼天莫闻。或囚粮减削，衣被单少，饥冻至于交迫。或枷具过重，不与汤刷，颈项为之溃烂。或屋瓦疏漏不修，有风雨之侵。或牢床打并不时，有虮虱之苦。或坑厕在近，无所蔽障，有臭秽之熏。或因病不早医治，致其瘐死。或以轻罪与大辟同牢。若此者不可胜数。今请知县以民命为念，凡不当送狱公事，勿轻收禁，推问供责，一一亲临，饭食处时时检察，严戢胥吏，毋令擅自拷掠，变乱情节。至于大辟，死生所关，岂无纤毫或至枉滥，明有国宪，幽有鬼神，切宜究心，勿或少忽。”②司法官员在刑事司法过程中，当尊重事实，依法判决。“狱事人命所系，尤当尽心。近世流俗惑于阴德之论，多以纵出有罪为能，而不思善良之无告，此最弊事，不可不戒。然哀矜勿喜之心，则不可无也。”③

宋代的理学家士大夫主张折狱本身就是明明德的过程，让天理昭然，人情重新和洽，如此折狱，非能去私的贤士大夫不可。按照北宋士大夫上官均所说，

① 程颐：《周易程氏传》，中华书局 2011 年版，第 344 页。

② 中国社会科学院历史研究所宋辽金元史研究室点校：《名公书判清明集》卷一，中华书局 1987 年版，第 12 页。

③ 曾枣庄、刘琳主编：《全宋文》(第 246 册)，上海辞书出版社、安徽教育出版社 2006 年版，第 412 页。

“惟良折狱”中的“良”应当为“端厚明良之臣”。他们在司法中才能做到“庶几推见本末，义不纵奸，仁不滥罚”。① 宋代理学家士大夫身体力行，在折狱断刑中贯彻理学思想，从诚己意正己心开始，认真对待每一桩刑事案件，非仅司法如此，朱熹认为格物明理是施政之要：“必先格物致知，以极夫事物之变，使义理所存，纤悉毕照，则自然意诚心正，而可以应天下之务。”②穷理以致其知，反躬以践其实。

良士大夫折狱中最重要的就是能“全活人命”。在宋代，阿云之狱的争论中除了法律争论，还有“活人”“杀人”的之分别。旧制：按问欲举，如斗杀劫杀。斗与劫为杀，因故按问，欲举可减；以谋而杀，则谋非因，故不可减。而法官许遵奏谳阿云减死。苏子由虽言其非是，然尝曰：“遵议虽非，而要能活人；吾议则是，而要能杀人。予意亦难改之。”呜呼！君子重于用法，或不难于犯颜以救议刑之失，或不嫌于屈法以广好生之恩。如二人者，可渭合于罪疑从轻之理者矣。子由又言，遵子孙皆显官，郎中刺史十余人，一能活人，天理固不遗之矣。然则深文好杀、陷人于死者，揆诸天理，可不畏哉！③

但狱讼在现实中是大量存在的，宋代的狱讼发生率远超前代。面对诉讼爆炸的社会现实，理学家死守儒家教条是不可能的。他们必须更加主动地去研究狱讼，掌握处理狱讼的能力，才能做到明断和中正。理学家认为万事物中皆蕴含“理”，司法也不例外，每一个案件中也蕴含着理。理是不变的，但是在具体事物中的反映则各不相同，如何洞悉每件事物中的理，是需要理学家调查研究的。理雪从诞生之日起就有鲜明的实践性倾向，安定先生胡瑗在培养弟子时就有政事一门，教其摄事。其杰出的弟子钱藻、钱公辅、范纯仁、孙觉都有审理案件的出色表现。④

理学家同样要面对宋代严格的司法期限。任何法官都必须面对程序。如清代律学家王明德所言：“大狱在前，期覆逼后，胸次茫然，心旌摇眩。”⑤宋代的审

① 李焘：《续资治通鉴长编》，中华书局 2004 年版，第 7064 页。
② 脱脱等：《宋史》卷四百二十九，中华书局 1985 年版，第 12752 页。
③ 杨观、陈默、刘芳池编：《苏辙资料汇编》，中华书局 2018 年版，第 291 页。
④ 黄宗羲、全祖望：《宋元学案》，中华书局 1986 年版，第 25 页。
⑤ 王明德：《读律佩觿》，法律出版社 2001 年版，第 1 页。

限之严格，已如前述。刑事案件再县一级官府“禁系不得超过十日”，不须追捕而易决案件，不得超过三日。上下级之间，逐层复察，在地方，州对县、监司对州府复察，在京师，审刑院、刑部复察大理寺所断案件，纠察在京刑狱司，复察在京刑禁；御史台对中央和地方官员进行监督，“内外折狱蔽罪，皆有官以相复察”。①

朱熹主张必须选拔精于吏事的基层治狱官员，改变基层司法为胥吏所操纵的黑暗现状。

> 是故欲清庶狱之源者，莫若遴选州县治狱之官。今县之狱委于令，其选固已精矣，而未必皆得人，其弊未易革也。若州狱，则今铨格，凡选人任满，有举主关升者方注繁难令录，其虑盖已详矣。然注司理者，乃不用此令。而近制，唯进纳癃老之人然后不得注拟，此外则常调关升，虽昏缪疾病之人皆得而为之，甚至于流外补官若省部胥吏亦得而为之。彼以荐举关升者固未必尽得才能公正之人，然比之昏缪疾病、无善可称与夫胥吏之入官者，则有间矣。盖昏缪疾病之人苟且微禄，唯知自营，其于狱事，蒙成吏手，漫不加省。而胥吏之入官者，又或狃于故习，与吏为徒，贩鬻走弄，无所不至。故州郡小大之狱，往往多失其平，怨讟咨嗟，感伤和气，上为圣政之累，莫此为甚。臣愚欲望陛下明诏铨曹，更定选格。凡州郡两狱官专注任满有举主关升人、或应格不足则次任任满铨试中第二等以上人。其常调关升及省部胥吏并不得注拟。见在任者非举主关升人，即令守倅铨量。如委昏缪疾病，即保明闻奏，特与祠禄。其未到人，候赴上日亦从守倅铨量，方许放上。若守倅徇私失实，即许监司劾奏罢免。所有省部胥吏，虽已注官待次，并令赴部别与拟授。庶几治狱之官其选少清，各知任职，仰副陛下钦恤之意。②

① 曾枣庄、刘琳主编：《全宋文》(第243册)，上海辞书出版社、安徽教育出版社2006年版，第85页。

② 曾枣庄、刘琳主编：《全宋文》(第243册)，上海辞书出版社、安徽教育出版社2006年版，第85页。

朱熹还进一步提出在县级司法中建立联席审理的司法模式，改变独员推鞫，一人定谳的现行模式，这几乎近似于现代的合议庭制度。“臣契勘县狱止是知县独员推鞫，一或不得其人，则拆换款词，变乱情节，无所不至。今既未能尽变铨法，则亦不容无少更革。欲望睿慈详酌，明降指挥，令县丞同行推讯，无丞处即用主簿。仍遇大囚到狱，即限两日内具入门款，先次飞申本州及提刑司照会。庶几粗革旧弊，天下幸甚。”①

第三节　宋代理学家士大夫的听讼理念

在宋代，理学家对讼的态度发生了巨大的变化，和前代明显不同。主要体现在理学家们认为，首先，讼是必然发生的，有生民莫不有讼，讼争不是教化的失败，而应该去查明事实，区分是非。其次，讼对老百姓非常重要，不是细故，必须认真处理和对待。最后，讼争都有其规律性，应当去探求听讼之理。刘克庄说：“处人父子骨肉争讼之间，必委曲开晓，以还其天。”②吕祖谦也说：“立县庭下，变伪一日千出，虽笞扑徙死交迹，不以属心，其喜争讼。”③

一、宋代理学家士大夫听讼观念的变化

在汉代，儒家循吏在听到有讼争发生的时候，往往痛心疾首，有的甚至痛哭至于不食，用自责自愧感动百姓，使其息讼。这些行为被史家记录下来，大书而特书，其褒扬之意灼然可见。但是，这些息讼的办法实际上并没有解决争端，也没有处理问题，老百姓在生活中依然要面对这些问题，他们的道德境界不可能因为一番感化就迅速提升。所以，这种对待争讼的态度和处理争讼的方式实际上是非常迂腐的，也违反了儒家至圣先师孔子的教诲：“听讼，吾犹人也，必也使无讼乎？”

宋代的理学家们对百姓争讼有了全新的观点。首先他们认为，争讼是社会中

① 曾枣庄、刘琳主编：《全宋文》(第243册)，上海辞书出版社、安徽教育出版社2006年版，第86页。

② 刘克庄：《刘克庄集笺校》，中华书局2011年版，第5811页。

③ 吕祖谦：《宋文鑑》，中华书局1992年版，第1145页。

正常出现的现象，是因为人人皆有贪欲，争是欲的表现。人心感于外物诱惑，产生各种欲望，实在是人之常情。其次，争讼是因为不平。社会中存在种种不平现象，有恃强凌弱、巧取豪夺，有以众欺寡、仗势欺人者，资源的占有和分配存在不平，所以自然会产生争夺，在这种情况下，讼反而是扶困济弱的重要手段。最后，讼产生的深层次原因仍然可以归结为各种恶，不管争讼的理由如何，其背后均是恶。

在宋代理学家看来，争讼也是万事万物中的一件，同样蕴含着理，所以也需要"格物"，认真研究争讼。在听讼中，首先搞清楚事情的来龙去脉，辩其是非，定其曲直。其次要定分止争，惩恶扬善，对于不同类型的争讼，理学家要作出权衡和裁判。最后是恢复社会秩序，维持原有的伦理秩序。

那么，在遇到争讼的时候，理学家不会像俗儒一样，对其表示厌恶，认为争讼的人是坏人或者不安分的人，而是将每一件讼争都作为一件待格的事物来对待，用格物致知的态度来听讼。"二程"主张人生也是由理决定的，当两个人发生纠纷的时候，是私欲在作祟而不是性的冲突。对每个人来说，当然要存天理灭人欲，显示本真之性，控制为物所惑之欲。但是，私欲一旦支配人的行为，则不能不有争，因为此时已经没有"天理"，或者说，天理被蒙蔽了。这时候，理学家士大夫就需要从每一桩案件中去辨析天理和人欲。

如何去辨析天理人欲呢，首先要查明事实。任何争讼均有形成过程，法官需要查明争讼形成的来龙去脉，充分了解争讼产生的原因和所争的焦点，在查明事实的基础上辨明是非，区分善恶。其中，辨明是非的标准是双方陈述事实是否属实，有证据且合情合理者为是，无证据不合情理者为非。确定是非的基础上继而要判断曲直，就是是否有理，曲直的标准就是天理。天理是抽象的，它一部分表现为法律，还变现为人情之常，所以要求法官听讼时要将天理、国法、人情相结合。在民间争讼中，最典型的是争财竟产的田宅诉讼，我们从宋代理学家士大夫审理田宅诉讼案件中考察其诉讼理念。

二、宋代理学家士大夫审理财产争讼的理念

宋代法官究竟是如何审理田宅诉讼的？无论是将宋代民事诉讼描述为卡迪司法、父母官式诉讼，还是"教谕式调停"及其反驳者都是以外在视角对宋代法官的

司法审判做出评价，恰如“站在塔外看相轮”。① 要想“直入塔中寻相轮”，研究宋代法官审判田宅诉讼的历史经验，我们需要深入到宋代法官的知识结构、价值观念和方法论中去寻求宋代法官的思维模式。

（一）田宅为立家之本，争讼为败业之源

田宅是中国传统社会民众最重要的财产，也是孟子所说与民制产最核心的内容。按照孟子的理想，家庭需有五亩之宅、百亩之田，若能从事农桑，便可安居乐业。②宋代士大夫也认“正经界”是社会治理的起点和根本。如程颢所说：“天生蒸民，立之君使司牧之，必制其恒产，使之厚生，则经界不可不正，井地不可不均，此为治之大本也。”③田地既定，民有居所，人民才能安居乐业。若百姓因为田宅发生诉讼，则关乎民生之根本，必须认真对待。

从国家的角度来说，田宅是民之本业，是民生教化之本，也是赋税的基础。“夫理道之先在乎行教化，教化之本在乎足衣食。”④古代的田宅不是属于个人的，是属于家庭的家产。田宅是家庭生活的物质条件，也是家庭存续的基本保障。对宋代的家庭而言，田宅是最重要的产业，置办田宅是立业的标志，典卖田宅则是破荡家业的标志。增广田宅象征家业兴旺，田宅侵剥则象征家业衰败。“大凡人家置买田宅，固要合法，亦要合心。合法则不起争讼，合心则子孙能保。”⑤

宋代“不抑兼并”，田宅能够自由交易。为维护土地私有和规范土地流转，宋代创立了请射、理认、典卖、税契等一系列维护自由地权的制度。⑥ 田产交易、

---

① 德国社会学家马克斯·韦伯将中国古代司法视为反形式主义、家长制为特征的“卡地”司法。参见[德]马克斯·韦伯著，洪道德译：《儒教与道教》，江苏人民出版社 2010 年版，第 109 页。日本学者滋贺秀三将中国传统司法概括为“父母官诉讼”和“教谕式调停”。参见[日]滋贺秀三：《中国法文化的考察——以诉讼的形态为素材》，载王亚新、梁治平编：《明清时期的民事审判与民间契约》，法律出版社 1998 年版，第 1~18 页。

② 金良年撰：《孟子译注》，上海古籍出版社 2004 年版，第 16 页。

③ 黄宗羲、全祖望补修，陈金生、梁运华点校：《宋元学案》卷十四，中华书局 1986 年版，第 571 页。

④ 杜佑：《通典》卷一，中华书局 1988 年版，第 1 页。

⑤ 中国社会科学院历史研究所宋辽金元史研究室点校：《名公书判清明集》卷四，中华书局 1987 年版，第 321 页。

⑥ 陈秋云：《宋代自由地权法制的历史意义与当代启示》，载《法商研究》2011 年第 2 期。

流转频繁，则田宅争讼多发。一旦发生争讼，当事人提供的证据往往历时四、五十年，或者根本没有证据证明，或者不同证据之间相互矛盾、冲突。法官若不认真对待，裁判不当会致民失其所。“君子观天水违行之象，知人情有争讼之道。故凡所作事，必谋其始，则讼无由生矣。谋始之义广矣，若慎交结、明契券之类是也。”①所以说，田宅有主、田宅有界是田宅最典型的两个特征。

田宅争讼是两造之争，涉及争财竞产者的重大利益，双方均倾尽全力争讼，但最终必有胜负之分。败诉的当事人往往不服，反复上诉，使得诉讼旷日持久，久讼不决，既影响当事人的生产生活，也会使得审判法官面临巨大的压力。甚至可以说，但凡田宅诉讼，大多属于复杂疑难案件。对于田宅争夺双方而言，一旦卷入争讼，面临无休止的审讯、查验、对质、上告、羁押甚至是刑罚处罚，费时费力，荒废本业。胜负既分，当事人结怨，伦理秩序破坏，风俗日渐媮薄。如胡石壁所说：

> 词讼之兴，初非美事，荒废本业，破坏家财，胥吏诛求，卒徒斥辱，道涂奔走，犴狱拘囚。与宗族讼，则伤宗族之恩；与乡党讼，则损乡党之谊。幸而获胜，所损已多；不幸而输，虽悔何及。②

在宋代士大夫看来，田宅是百姓家产中最重要的部分，也是百姓安身立命之本。宋代的法官非常重视田宅诉讼，尤其是南宋的法官。田宅争讼通常发生在乡里、宗族成员之间，利益争夺和伦理纠缠在一起，而基层社会的伦常秩序是南宋理学家法官最重视的社会关系，也是南宋士大夫着力重建礼法秩序的最重要的支点。③

宋代的理学家士大夫将听讼也作为格物致知的一部分，在每一个争讼案件中

---

① 朱熹、吕祖谦编撰，张京华注译：《新译近思录》，中国台湾三民书局 2015 年版，第 458 页。

② 中国社会科学院历史研究所宋辽金元史研究室点校：《名公书判清明集》卷四，中华书局 1987 年版，第 123 页。

③ 王忠灿：《宋代法律与风俗的冲突及其化解》，载《原道》第 25 辑，东方出版社 2015 年版。

研究道理，给争讼者辨明道理，让更多的人明白是非曲直。朱子认为通过探究争讼案件的道理，认真剖断，可以让争讼减少。如何在听讼中穷理，辨别是非曲直呢？

（二）田宅诉讼分“有理之诉”与“不义之争”

在宋代士大夫看来，田宅诉讼可以分为两类：有理之诉和不义之讼。按照朱子的解释，“讼谓人罪恶，意在害人，诬赖争讼，得已不已者。若事干负累，及为人侵损而诉之者，非”。① 这里明确区分了诉和讼，诉是因为遭到侵夺、欺凌或残害，被逼无奈，到官府鸣冤，如胡石壁所说：“故必须果抱冤抑，或贫而为富所兼，或弱而为强所害，或愚而为智所败，横逆之来，逼人已甚，不容不一鸣其不平，如此而后与之为讼，则曲不在我矣。”②按照唐宋律典的编排体例，斗讼为一篇。讼和斗相提并论，二者共同的本质都是“争”。如韩康伯注解《易经·序卦》时所说：“夫有生则有资，有资则争兴也。”孔颖达疏《易经·讼卦》也说：“凡讼者，物有不和，情相乖争而致其讼。”争讼是为谋私利则不顾义，所以宋代理学家认为讼是“犯义之过”③。不义之讼破坏了原来和合的秩序，特别是没有正当理据通过诉之官府来强占、诬赖田宅的活动，被认定为犯罪行为。对于诉，需要“直之”，也即查明事实，让受到侵害者受到保护，蒙冤者昭雪。对于田宅争讼则必须要辨明是非曲直，确定田宅归属，还要修复被破坏的社会关系。

要区分田宅诉讼是有理之诉还是不义之争，殊非易事。当事人起诉到官府，总是觉得自己有理。如李元弼所说：“官僚胥吏，明法尚寡，小民生长田野，朝夕从事于犁锄，目不识字，安能知法？间有识字者，或误认法意，或道听途说，辄自以为有理。至谋于能讼者，率利其有获，惟恐不争，往往多甘其词以诱之。原彼之意，盖自以为是耳，使自知其无理，何苦于争？”④

① 朱熹：《增补吕氏乡约》，载《朱文公文集》卷七十四，上海商务印书馆 1937 年版，第二册，第 1378 页。

② 中国社会科学院历史研究所宋辽金元史研究室点校：《名公书判清明集》卷四，中华书局 1987 年版，第 123 页。

③ 吕大忠等：《吕氏乡约》，载《丛书集成续编》，上海书店 1994 年版，第 881 页。

④ 李元弼等撰，闫建飞等点校：《州县提纲》卷二，中华书局 2019 年版，第 111 页。

但凡是起诉到官府，肯定是因为认为自己有理，在陈词中理直气壮，而将过错、罪恶全都归于别人。如宋人所说："讼者之词，大率自掩其过，而归咎于人。"①而更加常见的诉讼是真假相混导致事实莫辩。

胡石壁在判词中说："大凡词讼之兴，固不能事事皆实，然必须依并道理略略增加，三分之中，二分真而一分伪，则犹为近人情也。"②如果事实完全虚妄，则有可能构成妄诉或者诬告，妄诉、诬告都是因仇怨、报复而违法告诉，需要承担法律责任。

三、宋代法官对田宅诉讼的受理观念

按照宋代司法制度的规定，田宅诉讼在"务限期间"不得受理。在宋初刑统中规定："所有论竞田宅、婚姻、债务之类，取十月一日以后，许官司受理。至正月三十日住接词状。三月三十日以前断遣须毕。"③在正常情况下，宋代法官受理田宅争讼的时间为四个月，也就是冬日理讼。从接受词讼到审理完毕最短期限两个月、最长期限六个月，这就是宋代的"务限法"。但是务限法不是绝对的，也有例外情形。南宋隆兴元年(1163 年)规定："应婚田之讼，有下户为豪强侵夺者，不得以务限为拘。如违，许人户越诉。"④在程序上还有老疾及妇女告论词诉不得受理、诉事而自毁伤者不得受理、诉事不干己、证佐不明者不得受理、诉赦前事不得受理、越诉不得受理、当事人诉状不合要求也不能受理。⑤ 除此之外，南宋法律规定了许多不得受理的实质条件，官员需要对案件进行实质审查才能确定是否受理，司法实践中，宋代法官并不囿于不得受理的法律规定，而是根据案件的实际情况作出处断。

宋代司法制度对受理作出了诸多限制，但是法官在接到词状之后却不会以此为理由直接拒绝裁判。譬如法官明知道，"准法，应交易田宅，过三年而论有利

① 李元弼等撰，闫建飞等点校：《州县提纲》卷二，中华书局 2019 年版，第 110 页。

② 中国社会科学院历史研究所宋辽金元史研究室点校：《名公书判清明集》卷十三，中华书局 1987 年版，第 497 页。

③ 窦仪等：《宋刑统》卷十三，中华书局 1984 年版，第 207 页。

④ 徐松辑，刘琳、刁忠民、舒大刚、尹波等校点：《宋会要辑稿》刑法三，上海古籍出版社 2014 年版，第 8418 页。

⑤ 王云海主编：《宋代司法制度》，河南大学出版社 1992 年版，第 162~167 页。

债负准折，官司并不得受理”，依然审查了游成和游洪父争讼的案件事实，并认定当事人发生争讼的原因是“彼此违法，以至争互”。① 吴恕斋所判《抵当取赎》案件亦是如此，陈嗣佑在绍定二年(1229年)将田地卖给何太应，淳祐二年(1242年)向本县起诉称当时不是卖田而是抵当，要求赎回。按照上述法律规定，不应受理。但是本县知县和吴恕斋先后对本案进行了实质审理，不同的是，知县认为陈、何是抵当田地，而吴恕斋综合各种事实推断不是抵当，维持了买卖田宅契约的效力。②

在另一桩互争田产案件中，也存在“诉理田宅而契要不明，过二十年，钱主或者业主死亡”的法定不得受理情形，法官还是决定“根究一二”，将本案所涉及的“盗卖之罪”查明，且对争田的吴镕、吴桧判处杖刑。③

之所以如此，这是宋代的名公法官们认为争讼应当被解决，官司应当不能局限于法，尤当“惟其理”。参酌人情，依据天理尽可能作出合理的判决，既杜绝那些借机生事的侥幸之徒，也防止无休止的缠讼。所以，即使有“不得受理”的法律规定，南宋法官还是尽可能查明案件事实，辨明是非善恶，以消除争讼为目的。

宋代法官在收到田宅词讼后，首先考虑的是查明案件事实，若事实实在无法查明，才依法不予受理。这种不予受理类似于现代民事诉讼法上作出驳回诉讼请求的判决，也是一种实质上的处断。如南宋法官方秋崖所断郑、汤两家争夺田产案，明确指出：“在法，契要不明，过二十年，钱主或者业主亡者，不得受理。”方秋崖对本条法律规范的解释是只要是契要不明，满足“过二十年”或者“钱主或者业主亡者”中的一个条件，官司即不得受理。本案中两家举出的契约“字迹不同，四至不同，诸人押字又不同”，属于“契要不明”，虽然未满二十年，业主李

① 中国社会科学院历史研究所宋辽金元史研究室点校：《名公书判清明集》卷四，中华书局1987年版，第105页。

② 中国社会科学院历史研究所宋辽金元史研究室点校：《名公书判清明集》卷四，中华书局1987年版，第168~169页。

③ 中国社会科学院历史研究所宋辽金元史研究室点校：《名公书判清明集》卷四，中华书局1987年版，第111~112页。

孟传死亡已久，所以很难证明契约真假，正是不应受理的法定情形。①

从另一桩案件的审理过程我们可以看到，司理参军在无法查明事实时才援用不得受理条款。按照司理参军的判词，本案所争田宅交易于三十年前，签订书契的当事人无一在世，按照法律规定，本不应当受理，但司理参军深入乡里，主持两家"在外和对"，在调查的基础上，参酌建阳乡例，将案件的争议和推理结果报给本州长官。本州长官在认定争议事实无法查明时，判决曾知府所买范元之坟山已过三十年，"钱、业主俱亡，亦不在论理之限"。将此判决结果对当事人宣告。②

司法实践中，案件是否符合不予受理的法定条件也存在适用上的疑难。法官对于不予受理法定条件的理解也会出现偏差。比如李细五诉请回赎李二姑卖给黎友宁的田地，理由是这块地紧邻李家祖坟，按照南宋墓田法，墓邻近亲可以取赎。但是该田地交易已年满五年，依法不应受理。但是知县在审理本案时，引用了另一条法律规定，"典卖众分田宅私辄费用者，准分法追还，令元典卖人还价，即典卖十年者免追，止偿其价；过十年，典卖人死；或已二十年，各不在论理之限"③。将李二姑卖给黎友宁的田地视为"众分田宅"，也就是未经分割的家庭共同财产，按照法律规定众分田宅未经分割被擅自出卖，若时间不满十年应当追还，知县据此判决李细五"限外执赎"。这一判决引发无黎友宁的上诉，重审此案的胡石壁认为，争议财产不是"众分田产"，而是李二姑的嫁妆，李家家产早已经分割完毕，应当适用"典卖田宅满三年，而诉以应问邻而不问者，不得受理"，保护交易安全，判令黎友宁管业，李细五不准收赎。④ 这种处断依据的是"不得受理"，但实际上是查明事实的实质处断。

① 中国社会科学院历史研究所宋辽金元史研究室点校：《名公书判清明集》卷四，中华书局1987年版，第132页。

② 中国社会科学院历史研究所宋辽金元史研究室点校：《名公书判清明集》卷四，中华书局1987年版，第163页。

③ 曾枣庄、刘琳主编：《全宋文》(第370册)，上海辞书出版社、安徽教育出版社2006年版，第423页。

④ 中国社会科学院历史研究所宋辽金元史研究室点校：《名公书判清明集》卷九，中华书局1987年版，第323~324页。

四、宋代理学家士大夫的息讼解纷理念

理学家士大夫在长年的听讼实践中发现，许多讼争的背后都有幕后推手，也就是策划者和推动者，这些人和案件本身并无关系，也不是案件的当事人或者其近亲属，但是他们推波助澜，使得争讼连年不止。理学家士大夫将这种行为称为“挑唆是非、包揽词讼”，这些人被称为是讼师和哗鬼。理学家归结他们的行为模式，一是代写文书，耸动官府；二是交接官吏，疏通关系；三是制造讼争、谋取私利；四是控制事主，把持诉讼；五是缠讼不休、旷日持久；六是颠倒黑白，混淆是非。在理学家士大夫看来，这群人的存在是社会秩序最大的威胁，也是基层社会不安定，争讼不断的主要原因。所以，他们对讼师哗鬼包揽词讼兴风作浪的行为深恶痛绝，在争讼中留心查看是否有这些人的存在，一旦发现，“必痛治之”。理学家法官普遍认为，如果去除了这些人的影响，争讼将会大大减少。

理学家法官不仅要对争讼作出裁断，而且关注自己的判决能否真正地被执行，能不能起到恢复社会秩序的效果。也正是因为如此，滋贺秀三将中国古代的法官听讼称为父母官的教谕式调停。① 实际上，理学家法官最为关心的不是争讼的平息而是他们理想中的伦理秩序的恢复。理学家法官和庸官俗吏最大的区别就在于他们胸怀理想秩序，而为建设这一秩序不懈努力。宋代的理学家士大夫从两个方面展开努力，一是按照儒家经典的要求，敦亲睦族，重建基层宗族的礼法秩序，并将之扩展到乡里，不断将基层社会秩序伦理化，使之符合儒家的礼法要求。二是通过司法恢复被破坏的人际关系。为此，理学家法官在作出判决之后，更加关注的是判决是否得到执行和执行的效果如何。刘克庄在审理《已嫁妻欲据前夫屋业》一案时在判决中照顾到当事人赵氏与亡夫所生未嫁女魏荣姐，判令：“魏荣姐为魏氏之血属，宜早嫁遣，仰魏景谟以兄弟为念，当恤其女，或于堂前财物内议行支拨，量具其嫁资，以慰九原之望。”②

① 日本学者滋贺秀三将中国传统司法概括为“父母官诉讼”和“教谕式调停”。参见[日]滋贺秀三：《中国法文化的考察——以诉讼的形态为素材》，载王亚新、梁治平编：《明清时期的民事审判与民间契约》，法律出版社1998年版，第1~18页。

② 中国社会科学院历史研究所宋辽金元史研究室点校：《名公书判清明集》卷九，中华书局1987年版，第356页。

楼锡任严州知州期间，“民讼多据案亲决，各适其平。……必躬其情状”。以致“庭无滞讼。驭吏接物，厨传宾庑，下至舟子、军士之差次，具有方略”。① 赵伯珪知明州时：“两造在庭，必据案究其情实，多劝谕使平之，其抵于罪者，率从末减，平反死囚至数十百人。”②王伯庠“遇事明敏，临机善断。辑吏至严，莫敢仰视。听讼之际，反复究问，诚意具孚”。③ 蒋德言“滞讼见则冰释，两造至前，或片言折之，无不厌服”，“尽力所职，杀伤者验视必亲”。④ “民有田在大江中流，讼久不决，官吏惮风涛之险，无亲临者，率不得其实”，赵师龙“轻舟径至田所，访之耆老，曲直始明”，出任温州知州，“阅诉牒数百纸，不以属吏”。⑤

① 楼钥：《攻媿集》卷八十五，中华书局 1985 年版，第 1162、1163 页。
② 楼钥：《攻媿集》卷八十六，中华书局 1985 年版，第 1170 页。
③ 楼钥：《攻媿集》卷九十，中华书局 1985 年版，第 1226 页。
④ 楼钥：《攻媿集》卷一百零一，中华书局 1985 年版，第 1417、1418 页。
⑤ 楼钥：《攻媿集》卷一百零二，中华书局 1985 年版，第 1433~1434、1435 页。

第五章　宋代理学家士大夫折狱断刑实践

在易经中，和折狱断刑有关的卦还有噬嗑卦“利用狱”，大有卦“以遏恶扬善”，贲卦“以明庶政，无敢折狱”，解卦“以赦过宥罪”，损卦“以惩忿窒欲”，丰卦“以折狱致刑”，中孚卦“以议狱缓死”。唐杜佑认为，“天生蒸民，树之以君而司牧之，当以至公为心，至平为治，不以喜赏，不以怒罚。此先王垂范立言，重慎之丁宁也”。① 洪迈认为易经中直接涉及刑罚的四卦噬嗑、丰、贲、旅皆与离卦相关，“离，明也。圣人知刑狱为人司命，故设卦观象，必以文明为主。”所以折狱断刑不可“付之于文法俗吏”。② 宋代理学家群体在刑事司法中躬自折狱，践行其司法理念，追求无冤司法理想。北宋理学家及其传人继承传统折狱方法而又有独创之处，南宋理学家士大夫折狱则表现出理学家司法理念和司法技术的成熟，下面分别述论。

第一节　宋代理学家及其传人的折狱实践

一、北宋理学家及理学传人的折狱实践

（一）理学家周敦颐的折狱实践

周敦颐是北宋理学五子之一，世称濂溪先生，是理学的开创者。周敦颐对于

① 杜佑：《通典》，中华书局1988年版，第4368页。

② 洪迈：《容斋随笔》，中华书局2005年版，第153页。

理学世界观和宇宙论奠定了坚实的基础，其研究方法为二程、朱子所继承，其哲学成就和哲学思想在理学中具有举足轻重的地位。作为地方官员的周敦颐有着丰富的司法实践，尤其是刑事司法实践。他先后担任江西分宁主簿、南安军司理参军、郴州知州、广东转运判官、提点刑狱，为官期间大部分时间都在从事折狱听讼的工作。他将理学道理和方法运用到司法中，取得良好的效果。

初入仕的周敦颐为分宁(属江州，今江西九江)主簿，有狱久不决。“敦颐至，一讯立辨。邑人惊曰：“老吏不如也。”①年轻的周敦颐没有任何司法经验，为什么一接手案件审理工作就会比经验丰富的老吏还要明察秋毫？这正是因为理学家掌握了“理”，且格物致知，认真研究狱讼并掌握了司法规律。作为分宁主簿的周敦颐迅速剖断了疑难案件，说明周敦颐的“明”。他深谙人情，通晓吏事，明察善断，并非如颜元批评宋代理学家时说宋家老头巾群天下人才于静坐读书中，以为千古独得之秘，指办干政事为粗豪，为俗吏，指经济民生为功利，为杂霸。② 理学家断决疑难案件凭借的是对事实的精确把握和事理的透彻分析，周敦颐将分宁疑案作为格物的对象，条分缕析，进行严密的事实推理，得出符合规律的事实认定结论。这种断案方法和取得的效果为周敦颐赢得巨大的声誉，周敦颐的明察善断迅速在吏民之中树立了司法权威，他任职合州判官，“事不经手，吏不敢决。虽下之，民不肯从”。原来对他有误解的赵抃后来也被其高超的司法技艺所折服，惑于谮口。周敦颐通判虔州，“抃守虔，熟视其所为，乃大悟，执其手曰：吾几失君矣，今而后乃知周茂叔也”。③ 后来周敦颐知南昌，南昌人皆曰：“是能辨分宁狱者，吾属得所诉矣。”

为了追求真相，周敦颐曾深入瘴地，冒生命危险。“熙宁初，知郴州。用抃及吕公著荐，为广东转运判官，提点刑狱，以洗冤泽物为己任。行部不惮劳苦，虽瘴疠险远，亦缓视徐按。”④富家大姓、黠吏恶少，惴惴焉不独以得罪于令为忧，而又以污秽善政为耻。周敦颐秉持“诚意”，最大限度地排除外界的诱惑和干扰，保持司法官公正的立场，查明事实，推明事理，所以无论当事人还是同僚，

① 脱脱等：《宋史》卷四百二十二，中华书局 1985 年版，第 12711 页。
② 颜元著，王星贤等点校：《颜元集》，中华书局 1987 年版，第 266 页。
③ 脱脱等：《宋史》卷四百二十二，中华书局 1985 年版，第 12711 页。
④ 脱脱等：《宋史》卷四百二十二，中华书局 1985 年版，第 12711 页。

皆为之叹服。周敦颐和后来南宋的理学家群体在折狱实践中，都是不惮劳苦，不避秽恶，为辩白真相，使狱讼无冤，付出毕生精力。

非仅在调查案件事实时尽心竭力，周敦颐在断刑时依法论罪、用刑持平。在对于断刑错误的案件，周敦颐敢于坚持己见，不畏长官的威势。周敦颐为南安军(设于虔州，治所今江西大余县)司理参军，“有囚法不当死，转运使王逵欲深治之。逵，酷悍吏也，众莫与争。敦颐独与之辨，不听，乃委手版归，将弃官去，曰：‘如此尚可仕乎？杀人以媚人，吾不为也。’逵悟，囚得免”。① “囚依法不当死”，是周敦颐根据罪行和法律做出的判断，而江南西路转运使王逵欲处以死刑，即“深治之”，周敦颐不欺人亦不自欺，坚持自己的判决意见，不阿从上司，以弃官为轻，以人命为重，充分展现了理学家的司法理念。周敦颐的坚持必须有个前提，即他对犯罪人的判决是依法作出，罚当其罪。理学家特有的修身方法使得他完全具有此自信。正是因为“先诚其意”追求真理。

程氏传人龟山先生杨时先后任汀州司户参军、徐州司法参军、虔州司法参军，“有疑狱，众所不决者，先生皆立断。与郡将议事，守正不屈”，“后历知浏阳、余杭、萧山三县，皆有惠政，民思不忘”。② 杨时在司法实践中的表现几乎和周敦颐完全相同，通事情之理，可以明查事实。尽心断狱，则用刑平允。断刑狱，在虔州，“虔守楚潜议法平允，而通判杨增多刻深，先生每从潜议，增以先生为附太守，轻己。及潜去后，守议不持平，先生力与之争，方知其有守”。③

(二)北宋理学传人的折狱司法实践

张逸是胡瑗传人，是最早的理学型士大夫之一，精于吏事。但是其司法方法主要采取的是传统的“五听”之法，但是他尽心折狱，知益州时辨明了大量的冤案。在益州，他留心政事，熟悉当地民风民俗，在遇到疑难案件时，剖断如神。“逸凡四至蜀，谙其民风。华阳驺长杀人，诬道旁行者，县吏受财，狱既具，乃

① 脱脱等：《宋史》卷四百二十二，中华书局1985年版，第12711页。

② 吕本中：《杨龟山先生行状》，载《杨时集》附录二，中华书局2018年版，第1148～1149页。

③ 黄宗羲、全祖望：《宋元学案》，中华书局1986年版，第954页。

使杀人者守囚。逸曰：‘囚色冤，守者气不直，岂守者杀人乎？’囚始敢言，而守者果服，立诛之，蜀人以为神。”①

张载的三弟张戬学从其兄，并称关中“二张”。“历治六七邑，诚心爱人，而有术以济之，力行不怠，所至皆有显效。视民之不得其所，若己致之，极其智力必济而后已。”在司法方面，则明辨是非，以理教化。“尝摄令华州蒲城，蒲城居邑，民悍使气，不畏法令，斗讼寇盗，倍蓰它邑”，“先生悉宽条禁，有讼至庭，必以理敦喻，使无犯法”，“劝以孝悌之道”，结果“不数月，邑人化之，狱讼为衰”。所过之处，百姓皆颂其贤。为政清廉，“徙监司竹监，至举家不食笋，其清慎如此”。② 对于犯罪人并不歧视，待之如平常人。张戬在司竹监“常爱用一卒，及将代，自见其人盗笋箨，治之无少贷；罪已正，待之复如初，略不介意，其德量如此”。③

范纯仁是宋代名公巨卿，范仲淹之子。在北宋政坛举足轻重，范纯仁和北宋的理学先驱胡瑗、孙复、石介、李觏都有密切的关系，从少年时代就跟随他们学习。范纯仁一生行事受到理学家思想影响极大，可以认为范纯仁是北宋中后期理学型士夫的代表人物。这从王安石变法开始后他的表现就可见一斑，范纯仁多次上书，神宗不听，范纯仁求去，执政使谕之曰：“毋轻去，已议除知制诰矣。”纯仁曰：“此言何为至于我哉，言不用，万钟非所顾也。”此后北宋皇帝更迭，国是反复，范纯仁秉持如一，言不能用，则求去。④

范纯仁自称毕生所践行唯有“忠恕”二字，在司法中也是秉持这个原则。

范纯仁初出仕，知襄邑县。县境内有军方牧场，士兵在牧地牧马，践踏了百姓的庄稼，范纯仁逮捕一人处杖刑。牧地不归县里管辖，主管牧地的官员大怒，说牧地驻扎的兵士是天子宿卫，县令怎敢对士兵动刑？就将此事报告上司，弹劾范纯仁。范纯仁说：“养兵出于税亩，若使暴民田而不得问，税安所出？”坚持上书为民请命，“诏释之，且听牧地隶县”。⑤ 在此案中，范纯仁提出一个高于现行

---

① 脱脱等：《宋史》卷四百二十六，中华书局1985年版，第12700页。
② 冯从吾：《关学编》附续编卷一，中华书局1987年版，第6页。
③ 脱脱等：《宋史》卷四百二十七，中华书局1985年版，第12726页。
④ 脱脱等：《宋史》卷三百一十四，中华书局1985年版，第10284页。
⑤ 脱脱等：《宋史》卷三百一十四，中华书局1985年版，第10282页。

法制的原则，就是民为邦本，为自己的处断寻找了符合儒家原则的解释，使最高统治者接受这个处理结果，改变现行的制度。

范纯仁用刑宽恕，但临事明敏，他能从细节中判断案情，宋儋年案就是典型的例子。河中府录事参军宋儋年暴死，范纯仁为知府，派子弟去参加葬礼，在盛敛尸体时，发现死者口鼻血出。范纯仁疑宋儋年是非正常死亡，为他人所害。通过调查发现宋儋年小妾和小吏有奸情，就商量好借酒宴之机在鳖肉中投毒。范纯仁问鳖肉是在第几巡上宴席，说："怎么可能吃了有毒的鳖肉而能到宴席结束后才死亡的?"再次讯问涉案人，原来宋儋年向来就不食鳖肉，之所以供认是鳖肉投毒就是为将来以此为理由翻案，逃脱法律惩罚。实际是宋儋年喝醉回家，二人在酒中投毒杀死了他。案情查明，遂正其罪。①

后来范纯仁移知齐州。"齐俗凶悍，人轻为盗劫"，或谓："此严治之犹不能戢，公一以宽，恐不胜其治矣。"纯仁曰："宽出于性，若强以猛，则不能持久；猛而不久，以治凶民，取玩之道也。"有西司理院，系囚常满，皆屠贩盗窃而督偿者。纯仁曰："此何不保外使输纳邪?"通判曰："此释之，复紊，官司往往待其以疾毙于狱中，是与民除害尔。"纯仁曰："法不至死，以情杀之，岂理也邪?"尽呼至庭下，训使自新，即释去。期岁，盗减比年大半。② 范纯仁作为理学传人，秉持公心，为政惠民，折狱明敏，断刑允当，且能把握制刑大义，堪称是理学家士大夫的折狱典范。

程氏门人之一游酢擅决疑狱，明察善断。"筮仕之初，县有疑狱，十余年不决。公摄邑事，一问得其情而释之，精练如素宦者，人服其明。"③

古灵四先生之一的陈襄"举进士，调浦城主簿，摄令事。县多世族，以请托胁持为常，令不能制。襄欲稍革其俗，每听讼，必使数吏环立于前。私谒者不得发，老奸束手"。④ 他留下摸钟辨盗的千古佳话。

民有失物者，贼曹捕偷儿至，数辈相撑拄，襄语之曰："'某庙钟能辨盗，犯者扪之辄有声，余则否。'乃遣吏先引以行，自率同列诣钟所祭祷，阴涂以墨，而

---

① 脱脱等：《宋史》卷三百一十四，中华书局1985年版，第10286页。
② 脱脱等：《宋史》卷三百一十四，中华书局1985年版，第10286页。
③ 黄宗羲、全祖望：《宋元学案》，中华书局1986年版，第954页。
④ 脱脱等：《宋史》卷三百二十一，中华书局1985年版，第10419页。

以帷蔽之。命群盗往扪，少焉呼出，独一人手无所污，扣之，乃为盗者；盖畏钟有声，故不敢触，遂服罪。"①陈襄巧妙利用了犯罪人的心理，使之自白于天下。

二、南宋理学家及理学传人的折狱实践

(一) 南宋理学家陆九渊的折狱实践

南宋理学家陆九渊是著名的断案高手。他将狱讼案件分门别类，按其性质不同分别处理。陆九渊最与众不同的做法是开门纳讼，"知荆门军，民有诉者，无早暮，皆得造于庭，复令其自持状以追，为立期，皆如约而至，即为酌情决之，而多所劝释"。对于涉及案件则以教化为主，"其有涉人伦者，使自毁其状，以厚风俗。唯不可训者，始置之法"。陆九渊能够明断狱讼的主要原因是对"其境内官吏之贪廉，民俗之习尚善恶，皆素知之"。他甚至能够了解部内人民的行为表现，"有诉人杀其子者，九渊曰：'不至是。'及追究，其子果无恙。有诉窃取而不知其人，九渊出二人姓名，使捕至，讯之伏辜，尽得所窃物还诉者，且宥其罪使自新。因语吏以某所某人为暴，翌日有诉遇夺掠者，即其人也，乃加追治。吏大惊，郡人以为神。申严保伍之法，盗贼或发，擒之不逸一人，群盗屏息。"②

宋代理学家重视刑狱，每以爱惜人命相砥砺。荥阳传人颜夷仲每一个案件都要提醒吕本中平心决狱，吕本中记载在其《官箴》中："予尝为泰州狱掾，颜夷仲以书劝予治狱次第，每一事写一幅相戒。如夏月取罪人，早间在西廊，晚间在东廊，以避日色之类。又如狱中遣人勾追之类，必使之毕此事，不可更别遣人，恐其受赂已足，不肯毕事也。又如监司郡守严刻过当者，须平心定气，与之委曲详尽，使之相从而后已：如未肯从，再当如此详之，其不听者少矣。"③

(二) 南宋理学传人的折狱实践

理学家士大夫在审理刑事重案时，特别重视对证据的搜集，其现场勘验水平尤为突出，出现了如宋慈《洗冤集录》、郑兴裔《检验格目》等指导检验的著作与

---

① 脱脱等：《宋史》卷三百二十一，中华书局1985年版，第10419页。
② 脱脱等：《宋史》卷四百三十四，中华书局1985年版，第12881页。
③ 黄宗羲、全祖望：《宋元学案》，中华书局1986年版，第914页。

规程。宋慈《洗冤集录·序》中尝言："狱事莫重于大辟，大辟莫重于初情，初情莫重于检验。盖死生出入之权舆，幽枉屈伸之机栝，于是乎决。"南宋宋慈①更是如此，他在《洗冤集录》序言说："慈四叨臬寄，他无寸长，独于狱案，审之又审，不敢萌一毫慢易心。若灼然知其为欺，则亟与驳下；或疑信未决，必反复深思，惟恐率然而行，死者虚被涝漉。每念狱情之失，多起于发端之差；定验之误，皆原于历试之浅"，遂著《洗冤集录》以为司法官员所借鉴。书中很多检验知识都是宋慈经验的结晶，很多方法都亲自实践，这部划时代的法医学著作遥遥领先于世界，而其最初的目的就是为了洗冤泽物。

正是出于对检验的重视，所以宋代法令规定："诸验尸，州差司理参军，本院囚别差官，或止有司理一院，准此。县差尉，县尉缺，即以次差簿、丞。县丞不得出本县界。监当官皆缺者，县令前去。"在南宋江南，证据制度更是发达，浙西提点刑狱郑兴裔(1126—1199年)还专门为此创设了"检验格目"，后经朝廷认可，推广至全国。② 关于"检验格目"，南宋史学家李心传在其所著《建炎以来朝野杂记》中有详细记载："检验格目者，淳熙初，郑兴裔所创也。始时检验之法甚备，其后郡县玩弛，或不即委官，或所委官不即至，即至亦不亲视，甚者以不堪检覆告。由是吏奸得肆，冤枉不明，狱讼滋炽。兴裔为浙西提点刑狱，乃创为格目，排立字号，分界属县。遇有告杀人者，即以格目三本付所委官，凡告人及所委官属、行吏姓名、受状成牒及到检所时日，廨舍去检所近远、伤损痕数、致命因依，悉书填之。一申所属州县，一付被害之家，一申本司。又言于朝，乞下刑部镂板，颁之诸路提刑司准此。从之。遂著为令。"

吕祖谦乔梦符的传人在知歙县时为百姓治水。"有大逵当水冲，居民岁苦霖，先生为筑堤凿渠，人免水患，号乔公衔。"这是施行惠政。在司法实践中公正执法，"后除大理正，奉旨鞫郭倬狱于宿州，不畏权势，进监察御史"。③ 陆九渊的

---

① 宋慈是朱子的再传弟子，身份是理学学者无疑。《宋史翼》卷二十二《循吏传》载："慈少受业于同邑吴雉，雉本朱子弟子，慈因得与杨方、黄幹、李方子诸儒论质，学益进，暨入太学，复师真德秀"。

② 郑兴裔：字光锡，初名兴宗，开封人。生于宋钦宗靖康元年，卒于宁宗庆元五年，(1126—1199年)，年七十四岁。累知扬州、庐州，皆有政绩。宁宗即位，除知明州，兼沿海制置使。告老，授武泰军节度使。卒，谥忠肃。他历事四朝，以材名称。

③ 黄宗羲、全祖望：《宋元学案》，中华书局1986年版，第2438页。

弟子舒璘，以美士风为志，在平阳县任知县，“以太守政颇苛，举民病上告，辞严义正，太守为之改容”。为民请命，仗义执言。在司法方面，罚当其罪，“听断讼狱，人服其平”。① 另一位理学家刘清之的传人赵蕃“为辰州司理参军，辨冤狱，不为二千石屈，以是罢，然卒见直于当路”。②

金安节是南宋名臣，著名的主战派。绍兴三年，为吏部条法删定官。完成删定，减磨勘三年。秦桧死后，重新被起用，知严州。后除两浙西路提刑，③ 入为大理寺卿。他对南宋当时的统治方式提出尖锐的批评，他认为“治民之道，先德后刑”。他在司法方面的表现主要是执法公正，刚直不阿。既不迎合大臣，也不屈从幸臣。当时抓获了伪造盐引的犯罪人，有大臣想要判处其死刑，金安节据理力争，他认为伪造盐引的行为已经十余年，且罪犯系自首，自首依照法律不应判处死刑，罪犯因得减等。两浙转运使属官有王悦道，是皇帝宠幸御医王继先的儿子，在审讯仁和县令杨绩犯罪案件时，没有据实上报案情，被追究责任，移交大理寺审讯。金安节下令逮捕王悦道，依法审讯。王悦道之前屡次犯法都因为父亲求情得免，金安节拒绝王继先的求情，依法审判。④

史浚任婺州通判严厉查处乡吏征税时的舞弊行为。百姓上缴赋税，乡吏不及时登记注销其税额，等到朝廷追查未纳税额时，已经缴纳赋税却未能及时注销的百姓就大受其苦，“君深慰劳其人。问其道理期会之费，官为还之，罚吏金以偿官，吏困于输金，其弊遂绝”。⑤ 南宋的胥吏常和当地的富户巨室勾结起来乱法，为非作歹，气焰嚣张，这时执法官员必须通过法律对不法胥吏进行制裁，才能治理好地方。汪大猷知隆兴府时，就遇到吉州胥吏和富户王家勾结起来对抗官府的案子。吉州王家是当地豪族，冒名强行租佃官地，被当地县尉告发。王家父子趁夜到县尉家将其双足打折，由于胥吏舞弊，此案在当地竟然无法得到公正审判，一直达到安抚司汪大猷这里。汪大猷将案件奏报朝廷，大理寺对此案作出判决，

① 黄宗羲、全祖望：《宋元学案》，中华书局 1986 年版，第 2546 页。
② 黄宗羲、全祖望：《宋元学案》，中华书局 1986 年版，第 1945 页。
③ 李心传：《建炎以来系年要录》卷一百七十六，中华书局 1988 年版，第 2905 页。
④ 脱脱等：《宋史》卷三百八十六，中华书局 1999 年版，第 9359 页。
⑤ 楼钥：《攻媿集》卷一百零五，中华书局 1985 年版，第 1482 页。

受贿枉法、徇私舞弊的胥吏被惩处。① 赵师龙任温州知州，“吏有伪为符印以盗库金，亦为印钞以欺乡民者，公据法黥窜，吏重足一迹，无敢犯者”。② 信州永丰县民私铸铜器，被人告发，已然伏罪，典吏毛遂、周永却因收受贿赂，将其释放。之前的告发者将此事再次告发到坑冶司，坑冶司查明案情，两个胥吏被押解到饶州州院关押。③

理学型士大夫剖决如流的例子数不胜数，《名公书判清明集》中的诸位名公大多是理学型士大夫，他们的判词足以证明这一群体高超的审断案件能力(见表5-1)。

表5-1　　清明集名公仕宦经历、师承关系表

姓名	籍　贯	仕 宦 经 历	学术思想
胡颖	潭州(今湖南长沙)	知平江府兼浙西提点刑狱，湖南提点刑狱兼提举常平、广东、广西经略安抚使	理学湖湘学派
蔡杭	建阳(今属福建)	江东提点刑狱、浙东提点刑狱、知隆兴府、参知政事	祖、父皆为朱熹的学生
翁甫		江南西路转运使	
吴势卿	建安(今属福建)	知处州、浙西转运使	
刘克庄	莆田(今福建莆田)	江东提刑	师事真德秀
范应铃	丰城(今江西丰城)	通判抚州、广西提刑	师事真德秀
吴革	庐山	知临安府	
方岳	衢州(今浙江衢州)	知袁州	
宋慈	建阳	湖南提刑	师从李方子、真德秀
真德秀	浦城(今属福建)	湖南安抚使、知泉州	理学家
马光祖	金华(今浙江金华)	知严州、浙西提刑、参知政事	师从真德秀
王遂	金坛(今江苏镇江)		

① 楼钥：《攻媿集》卷八十八，中华书局1985年版，第1200页。
② 楼钥：《攻媿集》卷一百二，中华书局1985年版，第1435页。
③ 洪迈：《夷坚志》夷坚支庚卷十，大象出版社2019年版，第292页。

续表

姓名	籍　贯	仕 宦 经 历	学术思想
姚瑶	南剑州(今福建南平)	知建宁府	师从真德秀
李昂英	广州番禺(今广州)	知赣州、福建提刑	
叶武子	邵武(今属福建)	龙图阁直学士	朱熹学生
赵汝腾	福州	知温州、婺州、泉州、江东提刑、浙东安抚使	
王伯大	福州	知临江军、池州、婺州、参知政事	上承韩愈
史弥坚	鄞县(今浙江宁波)		
方大琮	莆田(今福建莆田)	知广州、隆兴府	

第二节　理学家刘克庄平反冤狱的个案分析

中国古代刑事司法有一个理想叫无冤，就是所有的犯罪人都能罚当其罪，没有人蒙冤受屈。据说汉代张释之、于定国为廷尉，天下无冤民，所以无冤一直是法官们审理刑事案件追求的目标。在宋代，有专门的理雪刑狱的机构，叫提点刑狱司，专门负责复核州县审理案件的监督，其长官为提点刑狱公事。南宋许多著名的理学家都担任过路级提点刑狱公事，他们以平反昭雪冤案为己任，以洗冤泽物为目标，刘克庄是其中的典型代表。下面我们通过刘克庄平反冤狱的典型案件分析理学家如何洗冤泽物。

一、饶州疑案的发生及其特点

在中国古代，一个案件被称为冤案，通常有三种途径：一是当事人及其近亲属诉冤；二是上级发现案件有疑点或者久拖不决，指令再审；三是百姓都认为是冤案，也就是舆论的评价。饶州发生的朱超案这三种情况都具备，所以被认为是典型的冤案。首先，朱超之父朱涣为子鸣冤，声称儿子无辜入狱四年了，死者程七五是被人毒死的，根本不是他儿子朱超所杀。其次，另一羁押人犯钱公辅家人不断进京城告状，逐级诉冤至尚书省，尚书省发现此案羁押人数众多、审理期限过长且事实有疑点，当事人近亲属诉冤并非没有理由，把案件批转给江东路转运使衙门，责成江东提点刑狱司查明案件。最后，饶州案也和灾异相连，民间谣传有冤情发生。嘉熙四年(1240 年)开始，赣中大旱，随即发生蝗灾，饶州士民均认为这是钱公辅、朱超冤情所致，天降灾异，以示警戒。

饶州案的特点有四：一是持续时间长，二是案件关键情节不清楚，三是因果关系不清楚，四是审讯过程存在刑讯逼供。程七五被杀案牵涉人员众多，其中直接殴打致死的嫌疑人是朱超，指使者是其主人钱公辅。这个案件因为经过多次翻异，反复别勘，其审理持续四年仍未有结果。江西路各级官府均审理过此案，案卷有一千多张纸，属于重大疑难案件。正是因为案件复杂，嫌疑人反复翻供，官府将所有涉案人员包括当事人和证人都羁押在监狱。案件的关键情节不清楚是指程七五是否被打死、被谁打死不清楚，是否有人指使打死人命也不清楚。因果关系不清楚指的是朱超的殴打行为和程七五的死亡结果之间是否有因果关系不清楚，因为介入了其他因素。已经查明的事实是程七五死前曾经和钱公辅的仆人们发生打斗，朱超参与打斗，且用脚踢了程七五。但是随后程七五离开现场，回到家过两天之后死亡。按照朱超的说法，程七五在家这两天，什么事情都有可能发生，他可能是发生意外、被人打死毒死等，所以朱超的殴打行为和程七五的死亡之间是否有介入因素并不确定。本案案件事实非常复杂，而证据只有口供和检验结论。口供反复变异，案件事实难以查明。这就是刘克庄面对的饶州疑案。

二、刘克庄审理饶州疑案的方法和技巧

(一)阅卷发现疑点

刘克庄审理饶州疑案属于复审，他首先是查阅案卷，先调来饶州呈报的千余纸的案卷。宋代法律规定，案卷满二百纸就是大案。本案因多次翻异、反复重审其卷宗记载达到一千张纸。刘克庄根据案卷记载发现本案的多个疑点：首先，本案事实认定是根据一方当事人的控告和通一方证人的证言。这是偏向于一方的证人证言：从案卷记载来看，定罪的主要依据是与程七五同属程本中仆人且与程七五当日同去收租的李八的证言。李八证实：是朱超踢死了程七五，而朱超的主人

钱公辅下令让打，朱超才动的手。审理此案的休宁县和饶州的官员采信了李八的证言，并对案件事实做出认定。刘克庄认为事实认定和证据采信存在严重问题：李八是参加打斗的当事人之一，其证言具有明显的倾向性。不能凭其一面之词确定案件事实。刘克庄认为：程朱两家是对立双方，“两家既为血仇，乃使程氏之人证朱氏之罪，此一大可疑也”。①

案件的第二个疑点是缺少程序事项记载。刘克庄发现饶州送上了案卷居然少了体究文书，它代表着一个程序，如果没有这份文书，那就意味着这个程序根本没有进行。这个程序叫作体究，指的是州县长官亲自到现场调查案件事实，类似于现在的勘查现场、询问证人和取得证据，所有这些调查的经过和结果要形成书面的文书，叫作体究状。体究状和检验格目一起，构成案件的“初情”，按照宋慈在《洗冤集录》中的说法，大辟案件，莫贵于初情，刘克庄对他看到的案卷产生了怀疑，发现案卷事实是录问后确定的案件事实，也就是证据证明事实。

案件的第三个疑点是在县里审讯记录中，所有口供证词均一致。朱超不仅承认是自己踢伤程七五的肋部，还承认是受主人钱公辅的指使，供称自己因听到钱公辅喊打，才用力踢倒在地上的程七五；其他几个仆人口供和朱超几乎完全一致，都说是听到钱公辅命令一拥而上打程七五、李八。都是有罪供述，没有任何辩解，这么整齐划一的供述根本不符合刑事案件的审讯规律。所以当事人在后来的审讯中反复翻供。

(二)审讯核实证供

因为案件有多处疑点，刘克庄决定亲自审讯。他审讯案件当事人朱超、钱公辅，委派本州司理参军审讯证人。刘克庄首先让朱超讲述案发经过。朱超供述，案发当天下午，钱公辅带领朱超等人经过租客朱十八家，发现朱十八家大门敞开着，有两个男人正在调戏朱十八妻子。钱公辅路见不平，下令制止二人，命朱超等人将其赶出朱十八家。朱超等人将二人赶到门口，欲将程七五、李八人锁到门外面。结果双方发生了冲突，开始厮打，钱公辅的田客仆人一起

---

① 中国社会科学院历史研究所宋辽金元史研究室点校：《名公书判清明集》附录三，中华书局 1987 年版，第 625 页。

动手，围殴程七五和李八，李八逃出，程七五被打倒在地，第二天回到家中，第三天死亡。

本案的关键事实有两个，一是程七五的致命伤何人所为，二是钱公辅是否造意者、命令者、指挥者。第一个事实无法查明，证人李八说他夺门而出，慌不择路一头栽倒在门前的水沟里，落水后听见程七五在里面叫喊：打死人了。也就是说，程七五被打的时候，李八并不在现场。他只是听到程七五的惨叫，至于程七五是被谁踢死的，李八并不知道。其他证人也不能证明是朱超踢死了程七五，除非他自己承认。朱超在本县第一次审讯的时候承认自己踢伤程七五，后来又翻供。

第二个关键事实是钱公辅是否下达命令“打”。在本县审讯中，钱公辅自己供认，朱超也供称是受主人钱公辅的指使，听到钱公辅喊打，才用力踢倒在地上的程七五；其他几个仆人口供和朱超基本一致，但后来全都翻供。但是在本县原始案卷中，李八供词中只字未提钱公辅喊打的事，也没有提及钱公辅指使打人的事。

在审讯中，朱超再次翻供，他首先说程七五是被其主人程本中打死的，接着说程七五尸体被调包，官府检验的尸体不是程七五。刘克庄将检验报告反复核对，程七五的尸体经过四次检验，检验格目和检验报告记载清楚详细且结论一致，致命伤是肋伤，死亡原因是殴伤致死，推断外力踢伤。朱超及其父亲则声称程七五是返家后被其主人程本中殴打致死，但程本中拒不承认此事。刘克庄把四次检验报告向朱氏父子全部宣读一遍，并将被害人的母亲和妻子传讯作证，证明程七五死亡情状，和卷中其他供词、证据一一对应，确定了程七五的死因。

刘克庄审讯钱公辅，让钱公辅陈说案件起因、经过和结果。核实其供词是否属实。钱公辅称其本意是制止程七五、李八二人的恶行，在发生厮打之后，钱公辅并未命令“打”，他喊出的是“不得相打”。在县、州审讯中因为刑讯逼供，不得已认罪，但都标有冤屈。这和刘克庄阅卷时发现的问题基本一致。钱公辅有没有喊打这个事实从法官的角度来讲，只能依靠证据来查明事实，现在没有证据证明钱公辅喊打，钱公辅本人又不承认喊打，那么这个事实就不能认定。根据罪疑惟轻惟赦原则，钱公辅的犯罪行为没有其他证据证明，犯罪人是否构成犯罪、构成何罪存在疑问，都要从轻从赦。刘克庄说“杀人无证，法有刑名疑虑之条，经有罪疑惟轻之训”。没有证明钱公辅有指使行为，不能认定他犯罪。①

刘克庄一面审讯朱超、钱公辅，核对其供词、翻异理由是否成立，一面命令本州罗司理审讯新的在场证人钱公辅的小童程六。罗司理接手审讯后，对程六进行残酷的刑讯逼供，将程六头朝下脚朝上倒挂起来导致程六昏迷，罗司理让人拿凉水浇头将其浇醒。继续逼问钱公辅喊打了没有，程六还是坚持说没有，罗司理反复使用同样的手段折磨程六，酷刑之下，程六始终不肯按照罗司理的意思供认钱公辅下达命令打死程七五。刘克庄发现罗司理刑讯逼供，立即制止，将其逐出离开司理院，不准再参与此案的审判。刘克庄根据罗司理的审讯情况，判断朱超、朱社、朱六一、朱十八等人众口一词证明钱公辅有罪的供状证词均是通过刑讯逼供取得的。

（三）深挖疑难案件成因

饶州疑案最大的疑点是牵连无辜者入狱，其中最为无辜者莫过于程本中。刘克庄详细查明程本中被卷入此案的经过：程本中派程七五和李八去收田租，根本不可能料到二人饮酒闹事调戏妇女继而打架斗殴。以致田租没有收回来，被殴打致死。他之所以卷入案件之中，是因为受到他人怂恿。根据刘克庄查明的事实，理宗淳祐三年三月二十六日，程本中打发仆人李八和程七五到佃户朱十八家去取课钱，两人当日未归。第二天，李八一个人满身泥污、身上有伤回来，声称自己和程七五被钱公辅家的仆人田客毒打，自己拼死逃回，程七五被打倒在地没有逃出，生死未卜。程本中派人到朱十八家把奄奄一息的程七五抬回，程七五伤势太重，第二天死亡。从这个过程来看，程本中和本案没有直接关系，只能说是知情。但是程本中后来被讼师程以宁怂恿挑唆兴讼，他委托程以宁写状纸到官府告钱公辅纵仆行凶，打死程七五。最初受理审理者是休宁县赵知县，他接到程七五被人打死的报案后，马上派人检验尸体，将一干人等带到县衙，同时逮捕了重大犯罪嫌疑人朱超，还有朱超的主人钱公辅。朱超在审讯中辩称程七五被程本中派人抬走，有可能是程本中杀害了程七五，根据朱超等人的辩解逮捕程本中。结果

① 中国社会科学院历史研究所宋辽金元史研究室点校：《名公书判清明集》附录三，中华书局 1987 年版，第 625 页。

县州两级官府在调查本案时都要查明程本中和程七五的死亡有无关系，程本中作为嫌疑人被羁押审讯。和钱公辅一样，程本中被连日刑讯，屈打成招。程本中身陷囹圄，其家人为了救他出狱，委托程以宁上下打点，程以宁出入衙门，如鱼得水，官司打了一年，程家家财荡尽，程本中的万贯家财在他被羁押期间已经破荡一空，家业败尽。后来复审此案的蔡提刑发现了程本中是无辜受审，将他释放，但是他的家业已经尽入程以宁之手。

刘克庄通过程本中无辜被刑讯，家产败尽的事实发现案件的深层成因。他发现本案在审理过程中事实并不复杂，很容易查清，案件前后经过四年屡审不决，休宁县赵知县和讼师程以宁起着关键作用。两人合力将程本中和钱公辅牵连进来，羁押到县监狱。一旦羁押入狱，两家想尽办法为他们脱牢狱之灾。程本中、钱公辅身陷囹圄，程以宁穿针引线，赵知县贪污纳贿，官司打了一年，程家家财荡尽。至此，刘克庄就是程七五被殴打致死一案的实际操纵者。他就是本案的幕后黑手，首先是把和本案没有直接关系的程本中卷进来，变成两造之一，让他和钱公辅变成对阵双方，形成鹬蚌相争之势，程以宁坐收渔翁之利。把程本中家的钱财一步步据为己有，程本中家人还对他感恩戴德。赵知县在审理案件过程“上下其手”，刘克庄说他“贪宰左右望而售伯州犁之手”，在审理案件中徇私舞弊，玩弄手段，操纵案件的处理。主审法官一心通过案件来收受贿赂，又有讼师在背后挑唆是非，让两造争斗不休，这案子是越审越复杂。这就导致案件久拖不决，从县州到路级提刑司，作为疑难案件上报到中央三法司，再由中书省指令再审。饶州士民皆称其冤，民间舆论沸腾，一件简单的案子办成了疑难案件。牵连了大量无辜。

刘克庄抽丝剥茧，查明了案件事实。综合双方的证词，事实足以认定。

休宁县地主程本中淳祐三年三月二十六日命仆人程七五、李八到佃户朱十八家收课钱，朱十八留两个人在家吃饭喝酒，程七五和李八乘醉调戏朱十八妻子。钱公辅路过朱十八家发现程七五、李八的恶行，派仆朱超等人制止并驱赶两人，后在朱十八门口发生冲突，相互厮打中程七五倒地，朱超踢中其肋部，后来检验的结果是致命伤。朱超在反复翻供之后，刘克庄提审朱超，问他案卷中的供述是否属实，是不是他踢中程七五的肋部，朱超承认。过了两天，刘克庄再次提审朱超，反复核实他的供词，利用五听的审判技巧，观察朱超的神情变化，确认朱超所说是事实。

(四)断刑

经过金库细致的调查审讯，程七五被杀案的事实基本清楚。刘克庄对涉案人员定罪量刑。首先是朱超脚踢程七五导致其三日后毙命，朱超的行为在宋代刑法上叫作斗杀，属于六杀之一。① 斗杀按照宋代刑律规定首先应区分情轻情重，打斗中使用工具当场把对方打死为情重，如果不是当场打死，而是在保辜期间死亡，那么就属于情轻。② 考虑到死者程七五还有调戏妇女的行为，刘克庄认为，朱超在斗殴中踢中程七五的肋部，导致其两天后死亡，这属于斗杀情轻。斗杀减故杀应判刑罚一等，当判处流刑。从朱超犯罪到断刑，已经经过了三次德音、一次赦宥。③ 朱超这个案件发生时因为饶州大旱和春天发生的日食，南宋统治者颁布德音，夏天宋理宗又有明堂祭祀，颁布赦书。因而本案当事人已经经过多次减刑和赦免。刘克庄判决认为朱超是斗杀之情轻者，一减为流，再减为徒，三减为杖，四减咸赦除之。虽然已经赦免，但是"死者不可复生"，人命至重，"朱超决脊杖十五，刺配本城，以谢死者"。④ 其他和朱超一起参与斗殴的人，比如朱社、朱六一等人，就按照赦书免罪了。刘克庄并未严格遵循赦书德音赦免所有的犯罪

---

① 唐宋律典根据行为人的主观方面和行为特征将杀人罪分为六种，分别是谋杀、故杀、斗杀、误杀、过失杀、戏杀。根据律典的解释，两害相趋谓之斗，就是双方都有伤害对方的意图，斗杀比照故杀减一等处罚。参见刘晓林：《唐律"七杀"研究》，商务印书馆 2012 年版，第 199~203 页。

② 凡是斗殴伤人案件，被告要在一定期限内对受害人的伤情变化负责，如果受害人在限期内因伤情恶化死亡，被告应按杀人罪论处。这种制度称为保辜，所定期限称为辜限，《宋刑统·斗讼律》对此有明确规定。参见窦仪等：《宋刑统》，中华书局 1984 年版，第 226 页。

③ 在古代发生了反常的自然现象或者是天文现象，这些被解读为皇帝的统治出现了问题，需要采取措施进行回应。比如出现大旱，意味着某个地方有冤情，皇帝就下令减轻对该地区未决犯的刑罚，如果出现日食，那就是皇帝德行有亏，必须内省，刑罚不公是施政有亏的一个重要表现。赦宥则是普遍性减轻处罚，如皇帝举行大的祭祀或者典礼，会颁布赦书，赦免一定范围内罪犯的刑罚。参见郭艳艳：《宋代大赦不赦之罪行分析》，载《天中学刊》2011 年第 6 期。

④ 中国社会科学院历史研究所宋辽金元史研究室点校：《名公书判清明集》附录三，中华书局 1987 年版，第 625 页。

人，而是根据朱超的犯罪情节对其判处杖脊刺配刑罚。① 刘克庄根据“平冤”职责，综合运用多种法律渊源对案件作出裁量，他说，“当职忝任平反之寄，当奉赦条从事”，赦书当然应该遵守，朱超犯下斗杀人致死的重罪牵涉到赦书和律文的冲突，如何适用法律的问题。《宋刑统》规定：诸赦前断罪不当者，若处轻为重，宜改从轻，处重为轻，即依轻法。本案发生在赦前，案件事实都没有查清楚，牵连大量无辜，显然断罪不当。在这之前，因为认定钱公辅喊打，朱超等人接受命令殴打程七五，按照法律规定，“知而犯之”谓之故，钱公辅、朱超就构成故杀，故杀是死罪，常赦所不原，皇帝的赦书赦免的对象是不包含这些故意杀害人命的罪囚的。现在，刘克庄通过审理发现，之前的断罪不当，没有证据证明钱公辅有罪，那就罪疑惟轻，朱超属于斗杀，减死罪一等。所以判决脊杖十五，刺配本城。其他从犯，像朱社、朱六一等人则应当适用赦令，照赦原罪。其他干连人朱十八、证人程六童、李八，被害人程七五的近亲属全部释放回家。

① 宋代的提点刑狱司“总一路州县刑狱，核其情实，而覆以法令律条；督治奸盗，审理冤案、不实之案，平反昭雪，使民无冤”。从路级提点刑狱公事的职权来看，主要是复审和理雪。刘克庄在本案中主要肩负的是平反冤案的职责。参见王晓龙：《宋代提点刑狱司制度研究》，人民出版社2008年版，第6页。

第六章　宋代理学家士大夫的听讼解纷经验

关于宋代法官审理田宅诉讼，学界已有丰富的研究成果。这些成果主要集中在三个方面：一是将宋代田宅诉讼按照现代部门法的分类将其归入民事诉讼并按照现代民事诉讼的制度框架展开叙述，其结果是绘就了宋代田宅诉讼的现代面孔。① 二是以现代法学方法研究宋代法官审判田宅诉讼的事实认定和法律适用，以此辨析出宋代法官审判中的思维方式和精细逻辑。② 三是以古今比较视角概括宋代法官审判田宅诉讼之特色，认为"情理法"融合是宋代法官高超的审判技艺，宋代法官在审判民事诉讼中形成了自己独特的风格和精神。③ 第一种研究可以称为"以古附今"，即以宋代田宅争讼附会现代民事诉讼，其弊端已为学界公认；第二种研究可以称为"以今析古"，用现代法理学和法学方法论将宋代法官审判案件的经验精细描述，但这是现代法学方法自身的特点，并非宋代法官真实的思维活动；第三种研究可以称为"美古鉴今"，认识到不能以现代法学理论、司法裁判标准去衡量宋代儒家文化背景下的法官审判，竭力赞美宋代法官的专业素养、审判

① 张晋藩、郭成伟主编：《中国法制通史》第五卷，法律出版社 1999 年版，第 666～678 页。

② 陈景良、王小康：《宋代司法中的事实认知与法律推理》，载《学术月刊》2020 年第 2 期；陈锐：《宋代的法律方法论》，载《现代法学》2011 年第 2 期；潘萍：《论宋代民事诉讼中的法律适用》，载《江苏社会科学》2021 年第 3 期。

③ 日本学者的研究评述参见赵晶：《中国传统司法文化定性的宋代维度——反思日本的〈名公书判清明集〉研究》，载《学术月刊》2018 年第 9 期。国内代表性的研究见邓勇：《论中国古代法律生活中的"情理场"——从〈名公书判清明集〉出发》，载《法制与社会发展》2004 年第 5 期；张本顺：《法意、人情，实同一体：中国古代"情理法"整体性思维与一体化衡平艺术风格、成因及意义》，载《甘肃政法学院学报》2018 年第 5 期；韩慧：《宋代审判技术的历史考察与当代审视》，载《政法论丛》2018 年第 4 期。

艺术和人文精神，并将“情理法”融合作为宋代司法审判的时代风格。这种研究非但没有使宋代司法的面貌更加清晰，反倒使宋代法官审判案件的过程更加模糊。

宋代法官究竟是如何审理田宅诉讼的？无论是将宋代民事诉讼描述为卡迪司法、父母官式诉讼还是“教谕式调停”及其反驳者都是以外在视角对宋代法官的司法审判做出评价，恰如“站在塔外看相轮”。① 要想“直入塔中寻相轮”，研究宋代法官审判田宅诉讼的历史经验，我们需要深入宋代法官的知识结构、价值观念和方法论中去寻求宋代法官的思维模式，这样才能对农村宅基地诉讼案件的处理有所启示。

第一节　宋代理学家法官对民事争讼事实的查明

宋代的诉状有相对固定的格式，要求简明扼要写明事由，因何事起诉至官府，事实如何，如有证据则应当附状前。在田宅争讼案件中，宋代法官首先面对的是入状者的状纸和干照，初审法官首先要判断的就是情辞真伪，也就是所诉事实虚实如何，他们最常用的方法使供证情辞相比勘。

一、证供比勘

田宅争讼的诉状通常由三部分构成：一是所诉何事，自己与此事有何利害关系，讲明自己的身份和告诉原因；二是定性，即自己的田产是被强、被占，还是被盗卖，这是对被告行为性质的定性；三是证据，田宅之诉必须有干照、批状、砧基簿等书面契约文书，以为实证。法官审查情辞真伪即是审查诉状三部分，法官针对诉状中三段进行分别审核。首先是原告身份，原、被告关系，原告与所诉事实利害关系如何？其次是被告行为是否如原告所诉构成违法犯罪？最后是证据真伪审查和诉讼事实虚实审查。

① 德国社会学家马克斯·韦伯将中国古代司法视为反形式主义、家长制为特征的“卡地”司法。参见［德］马克斯·韦伯著，洪道德译：《儒教与道教》，江苏人民出版社 2010 年版，第 109 页。日本学者滋贺秀三将中国传统司法概括为“父母官诉讼”和“教谕式调停”。参见［日］滋贺秀三：《中国法文化的考察——以诉讼的形态为素材》，载王亚新、梁治平编：《明清时期的民事审判与民间契约》，法律出版社 1998 年版，第 1~18 页。

真德秀曾经告诫同僚，听讼一定要谨慎，因为诉状所称事实虚实不定，必须小心查明。他说，“听讼不审，讼有实有虚，听之不审，则实者反虚，虚者反实矣，其可苟哉”!① 真西山如此告诫同僚，是因为争讼者所呈状纸与事实存在很大反差，法官一旦不慎，就会被状词误导、蒙骗，根据胡太初的说法，宋代状纸写得极为夸张，目的就是耸动官府，引起法官的重视。

词讼到官“妄以重罪诬人，如被殴必曰杀伤，索财必曰劫夺，如其家必诬以发墓”，目的是让官府受理，必与追治。② 这在清明集名公的判词中都有例可证：如孙达善、孙斗南争园地，孙斗南到上级官府状告孙达善与自己妻子王氏奸乱。③ 李景标为争墓田，诉李元亮掘墓之罪；④ 黎润祖、陈氏儿与范雅家只不过因房租纠纷，居然到官府诉范雅群妾劫夺自家财物。⑤ 周千二、洪千二告发张光瑞惊死其父洪百四，其实也只是因房屋买卖产生的纠纷。⑥

状词和事实差距如此之大，想要确定争讼事实究竟如何，法官需要耐心问状、细心察状。如何查明呢？首先是据状问供。将具状人引至堂上，问其事实缘由，察问陈词虚假。其次是问供核证，察证供是否一致。就是双方当事人陈述的事实和诉状是否相符，兴讼者的陈述和诉状应当一致，证供审核是最关键的审核，即两造陈述事实和其出示的证据是否相符，其出示的证据能否证明其主张的事实。一是干照和陈述之间比对；二是证供比对，即干照和证人证词之间是否相互佐证；三是两造陈述事实和证据相互比勘。⑦

---

① 中国社会科学院历史研究所宋辽金元史研究室点校：《名公书判清明集》卷一，中华书局1987年版，第2页。

② 胡太初：《昼帘绪论》听讼篇第六，闫建飞等点校：《宋代官箴书五种》，中华书局2019年版，第173~174页。

③ 中国社会科学院历史研究所宋辽金元史研究室点校：《名公书判清明集》卷四，中华书局1987年版，第181页。

④ 中国社会科学院历史研究所宋辽金元史研究室点校：《名公书判清明集》卷九，中华书局1987年版，第329页。

⑤ 中国社会科学院历史研究所宋辽金元史研究室点校：《名公书判清明集》卷九，中华书局1987年版，第340页。

⑥ 中国社会科学院历史研究所宋辽金元史研究室点校：《名公书判清明集》卷四，中华书局1987年版，第131页。

⑦ 王忠灿：《比勘法在南宋田宅争讼审理中的运用》，载《人民法院报》2022年3月4日第6版。

二、干照查验

田产诉讼和其他诉讼不同，要求争讼者当有凭据。田产非比其他财产，或有取得之契约，或有分家之关书，或有租佃之文字，或投税之凭证，凡此种种，皆谓之干照。干照是最主要的权属证明。① 但是宋代的田宅干照最大的问题是真伪问题。而要审查干照真假，法官主要通过以下三种方法：

首先要看权威印信之有无。干照之中，最具权威性者是加盖官方印信者，说明田宅变动已经在官府登记，加盖官方印信的契约——红契是田宅交易中最具有证明力凭据。典型的就是经过官府确认的契约文书，如红契和加盖官府印信的分家关书、支书，缺少官府印信的自立契书在法官看来不具有证明力。

其次法官凭借经验和常理识别书证真假。如《清明集》所载《伪批诬赖》一案中，叶岩峰审查原告吴五三的证据发现其出具的砧基簿只有一页，无头无尾，另有“批约二纸，烟尘熏染，纸色如旧，字迹如新”，便认定其证据不可信。② 一位司理参军在审理《妄赎同姓亡殁田业》案时，针对江文辉出具的“绍兴二十三年本县印押江浩砧基簿一扇，计纸一十张”，发现他典给江朝宗的田地，在第十二张纸内，“纸样印色不同，字迹浓淡各别”，认定该砧基簿“乃是添纸填写”，不是真实的干照。③ 再如翁甫所断黄明之、李日益诉争东山之田案，李日益手上的契约来自吴梦龄，黄明之的上手契约来自吴梦龄的父亲吴友暹，二人书契记载的田地面积存在冲突，不知孰真孰假。法官对黄明之所持干照进行合理性审查：按照常理，田地的交易价格应该是卖田价高而典田价低。李日益所持干照上下手连续，转让过程清晰，田地价格合理。而黄明之所持的吴友暹两契则非常可疑。翁甫进而推断此契书是黄明之于吴友暹已死之后，博换契书而为之。④

---

① 陈景良：《释干照：从唐宋变革视野下的田宅诉讼说起》，载《河南财经政法大学学报》2012 年第 6 期。

② 中国社会科学院历史研究所宋辽金元史研究室点校：《名公书判清明集》卷四，中华书局 1987 年版，第 182 页。

③ 中国社会科学院历史研究所宋辽金元史研究室点校：《名公书判清明集》卷四，中华书局 1987 年版，第 320 页。

④ 中国社会科学院历史研究所宋辽金元史研究室点校：《名公书判清明集》卷四，中华书局 1987 年版，第 306 页。

最后，发现疑点由专门鉴定机构鉴定书契真假。对于无法判断真假的书契，宋代法官会委托书铺进行辨验。① 在杨迪功和黄秀实争讼赎田案中，杨迪功拿出孝宗乾道年间的上手契约，但是“契内无官印，契后合接处有官印”，无法凭此书契上唯一的官印来判断真假，于是司理参军“唤上书铺辨验，同称其伪”。② 黄榦所审弟诉兄盗卖田地一案中，弟弟陈安节诉哥哥陈安国盗卖本家田业，陈安国拿出契书证实母亲阿江和弟弟陈安节均知情且载契书上签字，阿江已死，陈安节不肯承认自己的签字。黄榦“唤上书铺辨验，亦皆供契上陈安节三字，皆陈安国写”。黄榦据此确认陈安国“盗卖田产无疑”。③

三、实地定验

在书面证据审核、辨验无法查明案件事实时，法官会亲赴争议田宅实地考察，深入调查取证，查明真相。黄干断决崇真观女道士论掘坟案中，因为女道士王道存拿出本观文书，“与熊氏十数家争讼地界，以为十数家所居之屋，所葬之墓，皆观中之地”被告的十几家人家“亦赍出十数年文书，各有经界打量”，双方证据相若，不能分辨田宅归属。黄榦派“本县何主簿亲至地头看定”。④

莆阳在审判吴、卓墓田争讼案时，通过书面证据的比勘，发现干照记载两家田地相邻，山图却都包括一个争议地段，遂决定“亲行定验，然后照两家干照参决”。⑤ 在另一桩缠讼近百年的争田案中，罗主簿为调查闾丘、孙两家的事实，“亲诣地头供责，并参考两家干照公据”，彻底查明双方争田业的纠纷形成过程、当事人的身份关系和案件争议焦点，法官最终辨明曲直，解决了本县最大的疑难

---

① 书铺是宋代辨验书证的专业机构，在宋代司法中官府承认其公证、鉴定等作用。参见王亚杰：《宋代书铺——民间司法鉴定机构的雏形》，载《中国司法鉴定》2019 年第 2 期。

② 中国社会科学院历史研究所宋辽金元史研究室点校：《名公书判清明集》卷四，中华书局 1987 年版，第 319 页。

③ 黄榦：《勉斋先生黄文肃公文集》，载中国社会科学院历史研究所宋辽金元史研究室点校：《名公书判清明集》附录二，中华书局 1987 年版，第 596 页。

④ 黄榦：《勉斋先生黄文肃公文集》，载中国社会科学院历史研究所宋辽金元史研究室点校：《名公书判清明集》附录二，中华书局 1987 年版，第 584 页。

⑤ 中国社会科学院历史研究所宋辽金元史研究室点校：《名公书判清明集》卷四，中华书局 1987 年版，第 325 页。

案件。①

第二节　宋代理学家法官审理民事案件的价值判断

一、理学家法官据理剖断曲直

事实查明之后，当辨明是非曲直。按照朱子的说法，法官听讼首先要查明身份关系，因涉及伦理、教化，应特殊处理。其次便应以理辨明是非曲直。他说，“凡听讼，必先论其尊卑上下、长幼亲疏之分，而后听其曲直之词”，而分别是非曲直，必须“研穷道理”。② 真德秀认为理是辨明是非的标准，法是衡量轻重的准绳，法官在查明事实基础上应当秉公而断。他说：“公事在官，是非有理，轻重有法，不可以己私而拂公理，亦不可骫公法以徇人情。”③

如何“研穷道理”呢？按照陈淳的解释，“故万古通行者，道也；万古不易者，理也”，“只是事物上一个当然之则便是理”。④ 理是公认的是非标准，是在具体时空条件下应当做某种行为或者不应当做某种行为。在理学家看来，法也应当是理的体现。朱熹在解释《易经・噬嗑》卦时说“明在上，动在下，是明得事理，先立这法在此，未见犯底人，留待异时而用，故用“明罚敕法”。这是就立法而言，法当体现理，非则不可为常法，法明于上，以待人之行为。就司法而言，用“丰”卦，威在上，明在下，威是国家权力之威，法官具有其威，代行其权，用这法时，须是明见下情曲折，方得。⑤ 由此可见，理学家法官在查明“下情曲折”的基础上用法。

宋代法官审理田宅诉讼需“即事察理”，根据事实评判是非曲直。对于原告而

---

① 中国社会科学院历史研究所宋辽金元史研究室点校：《名公书判清明集》卷四，中华书局1987年版，第177~180页。

② 张伯行辑：《续近思录》卷十，华东师范大学出版社2015年版，第203页。

③ 中国社会科学院历史研究所宋辽金元史研究室点校：《名公书判清明集》卷一，中华书局1987年版，第6页。

④ 陈淳：《北溪字义》卷下，中华书局1983年版，第42页。

⑤ 黎靖德编：《朱子语类》卷七十一，中华书局1986年版，第1780页。

言，诉不言情(真实)是妄诉，证供确凿足以证明所诉事实则直之。对于被告而言，不如实陈述是抵赖，伪造证据对抗原告之诉是昏赖，以他故诉原告是妄讼。法官需要对两造所述之事做出真假判断，对所陈之理做出是非论断。在理学家看来，法未必合于理。在具体案件的审判中，需要根据法意、理来判断是非，法律如果合理自然可以作为评判是非的标准。

在评价是非曲直之理时，宋代法官遵循了朱子的听讼原则。有身份关系的则先论伦理。如钱居红子婿争山案，吴恕斋说"今官合先论事理之是非，次考遗嘱之真伪"，他从伦理上分析说："今(牛)大同为居茂之婿，居茂既以遗嘱与之，而汪氏(居茂妻)、孝忠(居茂子)俱不以为非，孝良其何词乎？"因而断定钱孝良是"惟欲觊觎而攘夺之"，结合其证据"无一而可"，所以本案"是非别白，予夺分明"。①

在审理当事人没有身份关系的田宅争讼时，则依据事实剖断是非。如叶岩峰在评判吴五三、陈税院争田案时说：吴五三"白占田亩，但只借势以为援，不知背理而难行。岂有正当之契书，反不若假伪之文约，稍有识者，悉知其非"。"今以吴五三之砧基、批约与陈税院之契书、租札参考其故，真伪易见，曲直显然。"在区分证据真假的基础上，认定吴五三伪造文书意图强夺白占陈税院田产。②

二、宋代理学家法官依法定分止争

在司法实践中，宋代理学家法官对于法律规定非常熟悉，《名公书判清明集》记载的案例中，使用"吝赎法"赎回田产的案例有五个，均按照法律规定取得相应的效果。③ 田宅诉讼中适用广泛的法律规范还有"亲邻法"、墓田法和前述"不得受理"法。④ 法官认定事实之后，需要检法拟断。在宋代田宅诉讼中，适用法律

① 中国社会科学院历史研究所宋辽金元史研究室点校：《名公书判清明集》卷四，中华书局1987年版，第197~198页。

② 中国社会科学院历史研究所宋辽金元史研究室点校：《名公书判清明集》卷四，中华书局1987年版，第182页。

③ 参见聂雯：《试论清明集的吝赎》，载中国台湾大学历史学系暨研究所编，《新北大史学》2014年下卷。

④ 宋代田宅诉讼中的法律可以参见潘萍：《论宋代民事诉讼中的法律适用——以〈名公书判清明集·户婚门〉为中心》，载《江苏社会科学》2021年第3期。

主要是确定田宅归属和交易行为的效力。

田宅争讼最核心的问题是田宅归属，法官在查明事实的基础上需要判断所争田宅应归谁所有。范西堂在判决宜黄县张椿和赵永争田案时，查明赵永之父赵宏在宜黄买田，托其弟赵焕掌管，张椿是从赵焕手中佃田耕种，现赵永请求收回田产。范西堂认为所争讼田产应当归属赵永。他判词中说，"逃田之法，自许归业，况非逃亡，岂容没官"。即使按照逃田之法，也允许田主归业，何况赵永不是逃亡，持有干照足以证明其是田产主人，管业者、佃者主张将田产没官于法无据。应当"给付管业"。范西堂审理此案时，认为如此依法处断，"施行之当"。①

在《漕司送邓起江淮英互争田产》案的审理中，法官查明的事实是邓文礼将三块地出典给江子诚，其中一块由邓文礼的兄弟邓震甫依据"亲邻回赎法"赎回，江淮英称该地由邓文礼的亲弟邓先收赎。邓先与邓震甫争赎回邓文礼典给江子诚的田产，均依据"邻赎法"。法律规定当出典人无力赎回或者不愿赎回典出田产时，其亲邻可以代为赎回，赎回田地归赎回人所有。本案邓文礼不再赎回出典田地，其亲兄弟邓先、堂兄弟邓震甫均请求赎田，邓震甫出钱赎回其中三块，另一块九姑坛田由江子诚退回邓先。邓先和邓震甫就九姑坛田发生争讼。由此发生纠纷，法官认为，"邻赎之法，先亲后疏，邓先既已供认收赎在先，则邓震甫无缘与之争讼"。② 依法保护血缘关系更近亲属的赎回权。

宋代规定，典权的设立，必须经过法定程序，第一道程序便是"亲邻批退"。指的是出典人"有服纪之亲有邻至者"依法享有优先承典权，必须经过他们表明放弃优先权且在契书上署名后，才能由他人承典。未经亲邻批退而出典者，典权无效。③ 南宋法官胡石壁据此判出典人王子通典田给王才库已在三年之外，不可以赎回。④

国家立法既有禁人为非，违法交易田宅，买者不能取得田宅，且有可能被追

---

① 中国社会科学院历史研究所宋辽金元史研究室点校：《名公书判清明集》卷四，中华书局 1987 年版，第 101～102 页。

② 中国社会科学院历史研究所宋辽金元史研究室点校：《名公书判清明集》卷四，中华书局 1987 年版，第 119 页。

③ 张晋藩、郭成伟主编：《中国法制通史》第五卷，法律出版社 1999 年版，第 154 页。

④ 中国社会科学院历史研究所宋辽金元史研究室点校：《名公书判清明集》卷九，中华书局 1987 年版，第 309 页。

究违法责任。如宋代法律规定："诸寡妇无子孙，擅自典卖田宅者杖一百，业还主，钱主、牙保知情与同罪。"①尚未分析的共有家产不得处分，擅自出卖者田宅需追回，若买者知情，"钱没官，业还主"。②

如翁浩堂所判詹德兴私卖隐寄田产案，查明的事实为：吕千五为避赋役，将自家的田产诡名寄至詹德兴名下，詹德兴将受人隐寄的财产卖给不知情的毛监丞，吕千五诉之官府。翁浩堂认为，吕千五"诈匿减免等第或科配者，以违制论"，詹德兴"即知情受寄，诈匿财产"，双方均属犯罪，詹德兴擅自出卖他人田产，依法准盗论，争议田产"吕、詹两家俱不当有，毛监丞宅承买，本不知情，今既管佃，合从本县给据，与之理正"。③

叶岩峰所判谋诈物业一案，陈国瑞先租后典沈宗鲁、沈密书院房屋一间半，宝庆三年沈密又将该屋重典给涂适道，涂适道将房屋据为己有。陈国瑞诉至官府。叶岩峰认为沈密将房屋重典卖涂适道，是违法交易。"沈密不合故违条法，重并交易，涂适道不合悖慢师道，妄吝屋业。"④违法交易的知情买主均不能取得田产，当然法官也没有严格按照法律规定将买主价款没官，而是结合案件的实际情况作出处理。

第三节　宋代理学家法官听讼中的人情考量

宋代理学家认为"情者性之动也"，性触着事物便发动出来的是情，主要表现为"喜、怒、哀、惧、爱、恶、欲"七者。⑤ 田宅争讼既为两造之争，也充分展现人情，宋代法官在审理田宅争讼过程中，势必要考虑人情，人情既有两造利益和

① 中国社会科学院历史研究所宋辽金元史研究室点校：《名公书判清明集》卷九，中华书局 1987 年版，第 305 页。

② 关于"财没不追、地还本主"的规范内涵分析可参见赵晶：《唐代律令用语的规范内涵——以"财没不追，地还本主"为考察对象》，载《政法论坛》2011 年第 6 期。

③ 中国社会科学院历史研究所宋辽金元史研究室点校：《名公书判清明集》卷四，中华书局 1987 年版，第 119 页。

④ 中国社会科学院历史研究所宋辽金元史研究室点校：《名公书判清明集》卷六，中华书局 1987 年版，第 194 页。

⑤ 陈淳：《北溪字义》卷上，中华书局 1983 年版，第 14 页。

欲望的满足，亦有群体的感情期待和普遍的人性。法官对于人情的考量是其审理田宅诉讼中最为复杂的利益权衡，下面对宋代田宅诉讼案件中的“人情”分类论述。

一、宋代法官对两造利益需求的平衡

在宋代田宅诉讼中，两造的“人情”反映的是其欲望和利益诉求。不违背礼法的个体欲望应当给予满足，司法在涉及个体根本欲望的“人情”时可以最大限度地满足当事人的利益和需求。这种具体场景下的人情，需要结合具体场景而论。每一个具体的案件都是一个生活场景，人情必然各不相同。

譬如吴革审理的《孤女赎田》案，在判词中充分考虑两造的需求和利益：“但(陈)应龙既欲取赎此田，当念(戴)士壬培壅之功，盖已年深，亦有当参酌人情者。开禧田价，律今倍有所增；开禧会价，较今不无所损。观应龙为人，破落浇浮，亦岂真有钱赎田，必有一等欲炙之徒资给之，所以兴连年之讼。欲监陈应龙当官备十八界官会八十七贯，还戴士壬，却与给还一宗契字照业。”①此处的参酌人情，考虑到双方的利益平衡。陈应龙和俞百六娘想要赎回父亲典给戴士壬的田产；戴士壬占有该土地三十年，为管理、修缮、改良田土付出了巨大努力，且考虑到三十年间的货币贬值和田价上涨，为赎回确定一个公平合理的价格。这就是吴革所说的参酌人情，也就是公正对待双方的想法、愿望和要求，平衡两造的利益。

二、宋代法官对于两造伦理关系和利益纠纷的处理

相对关系的“人情”形成特殊的伦理关系，在伦理关系中有不同于陌生人的信任关系，也有特殊的权利义务关系，理解相对关系中的“人情”有助于事实推理，但在法律关系和伦理关系纠缠在一起时，也会给裁判造成困难。

在具体生活场景下人与人之间的关系，是特定人之间的“人情”，按照传统社会的交往习惯，人与人之间形成稳定的伦理关系，这就是我们常说的“熟人”。比

① 中国社会科学院历史研究所宋辽金元史研究室点校：《名公书判清明集》卷九，中华书局1987年版，第316页。

如署名莆阳的法官所判《掌主与看库人互争》案中，“黎润祖状谓曾于范雅家处馆三年，人情无如此深熟”，黎润祖不仅为范雅家看库，还长期担任范雅儿子的家庭教师。“黎为馆宾，范为主公，宾主交欢，至于人情深熟”，双方在长期相处中形成了深厚的感情，基于这种“人情深熟”的信任关系，黎润组向范雅“借贷钱物，开张店肆”，范雅也投资入股，分取利润。后来双方发生矛盾，黎润组夫妇想收拾东西夜间离开，被范雅家人拦住，黎润祖后以被劫告诉，莆阳通过二人之间的关系推断抢劫事实不存在。根据双方长期合作的“人情”，需要特别处理双方的利益纠葛。莆阳判决“黎润祖斟酌少钱，填还范雅，不必拘以元数，亦俗所谓卖人饶买人之意也”。①

通常会产生伦理上关系和道德上的义务，这也符合任何人之间的感情状况。熟悉的人际关系会产生信任，双方经济合作正是建立在此基础上，所以不宜以法律裁断。在《已卖而不离业》案中，阿章丧夫后生活陷入窘境，无奈将田地卖给徐十二，有官府盖有印章的“赤契”，买卖契约可以确定双方的买卖关系，但是双方又有伦理关系，阿章和徐十二为从嫂叔，买卖契约签订后，阿章并未离业，法官认为如果此事属实，“则徐十二合念其嫂当来不得已而出卖之意，复幸其孙克自植立，可复旧物，以为盖头之地”。这里的参酌人情，即买卖双方有亲属关系，不应按照买卖契约理解要求双方严格履行契约义务。②

韩似斋总结户婚、田宅争讼案件的审理时认为，但凡遇到涉及孤幼等弱势群体的诉讼，一定要竭力维护他们的利益。“当职于孤幼之词讼，尤不敢苟，务当人情，合法理，绝后患。”③这基本上能代表名公听讼的共同认识。

三、宋代法官对于违反善良风俗行为的评判

在宋代田宅诉讼的审理过程中，法官还需要面对诸多“不近人情”的行为。这

① 中国社会科学院历史研究所宋辽金元史研究室点校：《名公书判清明集》卷九，中华书局 1987 年版，第 340 页。

② 中国社会科学院历史研究所宋辽金元史研究室点校：《名公书判清明集》卷六，中华书局 1987 年版，第 165 页。

③ 中国社会科学院历史研究所宋辽金元史研究室点校：《名公书判清明集》卷七，中华书局 1987 年版，第 233 页。

些行为违背社会的道德观念和人们的普遍价值观念，法官不仅要剖断法律上的是非曲直，还要考虑判决的价值引导和社会效果，通过判决教化民心，在社会生活中确立儒家核心价值观的引领地位。如吴恕斋所判《阿沈高五二争租米》案中，就认为高五二、高六四违反了基本的伦常义务“不近人情”。原因是高五二之子高六四通过立继继承了其伯父高五一家产的四分之三，留四分之一给高五一的女儿高公孙，后高五一之妻阿沈携女改嫁，高五一父子勾结佃户不再支付阿沈母女租米，后来争夺高公孙的抚养权，步步紧逼，想要夺取高五一全部遗产。吴恕斋认为，“高五二、高六四实有太不近人情者”，违反基本的人伦道德，法官最终查明事实，保留了高公孙的应得财产份额，且官府监督执行。①

吴恕斋所判《宗族欺孤占产》案中：刘传卿去世之后，其子季六、女季五也先后去世，刘家只剩下季六之妻阿曹及养子春哥，季五赘婿梁万三。阿曹李志守节，梁万三却掌管家业，梁万三“攫取其家财，后盗卖其产业”，既占据其茶店，又强取其田租，至于刘季六之丧与其妻(刘季五)之丧，至今暴露而不葬，则悉置之不问，刘氏宗亲支持梁万三，为并吞刘传卿家财，欺凌阿曹孤儿寡母，认为宗族欺凌孤幼，以强凌弱，以众欺寡，则使风俗大坏，人情转恶。吴恕斋认为，“死者之肉未寒，为兄弟、为女婿、为亲戚者，其于丧葬之事，一不暇问，但知欺陵孤寡，或偷搬其财物，或收藏其契书，或盗卖其田地，或强割其禾稻，或以无分为有分，或以有子为无子，贪图继立，为利忘义，全无人心，此风最为薄恶”。②这就不仅仅是争利的问题，触犯了基本的伦理底线，践踏人们最基本的道德，这种风气如不扭转，则会使得人们见利忘义，罔顾伦理亲情，所以法官认为这样的“风俗大坏，人情转恶”。吴恕斋决定追究为首者梁万三的刑事责任，“送狱研究，照条施行”，且将本案的判决公之于众，警示后来。③

---

① 中国社会科学院历史研究所宋辽金元史研究室点校：《名公书判清明集》卷七，中华书局 1987 年版，第 238~239 页。

② 中国社会科学院历史研究所宋辽金元史研究室点校：《名公书判清明集》卷七，中华书局 1987 年版，第 236 页。

③ 中国社会科学院历史研究所宋辽金元史研究室点校：《名公书判清明集》卷七，中华书局 1987 年版，第 236~237 页。

四、宋代法官对于“人情之常”的司法运用

1. 符合“人情之常”即为理，可推其因

在宋代理学家看来，法律并不违背的人性，反而是建立在尊重人性的基础上。在这个意义上说，法意人情是共通的。在司法中，法官就需要理解“人情之常”，但是要惩处人性之恶。如胡石壁所说：“殊不知法意、人情，实同一体，徇人情而违法意，不可也，守法意而拂人情，亦不可也。权衡于二者之间，使上不违于法意，下不拂于人情，则通行而无弊矣。”①

人们感情的基本规律是“亲其所亲”，血缘关系越近，则情感越亲，对近亲属有更加信赖的关系，这是人情之常。血缘关系越近，信赖程度越强，如“赵宏植产于宜黄，卜居于安庆，相去隔远，不可照应，托弟掌管，甚合人情”②，基于伦理、血缘、情感关系产生的信赖，将财产给自己的亲属，符合基本的人性。亲疏有别也是人情之常，血缘关系越近的亲属越是关心其安危。照此规律，人们一旦受到伤害，血缘关系越近的亲属感受越痛苦，复仇的意愿越强烈。③ 这种人性的普遍规律在司法中可以作为常理来判断案件事实。翁甫所判《叔诬告侄女身死不明》案周五十娘难产身亡，其家人未告诉，其出嫁亲姐周卸八娘到县鸣冤，称妹妹之死可疑。翁甫认为，“以法意人情论之，妇人在家从父，既嫁从夫，夫死从子，于姊妹初无相涉也”。④ 同样的情形还有王百七、王大三到官府陈告张惜儿案，也说张惜儿之死有冤情，但是张惜儿的父母张仟九夫妇没有告发，知县直接不予受理。⑤

人们保护自己的财产也是人情之常，遇到侵害予以自卫、反击，也是人情之

① 中国社会科学院历史研究所宋辽金元史研究室点校：《名公书判清明集》卷九，中华书局1987年版，第311页。

② 中国社会科学院宋元辽金研究所点校：《名公书判清明集》卷四，中华书局1987年版，第101页。

③ 如《礼记·曲礼》云：“父之仇，弗与共戴天。兄弟之仇，不反兵。交游之仇，不同国。”即此义也。参见杨天宇撰：《礼记译注》，上海古籍出版社2004年版，第29页。

④ 中国社会科学院历史研究所宋辽金元史研究室点校：《名公书判清明集》卷十三，中华书局1987年版，第501页。

⑤ 中国社会科学院历史研究所宋辽金元史研究室点校：《名公书判清明集》卷十三，中华书局1987年版，第491页。

常，但是超过保护自己的限度，意图伤害他人，则转而为恶。如《资给诬告人以杀人之罪》一案，厉百一在大雨夜起身查看自家水碓，听其家对面借宿的客商说有人夜间三次推他家的院门，厉百一即唤起弟弟厉百二一同追赶抓捕推门人，因“夜间无故入人家，登时杀之无罪”，知道有人想进入自己家住宅，“厉百一初亦未知其为何人也，逐而捕之，人情之常”。①

交易双方都为自己谋取最大利益，如不符合此人情之常，则事出有因。如陈嗣佑在宝庆二年购得罗家坞山地，价格为一万三千钱，在绍定二年以七千钱卖给何太应。双方签订有契约，盖有官府印章。淳祐二年，陈嗣佑到县衙告状称这块山地是典非卖，要求赎回。知县“以唐昌风俗多有抵当之事，兼此地段，嗣佑于宝庆二年以十三千得之，不应于绍定止以七贯折价出卖，疑是抵当，勒令太应退赎”。知县认为双方虽然签订有买卖契约，但是地价过低，陈嗣佑不可能用低价出售价值高的山地，怀疑这桩交易名为买卖实为抵当，准许陈嗣佑赎回。这里知县运用的是人情判断事实，确认法律关系的性质。②

宋代法官认为应当理解乡民百姓的“人情”，他们经州历府不是因为自身顽嚣，大多数情况下是情非得已，如果有选择，谁愿意连年兴讼呢？如范西堂所说，“如事涉户昏，不照田令，不合人情，遍经诸司，乃情不获已，未可以一概论”。③

2. 违反“人情之常”即为奸为恶，应制其果

如果说保护自己的财产是人们正常的反应，也是符合人性的合法行为。那么超出自我保护，意图伤害他人就是“恶”。比如蔡久轩所判《争墓木致死》案，邻居胡小七命人将与其相邻余家墓山林木砍伐一空，余细三十及其子侄听闻，急往占护坟木，“此亦人情之常”，听说自家坟墓林木被砍伐，过来保护，这是正常感情支配下的反应。但是，如果余细十三携带尖刀杖棒，那就是有斗殴甚至伤害的

① 中国社会科学院历史研究所宋辽金元史研究室点校：《名公书判清明集》卷十三，中华书局1987年版，第487页。

② 中国社会科学院宋元辽金研究所点校：《名公书判清明集》卷六，中华书局1987年版，第168页。

③ 中国社会科学院历史研究所宋辽金元史研究室点校：《名公书判清明集》卷四，中华书局1987年版，第120页。

意图了。在理学家看来，“恶”其实是人欲的泛滥，所以人情应当受到礼法的约束，“合法”，否则就会酿祸。①在宋代田宅诉讼中，法官发现触犯刑律的犯罪行为。两造及其近亲属或者其他人为争财产竞而采取的诈伪、胁迫、欺凌等手段，这些手段若构成犯罪且情节恶劣，法官也会考虑对其定罪量刑。如真德秀所说：“昨曾约束民间争讼，官司所当明辨是非，如果冒犯刑名，自合依条收坐。”②概括说来，在田宅争讼中，最常见奸盗、诈伪和暴恶三种犯罪行为。

田宅交易中，双方都希望获取更多的利益，此乃人情之常。若损人利己，则为强为恶，将触犯刑律。如“李边想用见钱五十贯、官会六十五贯，赎唐仲照见钱一百二十贯典到之业，何不近人情之甚邪”，违反交易习惯，压低价格买他人价值高的田产，对方自然不允，在李边则强行交易。此即超过人情之常，为强为恶。当受到处罚，法官胡石壁对其勘杖一百。③

如吴镕在与兄弟争夺田产时，采取了盗卖的手段：“吴镕初焉附合，志在得田，不思奸计果行，亦不免盗卖之罪。及送狱根勘，供招自明。”法官最终判决吴镕勘杖六十。④ 胡石壁所判《妄诉田业》一案，认定龚孝恭捏造事实，意图强占刘良臣田产，判决龚孝恭决杖八十。⑤ 陈五想要赎买邓楫一分住居，邓楫不从，陈五设计了一个虚假交易，将邓楫房产昏赖白夺。法官查明事实，认为陈五奸横，昏赖他人财产，勘杖一百。⑥ 姚立斋审理江伸、丘某争田案，司理参军讯问江伸时，江伸供认，“借丘某钱一百贯足，内见钱五十贯足，官会六十五贯，其实但所写典田一段是实，一段是虚”，通过虚写田段，目的是诈欺丘某钱契，此行为

① 中国社会科学院历史研究所宋辽金元史研究室点校：《名公书判清明集》卷九，中华书局1987年版，第330~331页。

② 中国社会科学院历史研究所宋辽金元史研究室点校：《名公书判清明集》卷一，中华书局1987年版，第15页。

③ 中国社会科学院历史研究所宋辽金元史研究室点校：《名公书判清明集》卷九，中华书局1987年版，第312页。

④ 中国社会科学院历史研究所宋辽金元史研究室点校：《名公书判清明集》卷四，中华书局1987年版，第112页。

⑤ 中国社会科学院历史研究所宋辽金元史研究室点校：《名公书判清明集》卷四，中华书局1987年版，第123页。

⑥ 中国社会科学院历史研究所宋辽金元史研究室点校：《名公书判清明集》卷四，中华书局1987年版，第108页。

已经构成“诈欺官私取财”，依律应当判处杖刑八十，遇赦免断。①

宋代田宅诉讼中的刑律适用情形较少，判处的刑罚均为笞、杖，目的不在于追究刑事责任，而在于小惩大戒，推动田宅诉讼的断绝。所以，宋代田宅诉讼中的刑罚裁量具有明显的辅助性。

必须要指出的是，上述人情分类是笔者“理想类型”。在司法实践中，各种类型的人情其实是交织在一起的，但是法官对不同类型的人情有清楚的认识。如吴恕斋所判《执同分赎屋地》判词中提到三次人情，首先毛永成坚持赎回毛汝良十多年前典给陈自牧、陈潜的田宅，知县认为毛永成妄诉。吴恕斋认为不然，首先，综合本案毛永成是有符合法意人情的理由的，理由有二：一是毛汝良卖给陈自牧的房子和自己“所居一间连桁共柱，若被自牧毁拆，则所居之屋不能自立，无以庇风雨”，毛汝良担心自己的房子受到损坏，想把邻屋买回来也是人之常情；二是毛汝良典卖给陈潜的土地有祖坟桑地，此地牵涉特殊保护，关乎后辈祭祀。赎回符合法律，也符合毛家孝思，这是人情。所以法官认为这些田宅应当由毛永成赎回。②

在面对复杂的人情，特别是违反人之常情的行为，法官首先想到的是教化而非惩戒。胡太初说：“或有兄弟讼财、亲族互讼者，必曲加讽谕，以启其愧耻之心，以弭其乖争之习，听其和允，勿事穷研，则民俗归厚矣。”③刘克庄就是教化的典范，他从敦亲睦族开始，在司法中提倡这种行为。在所判《干照不明合行拘毁》案，查明桂氏族人将同祖的荒山共同让给桂节夫，让他安葬其兄。刘后村认为桂氏家族的行为“人情法意之所可行”。符合同族相互扶助的敦亲睦族精神。④

通过对宋代法官审理田宅诉讼的历史考察，可以将其司法经验总结如下：宋代法官高度重视田宅诉讼案件，因为田宅是百姓最重要的产业，也是安身立命的

---

① 中国社会科学院历史研究所宋辽金元史研究室点校：《名公书判清明集》卷五，中华书局 1987 年版，第 142~143 页。

② 中国社会科学院历史研究所宋辽金元史研究室点校：《名公书判清明集》卷六，中华书局 1987 年版，第 165~166 页。

③ 胡太初撰，闫建飞点校：《宋代官箴书五种》，中华书局 2019 年版，第 163 页。

④ 中国社会科学院历史研究所宋辽金元史研究室点校：《名公书判清明集》卷四，中华书局 1987 年版，第 128 页。

根本，一旦发生争讼将会严重影响人们的生活，审理不当会造成旷日持久的缠讼。宋代法官对田宅诉讼不以程序为由拒绝裁判，接受词讼之后，即以查明案件事实合争讼焦点为目标，遇到确实无法查明事实的案件才会依法不予受理。

本书将宋代法官审理田宅诉讼案件的经验概括为四个方面：一是如何查明案件事实，二是如何辨明是非曲直，三是如何参酌人情，四是如何适用法律。宋代法官审理田宅诉讼，首先是要审阅状词不轻信其状，比勘状供，通过审讯两造发现讼争的实质。查明田宅争讼案件事实的关键是书面证据，宋代法官通过辨验证据真伪查明案情虚实，辨验证据主要是权威性审查、经验推理、书铺鉴定和现场调查，复杂的争讼可以综合上述手段查明事实。在查明案件事实的基础上需要辨明是非曲直，辨明是非曲直的标准是“理”，审查诉由与证供事实是否相合，合则为直，不直则曲。争讼皆因违反应当之理，每个争讼其理皆不相同，法官在个案中以事察理，据理以断是非曲直。是非曲直辨明，依法定分止争。宋代法官处断田宅诉讼，以法确定田宅归属合田宅交易的效力，违法交易者无效，无效的交易业归原主。宋代法官审理田宅诉讼案件，其中最难者为参酌人情，人情可分为个体之利益、相互之关系、群体之道德准则和普遍之人性。个体利益之人情，符合礼法者保护；具有身份关系之讼争，平衡双方利益；违反群体道德准则者予以否定，法官裁断时充分考虑价值导向和判决的社会效果；对于普遍的人性，法官裁判时理解和尊重“人之常情”，运用“人之常情”推断争因，违背“人之常情”即为奸为恶，需用刑罚惩戒。宋代法官在审案时运用刑罚辅助田宅诉讼的断绝。

宋代法官审理田宅诉讼时，对于涉及土地、房屋的诉讼涉及当事人的重大利益诉求，法官给予充分的重视，综合运用多种手段，在必要时利用职权查明案件事实和争议焦点，以利于诉讼的审理和判决。凡是土地、房屋的诉讼案件，契约文书等书证是最关键的证据，法官综合审查书证的真实性、权威性和合理性，根据事理和经验推断证据形成过程和证明力。在田宅诉讼中，法官要依法确定交易效力和产权归属，并分清当事人发生争讼的是非曲直，据此作出裁判，这是判决的核心内容。宋代法官听讼时会充分考虑诉讼背后有复杂的社会关系和长期积累的矛盾纠纷，法官在审理时抽丝剥茧，查明诉讼的深层次根源和背后矛盾，在裁判时平衡双方合法的利益诉求，也充分考虑到裁判的价值导向和社会效果。

第七章 理学方法论对于宋代法律适用的影响

中国古代法律体系有其固有的概念和逻辑体系，古代律文、律注、律疏和律学著作对这些概念作出简洁而明确的界定。譬如两怒相犯曰斗，两辞相胜曰讼，过失谓耳目所不及，思虑所不到；疏议区分斗和殴云：相争为斗，相击为殴；律注区分借贷，从官借本谓之贷，指资财货赂之物，私假官物谓之借，指衣服器玩之类。仅从以上数例就可以看出中国古代法律对于概念辨析之精准超乎今人的想象。

律学是中国古代的法律解释适用之学，其核心内容是解释律条，明晰法律概念，使法律准确适用于社会生活。律学指向的直接对象就是法官和司法，因此法律解释的转型是司法传统转型的重要内容。

宋儒通过“体用一源”的本体诠释方法，对原始儒学的典籍作出了“体用一源”的创造性诠释。宋代理学家不是为解经而解经，而是要“由经穷理”和治经明道。通过解释儒家经典阐发自己的理学思想，强调治经的目的是为了明理、明心，由此形成了不同于汉唐儒家学者训诂考释的经学观。宋代理学家认为“理”存在于儒家经典之中，而不存在于注疏之中，只有向内探求才能获得，所以必须发挥解经者的主观能动性。这种治学解经方法深刻影响了宋代和宋代之后的律学。汉代以来的律学主要受汉儒章句之学的支配，律学的主要内容是注疏律典，这种“注释律学”到《唐律疏议》发展到巅峰，立法者将律典和注疏合为一体，颁行天下。宋代理学兴起之后，经典诠释方法发生变化，律学的内容也随之变化。在理学家看来“理”是一种绝对精神，万物都是“理”的体现，由“理”而生，那么国家和法律也不例外，律学家要探求法律中蕴含之“理”，义理律学便应运而生。宋代的律典是《宋刑统》，而律学著作有五十多种，代表作有孙奭的《律附音义》，王键的《刑书释名》，刘筠的《刑法叙略》，傅霖的《刑统赋解》等。特别是傅霖的《刑统赋解》在论及名例时称“将十二章类为律义三十卷，总613条。其间数十万言，其义虽深远，皆自人情推之，不越于理也”。这显然受到理学思想的影响。宋代以后，律学发展迅速，其中的几种重要的律学著作如雷梦麟的《读律琐言》、王明清的《读律佩觿》、陆柬的《读律管见》带有律学家鲜明的主观认识，特别是清人姚文然的《律意律心说》，解律时探求律意、律心，此律学受理学直接影响之明证。薛允升的《唐明律合编》，绕过宋元，直追唐律，与宋代理学家绕过汉唐直追孔孟的治经方法如出一辙。理学对律学的影响至为深远，理学与宋代律学转型：理学的经典诠释方法促使汉唐以来的“注释律学”向宋代以后“义理律学”转型。

第一节 宋代理学对传统法律概念辨析的影响

宋代理学精于概念界分，对儒家传统概念进行细致区别，极力究其细微之处。陈淳《北溪字义》即其典范，陈淳对于儒家传统概念“仁”“义”“礼”“智”“信”等基本概念进行比较鉴别，指出其区别和联系。对于“道”“德”“理”等相近概念进行细致分析，指出其不同之处。这种方法深刻影响了宋元时期的律学，这一时期的律学特别讲究概念的区别，与《唐律疏议》相比，传统法律概念的精细化取得长足进展。在宋代理学方法的影响下，许多原本不加区分使用的法律概念在宋代之后开始区别使用。如同理学家比较区分儒家传统经学概念一样，宋代之后的律学家运用理学方法界分法律概念。

一、法律概念界分

宋傅霖《刑统赋》开篇就讲：“律义虽远，人情可推”，《刑统赋解》注释：“法顺民心，人情推例”，王亮进一步解释说：“禁人为非者，法；法之中理者，律，事之合宜者，义”，“人情者，天理之当然也”，“即当以天然之理推穷至极，百合其意也”。① 宋代及宋代之后，律学家对于法律常用概念的区分只为精当细密。

① 傅霖撰，郄韵释，王亮增注：《刑统赋解》，载沈家本编，中国政法大学法律古籍整理研究所整理标点：《枕碧楼丛书》，知识产权出版社2006年版，第111页。

下面举几个例子说明之。

1. 诉与讼

中国传统司法实践中，诉讼两个概念通常不加区分使用。但是在宋代律学家的著作中，对于诉和讼作了区分。其中“诉”通常是指诉冤制度，“讼”通常是指争财竞产的争讼。双方有争叫作讼，单方认为有冤、被侵害则诉，双方有争则形成讼。“诉”是指受到不公平的审判、不公平的对待自下而上的诉，也可理解为两方当事人的争，即控诉、告发、控告对方，有求助于法律的意思，所以“诉”引申为求助、借助官府的力量解决矛盾和问题。比如诉之官府，诉于庭，诉于朝；而“讼”则确定为两造之争，争财竞产，户婚田土纠纷，皆为讼，意为双方不和。

《说文解字》给出“诉”的解释是：“诉，告也。从言，斥省声。”本义是控诉不真实的状况、诋毁毁谤、说别人的坏话。“诉”后来引申为控告、告发的意思，但是在秦汉法律中常用告，告与诉同意连用，即“告诉”。如《汉书·成帝纪》有“刑罚不中，众冤失职，趋阙者告诉不绝”之记载。从宋代开始，诉的概念被界定为向官府和官员诉不公平的对待和不公正的处理，是为诉冤。后来律学家解释诉为“告诉冤枉”，将诉的含义进一步明确。而讼则是常见的民间纠纷，核心内涵为“争”。如清朝学者曾在《无闻集·讼论》中指出：“自有生民以来莫不有讼。”①只要存在社会生活，就会发生资源之争夺。自古以来的立身处世、衣食住行中，只要有百姓居住之处，冲突、矛盾是在所难免的。同理，在任何时期都会有冤、有不公正的审判结果，所以有“诉”。

2. 斗与殴

在《历代刑法考》中沈家本称：“相争为斗，向击为殴……凡斗殴杀人的，此往彼来两相殴击。”②魏晋时期，律学家张斐曾经区分过斗和戏，为后世的斗杀、戏杀之别奠定了基础，提出“两讼相趣谓之斗，卑与尊斗，皆为贼”。③ 可见，“斗”指行为人的语言冲突或肢体冲突但行为人双方并没有实际伤害之行为发生，而殴则有实际捶打之行为。单方以利搏人谓之殴，可见单方面有殴打他人的意图

① 李家祥：《〈说文解字〉省声类字疑误析辨》，载《贵州文史丛刊》1991 年第 3 期。

② 沈家本撰，邓经元、骈宇骞点校：《历代刑法考》，中华书局 1985 年版，第 2065 页。

③ 房玄龄等：《晋书》，中华书局 1974 年版，第 604 页。

并实施殴打行为，则谓之殴。

《刑统赋解》对殴有更加详细的解释："殴人之父母，子孙得以事言；殴人之弟妹，兄姊得以理诉。殴人至折伤以上，旁人亦得捕系送官，非必被殴者告也。"①"同谋殴人，伤人皮肉，挨问首从，罪依常律。"②

明代律学家王明德对"斗"和"殴"区分详细，斗是双方行为，殴是单方行为。至于"斗"与"殴"的内在联系，王德明曰："斗则不过是怒目相视，口舌相争，手足作势，或彼此相扭，而不相锤击，或彼来此拒，而不交手，又或彼去此追，而以恶语相击激，则皆谓之斗。若殴则手足及身，木石金刃相击矣。世或有斗而不殴者，断未有殴而不斗者矣。"③可见"斗"乃是"殴的起点"，"殴"则是"斗"的一种发展结果，斗与殴并不是独立的行为，而是同一行为的先后发展的不同阶段，④ 但"殴"并非"斗"发展的唯一结果。"斗"可以引发"殴"也可以"斗"而不"殴"，斗最严重的也仅是行为人双方扭在一起，"斗"只是"殴"发生的一种原因。由此可见"斗"和"殴"与我们的理解不同，"斗"是行为人双方有语言冲突抑或肢体冲突，但未有伤害打斗之行为，"殴"则是行为人一方带有伤害的故意殴打他人，斗殴是行为人双方带有伤害的故意双方相互斯打，因斗而殴，则为斗殴。

3. 典与卖

典与卖是两种不同的民事法律行为，它们俩最大的区别就是能否可赎，在《明律集解》中就区分其本质不同："盖以田宅质人而取其财曰典，而以田宅与人而易其财曰卖，典可赎，而卖不可赎也。"⑤"典"是指业主把不动产交给钱主，收取钱财但不用支付利息，并且对不动产留有回赎权；作为典买人的钱主可以使用土地房产，享受土地房产所带来的收益。在典当期间，典卖人对物有留有回赎的权利，其所有权不转移。法律规定出典人享有对典物的处分权、回赎权，同时也有瑕疵担保和退还费用义务。而典权人享有：(1)占有、使用、收益权。(2)转

① 傅霖撰，郄韵释，王亮增注：《刑统赋解》，载沈家本编，中国政法大学法律古籍整理研究所整理标点：《枕碧楼丛书》，知识产权出版社2006年版，第115页。

② 傅霖撰，郄韵释，王亮增注：《刑统赋解》，载沈家本编，中国政法大学法律古籍整理研究所整理标点：《枕碧楼丛书》，知识产权出版社2006年版，第116页。

③ 王明德著，何勤华等点校：《读律佩觿》，法律出版社2001年版，第71页。

④ 刘晓林：《唐律"斗杀"考》，载《当代法学》2012年第2期。

⑤ 参见沈家本的《明律集解·户律·田宅·典卖田宅》卷第五，第82页。

典与出典权。(3)优先购买权，典权人有义务保存和归还典物。根据民法理论，典权是用益物权。典权是依据典权人与出典人之间订立的合同形成的，即出典人在需要钱的时候，在留有典物所有权的情况下，把典物的使用权和收益权让渡给典权人，典权人能够得到在典期间的效益，向出典人支付对应典价，并且与对方承诺可以按照原来的价格买回的行为。典在法律体系中有两种意思：一是典当之典，二是典卖之典。第一种具有担保的性质，在今天发展成为了法律上的质权和当铺业的典；后者在含义上类似于买卖，演变为现代民法上的典权制度。典的客体主要是不动产，典价通常要比卖价低，可以回赎。

“卖”指的就是对方支付价款，己方将标的物让渡给对方，以便对方获得标的物的所有权的一种行为。法律规定了出卖人应当承担标的物的占有转移给买受人、保存标的物，负有追偿义务和瑕疵担保义务；买方要承担为接管标的物支付价款的义务。清代官府规定以“绝卖”“永不回赎”作为卖的必要内容。卖针对的客体比较广泛，可以是不动产，也可以是动产。

自宋代以来，土地买卖已经完全合法化，因此买卖土地的情况变得越来越习以为常，宋朝法律对典规范得更加详尽和系统，典也被正式纳入律条。其主要内容包括：(1)典卖田宅必须要先询问亲戚和邻居是否要买。① (2)要求典当田宅必须采用复本书面契约形式。但是后来因为程序太烦琐，就改成了官契一式两份，钱主拿一份，业主拿一份。(3)典卖合同订立后，业主必须要离业，钱主才能得到土地房屋的典权，享受占有、使用、收益的权利，但在契约规定的时间内对典物没有权利处置。不仅如此，宋朝法律对于典的各方面，比如，定契、交割、价款、回赎期限、转典权、使用收益都有详细的规定。

元朝基于宋朝法律，规定在田宅典卖时必须要通过官府发给公据，应当遵守法律程序，订立典契协议。大德十年(1306年)规定：“今后质典交易，除依例给据之外，还写文契贰纸，各各画字，赴务投税；典主执正契，业主执合同；虽年久凭契收赎。”②元朝还创立了契尾制度，也就是说，当典卖土地时卖主在契约的

① 窦仪等撰，薛梅卿点校：《宋刑统》，法律出版社1998年版，第232页。

② 《通制条格·田令·典卖田产事例》卷十六：“以今后质典交易，除依给据之外，还写文契贰纸，各各画字，赴务投税；典主执正契，业主执合同；虽年久凭契收赎。”

后面加一个税票，共同交给买方，该项制度对于官府对典卖契税的管理，防止税收流失是有利的，被明清所继承。在土地所有权的变动上，宋朝关于典卖的法律规范被加强了，在《宋刑统》中就设置了《典卖指当论竞物业》。《宋刑统》中规定家长才能出典田，如果卑幼蒙昧家长没有经过允许就私自出典，出典行为是无效的，还要以盗窃罪按照法律规定处置。《宋刑统·典卖指当论竞物业》中认为典针对的对象不仅包含“田宅”“物业”，还包含了“奴婢六畜”。至于优先权方面，《宋刑统》规定了出典人在出典时要先问房亲和邻居，如果这些人不想要，才可以与其他人交易。①《宋刑统》该规定对于重复出典的人不仅规定了严厉的刑事处罚，还附带了民事责任，涉及的中间人和见证人也都会被连带。

明代法律制度最显著的特点就是正式将典纳入法律，并对“典”和“卖”进行了划分。明律规定典权人如果典期到期，故意不归还典物，需要承担民事和刑事责任，《大明律》中就规定了：“其所典田宅、园林、碾磨等物，若年限到期，业者备原价收赎，如果是典主托故不肯放赎者，笞四十，限外递年所得花利，追征还主、并依价取赎。”

清代民法秉承了历代，特别是明朝的法律规范。又由于时代的进步和法律实践中积累的经验，清代民法也有了一定的发展。《大清律例》中规定了：“以价易出，越限回赎者，曰典。”②《户部覆议》中有规定：“典以三、五年至十年为准，契约二、三十年，四、五十年以上者，须在三年内呈明改典为卖。”③

4. 借与贷

《说文解字注》：“借，假也。从人昔声。”④“借”字在古时也被称作“假借”或者“假请”。由于出借的都是特定物，所以返还的也要是原物，其中的物包括牛、马等生产物品或衣服、厨具等生活物品。如《唐律疏议·职制律》规定“以官奴及畜产私自借”和“借奴、马、牛、驼、骡、车、船、邸店之类”。据《说文解字注》

① 窦仪等撰，薛梅卿点校：《宋刑统》，法律出版社1998年版，第232页。

② 张晋藩：《清代民法综论》，政法大学出版社1998年版，第119页。

③ 张晋藩：《清代民法综论》，政法大学出版社1998年版，第121页。

④ 许慎撰，段玉裁注：《说文解字注》（第2版），上海古籍出版社1988年版，第717页。

载："贷，施也，从贝代。"①"贷"字则是指贷的物通常是种类物，日后不能将原物返还，而是以同样种类物代替返还出借人。其中的物包括钱或粮食等。

宋代律学详细解释了借与贷，将其定义为两个不同的法律行为。只要是借用完毕后返还原物的就是借，只要是借用完毕后不能返还原物，而是以同种类物代替的就是贷。其中的物即包括官物，也包括私物，而因物的不同，罪名也各不相同。以唐律为例，与借有关的罪名有假借官物不还、监主借官奴畜、监主以官物借人、主司借服御物等，与贷有关的罪名有贷所监临财物，以官物私自贷等。借是借给别人物没有利息需要归还原物，贷是贷给别人钱或物收取利息不需要归还同种类物。关于借贷在古代的立法多分散在不同的律例中，重点规定禁止高利贷和官员贪污。关于禁止高利贷的立法，宋朝规定了"禁止回利为本"，唐朝规定了"一本一利"的利息限额。关于官员贪污的立法，宋代开始禁止官吏在其职务活动范围之内放债。明、清则正式对此定律禁止。《吏学指南·钱粮造作》从字义上区别了两种借贷："以物假人曰借，从人求物曰贷。借字从人从昔，假各人道，所以不能无也。凡以官物假人，虽辄服用观玩，而昔物犹存，故称曰'借'。贷字从代从贝，凡资财，货贿之类，皆从贝者，以其所利也。假此官物利己利人，虽有还官之意，不过以他物代之，而本色已费，故称曰：'贷'；又从代者，谓以物替代也。"②

5. 首与从

中国传统法律中将共犯区分为首犯和从犯，《唐律疏议》作为中华法系立法的典型代表，将共犯定义为二人以上的多人犯罪。唐代共犯制度的核心要义是要区分共犯中的首从，主要是从身份差异、尊卑关系、主观恶性、在共犯中所起作用等方面进行划分。在司法实践中，法官需要对具体案件中行为人身份伦理关系和所起作用大小进行权衡，优先按照身份和主观意图确定主犯，然后比照主犯对从犯进行量刑。

而中国古代律学对于"首""从"的研究早在魏晋时期就有记载："尚书纳言之

① 许慎撰，段玉裁注：《说文解字注》（第2版），上海古籍出版社1988年版，第718页。

② 徐元瑞著，杨讷点校：《吏学指南·钱粮造作》，浙江古籍出版社1988年版，第357页。

本，令仆百揆之要，同彼浮虚，助之乖失，宜明首从，节级其罪。”①“又法有首从，二人同刑，亦宜重取进止。”②“律断群盗，必分首从，为之从者皆已伏诛，独置渠魁可乎？”③经过漫长的历史演进，及至唐代，“首”“从”的释义基本确定下来。

基于律典中的基本原则，对首犯处以所犯罪行的全部刑罚，对从犯处刑减一等。《唐律·斗讼律》中记载：“诸同谋共殴伤人者，各以下手重者为重罪，元谋减一等，从者又减一等。”④但并非从犯都处减一等，如“若乱殴伤，不知先后轻重者，以谋首及初斗者为重罪，余各减二等”⑤；“诸斗两相殴伤者，各随轻重，两论如律；后下手理直者，减二等”⑥。也就是说“首谋”并下手重的人、乱打人中“首谋”及最先动手的人处重罚，其他随从者“减二等”。唐宋律典对首犯、从犯也有一些例外处罚规定：第一，在共犯成员未全部归案的情况中。首先抓捕归案者称尚未归案者为首犯，且没有其他人证的情况下，按照首先抓捕者的口供确定首从，如果后来逃亡者也被捉拿，并供述先抓获者才是首犯，经过审讯属实的，则对先抓获者以首犯处理，即按照所犯全部罪行处罚。⑦ 对此《大清律例》中有明确规定：“凡二人共犯罪而有一人在逃，现获者称逃者为首，更无(人)证佐，则(但据其所称)决其从罪。后获者称前(获之)人为首，鞫问是实，还(将前人)依首论，通计前(决之)罪，以充后(问之)数。若犯罪事发而在逃者，众证明白，(或系为首，或系为从)即同狱成，(将来照提到官，止以原招决之)不须对问。”⑧第二，在一些特殊犯罪当中，不区分首从。如“皆者，罪无首从，其罪皆同，谓如强盗及私度关桥并军人逃亡者也”。“「疏」议曰：‘谋杀期亲尊长、外祖父母，皆斩。’如此之类，本条言‘皆’者，罪无首从。”⑨“皆”字在古代律典中出

① 魏收：《魏书》，吉林人民出版社1995年版，第220页。
② 刘昫等：《旧唐书》，中华书局1956年版，第786~787页。
③ 《二十四史全译·宋史》(第8册)，汉语大词典出版社2004年版，第8392页。
④ 长孙无忌：《唐律疏议注译》，甘肃人民出版社2017年版，第598页。
⑤ 长孙无忌：《唐律疏议注译》，甘肃人民出版社2017年版，第599页。
⑥ 长孙无忌：《唐律疏议注译》，甘肃人民出版社2017年版，第603页。
⑦ 李丹阳：《〈唐律〉共同犯罪研究》，天津师范大学2021年硕士论文。
⑧ 张荣铮等点校：《大清律例》，天津古籍出版社1993年版，第128页。
⑨ 长孙无忌：《唐律疏议注译》，甘肃人民出版社2017年版，第167页。

现多次，对首从的特殊区分具有重要意义，这主要是杜绝、预防一切颠覆伦理纲常的犯罪，且一般含“皆”字的是严重威胁封建社会尊卑秩序的律条，因而此类犯罪不分首从，均处全刑。

6. 真犯与杂犯

中国传统法律中“真犯”指的是律条明文确定的罪行或者情真罪实的犯人。“杂犯”指的是除了真犯以外的犯罪，即指十恶、故意杀人，谋反大逆罪，监临官在所监管范围内奸淫、盗窃、拐骗人口、受财枉法罪等社会危害性极其严重的特定范围犯罪以外的其他犯罪。真犯、杂犯是相对概念，杂犯比照真犯定罪量刑，真犯是断罪量刑的正条，二者之间是比附类推的关系。

中国传统法律中“真犯”指的是律条明文确定的罪行或者情真罪实的犯人。“杂犯”一词最初被称作“杂法”，是指相对较为温和的“六禁”“逾制”罪名，而后逐渐演化成法律中没有规范的罪行的总称。“杂犯”一词在唐朝法之后有了扩展的趋势，其含义扩展为轻微犯罪的概称。“杂犯”指的是除了真犯以外的犯罪，即指十恶、故意杀人，谋反大逆罪，监临官在所监管范围内奸淫、盗窃、拐骗人口、受财枉法各罪等社会危害性极其严重的特定范围犯罪以外的其他犯罪①。唐律里“真犯”指的是有律文叙明罪状，情合律文的罪行。如“六赃”“七杀”“强盗”。“皆与真犯同”的意思就是指在情理和法律上不能完全一致的情况下，但依然属于重罚。如涉及盗仓库钱粮、受财枉法等犯罪，这一类犯罪就要比昭律条明文规定的犯罪处罚。而唐代法律里有《杂律》共 58 条，作为各篇犯罪内容之外犯罪的补充。它的内容包括债务、犯奸、交易等其他方面犯罪。

宋代之后，对真犯和杂犯的区别已成体系。《刑统赋解》首先提出：“例分八字”，“以者，谓以盗论，同真犯，当除名，有倍赃；准者，止准其罪，当复职，无倍赃。”通过“以”和“准”的概念区分将真犯和杂犯区别开来，“以者，与真犯同，准者，与真犯有间矣。准枉法论、准盗论，止同其罪，不在除免倍赃之例”。②

---

① 张光辉：《中国古代“杂犯死罪”与“真犯死罪”考略》，载《商丘师范学院学报》2009年第 2 期。

② 傅霖撰，郄韵释，王亮增注：《刑统赋解》，载沈家本编，中国政法大学法律古籍整理研究所整理标点：《枕碧楼丛书》，知识产权出版社 2006 年版，第 113 页。

二、律学集解方法

汉代经学方法主要是注解儒家经典字词，故魏晋律学大家以注经方法注律，以张斐、杜预为代表。此方法在唐达到顶峰，《唐律疏议》中有注有疏有问答，即所谓“有所定者，律之文也”，“文有未备，既设于问答”，“意有未显，又详于疏议”。① 宋代理学兴起之后，朱子集其大成，解释儒家经典汇集百家之说，断以己意，故能够汇集百家之长，阐明圣人之意。其方法在《四书章句集注》中运用得最为明显。朱子治学方法被宋元律学家所继承，一改唐律的官方注解，转而为汇集众说，采取中间最为合理者，这种方法可以择取众长，辨明律意，故为后世所沿用。清代沈之奇《大清律辑注》即为其中典范之作。下面本书以“首从”为例，论述宋元律学家对“首从”划分标准之集中比较鉴别择取之律学研究方法。

按照宋元律学家的概括，自古以来区分首从之法有四。

1. 以身份关系区分首从

不论是在奴隶社会还是封建社会，一个人的身份和责任象征着他在其家族的地位和荣耀，故在共同犯罪中，共犯人的身份和责任决定了其罪名的成立与否和刑罚的轻重。《礼记》中曾言：“所以示后世有尊卑长幼之序也。”男尊女卑、主尊仆卑的思想也深深地刻印在人们心中。《大清律例》对此作了较为详细的规定：“若一家人共犯，止坐尊长。”②很明显，发生在家族内的共同犯罪，只处罚尊长，特殊情况下处罚次尊长。在封建社会中，一家之长是整个家族的核心，掌握各项权力，因此，律条对其有更严格的要求。再者，“侵谓盗窃官物，损谓斗殴杀伤之类，如父子合家同犯，各依凡人首从之法，为其侵损于人，是以不独坐尊长。若共犯罪而首从本罪各别者，各依本律首从论。仍以一人坐以首罪，余人坐以从罪，谓如甲引他人共殴亲兄，甲依弟殴兄，杖九十、徒二年半，他人依凡人斗殴论，笞二十。又如卑幼引外人盗己家财物一十两，卑幼以私擅用财加二等，笞四十，外人依凡盗从论，杖七十之类”。③ 也就是说，家庭成员中如果有人参与盗

---

① 傅霖撰，郄韵释，王亮增注：《刑统赋解》，载沈家本编，中国政法大学法律古籍整理研究所整理标点：《枕碧楼丛书》，知识产权出版社 2006 年版，第 113 页。

② 张荣铮等点校：《大清律例》，天津古籍出版社 1993 年版，第 127 页。

③ 张荣铮等点校：《大清律例》，天津古籍出版社 1993 年版，第 127 页。

窃、斗殴、杀伤等侵害他人合法权益的行为，以一般情形对待，且对于家庭成员和外人所处的刑罚也有所区别。

《唐律》中“诸共盗者，并赃论”条有记载关于部曲、奴婢行盗的处罚规定：假如主人派自己家的仆人行劫、行窃，虽然不取得所劫、所窃财物，主人仍为首犯，自家仆人是从犯；而若自家仆人背着主人私自行劫、行窃，之后主人知情并收受财物，比照收受财物多少，不区分抢劫还是盗窃，一并作从犯处断；假如仆人先行抢劫、偷窃得到财物，主人后来才知情，受收因值绢五匹的赃物，该处杖一百大板等。如果有人行盗，主人事先未与之同谋，却派遣部曲、奴婢参与行盗。这种情况下，定原来预谋者为首犯，若原来预谋者未参与犯罪行动，即以临时负责领导指挥的人为首犯；如果奴婢的主人既不是原来的预谋者，又未参与犯罪行动，只是派遣奴婢，跟随行盗者求财，奴婢的行为，由主人指挥，主人虽然起到指挥奴婢的作用，但与预谋者不同，既然已有首犯，主人只能论处从犯，计算奴婢所得的赃物，比照从犯论处。例如奴婢跟随他人，总共盗得赃物绢五十匹，奴婢分得十匹，奴婢即为五十匹罪的从犯，而主人则为十匹罪的从犯，应当判处徒刑一年等类。由此可见，在主奴之间，主人对奴仆享有支配权，但面对一些特殊情况，并非主人都是首犯，还要结合具体情况进行区分。

为了预防和惩治官吏的职务犯罪，《唐律疏议》中还规定了官吏犯罪的条文：“即共监临主守为犯，虽造意，仍以监主为首，凡人以常从论。”此条文意思是说如果一般人和负有领导监督管理能力的官员共同犯罪，虽然是首先倡议的，仍要以负责领导监督管理的官员为首犯，一般人按照从犯论处。由此反映出古代对于政府官员的管理较为严格。

2. 以造意者为首

《唐律·名例律》中规定：“诸共犯罪者，以造意为首，随从者减一等。”大致意思是说：凡是共同犯罪的，以首先倡议的为首犯，随从者减一等治罪。《大清律例》中对此也有相关规定：“凡共犯罪者，以先造意一人为首，依律断拟。随从者减一等。”①由此来看，不论唐代还是清代，对于首犯的认定均遵从“造意者为首”的基本原则。首犯按照共犯人的全部犯罪行为处罚，而从犯比照首犯减一等，

① 张荣铮等点校：《大清律例》，天津古籍出版社1993年版，第127页。

这是对“首犯”和“从犯”给予的明确限定。① 何为“造意”？《汉书·孙宝传》曾提道：“亲入山谷，谕告群盗，非本造意，渠率皆得悔过自出，遣归田里。”造，制造、创造；意，意思、意图。造意即为首倡某种方法、主意。正是有了造意者的鼓动，才产生了犯罪行为。

“造意者”为首具体体现在以下律条中：“诸谋杀人者，徙三年；已伤者，绞；已杀者，斩。从而加功者，绞；不加功者，流三千里。造意者，虽不行仍为首；雇人杀者，亦同。”②这里的“加功者”指的是从犯在杀人时虽未亲自动手杀人，但起了帮助杀人的作用。由此可见，只要杀人的预谋已成立，不论“造意者”是否亲自动手杀人，都按首犯处斩刑，且雇佣他人杀人的，也为首犯。

3. 以共犯中起主要作用者为首

《唐律·职制律》规定：“诸驿使无故，以书寄人行之及受寄者，徒一年。若致稽程，以行者为首，驿使为从；即为军事警急而稽留者，以驿使为首，行者为从。有所废阙者，从前条。其非专使之书，而便寄者，勿论。”③此条意为驿站官员在无任何正当理由的情形下，将属于自己递送文书的职司交由他人代为行使以及接受他人无正当理由的文书递送活动，按律应当判处徒刑一年。如果耽误文书递送的期限，被委托执行的人视为首犯，驿站官员视为从犯；如果耽误了紧急军情的情报传输工作，反之论处。如果有故意怠政者，从其上述条款之规定。如果不是派专门官员传输文书的情形，即便进行文书传输活动，不追究其责任。

《唐律·斗讼律》规定：“诸同谋共殴伤人者，各以下手重者为重罪，元谋减一等，从者又减一等；若元谋下手重者，余各减二等；至死者，随所因为重罪。其不同谋者，各依所殴伤杀论；其事不可分者，以后下手为重罪。若乱殴伤，不知先后轻重者，以谋首及初斗者为重罪，余各减二等。”④此条文大致意思是说凡是共同预谋殴打伤害人的，按照谁下手重谁获重罪论处，首谋的减一等处刑，从犯再减一等处刑；如果首谋的人下手重，其余的人各减二等处刑；殴打人致死亡的，造成此伤的人负重罪责任。至于没有共同预谋的，各按殴打所致伤杀论处；

① 李丹阳：《〈唐律〉共同犯罪研究》，天津师范大学2021年硕士论文。
② 曹漫之主编：《唐律疏议译注》，吉林人民出版社2006年版，第627页。
③ 长孙无忌：《唐律疏议注译》，甘肃人民出版社2017年版，第312页。
④ 曹漫之主编：《唐律疏议译注》，吉林人民出版社2006年版，第727~728页。

数人殴打一人所致伤杀不能区别由谁造成的，最后下手的人获重罪。如果乱打人致伤，不知先后轻重的，以首谋的及最初打人的为重罪，其余各减二等论处。由此可见，在殴打致人伤亡的共同犯罪中，其首从的认定标准按照实际危害程度的大小来确认。

宋代律学家集合众说认为在司法实践中，法官需要对具体案件中行为人身份伦理关系和所起作用大小进行权衡，优先按照身份和主观意图确定主犯，然后比照主犯对从犯进行量刑。傅霖说："观夫首从之法，有正而有权"，"按《名例》云：造意者为首，随从者减一等。其有凡人与监临主司共盗官物，虽凡人造意，仍以监临主为首，凡人以常从论，减一等"，所以说"首从之法，有常有变。事有不同，有元谋为首变而为从，有同谋为从变而为首"。①

三、律意讲求方法

宋真宗在大中祥符三年曾说："法官能晓律意，犹学者之能达经旨，纵与时事不同，但依之亦可尚也。"②这就将律意和经旨相提并论，主张法官需要知晓律意，不必死搬硬套律文法令，以免出现情法不允协的结果出现。仁宗时期就有官员提出要讲求律意，必须明晓立法目的，知亳州马亮说："按律，知有恩赦而故犯者，不得以赦原。朝廷每于赦前下约束，盖欲申警贪盗之人，令犯者禁奏听裁。及案下大理寺，而法官不详律意，乃言终是会赦，因而多所宽贷，颇为惠奸。"③赦宥本意是与民终始，减轻不知触犯刑律的犯罪刑罚，但是若明知将有赦宥而犯罪，如果也对其予以宽免，则等于惠奸。宋代士大夫详推律意，改变了唐代以来对于律文的理解。比如对于故杀，唐朝大中年间的规定是："故杀，人虽已伤未死，已死更生，皆论如已杀。夫杀人者死，伤人者刑，先王不易之典。律惟谋杀已伤则绞，盖甚其处心积虑，阴致贼害尔。至于故杀，初无杀意，须其已死，乃有杀名。苟无杀名，而用杀法，则与谋杀孰辨？自大中之制行，不知杀几

① 傅霖撰，郄韵释，王亮增注：《刑统赋解》，载沈家本编，中国政法大学法律古籍整理研究所整理标点：《枕碧楼丛书》，知识产权出版社 2006 年版，第 116~117 页。

② 李焘：《续资治通鉴长编》卷七十三，中华书局 2004 年版，第 1663~1664 页。

③ 李焘：《续资治通鉴长编》卷一百五，中华书局 2004 年版，第 2443 页。

何人矣，请格勿用。”①

宋代律学家傅霖在其律学著作《刑统赋》开篇就说：“律义虽远，而人情可推。”所谓推，就是“推穷事理之极也”。又说“窃原著而有定者，律之文；至变而不穷者，法之意”，王亮解释说：“言法律之意变易而不穷极，随其轻重，各有类例可断。”②傅霖在其著作中列举了诸多断刑原则，均为至当之论，譬如：“义胜于服，则舍服而论义”，“情重于物，则置物而责情”，“大抵情伪不常者，宜以万变通”。王亮注曰：“人情万殊，作过无已。法之变不一，随事之宜。其盗造意者，不行又不受专止者为首，主遣奴婢行盗，虽不取财，仍为首。监临恐吓，皆准枉法，凡人妄认，或依于错认。”③

在律意讲求之中，最根本的问题是对人的认识。理学兴起之后，律学家受其影响，对人的认识与前代不同，这在法律概念“人”和凡人的辨析中灼然可见。

人与凡人的本质是法律主体和法律关系。中国古代法律是在社会关系中认识人的，有社会关系和伦理关系，在社会为官为民，在家则为父子夫妇兄弟。没有身份关系的则称为凡人。这就造成人与凡人在定罪量刑等方面存在很大区别。

在涉及血缘关系的案件中，一律采用“准五服以治罪”，这一制度在后世的法律中得到了延续，同时是我国古代产生“同案异罚”现象的一项体现了儒家思想的司法制度。本制度的适用原则是：对身体的侵害。以卑犯尊，以幼犯长，由疏至亲逐级加重。比如《唐律》规定：“一般斗殴笞四十……殴父母则是死罪；反之，若以尊犯卑、以长犯幼，则由疏至亲逐级减轻；侵犯财产的罪名与此相反。”④抑或者诅咒自己的祖父母，属于十恶中的“不孝”，但是诅咒没有特殊关系的其他一般人“凡人”，则可能不算十恶。“同案异罚”是根据双方的血缘关系和亲疏程度来决定的。

---

① 李焘：《续资治通鉴长编》卷一百二十四，中华书局 2004 年版，第 2922 页。

② 傅霖撰，郄韵释，王亮增注：《刑统赋解》，载沈家本编，中国政法大学法律古籍整理研究所整理标点：《枕碧楼丛书》，知识产权出版社 2006 年版，第 111 页。

③ 傅霖撰，郄韵释，王亮增注：《刑统赋解》，载沈家本编，中国政法大学法律古籍整理研究所整理标点：《枕碧楼丛书》，知识产权出版社 2006 年版，第 117~119 页。

④ 郭建：《五刑六典——刑罚与法制》，长春出版社 2004 年版，第 110 页。

1. 人具有人性

每个人都有人性。人性通过精神需求、意志等因素对人的行为产生了一定影响和控制作用。因而，人性的表现形式和行为规律也就有了明显差异。同样，“法律是行为的规则和标准”①。不同年龄、领域的人对行为规律有不同的认识，由此衍生出了不同的法律内容，甚至是不同的法律体系。对人的根本看法是从人性出发的，其“决定着法的目的及其价值取向”②，并且在法律的发展过程中起具有决定性的影响。人性之于法的重要之处在于：人性及其认识是法律内容甚至是法律体系产生的基础。而人性论在中国哲学史上占有重要的地位，也一直是各朝代哲学家们争论的重要命题，而善恶之争也就是这一问题的实质。尤其是以孟荀为代表的“性善论”和“性恶论”，是两种完全不同的学说。在人性善恶的问题上，哲学家们看似是针锋相对的，但事实并非如此，他们的理论之间还是有着一些联系。

2. 人和动物的区别

孟子是儒学的杰出代表，他坚持“人性本善”这一思想。他认为的“人性”就是“人之所异于禽兽也”的特征，把人性与动物之间的差异，人生而为人所固有的属性作为人性的本质。他提出：“故凡同类者，举相似也，何独至于人而疑之?”③在此基础上，他又说道：“人和禽兽的差别很小(即仁义)，普通人抛弃了它，君子却保存了他。舜通晓万事之理，洞悉人伦关系，故能以仁义为己任，而非强求。”④人和动物在道德属性上存在着本质的不同，在一定程度上这种认知决定了人与动物在伦常关系的建立、社会秩序的构建方面是不同的。人在社会道德的基础上，可以建立一种合乎社会规范的社会关系，从此产生了国家和社会。这就是人与兽的区别。

孔子用人伦关系确定人与动物的差异。对于长沮、桀溺等不问世事的隐士，

① 刘明：《自由主义人权观的人性基础及其局限——历史主义的分析视角》，载《文史哲》2020年第5期。

② 秦刚：《改革开放与中国特色社会主义的创新》，载《当代世界与社会主义》2018年第6期。

③ 引自《孟子·告子章句上·第七节》。

④ 参见《孟子·离娄章句下·凡三十三章》。

孔子叹息道："(人)是不可能与鸟兽在一起生活交往的，我不与世上的人群打交道还能与谁打交道呢？"①孔子用鸟兽比喻隐士，用人与鸟兽不能共处，比喻他与隐士之间的人伦之别。隐士"避世"的行为，虽能使自己保持清白，但却失去了君臣之义、长幼之序的人伦关系，其行为与人性准则不符。孔子谈论其与隐士的区别，在于人不能脱离社会群体而与动物为伍。由此可以看出，人和动物的一大区别就在于有无社会性。中国古代思想家把离开集体独自生活的人看作禽兽，认为社会群体是个体存在的钥匙，而动物却不像人类那样具有社会性。人是有道德规范的群体，但动物却没有仁义礼智的善心，也没有君臣间的道德规范，他们都是依靠本能而存在的。荀子进一步拓展了人和动物的群体生活不同的问题，并明确提出了"明分使群"这一概念。"禽兽有知觉无道义，但人皆有，故为世上最珍贵；力量不如牛，奔跑不如马，但牛和马都被人利用，为什么呢？回答说：因为人能团结，它们不能团结。"②从人性的角度来看，人是有情义的而动物没有情义。从社会的观点来看，人能群居但动物却不能群居，即社会性。"群"之区分，反映出人与动物在社会结构方面的根本差异。

3. 人的行为反应道德差异

中国古代的法律对于人格的认识是不同的，不同的人具有不同的道德，导致人格存在差异，这就是为什么人会存在高低贵贱之分。一个学派或者社会乃至国家所倡导的完美的人格典范就是人的理想人格，其完美性依赖于中国传统文化，主要体现在道德和伦理的高度，这就是儒家的理想人格观。在朱义禄的《儒家理想人格与中国文化》一书中，他着重指出了伦理原则在中国传统文化中作为价值尺度的作用："在中国传统文化中，伦理原则被当作绝对的价值尺度，主体对客体的评价都是以伦理原则为最高价值尺度的。"③当然，儒家所宣扬的理想人格，仅仅在道德上达到极致，还不能成为他们所推崇的"圣人"，比如孔子所推崇的古代完美人格典范尧、舜、禹等人，不但道德高尚，而且在内心修养和智慧谋略上也是出类拔萃的。因此，我们所说的理想人格，是在道德考量

① 参见《论语・微子》。
② 引自《荀子・王制》。
③ 朱义禄：《儒家理想人格与中国文化》，上海复旦大学出版社2006年版，第251页。

的基础上考虑个人素养与能力和前者的契合。把这两个方面结合起来，就能成就理想人格。

4. 人命相等

中国古代的思想家认为人命至重，人命是相等的，所以这才具有人命关天说法。人命至重是古人对个体生命价值的一种思考。《晋书·刑法志》中有一句话："人命很重要，想要活着很难，但想要杀死他们，确是轻而易举的事。"《旧唐书·刑法志》中也有"杀人者死"的说法。《周礼·秋官·掌戮》有这样一句话："一切杀人的人，在市上处死并陈尸三日。"《后汉书·张敏传》有云："杀人的人处死罪，三代通制都是这样。"《荀子·正论篇》："杀了人要偿命，伤害人要受到刑罚，历代帝王都是如此，没有人知道它从哪里来。"由此可见，在我国古代，生命具有相对平等性。

所以傅霖在其《刑统赋》中说"色目有异也，难乎一概理"，《别本刑统赋解》阐发其义："辨贵贱，别尊卑，先王之礼也。法令之定，或有未定者。教民之齐，或有不齐者。盖人有贵贱，亲有尊卑，老幼疾残则收赎免罪，皇亲官爵则有加减之例，主杀奴婢，尊殴卑幼，皆罪轻也。故各有色目，难乎一概而论也。"①人命虽然至重，人性虽然相同，但是在具体的社会关系中人们的权利义务则千差万别，所以难以一概而论，所以在司法审判中针对具体人的行为应当分别处理，这就是有正有权，也只有掌握了律意，明晓法理，才有可能做到明刑。

第二节　理学影响下宋代刑事司法活动的区分

司法活动最重要的环节是案件事实的查明。宋代理学兴起，对于宋代刑事司法活动影响甚大，主要体现在刑事司法活动的区分和检验技术的发达。宋代司法中典型的优良制度均是区分司法活动，理学家认为："狱，重事也，稽者有律，当者有比，疑者有谳。"②宋代的鞫谳分司就是将"审"与"判"分开，由专职官员

① 傅霖撰，郄韵释，王亮增注：《刑统赋解》，载沈家本编，中国政法大学法律古籍整理研究所整理标点：《枕碧楼丛书》，知识产权出版社2006年版，第160页。

② 引自《宋史·刑法志》。

负责检详法律条文，而原来审问案情的官员无权检法断刑，检法断刑的官员也无权过问审讯，使之互相牵制，不易作弊，此即鞫谳分司。① 事实上，将这项制度讲得更加清楚的是“狱司推鞫，法司检断，各有司存，所以防奸也”。②

唐宋时期查明犯罪事实有三种方式“问”“按”“推”，其中“问”是为了发现违法犯罪行为；按是勘查现场、搜集证据、确定犯罪嫌疑人，使两造齐备；推是核实证据、取得口供，使犯罪人认罪伏法。这些概念的划分来自中国古代处理刑事案件的实践，是审理经验类型化的结果。唐宋律典中问、按、推的内涵确定，唐宋时期的案件记录对三者区分使用，基本符合概念的法律意义。从问、按、推的划分和法律实践来看，唐宋时期的刑事诉讼是围绕“两造”展开的，其诉讼模式的特点可以概括为两造具备、长官听断、鞫谳有分，这种诉讼模式有着深厚的思想渊源，反映出中国古代独特的犯罪观，它和现代学者所理解的纠问式诉讼具有本质不同。

无论是古代还是现代，刑事案件发生后，总是要由专门的机关确定犯罪嫌疑人、查明犯罪事实，然后在此基础上依法作出判决。查明案件事实是古往今来司法活动的首要步骤，也是依法作出判决的先决条件。研究唐宋代诉讼制度的学者运用现代刑事诉讼法理论对这一时期的司法机关、诉讼程序、审判制度和刑罚执行做了系统的梳理，③ 也有学者用现代刑事诉讼法学的侦查理论分析宋代的“鞫狱”，探求古代侦查讯问的智慧。④ 这些研究固然可以帮助人们了解唐宋时期的诉讼程序，但不可否认的是，用现代刑事诉讼法的概念和理论体系去剪裁中国古代的法律制度难免出现偏差和误读，有似是而非之嫌。而在有些学者眼中，中国古代的法律概念是笼统、模糊的，没有确定的内涵，认为中国人最擅长的是道德伦理思维、泛政治化思维、文学思维，而“法律思维是中国人最薄弱的思维模式之一”。⑤ 事实上，唐宋律典中对查明案件事实的方式有明确规定，这些固有概

① 参见《中国法制通史》卷五，第637页。

② 参见《历代名臣奏议》卷二百一十七。

③ 代表性的著作有陈玺的《唐代诉讼制度研究》(商务印书馆2012年版)和王云海的《宋代司法制度》(河南大学出版社1992年版)。

④ 王立民主编：《中国传统侦查和审判文化研究》，法律出版社2009年版；黄道诚：《宋代侦查制度与技术研究》，河北大学2009年博士学位论文。

⑤ 林来梵：《谈法律思维模式》，载《东南学术》2016年第3期。

念之间有清晰的界分，却一直没有引起学界的重视。比如本文论述的“问、按、推”三个固有词汇，《唐律疏议》《宋刑统》诈伪律对制上书不以实条律注云：“无罪名，谓之问；未有告言，谓之案；已有告言，谓之推”。对此分类，徐道隣、王云海二先生在论述宋代司法制度时并未深入探讨，只是将推勘视为刑事特别审判制度，徐道隣引用《宋会要·刑法》的记录解释推勘，“所谓推勘者，就是牵涉有官员在内的特种刑事审判——‘推’谓推囚，‘勘’谓‘勘官’”，① 二者均未从律文体系中解释“推”的确切含义。李景文主编的《中国法律史古文与名词解释》对“推问”的解释是“即推鞫。中国旧制指推究审问犯人。亦称‘讯鞫’”，“按验”是“查明案情，以定其罪”。② 这种解释其实并未说明“按”和“推”的准确法律含义，目前学界对问、按、推通常也是不加区分地使用，笔者认为确有辨析之必要，以下将从唐宋律文规定和法律实践两个方面尝试辨析问、按、推这几个概念，并以其为例说明唐宋法律概念的划分标准和特征。

一、唐宋律典中问、按、推的划分

唐宋律典诈伪律对制上书不以实条规定的是皇帝直接过问处理的案件，这是一种特殊的司法程序，疏议解释说是“不缘曹司，特奉制敕，遣使就问”。在没有罪名的情况下，向官员了解治下情况，比如问治下百姓疾苦，官员知道不知道，农业收成如何，是否发生水旱灾害，诸如此类的日常政务，检查官员履行职务是否尽责，是否存在慵懒昏聩的情况。问没有针对性，就是了解情况。案是“风闻官人有罪，未有告言之状而奉制案问”，没有具体的告状人，也就是没有两造中的原告，没有状词，监督官员的御史风闻官员有犯罪行为，问这些官员有没有犯罪行为，这叫案问。此处所指的犯罪是笼统的，没有具体的罪名和犯罪行为。推就不同了，有告状人，有具体的罪名，有犯罪事实指控，推问是皇帝问官员犯罪指控是否属实，被控官员是否认罪，如果否认，皇帝派人进行调查，这叫作推鞫。③ 制使案问针对的对象是官员，案件的性质也比较特殊，即便没有违法犯罪

① 徐道隣：《中国法制史论集》，台湾志文出版社 1976 年版，第 249 页。

② 李景文编著：《中国法律史古文与名词解释》，辽宁大学出版社 1986 年版，第 222、224 页。

③ 长孙无忌等：《唐律疏议》，中国政法大学出版社 2013 年版，第 321 页；窦仪等，岳纯之校证：《宋刑统校证》，北京大学出版社 2015 年版，第 332 页。

案件的发生，皇帝也可以派遣制使到地方进行检查，所以问这种方式和中央巡视监察制度密切相关，普通的刑事案件在查明事实时，有没有这种划分呢？

笔者发现，在普通刑事案件查明事实时，没有"问"这个程序，这是因为犯罪已然确定地发生，不需要再问，接下来就要查明事实了，从《唐律疏议》《宋刑统》的相关条文规定来看，"按"和"推"的区分是非常明显的。二者区分的标准就是有无告言，就是有没有原告指控犯罪，其性质大概相当于控告，既有犯罪事实，又有指控的对象，这在唐宋律中叫作告言。如果没有告言，官府发现犯罪而主动去调查，就叫作按（案）。比如名例律规定："犯罪之徒，知人欲告及案问欲举而自首陈。"①再如名例律"若辞状隐伏，无以验知者，勿论。自余官以下，案省不觉，并得免罪"。② 此处的案，也是没有告言，犯罪人是谁尚不清楚，官府主动查明犯罪人的活动。

"推"则是针对具体的指控对象展开的审讯活动。唐宋律的很多律文都涉及推，律文表述称推勘、推鞫、推劾或者劾。比如，名例律"奸盗略人受财条"规定"律既不注限日，推勘逃实即坐"。③ 再如名例五："如户内止隐九口，告称隐十八口，推勘九口是实，诬告者不得反坐。"④职制律"长官使人有犯"条疏议曰：长官及诸使人于使处有犯者，所部次官以下及使人所诣之司官署，并不得辄即推鞫。⑤ 而在职制律"有事先不许财"条疏议曰："官司推劾之时，有事者先不许物，事了之后而受财者，事若曲法，准前条'枉法'科罪。"⑥而在名例律犯罪未发自首条，律文规定："即因问所劾之事而别言余罪者，亦如之"，该条的疏议解释道：

---

① 长孙无忌等：《唐律疏议》，中国政法大学出版社2013年版，第65页；窦仪等，岳纯之校证：《宋刑统校证》，北京大学出版社2015年版，第70页。

② 长孙无忌等：《唐律疏议》，中国政法大学出版社2013年版，第71页；窦仪等，岳纯之校证：《宋刑统校证》，北京大学出版社2015年版，第76页。

③ 长孙无忌等：《唐律疏议》，中国政法大学出版社2013年版，第31页；窦仪等，岳纯之校证：《宋刑统校证》，北京大学出版社2015年版，第36页。

④ 长孙无忌等：《唐律疏议》，中国政法大学出版社2013年版，第64页；窦仪等，岳纯之校证：《宋刑统校证》，北京大学出版社2015年版，第70页。

⑤ 长孙无忌等：《唐律疏议》，中国政法大学出版社2013年版，第138页；窦仪等，岳纯之校证：《宋刑统校证》，北京大学出版社2015年版，第147页。

⑥ 长孙无忌等：《唐律疏议》，中国政法大学出版社2013年版，第149页；窦仪等，岳纯之校证：《宋刑统校证》，北京大学出版社2015年版，第154页。

“劾者，推鞫之别名。”①规定最清楚的律文是唐宋律典的断狱律“以告状鞫狱”条：“诸鞫狱者，皆须依所告状鞫之”，疏议曰：“鞫狱者谓推鞫之官，皆须依所告本状推之，若于本状之外，傍更推问，别求得笞、杖、徒、流及死罪者，同故入人罪之类。”②从上述律文规定及其疏议解释来看，显然是已有告言，且告状者有人证或物证，足以证明被告人有罪。唐宋律典明确规定，有告言即是犯罪已发，③ 引起推勘。

无论是案还是推，查明事实的第一步还是问，没有告言时，官府会问知情人或者报案人，这叫作案问，有告言时，要问两造，即指控犯罪的人和被控犯罪的人，这在律文中叫作推问、鞫问。重点是推问被指控犯罪人，比如唐宋律名例律律文：“限内事发，经问即臣，为无隐心，乃非蔽匿。”下条又有故百日内经问不臣，罪同蔽匿。④ 在没有原告，被告犯罪后被当场捉获时，推问的对象就是到案的犯罪人，如名例律中的举例：

> 假有甲乙二人，共诈欺取物，合徒一年，甲实为首，当被捉获，乙本为从，遂即逃亡，甲被鞫问，称乙为首，更无证徒，即须断甲为从；后捉获乙，称甲为首，鞫问甲，称是实，还依首坐。⑤

如果两造具在，那么双方都要接受推问，如名例律“本条别有制”条疏议云：假有叔侄，别处生长，素未相识，侄打叔伤，官司推问始知，听依凡人斗法。⑥

---

① 长孙无忌等：《唐律疏议》，中国政法大学出版社 2013 年版，第 62 页；窦仪等，岳纯之校证：《宋刑统校证》，北京大学出版社 2015 年版，第 69 页。

② 长孙无忌等：《唐律疏议》，中国政法大学出版社 2013 年版，第 391 页；窦仪等，岳纯之校证：《宋刑统校证》，北京大学出版社 2015 年版，第 400 页。

③ 参见《唐律疏议·名例》犯罪已发条，中国政法大学出版社 2013 年版，第 47 页；窦仪等，岳纯之校证：《宋刑统校证》，北京大学出版社 2015 年版，第 55 页。

④ 长孙无忌等：《唐律疏议》，中国政法大学出版社 2013 年版，第 59、61 页；窦仪等，岳纯之校证：《宋刑统校证》，北京大学出版社 2015 年版，第 65、67 页。

⑤ 长孙无忌等：《唐律疏议》，中国政法大学出版社 2013 年版，第 75 页；窦仪等，岳纯之校证：《宋刑统校证》，北京大学出版社 2015 年版，第 80 页。

⑥ 长孙无忌等：《唐律疏议》，中国政法大学出版社 2013 年版，第 86 页；窦仪等，岳纯之校证：《宋刑统校证》，北京大学出版社 2015 年版，第 91 页。

二、宋代刑事司法实践中的问、按、推之别

在唐宋律典中，问、按、推是三个不同的概念，那么在法律实践中，特别是在具体案件的记载中，有没有区别呢？一般人的印象当中，中国古代对案件的记述是非常粗疏的，特别是不太熟悉法律规定的史官，很难精确运用律典上的概念，事实果真如此吗？来看一下唐宋史家记载的一些案例。

（一）问

1.“问”发现犯罪

在不知道是否有违法犯罪案件发生时，法官们在实践中也使用“问”的方式，来发现犯罪，进而展开调查。“问”的对象可以是任何案件相关人，“问”的目的是了解案件的真实情况，即是否有犯罪发生，被问人和犯罪有无关系。一般情况下是法官发现了违反常理的疑点，需要怀疑对象作出解释。比如：

宋太宗时，俞献卿为寿州安丰尉。“有僧积施财甚厚，其徒杀而瘞之，乃告县曰：‘师出游矣。’献卿揣其有奸，诘之曰：‘师与吾善，不告而去，何也？’其徒色动。因执之，得所瘞尸。一县大惊。”①

这个案件是有个和尚向官府报告自己的师父外出游历，这是很正常的事。但是，法官不知为何，却产生了怀疑，他通过问发现了问题，使用的方法还是传统的“五听”审判技术。本案最初并不涉及罪名相告，时任安丰县尉的俞献卿发现事情蹊跷，似有隐情，即问明情况，发现了犯罪。

2. 按问和推问

如前所述，按和推最大的区别就是是否两造具备。通常情况下，按是有报案人但没有犯罪嫌疑人。也就是说犯罪事实已经发生，需要查出犯罪嫌疑人，这个查出犯罪嫌疑人的过程就是按。推则是两造具备或者犯罪嫌疑人锁定的情况下查明其犯罪事实，让其认罪伏法。按和推过程中，最常用的方法也是问，这叫作按问和推问。

（1）按问。按狱时可以采取“问”、检验、搜查等手段锁定嫌疑人，但是不能使用“讯”，按的阶段是禁止拷掠的，只能利用各种方法去寻找犯罪证据。在只有

① 杨奉琨：《疑狱集、折狱龟鉴校释》，复旦大学出版社1988年版，第281页。

报案人没有现场的案件，法官只能问报案人，了解案件发生的情况，找到犯罪嫌疑人。比如：

仁宗时，孙长卿知和州。“民有诉弟为人所杀者，察其言不情，乃问：‘汝户几等？’曰：‘上等也。’‘汝家几人？’曰：‘唯一弟与妻子耳。’长卿曰：‘杀弟者，兄也。岂将并有其赀乎？’按之，果然。”①

这个案件中，哥哥报案称弟弟为人所杀，这说明案件已经发生，但弟弟被谁杀了并不清楚，知州孙长卿就问报案人家庭情况，对报案人产生怀疑，通过后来的“按”，查明哥哥确实是贪图弟弟家的财产而谋财害命。

下面这个就是投书控告他人谋反，结果被法官查出的案件。

神宗元丰年间，王安礼知开封府，“或投书，告一富家有逆谋，都城惶恐，安礼不以为然……搜验富家，事皆无迹，因问：‘曾与谁为仇？’对以：‘数月前，鬻状马生者，有所贷而弗与，颇积怨言。’”于是密以他事绾马生至对款，取匿名书校之，字无少异，讯鞫引伏。

在这个案件中，王安礼为查明被控告的富商是否真的有逆谋，“搜验”其家，没有发现任何罪证。反过来，又问富商家有没有仇家，最后通过比对笔迹锁定投书的嫌疑人。这就是按问。在官员犯罪案件中，按问使用得最多，比如宋神宗熙宁七年(1074 年)，“提举常平等事吴璟收郓州官妓魏在家及负郓州官私债数千缗，诏转运使按实以闻，后转运司言有实”②；熙宁八年(1075 年)，御史蔡承禧言鄂州新城县令曹登为手实之法，趣功过甚，措置苛酷，诏江西转运使按实以闻③；熙宁九年(1076 年)，侍御史周尹言广南西路提点刑狱许彦先贪污，下江西转运使究实。

(2)推问。一般来说，推是两造已经具备，犯罪嫌疑人已经锁定，通过审讯取得犯罪人的口供，使之认罪伏法的活动。特殊情况是没有被害人或者被害人不确定的情况下，不需要两造也可以审讯。这个过程可以推问、可以刑讯。在宋代，很多名公巨卿因为被控犯罪都曾被推问过，比如欧阳修案。

欧阳修的妹子嫁给张龟正，张龟正前妻生有一女，张龟正死后，欧阳修的妹

① 杨奉琨：《疑狱集、折狱龟鉴校释》，复旦大学出版社 1988 年版，第 283 页。

② 李焘：《续资治通鉴长编》卷二百五十八，中华书局 2004 年版，第 6286 页。

③ 李焘：《续资治通鉴长编》卷二百七十一，中华书局 2004 年版，第 6632 页。

妹带着此张氏孤女在欧阳修家寄住。张氏女长大之后，嫁给欧阳修的堂侄，因和家仆私通，奸情暴露，被送到开封府审理。在审理中，“张惧罪，且图自解免，其语皆引公未嫁时事，语多丑异”。张氏想通过自首来减轻罪责，就说未出嫁时与欧阳修有私情。开封府随即传讯欧阳修到案，审理了数月也没有头绪，将欧阳修放回。这个案件开封府调查处理包括传讯欧阳修就属于推问。

（二）按

1. 犯罪嫌疑人首告官府按之

例如南宋郑克《折狱龟鉴》记载袁滋察金一事。

有属邑耕夫，得马蹄金一瓮，送县。为令者虑公藏主守不谨，而置之私室。翌日，开视之，则皆土块耳。以状闻府，遣掾案之，不能自明，诬服换金。初云“藏之粪壤，被人窃去”，后云“投之水中，失其所在”。虽未穷易用之所，而皆以为换金无疑。县令第二天发现马蹄金变成土块，到凤翔府报案，这时候凤翔府派出司法官“案之”。① 这个案件中，显然没有告言，也没有指控的对象，所以用案。后来县令自认倒霉，说就是自己监守自盗，这就有了犯罪人，于是下文就使用“鞫”。

2. 犯罪嫌疑人不明官府按之

在唐书的记载中，可以发现，即使是抓获了犯罪嫌疑人，只要没有确定犯罪人，依然是按而不是推。如《旧唐书·李元素传》中记载的令狐运案：

“时杜亚为东都留守，恶大将令狐运，会盗发洛城之北，运适与其部下畋于北郊，亚意其为盗，遂执讯之，逮系者四十余人。监察御史杨宁按其事，亚以为不直，密表陈之，宁遂得罪。”②后来，皇帝又派李元素与刑部员外郎崔从质、大理司直卢士瞻“驰按之”。

案发后找不到嫌疑人的情况很常见，特别是凶杀案件。《折狱龟鉴》卷六记载：李兑尚书知邓州。有富人搏其仆至死，系颈弃井中，以自缢为解。兑曰：“投井固不自缢，自缢岂复投井。此必吏受赇，教富人使不承耳。”已而案之，

---

① 杨奉琨：《疑狱集、折狱龟鉴校释》，复旦大学出版社 1988 年版，第 86 页。

② 刘昫：《旧唐书》卷一百三十五，中华书局 1975 年版，第 3657~3658 页。

果然。①

（三）推

1. 有被害人控告，两造具备引起推鞫

比如《折狱龟鉴》中记载的一个案件：有人客游，通主家妾。及其还去，妾盗珍物，于夜逃亡，寻于草中为人所杀。主家知客与妾通，因告客杀之。县司鞫问，具得奸状，因断客死。狱成，上州。鼎览之，曰："此客实奸，而不杀也。乃某寺僧绐妾盗物，令奴杀之，赃在某处。"即放此客，遣人掩僧，并获赃物。②

这个案件是郑克从《南史》中收录的，《南史》是唐代史学家李延寿所撰，在这个案件中，明显是有告言，有两造，即主人和客人，主人告客人杀人罪，县司鞫问，就是推问，这和唐律规定的告言引起推举规定是一致的。

2. 官府确认犯罪嫌疑人的案件进入推鞫程序

在没有控告人的案件中，启动推鞫程序的条件是官府已经掌握了证实犯罪的证据。通过这个证据足以认定犯罪嫌疑人。比如：

唐韩思彦，使并州。有贼杀人，主名不立。醉胡怀刀血污，讯掠已服。思彦疑之，晨集童儿数百，暮出之，如是者三。因问："儿出，亦有问者乎？"皆曰："有之。"乃物色追讯，遂擒真盗。③ 这个案件，因为有人被杀，而喝醉酒的胡人所带刀上有血，所以被锁定为犯罪嫌疑人，直接进入推鞫阶段。

宋代范纯仁审理的河中府投毒案充分展现了按和推的不同，寻找嫌疑人用的是"按"，确定嫌疑人之后用的"推"。

北宋神宗元丰七年，公元 1084 年 5 月，范纯仁权知河中府，突然有一天夜里接到参军府报讯，说宋参军得了暴病而死。范纯仁就派自己的子弟到宋儋年家去吊丧。范纯仁的子弟到宋家吊丧，正赶上给宋儋年的尸体穿衣服，看到宋儋年口鼻血出，漫污幎帛，就是嘴里、鼻子里流的血把覆盖的被子全都污染了。回来就向范纯仁报告了这一情况。从宋儋年口鼻出血死亡的情况来判断，显然是中毒而死的可能性比较大。此时"纯仁知其死不以理，遂付有司案治"。这里用的是

① 杨奉琨：《疑狱集、折狱龟鉴校释》，复旦大学出版社 1988 年版，第 299 页。
② 杨奉琨：《疑狱集、折狱龟鉴校释》，复旦大学出版社 1988 年版，第 370 页。
③ 杨奉琨：《疑狱集、折狱龟鉴校释》，复旦大学出版社 1988 年版，第 79 页。

“案”，后来发现宋儋年的小妾和府中小吏有奸情，具有重大嫌疑，这时，把二人逮捕审讯，两个人招供说是他们投的毒，将毒投在鳖肉中，把宋儋年毒死了。范纯仁认为供词不可信，他认为酒席上吃下毒肉不可能拖延到天明才毒发身亡，命令“再劾之”。劾就是推。①

(四)“按”和“推”的区别与联系

1.“按”和“推”的不同之处

从唐宋法律规定和法律实践来看，二者主要有以下几点不同：

(1)主体不同。在普通的刑事案件中，“按”的主体是法定的，在县是县尉，在州府是司理参军，官员受到犯罪弹劾后由皇帝派人按其虚实。推则有专门的推官，在州县是由长吏亲自审理。

(2)内容不同。在弹劾官员犯罪案件中，朝廷派员是查证被弹劾的官员有没有犯罪，犯何种罪，以及犯罪的事实和官员本人的认罪态度。普通的刑事案件则是勘验现场、搜集证据、查明犯罪嫌疑人，使两造齐备，为接下来的事实审理做好准备。

(3)是否采取刑讯手段不同。在“按”的阶段，官员可以勘验现场、搜查犯罪场所、寻找证据，也可以按问报案者和知情人，可以对嫌疑人进行追捕和羁押。但是不能使用刑讯，不得拷掠犯罪嫌疑人。在“推”的阶段则不同，在证赃验露，证据确凿的情况下，如果罪囚拒不认罪，则可以依法刑讯。

2.“按”和“推”的衔接与交替轮转

在实践中，最常见的是先按后推，也就是查明犯罪嫌疑人后进入事实审理阶段。但实际上按和推并不是泾渭分明，相反，二者在很多情况下都会循环往复，交替流转，比如通过按锁定了犯罪嫌疑人，到了推的阶段，发现锁定的犯罪嫌疑人有误，那么就从推再回到按，还得继续查明。再次按治之后，再进入推鞫阶段。

(1)先推后按。比如：唐介为岳州沅江令。州民李氏有赀钜，吏数以事动之，既不厌所求，乃言其家岁杀人祠鬼。会知州事孟合喜刻深，悉捕系李氏家无少

---

① 杨奉琨：《疑狱集、折狱龟鉴校释》，复旦大学出版社1988年版，第301页。

长，榜笞久，莫伏。以介治县有能名，命更讯之。介按劾无他状。①这个案件是先推后按，发现被控犯罪人无罪。

(2)先推后按再推。比如下面这个案件：

> 钱冶为潮州海阳令，郡之大姓某氏火，迹其来自某家，吏捕讯之，某家号冤不服。太守刁湛曰："狱非钱令不可。"冶问大姓，得火所发床足，验之，疑里仇家物，因率吏入仇家取床折足合之，皆是。仇家即服曰："火自我出。故遗其迹某家者，欲自免也。"某家乃获释。

大姓某氏家发生火灾，有迹象显示是某家放的火，告到官府，有控告的对象，有具体的罪名，关键还有一定的证据。接下来官府就启动"推"的程序，逮捕和审讯，结果被指控犯罪的某家不认罪，喊冤不止。知府就换钱冶再"按"，查找真正的犯罪嫌疑人，结果通过搜查找到确凿的证据，指向失火人家的仇家。于是再推，仇家认罪伏法，案件事实审理部分结束。

(3)检法时退回重按。在很多案件的记载中，即使经过推鞫，犯罪嫌疑人已经认罪伏法，案件进入检法论罪阶段，依然有可能会重新回到"按"的程序。比如：

薛居正为开封府判官时，吏有告民以盐冒法者，狱具，当死。居正疑之，召诘其状，乃是有憾以盐诬之也。逮捕具服，即抵吏法。②

三、宋代按验技术的发展

在唐代，关于推已经积累了比较成熟的经验，隋朝裴政就曾经说过"凡推事有两，一察情，一据证，审其曲直，以定是非"。③ 唐律将长期积累的经验纳入法典，要求"察狱之官，先备五听，又验诸证信，事状疑似，犹不首实者，然后拷掠"。④ 但是按的活动却经常出现问题，最大的问题是认定嫌疑人时总是出错：

① 杨奉琨：《疑狱集、折狱龟鉴校释》，复旦大学出版社 1988 年版，第 161 页。

② 脱脱：《宋史》卷二百六十四，中华书局 1985 年版，第 9109 页。

③ 魏征：《隋书》卷六十六，中华书局 1997 年版，第 375 页。

④ 断狱律"讯囚察辞理"条疏议，参见长孙无忌等：《唐律疏议》，中国政法大学出版社 2013 年版，第 388 页。

比如唐贞观中，卫州版桥店主张逖妻归宁。有魏州三卫杨正等三人投店宿，五更早发。是夜，有人取其刀杀逖，却纳鞘中，正等不觉。至晓，店人追及，刀血狼藉，收禁考掠，遂自诬服。①

宋代也有同样的案件：向敏中丞相，判西京。有僧暮过村舍求宿，主人不许。求寝于门外车厢中，许之。是夜，有盗入其家，携一妇人并囊衣，逾墙出。僧不寐，适见之。自念不为主人所纳，而强求宿，明日必以此事疑我，而执诣县矣。因亡去。夜走荒草中，忽坠智井。而逾墙妇人已为人所杀，尸在井中，血污僧衣。主人踪迹，捕获送官。不堪掠治，遂自诬，云："与妇人奸，诱以俱亡。恐败露，因杀之，投尸井中。不觉失脚，亦坠于井。赃与刀在井旁，不知何人持去。"②这两个案件都是因为和被害人有某种联系而被认定为犯罪嫌疑人，一个因为所带刀具变成杀人凶器，一个因为就在被害人尸体边，一旦认定之后，很难辩白。

宋代时，"按"的技术有了长足的发展。最为突出的表现就是通过检验获得证据确定犯罪嫌疑人，此时出现了伟大的司法检验学著作《洗冤集录》，集中总结了中国古代刑事案件的检验经验，大大提高了刑事案件按验阶段的效率和准确性。正如宋慈自己所说："独于狱案，审之又审，不敢萌一毫慢易心。若灼然知其为欺，则亟与驳下；或疑信未决，必反复深思，惟恐率然而行，死者虚被涝漉。每念狱情之失，多起于发端之差；定验之误，皆原于历试之浅。"③遂博采近世所传诸书，总为一编。

《洗冤集录·疑难杂说下》记载广西有个凶徒谋杀了一个小和尚，并且抢夺了他携带的财物。案发时离行凶日期已有很长的时间了，被锁定的凶犯承认自己将小和尚"打夺就推入水中"。县尉派人去打捞，也在河流下流捞到了尸体，但肌肉尽烂，只剩骸骨，不能辨认检验。宋慈认为该案缺乏直接证据，因为死者不一定就是被杀的小和尚，有可能是其他凶案的死者。后来初验审官收到死者血亲的供述，说他的弟弟生来就是龟胸而又矮小。派官员通过复验，证实尸骸胸骨确如所

---

① 杨奉琨：《疑狱集、折狱龟鉴校释》，复旦大学出版社 1988 年版，第 4 页。

② 杨奉琨：《疑狱集、折狱龟鉴校释》，复旦大学出版社 1988 年版，第 104 页。

③ 宋慈著，高遂捷、祝林森译注：《洗冤集录译注》，上海古籍出版社 2008 年版，第 1 页。

述，才定案判刑。①

宋慈在《洗冤集录》初检中强调："告状不可轻信，须是详细检验，务要从实。"②在"溺死"一章中他以溺井为例来说明如何发现疑点。他说："检验之时，亦先问元申人，如何得知井内有人？初见人时，其人死未？既知未死，因何不与救应？其尸未浮，如何得知井内有人？若是屋下之井，即问身死人自从早晚不见，却如何知在井内？"在这一连串追问下，可能会发现疑点，因为溺井不容易不发现，"凡井内有人，其井面自然先有水沫，以此为验。"③他还着重指出如何区分溺井的自杀、他杀，"投井死人，如不曾与人交争，验尸时面目头额有利刃痕"，很容易被验为生前刃伤，从而认定为他杀。此时应当验看井内有没有破瓷器等尖锐的东西，伤痕极有可能是投井时划破所致。④

宋慈成功运用检验知识解决很多疑难案件，下文举一例来说明。

有人报案说山上发现两具尸体，于是检验官前去验看。发现一具尸体在山上小茅屋的外面，颈后骨断折，头上、脸上都有被刀刃砍伤的伤痕，而另一具尸体在茅屋内，颈项左下方、右脑勺后部都有被刀刃砍伤的痕迹。假如用情理来分析本案，极有可能得出两人拼杀而亡的结论。宋慈却在检验中发现了矛盾之处：如果屋内的人杀掉屋外的人后自杀，那么，屋内尸体身上的刀痕又无法解释，因为没有人能用刀砍伤自己的头后部。后来，抓到真凶后发现，原来是两个人的仇家。⑤

四、问、按、推的划分和宋代刑事诉讼模式的变化

唐宋律典和法律实践中对问、按、推有非常清晰的界定，史家在记载案件时

---

① 宋慈著，高遂捷、祝林森译注：《洗冤集录译注》，上海古籍出版社 2008 年版，第 33 页。

② 宋慈著，高遂捷、祝林森译注：《洗冤集录译注》，上海古籍出版社 2008 年版，第 39 页。

③ 宋慈著，高遂捷、祝林森译注：《洗冤集录译注》，上海古籍出版社 2008 年版，第 91 页。

④ 宋慈著，高遂捷、祝林森译注：《洗冤集录译注》，上海古籍出版社 2008 年版，第 92 页。

⑤ 宋慈著，高遂捷、祝林森译注：《洗冤集录译注》，上海古籍出版社 2008 年版，第 31 页。

对按和推也有较为清楚的区分。西周以来，狱讼有分，以罪名相告曰狱，两造具备，法官折狱，查明事实，依法处断。唐宋刑事诉讼中的问、按、推划分是针对不同类型案件的事实查明方式。在普通的刑事案件中，问是查明事实的主要方法，而按和推则是查明事实的两种程序。按照唐宋时期刑事案件发生的情况，按照有无告言或者说有无指控的犯罪人分为未发和已发案件，已发案件直接进入推鞫的程序，也就是事实审理阶段，推鞫主要是核实证据、取得口供，让犯罪人认罪伏法，这一阶段结束，叫作狱具或者狱成。在未发和已发之间，有一种情形就是犯罪已经发生但是不知道谁是犯罪嫌疑人，此时官府派员确定犯罪嫌疑人的活动就叫作按。按的目的是确定犯罪嫌疑人，使两造具备，事实审理得以进行。按不同于现代刑事诉讼法意义上的侦查，推也不同于现代刑事诉讼法意义上的审判。事实上，问、案、推的划分是刑事案件经验类型的概括，不是理想类型的划分。现代刑事诉讼法学者将有告言的案件叫作自诉案件，官府按验的案件称为公诉案件，这是用现代刑事诉讼法的概念硬套古代的法律现象，势必造成对中国古代的法律产生曲解和误读。

刑事诉讼法学者用现代刑事诉讼法理论去分析唐律，认为唐代刑事诉讼是纠问式模式的典型。主要论据是：被害人、知情人以及官吏都有义务提起或发动刑事诉讼程序；司法官集侦控审职能于一身，既要纠举犯罪，又有审判之责，行政、司法不分；当事人尤其是被告人享有很少的诉讼权利；被告人被客体化，成为证据的重要来源和发现案件真实的工具。①

什么是纠问式模式？纠问式诉讼的名称取自诉讼的“开始手续”——侦查与讯问。开始手续的调查与审讯对其后诉讼的进展起着支配的作用，并对诉讼的结果产生重大的影响。② 这种诉讼模式具有四个特点：一是司法机关主动追究犯罪，侦控审职能合一；二是对被告人实行有罪推定，被告人沦为诉讼客体，是刑讯逼供的对象；三是程序的秘密性；四是诉讼的中心不是庭审阶段而是审前阶段。③笔者认为此说很难成立，从律典的规定和法律实践来看，唐宋刑事案件的审理都

① 汪海燕：《我国刑事诉讼模式的选择》，北京大学出版社 2008 年版，第 108 页。

② ［法］卡斯东·斯特法尼等著，罗杰珍译：《法国刑事诉讼法精义》，中国政法大学出版社 1998 年版，第 75 页。

③ 汪海燕：《我国刑事诉讼模式的选择》，北京大学出版社 2008 年版，第 12 页。

不具备这四个特点。首先，唐宋时期刑事案件的办理是一个整体，各阶段之间并非截然分开，不同的司法职能也是由不同的部门来承担的。比如按就是由州县主管缉捕罪犯的巡检和县尉来负责，而推则是由县令或州参军来审理，事实查清囚犯服罪后，由另一个衙门检法判处刑罚。其次，有罪推定指的是在法院判决之前即推定被追诉者有罪，这是近代西方刑事诉讼法发展中提出的概念，与无罪推定相对应，这不能用来说明中国古代的刑事案件的审理状况。再次，唐宋时期从案件发生到宣判，都是公开的。最后，唐宋刑事案件的审理分为事实审和检法断两个阶段，事实审就是以堂审为中心，在两造到堂之前，不允许对任何人进行刑讯。那么唐宋刑事诉讼究竟是什么模式呢？

唐宋刑事诉讼不是纠问式，也不是弹劾式或职权主义模式，它不属于现代刑事诉讼法学理论概括的三种模式中的任何一种，它是完全不同的刑事诉讼理念支配下的活动。它是两造对立、长官听断、鞫谳有分的一种诉讼模式。其中两造齐备是刑事案件审理的前提，案和推都是因此而产生的。这种诉讼构造来自中国独特的折狱文化和犯罪观。

在中国古代，凡折狱听讼，必然要求有两造(官员犯罪是另外一个问题，并不属于这里所说的狱)，但是在很多刑事案件中，被害人或者他的近亲属并不知道对方是谁，比如潜行隐面的盗窃犯，杀人越货的强盗，即所谓“主名未立”，这就需要确定犯罪嫌疑人，使两造齐备。《尚书·吕刑》云：“两造具备，师听五辞。”孔传：“造，至也。两至具备，则众狱官共听其入五刑之辞。”根据中国古代儒家文化，立法者如何看待“狱”，也就是刑事犯罪呢？首先，狱的产生说明发生了犯罪，是教化的失败；其次，犯罪发生说明有人受到了侵害，侵害者需要被刑罚处罚；最后，犯罪损害了儒家追求的秩序，需要恢复。正如布迪和莫里斯所说：中国古老的观念认为“犯罪行为不仅是对人类秩序的违犯，也是对整个宇宙秩序的破坏。因此，为恢复原来的宇宙和谐，就必须对犯罪行为严格地甲乙处罚”。①所有这些都要求法官迅速准确查明案情，将犯罪人找到，绳之以法或者以

① ［美］D. 布迪、C. 莫里斯著，朱勇译：《中华帝国的法律》，江苏人民出版社 2010 年版，第 2 页。

其他方式方法改造他。《旅卦象》曰："山上有火，旅君子以明慎用刑而不留狱。"《旅卦》：下卦为艮，上卦为离。艮为山，离为火。其中，以火比人的明察，以山比客观事物，照明山的四面，比人的明察能认识事物的全面。君子观此卦象，从而对于用刑，力求全面的认识，临之以明察，出之以慎重，从速判决，不敢拖延。这样，在刑事案件发生后，传统法律积极追求法官—两造的诉讼结构尽快完成，这种结构具有以下两个优点：

首先，便于举证和质证。一般来说，原告方或者被害方总是有被侵害的证据，而在他们控告对方时，更要提供证明对方是犯罪人的证据，这些证据对查明犯罪事实起着非常重要的作用。被指控犯罪的人要么承认罪行，要么反驳，那么他必须对指控方提出的证据作出解释和说明。双方在官府进行面对面的质证，法官可以兼听而明，也可以通过"五听"判断谁在说谎。这种诉讼结构对折狱的官员最为有利。《讼》："有孚，窒。惕中吉。终凶。""孚"，在此为诚实，信实的意思。"窒"，阻塞不通。"惕"，畏惧。孔颖达解释说："凡讼者，物有不和、情相乖争而致其讼。凡讼之体不可妄兴，必有信实，被物止塞，而能惕惧，中道而止，乃得吉也。"①这就是说，人遇到争讼的事情告到了官府，在审理过程中如果了解到对方有信实可靠的证据，对自己不利，应知难而退中止争讼，如不自量力仍旧争辩，最终是要倒霉的。

其次，形式上的对当和均衡。根据中国古老的诉讼观念，狱讼都是因为争，争斗的双方有强弱、善恶、良暴、贵贱之别，根据易经确定下来的原则，《噬嗑》卦辞为："噬嗑，亨，利用狱。"卦名的意思是口中有硬物，咬之后方能合上，笔者认为，噬嗑是双方的咬合，形象地描述了两造的对峙关系。中国传统法律追求形式上的对称，也认为这种对称性可以维持事物的均衡，万事万物，莫不有其对立面，狱也不例外。在整个审理过程中，双方处于对抗状态，折狱的法官可以最大限度地维持平衡，既可以追究犯罪，也不至于造成冤案。

唐宋时期查明犯罪事实有三种方式"问""按""推"，其中问是为了发现犯罪，按是要确定犯罪嫌疑人，推是在两造齐备的前提下查明案件事实。这种划分来自中国古代处理刑事案件的实践，在唐宋律典中有具体的规定。关于三者的内涵确

① 王弼、韩康伯注，孔颖达疏：《宋本周易注疏》，中华书局 2018 年版，第 43 页。

定，唐宋时期的案件记录对三者的区分基本清楚。这就说明，以唐宋为代表的中国古代刑事诉讼是围绕“两造具备”展开的，这种官府—两造的诉讼模式有着深厚的思想渊源，反映出理学独特的犯罪观，它和学者所理解的纠问式诉讼有本质不同。

第三节　宋代理学价值对民事司法的渗透

理学兴起之后，儒家价值观迅速渗透到社会生活之中，深刻影响地方官员的司法理念，其中理学对民事司法活动的主要影响是“察情入法”“听讼循理”。在经济文化繁荣、社会急剧变迁的宋代，兼具司法官身份的地方官员在审理民间案件时，往往根据案件事实综合考量，将国家法规、风俗习惯、亲情伦理、血缘关系等融于司法判决之中，对当事人的利益平衡，社会矛盾的缓解做法，实现了社会效果、政治效果和法律效果的有机统一。既达到了司法官推行教化、寓教于判的目的，也促成了法律的生活化、大众化、常识化，法律的可理解性，以及宋代法官在司法实践中的灵活性，在权变精神涵养下的价值判断和能动创造性。因此，有必要汲取传统文化中的精华，让其为现代社会所用，发挥其应有的价值。

近些年来，学界对中国古代司法审判的相关研究多有讨论，其成果颇丰①。不过，有关宋代地方官“察情入法”审判的原因及原则的成果并不多，有鉴于此，本节试论之。

---

①　主要有张晋藩的《中国法律的传统与近代转型》(第三版)，法律出版社2009年版。范忠信主编的《情理法与中国人》，北京大学出版社2011年版。霍存福的《中国传统法文化的文化性状与文化追寻——情理法的发生、发展及其命运》，载《法制与社会发展》2001年第3期。陈景良的《试论宋代士大夫司法活动中的德性原则与审判艺术——中国传统法律文化研究之二》，载《法学》1997年第6期；《宋代司法传统的现代解读》，载《中国法学》2006年第3期；《宋代司法传统的叙事及其意义——立足于南宋民事审判的考察》，载《南京大学学报》哲学版，2008年第4期。邓勇的《论中国古代法律生活中的“情理场”——从〈名公书判清明集〉出发》，载《法制与社会发展》2004年第5期。张利的《宋代“名公”司法审判精神探析——以“名公书判清明集”为主要依据》，载《河北法学》2006年第10期。张本顺等的《宋代亲属财产诉讼中的“利益衡平”艺术及其当代借鉴》，载《兰州学刊》2015年第6期。赵晓耕的《情理法的平衡——“典主迁延入务”案的分析》，载《中国审判》2006年第8期。崔明石的《事实与规范之间：情理法的再认识》，载《当代法学》2010年第6期。

一、宋代民事司法的“情理法融合”原则和要求

随着社会发展，私有财产观念的加重，宋代的政治、经济、社会生活和司法制度的变化，宋代地方官视具体情况，对民事诉讼案在法律允许的范围内，做出了不同程度的诉讼纠纷调解，也就是“听讼之道，固当执法，亦当原情”①。即“法”是恪遵的宪纲，察其“原情”是定罪的基础。可谓是“情、理、法”的灵活运用。宋代，地方官(即司法官)在司法实践中所表现出的“情、理、法”的灵活运用，有以下方面：

(一)道德教谕与依法调解融为一体

法律的权威性是以事实为根据的，宋代司法审判虽然与当代司法审判内涵不尽相同，但也不是某些学者所说的“卡迪司法”。南宋著名法官胡石壁曰：“财务勾加之讼，考察虚实，则凭文书，剖判曲直，则以条法。”②就是说，必须调查事实真相，依照法令辨明是与非，息讼的目的才能得以实现。

如赵与欢知安吉州时“有富民诉幼子，察之非其本心，姑逮其子付狱，徐廉之，乃两兄强其父析业，与欢晓以法，开以天理，皆忻然感悟”。③ 法官先以儒家父子人伦天理开导两兄弟，而后告诉两兄弟，国家法令禁止父母在，而强行“生分”父母业，致使这起父子兄弟间的财产纠纷案得以解决。

再如“子不能孝养父母而依栖婿家则财产当归之婿”案。司法官胡石壁了解案情后，王有成之父王万孙，对年老多病父母不孝，让其父母依栖婿家，而王万孙还纠缠其父母财产。首先，胡石壁从人子应尽孝道的天理之情入手：

> 父母之于子，天下至情之所在也，今我不能使父母惟我是字，乃惟我是疾，以我之食则不食，以婿之食则食之，以我之室则不居，以婿之室则居之，生既不肯相养以生，死又不肯相守以死，此其意果安在哉？必为子之道

① 黄榦：《勉斋集》，载《影印文渊阁四库全书》(第1168册)，台湾“商务印书馆”1986年版，第288页。

② 中国社会科学院历史研究所宋辽金元史研究室点校：《名公书判清明集》卷九，中华书局1987年版，第336页。

③ 脱脱等：《宋史》卷四百二十三，中华书局1977年版，第12403页。

有所不至，是以大伤厥考心尔。一念及此，则将抱终天之痛，恨不粉骨碎身，即死于地，虽有万金之产，亦有所不暇问矣。况此项职田，系是官物，其父之遗嘱，其母之状词，与官司之公据，及累政太守之判凭，皆令李茂先承佃。

这就告诉王万孙，不孝敬父母者，不仅受到世人的遣责和唾弃，而且还要受到法律惩处，即父母的“职田，系是官物，其父之遗嘱，其母之状词，与官司之公据，及累政太守之判凭，皆令李茂先承佃”。其次，对争议财产，告诉王有成父子，由于女婿李茂先尽到了孝敬义务，尽管“李茂先之家衣食之丰，殡葬之费，咸仰给焉，以此偿之，良不过”。就是说，女婿李茂先得到合理的补偿是应该的。再次，王有成父子因“嚣讼不已，必欲背父母之命，而强夺之呼”！而“王有成父子之又不知负罪引慝”尚敢怨天尤人，紊烦官司，凡十余载，合行科断，王有成决竹篦二十”。①此案的判决既符合“酌情据法，以平其事”，也“明其是非，合于人情而后已”的断案标准。这种判案标准，在宋代不为少数，为此，政论性的《州县提纲》对地方官审案就做了较全面的总结，下面原文摘录于下：

小民生长田野，朝夕从事于犁锄，目不识字，安能知法？间有识字者，或误认法意，或道听途说，辄自以为有理。至谋于能讼者，率利其有获，惟恐不争，往往多甘其辞以诱之。故彼终于伤肌肤，破家产，而不知悔。原彼之意，盖自以为是耳。使自知其无理，何苦于争。亦当念愚民之亡知，两造具备，必详览案牍，反复穷诘，其人果无理矣，则和颜呼之近案，喻之以事理，晓之以利害，仍亲揭法帙以示之，且析句为之解说，又从而告之曰：“法既若是，汝虽诉于朝廷，俱不出是耳。使今日曲法庇汝，异时终于受罪。汝果知悔，当从宽贷；不知悔，则禁勘汝矣。”稍有知者，往往翻然自悔，或顿首感泣以诉曰：“某之所争，盖人谓某有理耳，今法果如是，某复何言。”故有誓愿退逊而不复竞者，前后用此策以弭诉者颇多。如顽然不知悔，始置之囹圄，尽法而行。自后往往不从劝谏者盖寡。如不先委曲示之以法而骤刑

① 中国社会科学院历史研究所宋辽金元史研究室点校：《名公书判清明集》卷四，中华书局1987年版，第126页。

之，彼犹以为无辜而被罪，宜其争愈力而不知止。①

从文中可知，民众的争讼是由多种原因所致，对财产纠纷案，法官对当事人应和颜悦色讲清依法，依理所带来的利害关系，让当事人明白如无理纠讼，将会带来对自己不利的后果，同时也要说案情事实未调查清楚之前，不会一味地把当事人“骤刑之”，否则百姓会争讼不已的。《名公书判清明集》中的判词多次出现：“不合人情……殊乖法意。揆之法意，揆之人情，无一可者。”②

可见，地方法官的“动之以情，晓之以理，明之以法”是宋代所推崇的审判方式，其效果为：既解决了案件的纠纷，又维护了家庭亲情的回归与和谐，同时对社会的稳定也起到了良好的积极作用。这与唐代相比的“道德教化为根本，刑罚为政教之用”③的处理诉讼案有明显的不同和进步。

（二）视案情灵活多样地审判

宋代的名公们处理案件时，对不同情况的案件，在情理与法兼顾的目标下运用灵活多样说服调解的审判模式断案：

如“熊邦兄弟与阿甘互争财产”案。阿甘在丈夫熊资身亡后改嫁，留有在室女一人，原本已依女承分法得熊资不满三百贯的财产，但未及毕姻，女复身故。熊资的两位兄长争立己子继嗣争产，阿甘已称熊资的资产内有她自置买产，已向官府求得己分。审判官范西堂了解案情对当事人说，应依法按户绝资产对待，指出：“律之以法，尽合没官，纵是立嗣，不出生前，亦于绝家财产只应给四分之一”；其次说明：“今官司不欲例行籍没”，所以拨钱“埋葬女外”，“余田均作三分，各给其一”。再者强调：“此非法意，但官司从厚。”④这说明，审判官是基于

① 杨一凡等：《历代珍稀司法文献·办案要略·州县提纲·示无理者以法》，社会科学文献出版社2012年版，第100页。

② 中国社会科学院历史研究所宋辽金元史研究室点校：《名公书判清明集》卷四，中华书局1987年版，第125页。

③ 长孙无忌等：《唐律疏议》卷一，法律出版社1999年版，第3页。

④ 中国社会科学院历史研究所宋辽金元史研究室点校：《名公书判清明集》卷四，中华书局1987年版，第110页。

“唯尽吾情以听之”，不以处罚为目的，所以将熊资的遗产“均分”给三位相争人。审判官审案时，既考虑法律规定，又要考虑人情(案情、伦理之情及当事人实情)，他们认为恰当地应用人情对矛盾纠纷的解决尤其重要。宋代的名公们像范西堂这样的审案在宋代还有很多，这里不一一举例。

可见，法官视案情缘由综合考量的审判模式，既能达到“正名分、厚风俗”，又能达到“尊重法律”和“息讼”的目的。

二、宋代法官“察情入法”的原因分析

“察情入法“在宋代为何能得到大量的适用，这与宋代商品经济的大力发展，社会的转型，宋代统治者、士大夫的司法理念转变密切相关的。

(一)理学影响下的宋代法律价值观

1. 宋代统治者的司法理念

正如著名法律史学者徐道隣先生所说：“宋代的皇帝，懂法律和尊重法律的，比中国任何其他的朝代都多”。① 譬如太祖说：“王者禁人为非，乃设法令。”②太宗说：“法律之书，甚资政理，人臣若不知法，举动是过，苟能读之，益人知识。”③宋神宗则说：“法出于道，人能体道，则立法足以尽事。”④王安石则深刻认为：“盖君子之为政，立善法于天下，则天下治，立善法于一国，则一国治，如其不能立法，而欲人人悦之，则亦日不足矣。”⑤从他们的这些语义中可以了解到，他们不但重视法律，而且懂得法律。宋代统治者的司法理念具体表现为：

其一，关注狱讼，以民为要。宋代统治者认识到，在私有制经济得到较为充分发展的大背景下，不能很好地解决民间狱讼，社会中的不稳定因素就有可能存在着潜在的危险性。皇帝和地方长官(司法官员)，都把公正处理狱讼视为庶政的首要任务。司法官在司法诉求正当性中常“关注百姓财产利益、珍惜人的生命”即

① 徐道隣：《中国法制史论集》，台湾志文出版社1976年版，第89~90页。
② 马端临：《文献通考》卷一百六十六，中华书局2011年版，第4975页。
③ 江少虞：《宋朝事实类苑》卷二，上海古籍出版社1980年版，第13页。
④ 李焘：《续资治通鉴长编》卷三百三十四，中华书局2004年版，第8055页。
⑤ 王安石：《王文公文集》卷二十六，上海人民出版社1974年版，第302页。

司法理念的一种体现。宋初，太祖、太宗就强调“岁时躬自折狱虑囚，务底明慎，而以忠厚为本”①。以忠厚为本，就是以人为本，以人为本在民事司法活动中就是关注底层百姓的财产利益。

如“典主迁延入务”案，富户赵端以九十八贯钱典贫民阿龙田产四顷，期限八年收赎。“阿龙积得此钱在手，惟恐得田之不早，而赵端乃欲候秋成而后退业。”②这样阿龙好不容易积得的钱，等到秋后又因其他事花去了，故田产无法收回。正如胡颖判词所写：“当职观所在豪民因谋小民田业，设心措虑，皆是如此。当务开之时，则迁延月日，百端推托，或谓寻择契书未得，或谓家长出外未归，及至民户有词，则又计嘱案司，申展文引，逐限推托，更不出官，展转数月，已入务③限矣，逐使典田之家终无赎回之日。且贫民下户，尺地寸土皆是血汗之所致，一旦典卖与人，其一家长幼痛心疾首，不言可知。”④

胡颖依照契约判决，赵端必须归还贫民阿龙田产。宋代地方司法官们在司法判案时，往往把百姓的财产利益纳入法律所要保护之下，这在当时已经形成一个基本的共识。

其二，倡导律学考试，注重司法官的法律素养的培养。司法官的素养高低与司法审判的公平公正相关，每一次审判都关系到人的生命、财产、名誉等，进而直接关联到社会的稳定及国家命运的长短，所谓此“生民之司命”。真宗说：“列辟任人，治民为要，群臣授命，奉法居先。”⑤太宗雍熙三年(986年)诏：“夫刑法者，理国之准绳，御世之衔勒……念食禄居官之士，皆亲民决狱之人。……应朝臣、京官及幕职州县官等，今后并须习读法，庶资从政之方，以副恤刑之意。其知州、通判及幕职州县官等，秩满至京，当令于法书内试问。如全不知者，量

① 脱脱等：《宋史》卷一百九十九，中华书局1977年版，第4961页。

② 中国社会科学院历史研究所宋辽金元史研究室点校：《名公书判清明集》卷九，中华书局1987年版，第318页。

③ 入务即“务限法”。宋代规定凡官府受理民间田宅、婚姻、债负案件时，“以二月一日后”为入务，“十月一日后为务开”，入务后，不得受理。

④ 中国社会科学院历史研究所宋辽金元史研究室点校：《名公书判清明集》卷九，中华书局1987年版，第317页。

⑤ 《宋大诏令集·文臣七条并序》卷一百九十一，中华书局1962年版，第701页。

加殿罚。"①这就是说，不管朝官、京官或地方幕职州县官等，都要学习法令。地方各地的长官，任期满后到京，都要经过一番考试，如果一无所知，就要受相当的处分。

2. 宋统治者对"察情入法"灵活运用的需求

宋代随着私有制的深入发展，统治者从宋初视"庶政之中，狱讼为切"到南宋初期已转为以传统的"民本"思想为基础提出了"执政者务以民事为急"的司法理念。统治者认识到国家的命运兴衰与百姓生活的苦乐密切相关，因此，宋政府对民事诉讼和民事审判就特别关注。当然，社会现实中所出现的一些情况和社会现象，特别是涉及婚姻、田宅、财产继承等相关的活动与纠纷，与当时的法律、法令出现不一致，甚至是矛盾和冲突。宋代，特别是南宋，中国古代社会结构发生了转型，由于私有制的深化，田宅流转过程频繁，因典当、买卖土地引起的诉讼纠纷异常突出。统治者希望司法官员在断案时，彻底地消除出现的矛盾与冲突，并试图寻找一种可以互相接受的妥协方式。即在尊重法律的前提下，必须体现儒家伦理精神和反映人情要求的内容反映在审理案件过程中(特别是民事案件的审理)，而不是僵化执法且不知灵活变通。他们认识到，刑狱关系到生民之命、民心向背、"国祚修短系焉"的大事，民事诉讼也不只是民间细故，关系到社会的稳定与和谐。正如法官吴雨岩的判词所言：民事诉讼"关于朝廷上下之纪纲，未可以细故视之"。② 宋代士大夫在地方处理政务时，既要娴熟朝廷法令，又要关心民间疾苦，特别是灾荒之年他们更要把减轻百姓负担作为主要任务之一。譬如苏轼在知杭州、扬州时，对民间疾苦就极为关注，曾向朝廷提出"以法活人"的建议③，即依据法规、法令减轻苛捐杂税，减少民间疾苦。在司法审判实践中，士大夫非常注重调查研究，尤其是对书证的真伪辨别、物证的收集、证人的采访等更为重视。于是，宋代统治者对情与法之间不一致给予协调，避免情重法轻，情轻法重，力求做到情法允当。如上文所述《名公书判清明集》的判词中经常出现将

① 徐松辑，刘琳、刁忠民、舒大刚、尹波等校点：《宋会要辑稿》选举十三，中华书局1957年版，第4473页。

② 中国社会科学院历史研究所宋辽金元史研究室点校：《名公书判清明集》卷十二，中华书局1987年版，第459页。

③ 马端临：《文献通考》卷十四，中华书局2011年版，第406页。

"情法两尽"作为裁判根据的文字。比如："命继有正条在，有司惟知守法，而族属则参之以情，必情法两尽，然后存亡各得其所。"①"所以帖县稟白游侍郎，合其族党，求折衷而为一说者，盖欲情法之两尽。"②宋代的所谓"情法"，是"人情法意"之略称。法意人情兼顾，是宋代民事案件司法审判的特色。正如胡石壁所说"殊不知法意、人情，实同一体，徇人情而违法意，不可也，守法意而拂人情，亦不可也，权衡于二者之间，使上不违于法意，下不拂于人情，则通行而无弊矣"③。法官审案时，依法视情、理灵活能动断案，才能有效地解决矛盾纷争，既遵从风俗习惯，又基于社会和谐，有助于社会的长治久安，这正是统治者"以民事为急"司法理念使然。

（二）理学影响下的宋代司法制度和思想

第一，理学为政思想和行政司法合一的制度。宋代是行政司法合一的制度，地方官能动司法也是履行自己的职责。据《宋会要》职官四十八载："掌总治民政，劝课农桑，平决狱讼，有德泽禁令，则宣布于治境。……有孝悌及行义闻于乡闾者，具事实申于州，激劝以励风俗。"这是对宋代制度设计追求功能多元合一倾向的最恰当概括。古今中外，行政皆具有主动性、能动性，主动贯彻统治者的各项政策和措施。

第二，理学士大夫的担当精神和能动司法。为了司法正常、顺利运作，司法官必然要主动、灵活司法，否则会被监司弹劾纠举。同时，司法官如果能较好地解决民间诉讼案件的纠纷，缓解社会矛盾，促进社会和谐，而对司法官的升迁也奠定了良好的基础。宋代，作为亲民之官的州县长官，必须躬亲审理案件，否则要承担法律责任（刑案：处理杖以下罪的判决）。如真宗乾兴元年（1022 年）诏："诸路转运使副、提点刑狱及州县长吏，凡勘断公事，并须躬亲阅实，无令枉滥

① 中国社会科学院历史研究所宋辽金元史研究室点校：《名公书判清明集》卷八，中华书局 1987 年版，第 266 页。

② 中国社会科学院历史研究所宋辽金元史研究室点校：《名公书判清明集》卷八，中华书局 1987 年版，第 266 页。

③ 中国社会科学院历史研究所宋辽金元史研究室点校：《名公书判清明集》卷九，中华书局 1987 年版，第 311 页。

淹延。"①徽宗时强调："州县官不亲听囚而使吏鞫审者，徒二年。"②这既是制度，也是司法的理念，司法的公平与效率与州县长官是否亲自审理案件密切相关，这也是宋代独有的司法新理念。

第三，理学社会和谐思想的影响。在中国古代传统社会中，家是国的缩影，国是家的放大，维护了家的和谐，才能维护国的和谐安定。孔子曰："其为人也孝悌，而好犯上者，鲜矣；不好犯上而好作乱者，未之有也。"③因此，宋代地方官在司法实践中，涉及伦理亲情案件，必以伦理亲情作为审理案件的出发点。上文已有涉及，再举一例。如阿蒋寡居，有一独子钟千乙，此子却不肖，将阿蒋因家贫卖掉床榻以度日的钱，胡乱花光，阿蒋将独子告到官府，法官胡石壁认为钟千乙合行断治，应予惩处，但考虑"其母羸病之余，喘息不保，或有缓急，谁为之倚"④，因此，为维护家庭和睦，将钟千乙训诫："至此以后仰革心悔，以养其母"后释放，且决定由州府支给五斗米，"以充日下接济之须。"

第四，义利观念变化和理学家的社会价值重塑。与前代相比，宋代处于中国封建社会的变革与转型期，在商品经济浪潮的冲击下，人们的义利观发生了变化，重利轻义、宗法血缘关系淡薄，悄悄在人们的思想观念中占有一定的位置。严复曾剀切指出："古人好读前四史，亦以其文字耳！若研究人心政俗之变，则赵宋一代最宜究心。"⑤北宋郑至任天台县令时，对当时人们宗法血缘观念淡薄，如是说，"凌犯宗族……五服之亲，问以服纪，全然不知……我富而族贫，则耕田佃地，荷车负担之役，皆其族人，岂择尊长也？财足以养之斯役之矣。此皆风俗薄恶，人伦之深害"。⑥ 南宋著名法官真德秀在《潭州谕俗文》中谈到父子、兄弟、族人之间的关系时提道，"亲在而别籍异财，亲老而供养多阙，亲疾而救疗弗力，亲没而安厝弗时。……以唇舌细故而致争，锥刀小利而兴讼，长不恤幼，

---

① 李焘：《续资治通鉴长编》卷九十九，中华书局 2004 年版，第 2303 页。

② 马端临：《文献通考》卷一百六十七，中华书局 2011 年版，第 5011 页。

③ 《论语·学而》，山西古籍出版社 1999 年版，第 1 页。

④ 中国社会科学院历史研究所宋辽金元史研究室点校：《名公书判清明集》卷十，中华书局 1987 年版，第 364 页。

⑤ 严复：《严复集》(第 3 册)，中华书局 1986 年版，第 668 页。

⑥ 《宋元方志丛刊本·嘉定赤城志》卷三十七，中华书局 1990 年版，第 7574、7576 页。

卑或陵尊，同气之亲，何忍为此”。① 当时法官黄榦也感叹曰：“后世礼教不明，人欲滋炽利害相攻，情伪相胜，一室之内父子兄弟乖争陵犯者多矣。而况于乡邻乎，风俗之不如古！”②

可见，利益观念的变化，致使两宋，夫妻之讼、父子之讼、母子之讼、叔伯侄之讼、嫡庶子之讼等诉讼案件增多，为此，司法官在法律素养方面不得不下大功夫了。

宋代的审判官既是饱读经书的士大夫，而又要知晓法律，即出任官时，都要参加“律令大义或断案”的考试，合格后，方能出人地方长官。审判官的懂“礼”与知“法”，就是公正准确评判案件诉讼纠纷是与非的坚实有力的保证。神宗熙宁年间又对明法科进行改革，新明法科考试中，在律令之外试刑统大义和断案，而不再试经书，这是科举考试中的一项重要改革内容。同时对有做官职格的人员还要“出官试法”。宋代地方官员的法律素养与前代相比有大幅度的提升，司法官员巧妙地运用法律技术，在诉讼调解中，多以法说理、以法息讼，最终案件的纠纷得到了较好的解决。

三、宋代“情理法融合”原则在民事司法中的运用

宋代民事审判中“察情入法”须在统一、稳定性秩序的需求下进行，即司法官必须在律典明文规定下，将自己的个人意志，积极灵活性的司法行为，限制在封建统治者乃至整个社会对于司法实践结果的价值期待的范围之内。作为“民之父母”的地方司法官，在行使司法权的过程中必然受到“上承君恩”、下符民意力量的支配。

第一，国家利益唯上。中国历代统治者，对中央集权的加强都极为重视，宋代更具有特色，一旦国家利益受到侵损时，宋代的司法官员就以国家利益为根本，特别是对惩治贪官污吏，毫不心慈手软。宋律规定，“诸监临主司受财而枉

① 真德秀：《西山文集·潭州谕俗文》卷四十，载《影印文渊阁四库全书》（第 1174 册），台湾“商务印书馆”1986 年版，第 620 页。

② 黄干：《勉斋集》，载《影印文渊阁四库全书》（第 1168 册），台湾“商务印书馆”1986 年版，第 238~239 页。

法者，一尺杖一百，一匹加一等，十五匹绞。无录者各减一等，枉法者，二十匹绞”①。司法官们深深地认识到“国家所恃，惟人心耳。官吏贪缪，专为失人心事”②，于是告诫“廉、仁、公、勤四者，乃为政之纲领，而崇风教，情狱犴，平赋税，禁苛扰，乃其条目”。③

第二，明辨是非曲直，查清事实真相。在案件审理时，弄清事实真相，是宋代地方官员首先考虑的问题。据史料记载：“民有兄弟争田者，吏常直其兄，而弟讼不已。君为往视其田，辩其券书，而以田与弟。其兄谢曰：‘我悔欲归弟以田者数矣，直惧笞而不敢耳。’弟曰：‘我田故多，然耻以不直讼兄，今我直矣，愿以田与兄。’兄弟相持恸哭，拜而去。由是县民有事多相持诣君，得一言以决曲直。”④知县陈汉卿通过券书，查清了事实真相后，兄弟不在诉讼，兄弟认为，我的田地多，可以赠与兄长，但必须辨明是非的曲直，而不能认为自己侵占了兄长的田地。可见，公平判决，辨明是非并公正调解，对亲属间财产纠纷的成功化解是何等重要。

第三，保护弱势群体的合法利益。比如在财产继承案件中，注意保护女性的合法权益。宋代财产继承制已占有重要独立的地位，这是私有制得到较好发展的结果。《宋刑统》引《户令》之规定：“诸应分田宅者及财物，兄弟均分。”“其未娶妻者，别与娉财。姑姊妹在室者，减男娉财之半。”⑤南宋时，在家产分配中，未嫁女所分份额得到了提高。司法实践中，士大夫也十分注意保护女性的合法权益。

如《继绝子孙止得财产四分之一》案中：“田县丞有二子、二女，世光登仕抱养之子，珍珍亲生之子。世光死无子，却有二女尚幼。通仕者，县丞亲弟。”判决词道：“通仕当教诲孤侄，当抚恤二女，当公心为世光立嗣。今恤孤之谊无闻，

---

① 窦仪撰，薛梅卿点校：《宋刑统》卷十一，法律出版社 1999 年版，第 199 页。

② 中国社会科学院历史研究所宋辽金元史研究室点校：《名公书判清明集》卷一，中华书局 1987 年版，第 34 页。

③ 中国社会科学院历史研究所宋辽金元史研究室点校：《名公书判清明集》卷一，中华书局 1987 年版，第 16 页。

④ 欧阳永叔：《欧阳修全集·居士集》(上册)，中国书店 1986 年版，第 212 页。

⑤ 窦仪等撰，薛梅卿点校：《宋刑统》卷十二，法律出版社 1999 年版，第 221~222 页。

谋产之念大切，首以己之子世德为世光之后，而实藏世光遗嘱。……世俗以弟为子，固亦有之，必须宗族无间言而后可……依诸子均分之法，县丞二女合与珍郎共承父分，十分之中，珍郎得五分，以五分均给二女。登仕二女，合与所立之子共承登仕之分，男子系死后所立，合以四分之三给二女，以一分与所立之子。"①

宋代法官在民事司法活动中还特别注意对孤幼及下层劳动者的权益的保护。为保护孤幼子女的合法权益，宋代创设一种"检校"制度，"检校"本是检查核实之意，但在宋代法典中，"诸身丧户绝者，所有……店宅、资财，并令近亲转易货卖，无亲戚者，官为检校"②。可见，宋代的检校的内容为：一是父母双亡的孤幼子女的产物，有亲戚代为保管；二孤幼子女无亲戚者，由官府保管孤幼子女财物，子女成年后官府必须如数归还被检校之财物；三是官府不应检校而检校者，须负法律责任。此项制度，既保护了孤幼子女的合法权益，预防了不法之徒对孤幼子女财物的觊觎，又对年幼孩子的正常成长有着积极的监督和教育作用。检校制度，起于北宋末，终于南宋。在司法实践中，宋代士大夫是如何保护孤幼和下层民众权益的呢？

如《叔父谋吞幼侄财产》一案中："李文孜孩童时，父母即亡。其叔父李细二十三的养子李少二十一是李文孜母亲生前的养子。李少二十一不孝，致使其养父母家破人亡。其养母之丧，暴露不得葬。年幼李文孜无家可归，李细二十三不但不收养幼侄李文孜，还和儿子李少二十一合谋吞并李文孜家的田业。"著名法官胡颖受理此案后，痛斥"李细二十三父子没有兄弟之情，以不友不孝贪婪之心的行为侵吞李文孜父母财物。上欺满官司，下欺虐孤幼，聚众人，恐吓官员。应严惩。判决李细二十三决脊杖十五，编管五百里；李少二十一勘杖一百，押归本生父家，仍枷项。监还所夺去李文孜的财物、契书等。鉴于李文孜年幼，委请一老成士友，对其随分教导，其衣服、饮食费用由官府所检校的李文孜父母的财物中折充"。③

保护孤幼的案例在宋代不胜枚举。由此看出，该案司法官的价值导向：一是

① 中国社会科学院历史研究所宋辽金元史研究室点校：《名公书判清明集》卷八，中华书局1987年版，第251~255页。

② 窦仪等撰，薛梅卿点校：《宋刑统》卷十二，法律出版社1999年版，第222页。

③ 中国社会科学院历史研究所宋辽金元史研究室点校：《名公书判清明集》卷八，中华书局1987年版，第285~286页。

从人伦道德弘扬出发。判案中虽然是把儒家的人伦道德作为导向，但并不是完全按照儒家上下尊卑之情的教条，维护尊长的利益，而是依据案情和法律对儒家伦理道德作重新解读，以解决真正案件中的实际问题，也就是当今法学中所说的权利义务，这在宋代社会中已有体现。正如陈景良先生言，“中国法律文化中曲尽奥妙之所在，研究者当于此尽心焉”。① 二是从儒家“矜老恤幼”仁爱之心的思想出发。在司法实践中，保护孤幼的利益是首先要考虑的主要对象，这也是中国法律文化与西方不同之处，在两宋司法活动中普遍存在的现象。

四、理学家法官“察情入法”的个案分析

南宋理宗年间，江南某县发生一起争夺墓地案，在一方举办丧事、安葬亲人的时候，另一方赶到现场阻拦，双方爆发冲突，大打出手，导致人员受伤，丧事停办。纠纷发生后，双方先后诉诸公堂，审理此案的莆阳先生运用比勘方法抽丝剥茧将案件事实逐步查明，该案堪称南宋法官审理田宅争讼的经典范例。

县主簿莆阳先生先后接到两份诉状：前一状是吴春告王生挖掘吴家山地、偷砍吴家树木、填塞吴家祖坟；后一状是卓清夫告吴春兄弟殴打卓家仆人致重伤、阻拦卓家举办丧事并将墓碑打碎。两份状纸都以罪名相告，看上去是要追究对方的刑事责任，但仔细对勘两份状纸，发现事情并非如此简单。

原来卓吴争斗的背后是墓地纠纷。莆阳先生将两张状纸对勘，比较上方所告事实的日期、人物和罪状，发现吴春所告的王生是卓清夫家的仆人，而卓清夫所告吴春兄弟殴伤的人就是王生。两份状纸说的其实是一件事，只不过两造从各自角度来陈述事实，“自掩其过，而归咎于人”。比勘书状，异中有同，可以确定的是，卓吴两家在大广山墓地发生了激烈冲突。虽然双方对于冲突原因各有说法，但都在状后附上了墓地产权归属自家的凭证。书状比勘的初步结论是：卓吴两家墓地打斗只是结果，原因在于双方对墓地产权有争议，墓地争夺才是双方真正的矛盾根源。

书状对勘之后是状供比勘。也就是法官将两造所呈书状和当堂口供进行比较对勘，确定双方的争议焦点和案件疑点。首先是法官据状问供，将具状人引至堂

① 陈景良：《试论宋代士大夫的法律观念》，载《法学研究》1998 年第 4 期。

上，问明事实缘由，察问其书状陈词虚假。双方上得堂来，对所告对方犯罪之事略过不提，都主张大广山的北山山顶南坡这块墓地是自家祖坟。吴春称这块墓地是吴家祖坟，该墓地是父亲吴柽当年从江彦手中购买所得，五十多年间已埋葬五位先人；卓清夫说，该墓地是卓家世代相承的家产，该墓地中有一座吴春先祖的坟茔，是卓家先祖当年赠与吴春祖父的。双方的口供均直奔墓地，莆阳先生确定了此案的焦点就是墓地产权之争。

通过状供比勘，莆阳先生归纳事实存在的两个疑点：第一，双方状告的犯罪事实是否存在？在书状中双方都言之凿凿，但过堂时却闪烁其词。第二，双方卓吴两家是否曾经存在过主客身份关系？有没有赠与墓地的事实？堂上问话时，卓清夫称吴春的祖父吴四五、叔祖吴念七原是卓家的佃户。庆元二年（1196年），吴四五、吴念七的祖父去世，吴家家贫无地，卓清夫的先祖将自家墓山拨出一块赠与两兄弟，让其安葬祖父。吴春却称自己先祖是当地地保，从来没有做过佃户。卓吴两家的租佃关系是否存在？赠与墓地是真是假？接下来的干照比勘的重点要查明的就是案件争议焦点和事实疑点。

田宅争讼案件最关键的是干照比勘。即法官对双方提供的权属凭证的形式、来源、权威性和合理性进行全面的比较、对勘，确认双方证据相互印证的事实，对于真伪不明的事实则通过现场勘查定谳。莆阳先生首先看双方提供的书契是否有权威印信，这叫作证据的权威性审查。按照南宋的法律，无论是分家析产还是典卖田地，只要发生产权变动都应到官府办理印契和过割赋税手续。官府加盖印章的田宅干照具有权威性，证明能力更强。

吴春拿出来的干照有二，一是南宋孝宗淳熙十年（1183年）吴春父亲吴柽从江彦手中购得山地的契约，是未加盖官府印章的白契；二是南宋宁宗嘉定十六（1223年）购得地块完税的税契。卓清夫所持出干照是卓家庆元二年（1196年）的分家关书，关书上盖有官府印章。双方干照均附有官府出具的标识山地产权界限的山图。相对而言，吴家提供的白契有合法性瑕疵，但税契和山图能作为其补强证据，双方的书证证明力堪称势均力敌。

接下来，莆阳先生需要详考证据的内容。吴家买田契约记载的田产四至为："东至陇分水，西至卓县尉田，南至牛路及卓县尉山，北至范家山。"卓家分家关书记载的田产四至为："东至陇分水、范楚田，西至范万田，南至范万山及自田，北至陇分水。”据此可知两家的田产正好相邻，以大广北山分水岭为界，吴家田在北，卓家田在南，书契记载的田产界限非常清晰，双方不应当有争议发生。

原来问题出在山图上。莆阳先生将山图和书契对勘，发现两家山图四至和书契记载虽然相合，但是山图标识的方向却相差 180 度。卓家提供山图为南北向，吴家提供山图为北南向。两张山图均涵盖了争议山地。

通过书面证据的比勘，发现干照记载两家田地相邻，山图却都包括一个争议地段，必有一真一假，哪一方提供的山图是符合实地情况的？莆阳先生决定“亲行定验、然后照两家干照参决”。就是通过现场勘验、查证地图方向是否和实地方向相符。主簿莆阳先生亲赴大广山，山中现场查明方向，“决以地罗”，发现“吴春经县画出山图，敢以南为北，以西为东”，“主簿所验山图之东，于吴春所画之图为南，主簿所验山图之北，于吴春所画之图为东”，比照实际方向翻转了 90 度，恰好将卓家墓田涵盖在内。现场勘验的结果无可争辩，说明吴春所持山图为假，原来他在最初绘制山形图时已经有了包占卓家山地的想法，他故意变换方位山北地本城山南地，为强夺卓家的山地做好了准备。至此，卓吴墓地之争最大的疑点已经查明，此墓地当归属卓家。

莆阳先生继续综合比勘各种证据，查明案件其他事实疑点。首先是双方所告犯罪有无事实依据。莆阳先生传唤两家当事人和他们的邻居、当地的地保，按图索骥登上大广山东面山丘，看见大广山的北山南麓有吴家墓一穴，再向东不到十丈距离，有一个古墓，古墓右边新开了一个墓穴，询问后才知此墓是卓清夫为埋葬其叔母所开。现场没有发现其他墓穴和竹木砍伐痕迹。四邻地保说，这就是两家所争坟地，吴家在这片地方只有一个墓，吴家祖坟也没有被填塞。之前的打斗是因为吴家阑丧引起的。综合现场勘验结论和证人证言，可以断定吴春所说的卓家毁坏树木、填塞祖坟的事实不存在。而吴春兄弟阑丧打人的事实则可以确定。

卓吴两家祖上关系究竟如何？通过调查走访村民和乡老，综合多人的说法，事实逐渐清晰。五十多年前，卓家是当地著名的士人家庭，家财丰饶。吴四五、吴念七兄弟贫无所依投到卓家做佃户，又赶上祖父去世，无地安葬，卓家念主客之情，从自家的墓田中割出一块，让吴家兄弟埋葬祖父。五十多年后，卓家家道衰落，吴家的后人却强盛起来，吴春兄弟想通过官府诉讼，把这一片地方变成吴家的祖坟坟地。吴家以怨报德，侵夺卓家墓地，卓家奋起反抗。至此，本案事实全部查明，据众证可以定谳。

事实既已查明，接下来就要作出裁断。首先，划分双方田产界限。按照卓家分家关书和吴家契约上面的记载，划分田界。双方田地以大广山北山分水岭为分界线，分水岭以北是吴家田产，分水岭以南的田地、山地，为卓家所有。吴家那一处孤坟，是卓清夫的先祖卓县尉在庆元二年赠与给吴家的，吴春如果愿意，还可以祭祀他的先祖。

吴春兄弟为了争夺山地，在卓家墓地殴打他人致伤，还出示虚假的山图，想要强占卓家山地，为此多次到官府争讼。吴家不念卓县尉对其祖父的收留、赠与、助葬之恩，以怨报德，想要霸占卓家家的田产，在法则违法，在理则悖逆理。判决吴氏兄弟杖责六十，作为惩戒。

回顾本案的办案过程，可以看到，法官莆阳先生通过状供比勘、证据比勘，现场定勘查明案件争议事实和所有疑点，根据真实可信的证据认定案件事实，辨明是非曲直，最终惩恶扬善，起到了良好的社会效果。

纵观宋代民事审判中“察情入法”原则及其运用来看，我们可以得到以下启发：

其一，“察情入法”在古代社会中有其存在的价值，且亦有其进步性意义：摆脱了“法”即成文法的束缚，体现了司法审判的灵活性及对社会效果的关注，即“天理、国法、人情皆是民心的不同表达”。① 情、理、法融合一体的民事司法审判，法官抽丝剥茧分析案情，以实体正义，实现人人追求向善、至善促进整个社会向善，以达到真正意义上的公正与公平。

其二，“察情入法”能够适应社会发展的需要，能够很好地缓和社会矛盾，稳定社会秩序。因此，不能够一味地说情理司法就是以人情断案，破坏法制，中国古代文化中确实有其落后的地方，我们的生活或多或少地带着传统的影子，我们不可能不受传统的影响，如果完全离开传统文化的轨道“再响亮的理论也无法在中国的社会生活与历史文化土壤中扎根”。② 所以我们更要好好地去研究传统法文化中的精华，让其为现代社会法制建设所用，发挥其应有的价值。

① 陈景良：《汲取传统中国的法治资源》，载《人民日报》2014 年 11 月 24 日第 5 版。
② 陈景良：《汲取传统中国的法治资源》，载《人民日报》2014 年 11 月 24 日第 5 版。

第八章　理学方法对宋代疑难案件议决的影响

疑难案件无世不有，如何解决疑难则从西周便有记载。西周以来便有“罪疑唯赦”“罪疑唯赎”之说。《尚书·吕刑》教断狱之法，“既得囚证将入五刑之辞，更复简练核实，知其信而有状，与刑书正同，则依刑书断之”；如“覆审囚证之辞，不如简核之状，既囚与证辞不相符合，则是犯状不定，谓‘不应五刑’，不与五刑书同，狱官疑不能决，则当正之于五罚，令其出金赎罪”。① 疑罪从赎成为中国古代决狱的基本原则之一。在中国古代，解决疑难案件最重要的途径是“谳”，也就是议罪，即原律究情。②《尚书·舜典》中已经为谳刑创立了原则，即“眚灾肆赦，怙终贼刑”，西周的重大疑难案件要经过三刺，“一曰讯群臣，二曰讯群吏，三曰讯万民”③，参与疑难案件讨论的人数范围越来越大，经过讨论，作出判决。秦汉时期，有专门的谳狱机关，“狱之疑者，吏或不敢决，有罪者久而不论，无罪久系不决。自今以来，县道官狱疑者，各谳所属二千石官，二千石官以其罪名当报之。所不能决者，皆移廷尉”④，廷尉能够作出决定的，应当答复，廷尉也无法决定的，上奏皇帝。睡虎地秦简《法律答问》有“擅杀、刑、髡其后子，谳之”，即对某类特殊犯罪必须经过“谳”的程序。秦汉中央司法机关廷尉

① 孔安国传，孔颖达疏：《尚书正义》，廖明春、陈明整理，北京大学出版社 2000 年版，第 644 页。

② 《周礼·秋官·小司寇》，陈戌国点校，岳麓书社 1989 年版，第 96 页。

③ 《周礼·秋官·小司寇》，陈戌国点校，岳麓书社 1989 年版，第 98 页。

④ 《前汉刑法志》，载邱汉平编著：《历代刑法志》，商务印书馆 2017 年版，第 19~20 页。

负责“谳”。《汉书·刑法志》记载景帝中元五年诏，“诸狱疑，虽文致于法而人心不厌者，辄谳之。”《后汉书·百官志》：廷尉“掌平狱”，“凡郡国谳疑罪，皆处当以报”。从这些史料的记载来看，是疑狱则谳。谳事实上是评议疑难案件的司法活动，谳的过程就是议决疑难案件的过程，汉代《奏谳书》中记载的大量案例，证实了疑狱确实是逐级上报经过评议而作出最终决定的。

中国古代广义疑难案件包括四类：一是证据不足、事实认定的疑难案件；二是事实清楚、法律适用的疑难案件；三是特殊身份的人违法犯罪的案件；四是当事人或者其近亲属反复申诉的案件。事实认定的疑难主要是因为证据不足，比如《唐律疏议》断狱篇所告之事，“三人证实，三人证虚”，无法据众证定罪，是为疑案；事实清楚、法律适用疑难主要是指案件有可能存在减轻处罚的情节，已经作出的处断可能存在错误以及没有法律可供援引或者可供援引的法律之间存在冲突。这是古代谳狱的多数情形。特殊身份的违法犯罪指的是官员和皇室宗亲或贵族行为违反法律规定或者构成犯罪，审讯官司不能直接作出处断，最终的处理结果需要皇帝召集大臣们讨论决定。八议就是这类疑难案件的代表，亲、故、贤、能、功、贵、勤、宾都是具有特殊身份的人，或是皇帝的亲友，或有功于社稷或者品德高尚，或能力超群，或有大勤劳，或是前朝皇裔。这些具有特殊身份的人即便是犯罪事实清楚，也只能具状奏闻，经过廷议，由皇帝最后决定处理结果。狭义的疑难案件是指事实清楚但法律适用存在疑难的案件，宋代司法机关的“谳”也主要是针对这类案件。

杨维桢云：“刑定律有限，情博爱无穷，世欲以有限之律，律天下无穷之情，亦不难哉！”①古往今来司法面对的共同最大难题就是疑案，疑案总是存在，或因证据不足，无法查明案件事实；或因法律空白或漏洞，对某些危害性极大的行为无法规制；或因情事特殊，难以律条一概而论，诸如此类案件是谓疑案。

---

① 杨维桢：《沈氏〈刑统疏〉序》，载沈家本编：《枕碧楼丛书》，知识产权出版社 2006 年版，第 169 页。

第一节　宋代疑狱谳议制度

一、宋代疑罪的类型

《宋刑统·断狱》对疑罪的注释为："疑，谓虚实之证等，是非之理均。或事涉疑似，旁无证见，或旁有闻证，事非疑似之类"。律注云："事有疑似，处断难明。一人证实，一人证虚，二人以上，虚实之证其数各等。是非之理均，谓有是处，亦有非处，其理各均。或事涉疑似，谓赃状涉于疑似，旁无证见之人。或旁有闻见之人，其事全非疑似。或行迹是，状验非，或闻证同，情理异，疑状既广，不可备论。"

疑罪的第一种类型是事涉疑似。"谓赃状涉于疑似，旁无证见之人。"仅有犯罪指控，而被告人不伏，且无旁证。如吴曾《能改斋漫录》所载《微司理几误杀人》案件：

> "里中女乘驴单行，盗杀诸田间。驴逸，田旁家收系之。觉，吏捕得驴，指为杀女子者。讯之四旬，田旁家认收系其驴，实不杀女子。"

该案即是赃状涉于疑似，旁无证见之人。只见到结果发生，不知经过，无人看到事实，客观事实已经经过而灭失，只能凭借结果推测事实，其事实有多种可能性，这就是事实本身之疑。

疑罪的第二种类型是有人见到事实发生，但是见证事实者所说不同，或说此，或说彼，则事实真相难以查明。虚实之证等是两造证据形成均势，导致事实真伪不明。比如前述刘克庄审理的朱超趯死程七五案即是如此，钱公辅是否喊打呢？程本中诉状中称其喊打，李八证实其喊打，钱公辅否认，在场的程六也否认。有无证据形成均势，所以官府需要刑讯逼供取得证据优势。入罪则必须自证其罪或者有更多的在场证人证明其有罪，所以刘克庄说本案是疑案而非冤案。

第三种疑罪，是对于案件的法律适用存在争议，法官无法判决的案件。譬如王安石参与讨论的斗鹑案。"安石纠察在京刑狱。有少年得斗鹑，其同侪借观之，因就乞之，鹑主不许。借者恃与之狎昵，遂携去，鹑主追及之，踢其肋下，立死。开封府按其人罪当偿死，安石驳之曰：‘按律，公取、窃取皆为盗，此不与而彼乃强携以去，乃盗也。此追而殴之，乃捕盗也。虽死，当勿论。府司失入平人为死罪。’府官不伏，事下审刑、大理详定，以府断为是。”①形式上看，是有权参与审判的官员之间有争议，结果上看是“不能决”。本质上是事实不清、证据不足，存在争议。前者属于事实问题，事实处于真伪不明状态，后者属于法律适用问题，两造均有是有非或者是非混合在一起，难以明确区分，从而造成法律适用上的疑难。在司法实践中，疑案非常复杂，很难一概而论。

二、宋代疑狱议决制度

疑罪怎么办呢？《礼记·王制》曰：“凡听五刑之讼，必原父子之亲，立君臣之义，以权之意，论轻重之序，慎测浅深之量以别之，悉其聪明致其忠爱以尽之，疑狱汜与众共之，众疑赦之。”②

（一）宋代疑罪断谳制度

断谳乃是法司按照职权议定罪之轻重，法律适用之是否适当，在同一法司之内，有判决前之讨论，有拟判后之再讨论。也包括一法司对另外法司的拟判再次检讨、质疑，提出新的意见。此种谳为疑案逐级上报请谳，基层官府报请州府，州府不能决报告中央法司，由中央法司作出处理决定，回复地方州府。汉制：“县道官疑者，各谳所属二千石官，二千石官以其罪名当报之。所不能决者，皆移廷尉，廷尉亦当报之。”③

自秦汉以来，中央设有专门的谳狱机关，秦汉的廷尉“谳天下之狱”，使断狱平允。在秦汉廷尉之下均设有属官廷尉正，处理郡国上报的疑狱，“凡郡国谳疑罪，皆处当以报”④，魏、晋、南北朝均设有此官，唐朝时，大理寺负责谳狱，

① 李焘：《续资治通鉴长编》卷一百九十七，中华书局2004年版，第4783页。
② 刘沅：《礼记恒解》，巴蜀书社2016年版，第89页。
③ 班固撰，颜师古注：《汉书》卷二十三，中华书局1962年版，第1106页。
④ 范晔：《后汉书》志第二十五，中华书局1965年版，第3582页。

大理正“掌参议刑辟，详正科条之事，凡六丞断罪不当，则以法正之”。① 宋代之前，中央司法机关实行的是“断谳合一制”，即廷尉、大理寺既要断决地方奏报的疑案，随后还要对断决结果进行详议，发现违法判决、轻重失衡的要进行纠正。在廷尉或者大理寺内部由不同的属官分别负责断和议，丞负责断，正负责议，最后长官决定判决结果。

宋代的谳狱的职能由几个机关分别行使，大理寺的主要职责是决疑狱。宋初大理寺正为详断官，掌议断刑。也就是说，大理寺正的主要职责是议刑和断刑。元丰改制之后，大理寺断司和议司掌管谳狱。重大复杂的案件由三法司议决定夺，如神宗时期士大夫上书所说：“事之最难者莫如疑狱。夫以州郡不能决而付之大理，大理不能决而付刑部，刑部不能决而后付之御史台，则非甚疑狱必不至付台再定。”“与夺刑名，事重体大，宜仍旧众官参定，余事则随曹付察。如此，则大小繁简皆得其称，是正疑谳罕有不当。”正是因为定夺刑名关系重大，所以需要“众官参定”。②

神宗时，王安石甚至将大臣讨论疑难案件作为国体：曾公亮以中书论正刑名为非，安石曰：“有司用刑不当，则审刑、大理当论正；审刑、大理用刑不当，即差官定议；议既不当，即中书自宜论奏，取决人主。此所谓国体。岂有中书不可论正刑名之理?”神宗采纳了建议，保持宋代以来一直实行的疑难案件众议裁决制。

《宋会要辑稿》记载了大理寺断谳疑难案件的过程：奏劾命官、将校及大辟囚以下以疑请谳者，(隶)左断刑，则司直、评事详断，丞议而正审之。③《文献通考》记载：(元丰)官制行，左厅断刑，分为五案：曰详刑、详谳、宣黄、分簿、奏表。断司由大理评事、司直、大理寺正组成。内外百司所上疑案，经司直、评事、丞议断之后，由大理正审定当否，作出拟定的案草，然后到议司和大理寺卿、少卿复议。④ 也就是说，在大理寺断谳案件过程中，要经过两次议罪，一次

① 欧阳修等：《新唐书》卷四十八，中华书局 1975 年版，第 1256 页。

② 李焘：《续资治通鉴长编》卷三百三十五，中华书局 2004 年版，第 8066 页。

③ 徐松辑，刘琳、刁忠民、舒大刚、尹波等校点：《宋会要辑稿》职官二十四，中华书局 1957 年版，第 2894 页。

④ 马端临：《文献通考》卷一百六十七，中华书局 2011 年版，第 5018 页。

是在断决之前，由大理寺的司直、评事、丞讨论案件如何判决，大理寺正负责审查。左断刑作出判决之后，大理寺正还要把拟定的案草拿到议司再次讨论。议司是由主管断刑的大理寺丞、大理寺少卿、大理寺卿组成，他们讨论断司拿过来拟定的案草，如果有批驳问难，由大理寺丞签署改正意见，再由大理寺卿、少卿审定，写成定判录奏。① 从大理寺的职官设置和运作情况来看，其沿袭了秦汉以来中央司法机关的断谳分工，谳狱均是集体讨论后由本部门的长官作决定。

宋代大理寺负责谳断，但并非专权独任。朝廷中央在大理寺之外，还有专门的谳狱机关。建隆三年，“令诸州大辟案，须刑部详复，寻如旧制，大理寺详断，而后复于刑部”。“又惧刑部、大理寺用法之失，别置审刑院谳之。”②

宋前期刑部设有六名详复官，专事审阅大理寺定刑的杖罪以上案件。就大理寺所送原卷列具犯罪事实、量刑处理，与律法和原卷口供逐一核对，如无抵牾或漏洞，具法状并签名，送交刑部主事批语，然后交审刑院。③ 审刑院行使谳狱职权，主要负责详议断案，审刑院设有详议官，复议由大理寺初判、刑部复审的案件，并同审刑院长官知审刑院事或者判审刑院事论定后，写成文草同上奏或上殿进呈皇帝裁决。④ 审刑详议官亲书节案。⑤ 宋神宗元丰改制之后，审刑院的谳狱职权并归刑部，大理寺断狱之后，刑部负责复核和详议，有权对大理寺的判决提出质疑。

宋代中央司法机关实行断、谳分司，那么，地方司法又如何？首先必须要明确的是宋代的路提点刑狱司是复核机关而非谳司，它的主要职责是刑事案件的详复，其职掌是“总一路州县刑狱，核其情实，而复以法令律条”。⑥ 重点是复核证据和案件事实，并在此基础上依法论罪。路提点刑狱公事复审在押系囚，如州县

① 徐松辑，刘琳、刁忠民、舒大刚、尹波等校点：《宋会要辑稿》职官二十四，中华书局1957年版，第2278页。

② 《宋史·刑法志》，载邱汉平主编《历代刑法志》，商务印书馆2017年版，第368页。

③ 《宋史·刑法志》，载邱汉平主编《历代刑法志》，商务印书馆2017年版，第407页。

④ 徐松辑，刘琳、刁忠民、舒大刚、尹波等校点：《宋会要辑稿》职官十五，中华书局1957年版，第3544页。

⑤ 李焘：《续资治通鉴长编》卷二百六十七，中华书局2004年版，第16765页。

⑥ 龚延明：《宋代官制辞典》，中华书局1997年版，第487页。

判决有不符事实者，移牒复勘。① 提点刑狱司检法官负责辅佐长官审阅、疏驳狱状，复审州县官、小使臣公罪杖以下案。②

宋代的州府实行断谳合一制。宋初“凡诸州狱，则录事参军与司法掾参断之”③。比如开封府法曹参军事掌议法、断刑，其余各府州县设司法参军，其职责相当于两汉时期主掌地方刑法的《宋史·职官志》《诸曹官》载“司法参军掌议法、断刑”。曾巩进士及第，任太平州司法参军，曾巩“为司法，论决轻重”；④按照宋代法律规定，司法参军应当到长官处议决案件，“在法，属官自合每日到官长处共理会事”。⑤ 张安国为司法参军，“既掾司法，议争谳失”。⑥ 司法参军负责议罪，最后由长官作出决定，没有问题的案件回复各县，无法或者无权或者不能作出断决的案件上报到中央大理寺。

由上可知，宋代州县和大理寺均实行断谳合一制，其中大理寺是分司而合议，中央司法机关中还设有专门的谳狱机构，使“内外折狱蔽罪，皆有官以相覆察”⑦。

(二)重大疑难案件之“奏谳”

《汉书·刑法志》载：“廷尉所不能决，谨具为奏，傅所当比律令以闻。”也就是说中央法司无法断决的案件需要将案件事实和应当适用的法律一并奏报给皇帝，由皇帝作出决定。奏谳主要包括两种案件：一是死罪可疑可矜案件，二是中央法司无法断决的重大疑案。⑧《宋史·刑法志三》云：“天下疑狱，谳有不能决，则下两制与大臣若台谏杂议，视其事之大小，无常法，而有司建请论驳者，亦时有焉。”⑨奏谳案件一般是由皇帝召集大臣讨论决定，宋代的奏谳案件可分为三

---

① 龚延明：《宋代官制辞典》，中华书局1997年版，第485页。
② 龚延明：《宋代官制辞典》，中华书局1997年版，第488页。
③ 《宋史刑法志》，载邱汉平编著：《历代刑法志》，商务印书馆2017年版，第368页。
④ 曾巩：《曾巩集》卷四，中华书局2008年版，第89页。
⑤ 黎靖德编，王兴贤点校：《朱子语类》卷一百零六，中华书局1986年版，第2647页。
⑥ 王安石：《临川文钞》卷十六，中华书局1985年版，第265页。
⑦ 《宋刑法志》，载邱汉平编著：《历代刑法志》，商务印书馆2017年版，第368页。
⑧ 彭浩等主编：《二年律令与奏谳书》，上海古籍出版社2007年版，第331页。
⑨ 《宋史刑法志》，载邱汉平编著：《历代刑法志》，商务印书馆2017年版，第393页。

类：一曰死罪可矜，二曰死罪可疑，三曰法司不能决。

1. 死罪可矜案件的奏谳

宋代是在北宋仁宗时期恢复了奏谳之法。《宋史·刑法志》记载天圣四年诏：

> 朕念生齿之繁，抵冒者众。法有高下，情有轻重，而有司巧避微文，一切致之重辟，岂称朕好生之志哉？其令天下死罪，情理可矜及刑名疑虑者，具案以闻。①

从这条诏令记载的内容来看，主要是规定死罪案件的奏谳条件，人命关天，死刑案件可以算得上是重大案件，死罪案件有情理可悯的可以奏谳，这种案件依律当判处死刑，但是犯罪人可能存在减轻情节，或可免除死刑，至于这些情节是不是足以减死，要有最高统治者召集大臣来讨论决定；刑名疑虑的死刑案件是指对是不是应当判处死刑存有疑问，这还是属于法律适用的疑难。这两类案件都是事实清楚，只是在量刑上存在疑难。奏谳案件的处理程序如宋相韩维所说："天下奏案，必断于大理，详议于刑部，然后上之中书，决于人主。"②

从宋代的司法实践来看，这种死罪可矜案件既有皇帝自己作出处理决定的，也有皇帝召集大臣共同讨论作出决定的。比如：

宋太祖建隆五年，"陕州言：民范义超，周显德中，以私怨杀同里人常古真家十二口，古真小子留留脱走得免，至是长大，擒义超诉于官。有司引赦当原，上曰：'岂有杀一家十二口而可以赦论？'即命斩之"。③

此案事实清楚，主要问题就是法律适用，也就是杀害一家十二口的范义超经过开国大赦之后能否免除死刑。范义超杀常古真一家发生在后周时期，宋太祖代后周而建立宋朝，已然改朝换代，即位之初，与民更始，所有前朝犯罪皆赦免，"常赦所不原者咸赦除之"。④ 现在法司按照赦令赦免范义超并无不当，但是是否适用死刑是由太祖自己决定的，最终宋太祖推翻了自己的赦令，处死了范义超。

---

① 《宋史刑法志》，载邱汉平编著：《历代刑法志》，商务印书馆 2017 年版，第 374 页。

② 李焘：《续资治通鉴长编》卷三百九十一，中华书局 1995 年版，第 9520 页。

③ 马端临：《文献通考》卷一百七十，中华书局 2011 年版，第 5094 页。

④ 李焘：《续资治通鉴长编》卷一，中华书局 1995 年版，第 4 页。

宋太宗时期对于疑难案件则要召集台省官员集体讨论。

> 端拱元年，广安军民安崇绪录禁军，诉继母冯尝与父知逸离，今来占夺父赀产，欲与己子。大理定崇绪讼母，罪死。太宗疑之，判大理寺张佖固执前断，遂下台省集议。

此案的关键在于安崇绪的行为是否构成十恶重罪中的“恶逆”，《宋刑统》明确规定子告父母为“恶逆”，本案中安崇绪又到官府告发继母，从客观行为上来看，完全符合。但是问题在于冯氏和安崇绪之间还是否存在母子关系。后来宰相等四十三人达成一致意见认为仅仅因为安崇绪告继母冯氏强占田业就将其处死，并不适当。因为“崇绪本以田业为冯强占，亲母衣食不充，所以论诉”。李昉等人还指出如果按照大理寺的判决所导致的恶果：“若从法寺断死，则知逸负何辜而绝嗣？阿蒲（安崇绪亲生母亲）处何地而托身。”①最终宋太宗采纳了李昉等多数人的意见，对案件当事人不予定罪。

宋仁宗既行奏谳之法，已定死罪而情理可悯的案件便需要皇帝和大臣们讨论，最终由皇帝综合大臣们的意见作出决定。

> 开封民聚童子教之，有因榎楚死者，为其父母所讼。府上具狱，当民死。宰相以为可矜，帝曰：“情虽可矜，法亦难屈。”命杖脊，舍之。②

本案中，开封民犯故杀的犯罪事实清楚，老师教育童子施以体罚导致其死亡这一事实中是否有可矜的情节呢？那就是老师的身份，在师生伦理之中，教师的确是为了教育孩子，但是本案故杀的法律定性并没有错，宋仁宗最终是折中了开封府和宰相的意见，判处开封民脊杖。

宋徽宗崇宁五年诏书对于死罪可矜案件讲得比较清楚，主要是指情轻法重，重申这类案件必须上报议罪：

---

① 马端临：《文献通考》卷一百七十，中华书局2011年版，第5095页。

② 马端临：《文献通考》卷一百七十，中华书局2011年版，第5096页。

民以罪丽(罹)法，情有重轻，则法有增损。故情重法轻，情轻法重，旧有取旨之令。今有司惟以情重法轻则请加罪，而法重情轻则不闻奏减，是乐于罪人，而难于用恕，非所以为钦恤也。自今宜遵旧法取旨，使情法轻重，各适其中，否则以违制论。①

所谓情理可恤，也就是情轻法重，可以酌情减轻处罚。复仇案件就是情轻法重的典型，这类案件经过奏谳基本上会减死：

仁宗时，单州民刘玉父为王德殴死，德更赦，玉私杀德以复父仇。帝义之，决杖、编管。

再如：元丰元年，青州民王赟父为人殴死，赟幼，未能复仇。几冠，刺仇，断支首祭父墓，自首。论当斩。帝以杀仇祭父，又自归罪，其情可矜，诏贷死，刺配邻州。②

2. 死罪可疑案件的奏谳

关于死罪可疑案件，按照《宋史刑法志》的记载，既包括案件证据有疑问，也包括是否定死罪有疑问。譬如南宋高宗绍兴三年：宣州民叶全二盗檀偕窖钱，偕令佃人阮授、阮捷杀全二等五人，弃尸水中，有司以“尸不经验”奏，其实就是说检验程序不合法，证据存在问题，那么案件事实就被质疑。侍御史辛炳言“偕系故杀，众证分明”，认为这个案件是根据众证定罪，证据没有问题，该案不应该奏谳，这就表明案件事实和证据存疑是可以奏谳。

宣州的另一个案件既存在事实疑问，也存在法律适用疑问。

宣州民叶元有同居兄乱其妻，缢杀之，又杀兄子，强其父与嫂为约契不讼。邻里发其事，州为上请。③

宋神宗在议决本案时，指出对证据的怀疑，他说，“罪人以死，奸乱之事特出叶元之口，不足以定罪”。叶元属于普通乡民，考虑到其无知，应该哀矜，但是他且下民“以妻子之爱，既罔其父，又杀其兄，戕其侄，逆理败伦，宜以殴兄

① 马端临：《文献通考》，卷一百七十，刑考九，中华书局2011年版，第5103页。

② 《宋史刑法志》，载邱汉平编著：《历代刑法志》，商务印书馆2017年版，第383页。

③ 《宋史刑法志》，载邱汉平编著：《历代刑法志》，商务印书馆2017年版，第383页。

至死律论”。这个案件基于对证据的怀疑，推翻了宣州上请的理据，最后没有宽贷，依法论罪。

《宋史·刑法志》记载的另一个案件也是以证据问题提请奏谳的：

> 一将兵逃至外邑，杀村民于深林，民兄后知之，畏申官之费，即焚其尸，事发系狱，以杀时无证、尸不经验奏裁，刑、寺辄定为断配。

整体来看，宋代的法司在处理疑难案件时，遵守了慎刑的司法原则，则处理疑案时，坚持“罪疑惟轻”的原则，对证据有疑问的案件作出较轻的处罚决定。而宋代的皇帝也能够用刑宽缓，“故立法之制严，而用法之情恕，狱有小疑，复奏辄得减宥”。①

3. 法司不能决案件的奏谳

这种案件细分起来，也有两种不同的情况。

第一种是中央法司之间就定罪意见发生争议，无法达成一致意见。譬如宋太宗太平兴国九年，“凤翔司理杨鄘、许州司理张睿并坐掠治平人及亡命卒致死，大理处鄘等公罪，刑部覆以私罪”。② 大理寺和刑部就刑讯致人死亡的犯罪性质产生根本分歧，大理寺认为是公罪，刑部认为是私罪，宋刑统对于私罪的解释是：“私罪，谓不缘公事，私自犯者，虽缘公事，意涉阿曲，亦同私罪。”③司理参军审讯案件显然是缘公事，关键在于其是否“屈法申请”，在刑讯时杂有私人感情和利益。大理寺和刑部的认识完全不同，这就需要皇帝召集大臣们讨论，对这种行为要制定法律规范，本案以私罪论；以后再有刑讯致人死亡者皆以私罪论。即“国家方重惜人命，钦恤刑章，岂忍无辜之人死于酷吏之手！宜如刑部之议，自今诸道敢有擅掠囚致死者，悉以私罪论”。④

神宗熙宁六年，刑部郎中杜纮和大理寺接连发生两次争议，“大理寺断邵武军、兴元府奏案，刑部郎中杜紘议以为不当”。邵武军案是谋杀亲夫案：

---

① 《宋史刑法志》，载邱汉平编著：《历代刑法志》，商务印书馆2017年版，第363页。

② 马端临：《文献通考》卷一百七十，中华书局2011年版，第5094页。

③ 窦仪撰，岳纯之校证：《宋刑统校证》，北京大学出版社2015年版，第28页。

④ 马端临：《文献通考》卷一百七十，中华书局2011年版，第5094~5095页。

> 邵武军奏谳，妇与人奸，谋杀其夫，已定，夫因醉归，奸者杀之。法寺当妇谋杀为从，而紘议妇加功，罪应死。①

双方就妇人从犯是否加功发生争议，是否加功关乎妇人是否判处死刑，所以必须议决这个问题。兴元府奏谳的案件是殴死出妻之子案：

> 又兴元府奏谳，梁怀吉往视出妻之病，因寄粟，其子辄取食之，怀吉殴其子死。法寺以盗粟论，而当怀吉杂犯死罪，引赦原。而紘议出妻受寄粟，而其子辄费用，不入捕法。②

双方争议的焦点是出妻之子是否为盗粟，如果殴死窃盗之徒，是可以免死的。刑部、大理寺争议不下，皇帝派御史台审查双方的意见，最后认定杜纮的谳议不正确，对其处以相应的处罚。

第二种是原判州府与中央法司就定罪意见发生分歧，原判州府不服而奏谳。这类案件最典型的就是大家熟悉的阿云之狱。

> 登州有妇云，于母服嫁韦，恶韦寝陋，谋杀不死，按问欲举，自首，审刑、大理论死，用违律为婚奏裁，贷之。知州许遵言："当减谋杀罪二等，请论如敕律。"乃送刑部，刑部断如审刑、大理。遵不服，请下两制议。诏翰林学士司马光、王安石同议。③

这个案件是登州知州许遵上报的法律适用疑难案件，核心问题在于阿云的婚姻是否成立，是否构成谋杀丈夫，其自首是否能原罪。④ 许遵认为不能，大理寺

---

① 马端临：《文献通考》卷一百七十，中华书局2011年版，第5101页。

② 马端临：《文献通考》卷一百七十，中华书局2011年版，第5101页。

③ 马端临：《文献通考》卷一百七十，中华书局2011年版，第5097页。

④ 关于阿云之狱，学界讨论得比较多，对其中所涉及的法律问题探讨得比较充分，但对于本案的奏谳程序关注相对较少。相关论文参见陈林林：《古典法律解释的合理性取向　以宋"阿云之狱"为分析样本》，载《中外法学》2009年第4期；古戴、陈景良：《宋代疑难案件中的法学命题及其反思——以"阿云案"为分析文本》，载《河南大学学报》2017年第3期。

和刑部的意见一致，许遵不服大理寺、审刑院和刑部的断决，向朝廷直接奏谳。皇帝召集大臣们讨论，讨论的意见分为两派，一方支持法司，一方支持许遵，此案反复讨论、争辩，前后历二十年之久，堪称宋代第一奏谳疑案。

第二节　宋代理学家士大夫疑罪议决的方法

一、宋代士大夫讨论疑罪的依据和理由

如前所述，宋代理学家力主明刑弼教，罚当其罪。但是对于疑罪则需要按照儒家经典所主张“从轻从赦”。如《荀子・正论》云：凡爵列官职，赏庆刑罚，皆有报也，以类相从者也。一物失称，乱之端也。夫德不称位，能不称官，赏不当初，刑不当罪，不祥莫大焉。报，各得其当；称，相当，各得其宜。宋代著名法官包拯更是指出，“罚者必当其罪，不可以幸免”。理学家朱熹认为轻罪可以赎刑，疑罪则需要从轻惟赦。“‘金作赎刑’，罪之极轻、虽入于鞭扑之刑，而情法犹有可议者也。”①那么在议决疑罪时，主要依据标准是什么呢，根据什么规则来讨论定罪量刑呢？

（一）依律处分

仁宗天圣六年，开封府发生冯怀信妻子告发冯怀信放火案，按照法律规定冯怀信的妻子应当被处死，引发法律和善良风俗的尖锐冲突。“有民冯怀信，尝放火，其妻力劝止之。他日，又令盗摘邻家果，不从，而胁以刃，妻惧，告夫。准律，告夫死罪当流，而怀信乃同日全免。上曰：‘此岂人情耶？’乃诏怀信杖脊刺配广南牢城，其妻特释之。”②在本案奏谳过程中，仁宗改变了法律适用的结果，认为法律适用反而会破坏善良风俗。再如仁宗处理另一件军事犯罪案件涉及不可抗力。在敌人进攻中军事将领是否都需要誓死抵抗，明知道白白送死还要去送命，否则就会因为逗挠不前被论罪。“既而经略司言振观望逗挠，请论如律。延

① 参见朱熹的《晦庵文集・答郑景望》。

② 李焘：《续资治通鉴长编》卷一百六，中华书局 2004 年版，第 2461 页。

德、继元家人复诉于朝廷，振时已责绛州，未行，再命侍御史方偕就同州勘问振，罪当斩，偕奏‘振兵寡不敌，苟出以饵贼，无益也’，由是得不死。”①

还有案件涉及当事人的刑事责任能力问题，比如对在疾病发作时所犯罪行是否追究责任。张玉“素凶险，疑三司使包拯以袷享甫近，爱惜赏给，风参为此，因突入三司诟拯。拯使医诊验，谓有心疾，第送殿前司。皇城逻者具以闻，诏下开封案其事，玉实无心疾。台谏乃言玉骄悖，敢凌辱大臣，不可不诛。法官奏比附诸军犯阶级，罪当死，遂诛之”。② 根据司法光的记载，这个案件涉及法律适用问题，军官辱骂时任三司使的包拯，究竟是以下犯上的“犯阶级”还是“凌辱大臣”，当时司法机关人认为“非犯阶级”，故“疑于用法”。

（二）礼法关系

在宋代疑难案件中，礼法冲突是常见的奏谳理由。因为涉及两个根本性规范的冲突，参与讨论的士大夫级别高且人数众。经过群臣的充分讨论，皇帝往往会采纳多数人的意见。比如太宗时期的安崇绪案，安崇绪因为告发继母且与之争夺家产被依法论处死刑，但是告发继母是否应当判处死刑，太宗表示怀疑，于是召集群臣在御前集议。广安军民安崇绪“诉继母冯与父知逸离，今夺资产与己子。大理当崇绪讼母，罪死。太宗疑之，判大理张佖固执前断，遂下台省杂议”。徐铉议曰：“今第明其母冯尝离，即须归宗，否即崇绪准法处死。今详案内不曾离异，其证有四。况不孝之刑，教之大者，宜依刑部、大理寺断。”右仆射李昉等四十三人议曰：“法寺定断为不当。若以五母皆同，即阿蒲虽贱，乃崇绪亲母，崇绪特以田业为冯强占，亲母衣食不给，所以论诉。若从法寺断死，则知逸何辜绝嗣，阿蒲何地托身？”最后根据李昉等人的讨论意见，太宗裁决“田产并归崇绪，冯合与蒲同居，供侍终身。如是，则子有父业可守，冯终身不至乏养。所犯并准赦原。”而参与讨论的徐铉、张佖因为发表错误意见，论罪不当，“各夺奉一月”。③

---

① 李焘：《续资治通鉴长编》卷一百二十八，中华书局2004年版，第3025页。

② 李焘：《续资治通鉴长编》卷一百九十，中华书局2004年版，第4557页。

③ 脱脱等：《宋史》卷二百一，中华书局1985年版，第5005~5006页。

宋代最著名的疑难案件讨论是“阿云之狱”。这个案件前后讨论了三年，当时所有的重臣包括司马光、王安石、苏轼、苏辙、韩维等人都对此案发表过意见。著名的理学家程颢、程颐兄弟也从礼法角度论述了本案的处理原则。该案的议决过程如下：

> 登州奏有妇阿云，母服中聘于韦，恶韦丑陋，谋杀不死。按问欲举，自首。审刑院、大理寺论死，用违律为婚奏裁，敕贷其死。知登州许遵奏，引律“因杀伤而自首，得免所因之罪，仍从故杀伤法”，以谋为所因，当用按问欲举条减二等。刑部定如审刑、大理。时遵方召判大理，御史台劾遵，而遵不伏，请下两制议。乃令翰林学士司马光、王安石同议，二人议不同，遂各为奏。光议是刑部，安石议是遵，诏从安石所议。而御史中丞滕甫犹请再选官定议，御史钱顗请罢遵大理，诏送翰林学士吕公著韩维、知制诰钱公辅重定。公著等议如安石，制曰“可”。于是法官齐恢、王师元、蔡冠卿等皆论奏公著等所议为不当。又诏安石与法官集议，反复论难。

最后，宋神宗采纳了王安石的意见，纯粹从法律的角度进行分析：“谋杀已伤，按问欲举，自首，从谋杀减二等论。”①

王安石讨论的另一个案件张朝复仇杀死从兄案，也是涉及礼法冲突的问题，即是否支持复仇，从判决结果来看，宋神宗和王安石都支持了复仇行为。“苏州民张朝之从兄以枪戮死朝父，逃去，朝执而杀之。审刑、大理当朝十恶不睦，罪死。案既上，参知政事王安石言：‘朝父为从兄所杀，而朝报杀之，罪止加役流，会赦，应原。’帝从安石议，特释朝不问。”②

（三）法律概念和规则的不同解释

宋代司法官员和士大夫均具备较高的法律素养。在疑罪讨论中，我们可以看到很多法律概念的不同解释，比如邵武军妇人案：“邵武军奏谳，妇与人奸，谋

① 脱脱等：《宋史》卷二百一，中华书局1985年版，第5006页。
② 脱脱等：《宋史》卷二百一，中华书局1985年版，第5007页。

杀其夫，已而夫醉归，奸者自杀之。法寺当妇谋杀为从，而刑部郎中杜纮议妇罪应死。”①这实际上讨论的是犯奸妇人未参与奸夫谋杀亲夫案中犯奸妇人所起的作用问题，所以法官争论其是首犯还是从犯。这是由于对首犯、从犯概念的不同理解造成的。张洞在讨论颍州刘甲案时，关于首从如何划分与众人不同。“民刘甲者，强弟柳使鞭其妇，既而投杖，夫妇相持而泣。甲怒，逼柳使再鞭之。妇以无罪死。吏当夫极法，知州欧阳修欲从之。洞曰：‘律以教令者为首，夫为从，且非其意，不当死。’众不听，洞即称疾不出，不得已谳于朝，果如洞言，修甚重之。”②被害人的丈夫被逼鞭打妻子致死，违反了其意愿，不是故杀，所以不符合故杀情状，不应当判处死刑，但是其他官员包括长吏欧阳修都同意客观归罪，坚持判处死刑，后来死罪判决被大理寺纠正。

另一个梁怀吉案则牵涉家庭中是否存在盗窃犯罪问题。“梁怀吉往视出妻之病，因寄粟，其子辄取食之，怀吉殴其子死。法寺以盗粟论，而当怀吉杂犯死罪，引赦原。而纮议出妻受寄粟，而其子辄费用，不入捕法。议既上，御史台论纮议不当，诏罚金，仍展年磨勘。而侍郎崔台符以下三人无所可否，亦罚金。”③

宋代士大夫不仅讨论具体的法律概念，还要讨论法律原则的适用。比如宋代司法中存在一个非常严重的问题“以例破律”，对此司法马光坚决反对。

司马光说：“杀人不死，伤人不刑，尧、舜不能以致治。刑部奏钞兖、怀、耀三州之民有斗杀者，皆当论死，乃妄作情理可悯奏裁，刑部即引旧例贷之。凡律、令、敕、式或不尽载，则有司引例以决。今斗杀当死，自有正条，而刑部承例免死决配，是斗杀条律无所用也。请自今诸州所奏大辟，情理无可悯，刑名无可疑，令刑部还之，使依法处断。若实有可悯、疑虑，即令刑部具其实于奏钞，先拟处断，门下省审覆。如或不当，及用例破条，即驳奏取旨勘之。”④讨论的结果是皇帝下诏：“诸州鞫讯强盗，情理无可悯，刑名无疑虑，而辄奏请，许刑部举驳，重行朝典，无得用例破条。”⑤

① 脱脱等：《宋史》卷二百一，中华书局 1985 年版，第 5010 页。
② 脱脱等：《宋史》卷二百九十九，中华书局 1985 年版，第 9932~9933 页。
③ 脱脱等：《宋史》卷二百一，中华书局 1985 年版，第 5010~5011 页。
④ 脱脱等：《宋史》卷二百一，中华书局 1985 年版，第 5012 页。
⑤ 脱脱等：《宋史》卷二百一，中华书局 1985 年版，第 5011~5012 页。

(四)律意的不同理解

宋代士大夫在法律适用中不拘泥于律文和律注，而是追求律意，也就是我们现在所说的立法目的。譬如说宋代法律史上有一次“盗杀其徒”当如何判决的争论，《宋刑统》规定得非常清楚“盗杀其徒，自首者原之”，但是没有规定“盗杀其徒，并赀而遁，捕得之”如何处罚。如按照律文严格解释，犯罪人既犯有盗罪又犯有杀人罪，数罪并罚，当判死刑。但是，大理寺有时候考虑到鼓励盗罪的处罚后果，反而会对“盗杀其徒”的行为网开一面，不判死罪。这就必然引起争论。王质就坚决反对不依法而依照刑事政策论罪。

> 盗杀其徒，并赀而遁，捕得之。质论盗死，大理以谓法不当死，质曰：“盗杀其徒，自首者原之，所以疑怀其党，且许之自新，此法意也。今杀人取赀而捕获，贷之，岂法意乎?”疏上，不报，降监舒州灵仙观。逾年，韩琦知审刑院，请盗杀其徒，非自首者勿原。著为令。于是郑戬、叶清臣皆言质非罪，且称其材，起知泰州，迁度支郎中，徙荆湖北路转运使。①

(五)特别法的适用

宋代最常见的特别法就是赦令，但是赦令的适用是由法律规定的。在具体案件中，法官常因为赦令的适用产生争议。比如“福津尉刘莹携酒肴集僧舍，屠狗聚饮，杖一伶官，日三顿，因死。权判大理寺王济论以大辟，经德音从流。知审刑院王钦若奏莹不当以德音原释”。后来“断如钦若所启，济坐故入，停官”。②

其次是奏裁法的适用。按照宋代司法惯例，监察机关和断狱机关之间意见不同，应当报请大理寺详定并奏裁，但是对于情节轻重双方可能理解有分歧。比如仁宗景祐三年，“纠察刑狱胥偃言，权知开封府范仲淹判异，阿朱刑名不当，乞

① 脱脱等：《宋史》卷二百六十九，中华书局1985年版，第9244页。

② 李焘：《续资治通鉴长编》卷四十七，中华书局2004年版，第1018页。

下法寺详定。诏仲淹自今似此情轻者，毋得改断，并奏裁”。①

再次是编敕的适用。神宗元丰五年，御史王祖道弹劾吕惠卿，在知延州时祖“遣禁军馈徐禧公使物”，吕惠卿在辩解时“引编敕两府犯公坐案后取旨”。双方就编敕的适用及效果产生争议，吕惠卿认为，按照编敕规定“徐禧无罪不当劾”。王祖道认为，“编敕明有三百里馈酒之禁，而惠卿乃谓变易他物，则酒不出三百里，非所禁也。舞文玩法，罪状甚明”。② 编敕中有禁止馈赠酒，但是吕惠卿馈赠是酒之外的其他物品，是否属于禁止之列。吕惠卿严格解释编敕条文，认为不应禁止，王祖道则认为应该类推适用。

宋代编敕定有贷法，“案法，贷之人各合有罪”，僧人行亲借钱给知祥符县孙纯，“宗梵缘其主僧行亲擅用官给常住粥钱，推其费钱之状，乃出前知祥符县孙纯借钱文字，案法，貣贷之人各合有罪，而主司以纯联近臣之亲，特为停抑其辞，仍累使人谕纯，止令私偿所负，可送无干碍官司根究”。先是，纯罢祥符县，得梓州路提举常平官，而行亲者，旧为纯主治田产，纯欲之新任，从行亲督钱，行亲自借常住钱百千给纯，而宗梵告行亲辄持百千出，疑有奸。权发遣开封府苏颂曰：“宗梵告非干己事，不当治。钱隶常住，非官给，无貣贷法。”然纯闻事觉，即以钱偿行亲矣，宗梵坐决杖。这是貣贷法的适用过程，严格适用是为防止奸弊发生，苏颂行私下借钱不是官钱，不应适用貣贷法，孙纯把钱还给行亲，告发的宗梵反被决杖。③

最后是礼制的遵守。宋代的《士庶丧葬礼》是人们的日常行为规范，也是法律渊源之一，如果不守礼制，则会引发法律适用，是所谓“出礼则入刑”。神宗时期，李定因为不为生身母亲服丧，在朝野引发极大的争议。朝廷为此派人去调查李定的出身和母亲被出的事实。淮南转运司经过调查李定的邻居，认定事实是：“定乃仇氏所生，仇氏亡日，定未尝申乞解官持心丧，止是当年称父八十九岁，迎侍不便，乞在家侍养。”李定未按照礼制为母亲服丧，士大夫对其行为的意见分为两派，一派认为：李定是禽兽之行，应当除名，另一派认为需要察清李定是否

① 李焘：《续资治通鉴长编》卷一百十八，中华书局 2004 年版，第 2775 页。
② 李焘：《续资治通鉴长编》卷三百二十四，中华书局 2004 年版，第 7807 页。
③ 李焘：《续资治通鉴长编》卷二百九十三，中华书局 2004 年版，第 7151 页。

知情。“缘心丧之制，本系孝子之情，若当日未明仇氏为所生，既无母子之恩，何缘乃行心制？今转运司据乡邻人称，定实仇氏所生，益明合依礼制，追服緦麻三月，解官心丧三年。如定称实非仇氏所生，牵合再有辞说，乞自朝廷别作施行。”①朝廷为此再次派员进行调查。在宋代，礼始终是法上之法，礼可以视为是当时社会的特别法。特别法的遵守与律令相同，也需要查明事实，确定是非，再做处分。

二、宋代理学家士大夫疑罪议决的方法

明代理学家邱浚所说的“谳狱，必尽其词，穷其情”。② 在讨论过程中，让所有参与讨论的官员充分表达意见，考虑案件的每一个有可能影响定罪量刑的情节。具体到断谳和奏谳而言，其议罪之方法则又不同。

从上述断谳案件和奏谳案件的梳理，能够清楚看到，在宋代遇到疑案是要逐级上报，县级以上的官府对案件均要进行详议，上报到中央法司后详议的机关和次数更多，如果还是无法决定的话，皇帝就要召集更多的大臣参与案件的讨论。也就是说解决疑难案件在程序上是逐级上报，解决疑难案件主要靠官员的集体讨论。这就是明代理学家邱浚所说的“谳狱，必尽其词，穷其情”。③ 在讨论过程中，让所有参与讨论的官员充分表达意见，考虑案件的每一个有可能影响定罪量刑的情节。具体到断谳和奏谳而言，其议罪之方法则又不同。

（一）法司断谳据法论罪

譬如宋太宗端拱元年，安崇绪诉继母冯氏占夺父资产案，大理寺根据安崇绪告母的行为便定其死罪，在宋太宗提出疑问时，依然维持原来的判决意见。原因在于：首先，大理寺作为法司有一个检法程序，主要是依法断罪。根据地方呈送的案件事实节录本，对犯罪人定罪量刑。其次，大理寺拟判之前，经过两次讨论，一次是左断刑内部的详议，一次是大理寺正和大理寺正副长官的讨论，这些

① 李焘：《续资治通鉴长编》卷二百十六，中华书局 2004 年版，第 5259 页。
② 邱浚：《大学衍义补》，华东师范大学出版社 2010 年版，第 311 页。
③ 邱浚：《大学衍义补》，华东师范大学出版社 2010 年版，第 311 页。

人大多出身于试刑法，精通法律，又常年从事司法实践，所以据法论罪的情形较为常见。最后，宋代大理寺和刑部之间人员交流频繁，形成相对稳定的法官群体，对于同一案件有相同或者比较接近的看法。

大理寺、刑部在议决安崇绪案件时，便紧抓住案件证据：

> 安崇绪词理虽繁，今但当定其母冯与父曾离与不离。如已离异，即须令冯归宗；如不曾离，即崇绪准法诉母处死。今详案内不曾离异，其证有四：崇绪所执父书，只言遂州公论后母冯自归本家便为离异，固非事实；又知逸在京，阿冯却来知逸之家，数年后知逸方死，岂可并无论诉遣斥？其证一也。本军初勘，有族人安景泛证云已曾离异，诸亲具知，及欲追寻诸亲，景泛便自引退，其证二也。知逸有三处庄田，冯却后来，自占两处，小妻高占一处。高来取冯庄课，曾经论讼，高即自引退。不曾离，其证三也。本军曾收崇绪所生母蒲勘问，亦称不知离绝，其证四也。又自知逸入京之后、阿冯却归以来，凡经三度官司勘鞫，并无离异状况。不孝之刑，教之大者，崇绪请依刑部、大理寺元断处死。①

当案件事实清楚，但是没有法律可供援引时，大理寺论罪会援引类似的案例，如前所述宣州叶全二案：

> 始近之提点浙东刑狱也，绍兴民俞富捕盗而并杀盗妻，近奏富与盗别无私仇，愿贷死。诏从之。法寺援以为比，执前拟不变。②

从断谳方法来看，中央法司议刑是基于地方州府上报的事实，主要讨论法律的适用问题。在法律概念、法律规范出现两种或两种以上理解、解释时，中央法司选择其中一种作为权威解释，并据此作出断决。在没有法律规范可供援引时，中央法司可以援引类似的在先案例。在中央法司对法律适用问题产生争议和分歧

① 马端临：《文献通考》卷一百七十，中华书局 2011 年版，第 5095 页。
② 马端临：《文献通考》卷一百七十，中华书局 2011 年版，第 5104 页。

时，则由皇帝与更多的官员参与讨论，最终肯定一种法律适用意见或者另行作出一种新的法律适用决定。

(二)奏谳衡情轻重追求平

奏谳案件则主要考虑法与情的衡平。从宋代史籍记载的奏谳案件来看，大多是情轻法重和情重法轻的案件，皇帝召集大臣讨论奏谳案件，大臣们主要考虑的是权衡情之情重，也就是在情法之间寻找平衡。在议罪时，他们较少考虑犯罪人本身的行为及其后果，更多地考虑犯罪的动机、背景和社会影响。譬如安崇绪案，宰相李昉主要考虑安家的生活安定问题。

> 右仆射李昉等四十三人议曰："据法寺定断，以安崇绪论嫡母冯罪便合处死，臣等深为不当。若以五母皆同，即阿蒲虽贱，乃是安崇绪之亲母，崇绪本以田业为冯强占，亲母衣食不充，所以论诉。若从法寺断死，则知逸负何辜而绝嗣？阿蒲处何地而托身？"臣等参详：田业并合归崇绪，冯亦合与蒲同居，终身供侍，不得有阙。冯不得擅自货易庄田，并本家亲族亦不得来主崇绪家务。如是，则男虽庶子，有父业可安，女虽出嫁，有本家可归，阿冯终身又不乏养。所有罪犯，并准赦原。①

李昉提出的解决此案的方案完全超出了法律规定的范围，他不仅不追究涉案当事人的刑事责任，还直接决定了安崇绪的家庭生活和财产占有状况，这样做的目的是为了解决安崇绪家的矛盾纠纷，而子告母的法律争议反倒变得不重要了。

另一个奏谳案件比较特殊，是由当事人做官的哥哥奏报朝廷，高宗皇帝下令让中书省的给事中和中书舍人讨论此案：

> 绍兴二十七年十月，盗发乌江县王公衮母冢，有司释之，公衮手杀盗。事闻，其兄佐为吏部员外郎，乞纳官以赎公衮之罪。诏令给、舍议。时给、舍杨椿等大略谓："发冢开棺者，律当绞。公衮始获盗，不敢杀而归之吏，

① 马端临：《文献通考》卷一百七十，中华书局2011年版，第5095页。

狱成而吏出之，使扬扬出入闾巷，与齐民齿，则地下之辱，沉痛郁结，终莫之伸，为人子者，尚得自比于人！椿等谓公衮杀掘冢法应死之人为无罪，纳官赎弟之请当不许，故纵失刑，有司之罪，宜如律。上是之。”①

杨椿等人在讨论此案时也不是只针对“王公衮故杀发掘其母墓之盗”这一行为，而是讨论本案涉及的所有相关方，首先发冢开棺的盗应当处绞刑；其次，当地官员纵囚；再次，王公衮先诉于官府而官府未追究其责任，作为人子的情感状况；最后，王公衮之兄纳官赎罪是否应该接受。全面讨论了此案的来龙去脉之后，决定王公衮应当无罪，当地官员失刑，其兄纳官赎弟罪不接受，一举解决了这一案件。

从宋代奏谳案件的议刑过程来看，奏谳案件的议罪有以下几个特点：一是参与的人数众多，包括宰相、中书省、枢密院、御史台等中枢部门的官员，有时还特别指定翰林学士参加。二是讨论的对象不限于犯罪行为和定罪量刑，而是对引发案件的矛盾进行全面讨论，提出解决问题的方案。三是议罪中可以畅所欲言，讨论的目的是尽其词、穷其情，综合各方面的意见，主要依据是情，衡平情之轻重作出最终处断。

第三节　宋代疑狱谳议之结果

奏谳案件因为刑名疑虑或情理轻重而具有典型性，奏谳案件在经过议罪之后通常会引起法律的改变。这种改变可以概括为以下三种类型：(1)重新解释法律条文，以新的解释代替旧的解释。(2)对法律规定不清楚、含义不明确的，创制新的法律规范。(3)通过对当时社会多发的典型案件的议决创立新的断例。下面逐次论述。

一、重新解释法律条文

宋太宗太平兴国二年，因为定县妇人杀害前妻之儿媳，重新界定继母和继子

① 马端临：《文献通考》卷一百七十，中华书局2011年版，第5106页。

女、婆媳之关系，如有互相残害，比同常人，这就改变了律文疏议的解释。

太宗兴国二年，泾州言：定县妇人怒夫前妻之子妇，断其喉而杀之。下诏曰："刑宪之设，盖厚于人伦，孝慈所生，实由乎天性。矧乃嫡继之际，固有爱憎之殊。法贵原心，理难共贯。自今继母杀伤夫前妻之子及姑杀妇者，并以凡人论。"①

八年，尚书省言："诸获盗，有已经杀人，及元犯强奸、强盗贷命断配之人，再犯捕获，有司例用知人欲告、或按问自首减免法。且律文自首减等断遣者，为其情非巨蠹，有改过自新之心。至于奸、盗，与余犯不同，难以例减。请强盗已杀人，并强奸或元犯强盗贷命，若持杖三人以上，知人欲告、按问欲举而自首，及因人首告应减者，并不在减等之例。"②

初，王安石与司马光争议按问自首法，卒从安石议。至是，光为相，复申前议改焉。乃诏："强盗按问欲举自首者，不用减等。"既而给事中范纯仁言："熙宁按问欲举条并得原减，以容奸太多，元丰八年，别立条制。窃详已杀人、强奸，于法自不当首，不应更用按问减等。至于贷命及持杖强盗，亦不减等，深为太重。按嘉祐编敕：'应犯罪之人，因疑被执，赃证未明，或徒党就擒，未被指说，但诘问便承，皆从律按问欲举首减之科。若已经诘问，隐拒本罪，不在首减之例。'此敕当理，当时用之，天下号为刑平。请于法不首者，自不得原减，其余取嘉祐编敕定断，则用法当情，上以广好生之德，下则无一夫不获之冤。"从之。③

二、参酌情理对律文作出变通

如前所述，司理参军刑讯逼供致人死亡经讨论被认定为私罪，这就对宋刑统名例律的公私罪划分作出补充规定。

---

① 马端临：《文献通考》卷一百七十，中华书局 2011 年版，第 5094 页。

② 马端临：《文献通考》卷一百七十，中华书局 2011 年版，第 5101 页。

③ 脱脱等：《宋史》卷二百一，中华书局 1985 年版，第 5011 页。

凤翔司理杨鄴、许州司理张睿并坐掠治平人及亡命卒致死，大理处鄴等公罪，刑部覆以私罪。诏曰："法寺以鄴等本非用情，宜从公过议法；刑部以其擅行掠治，合以私罪定刑。虽所执不同，亦未为乖当。国家方重惜人命，钦恤刑章，岂忍无辜之人死于酷吏之手！宜如刑部之议，自今诸道敢有擅掠囚致死者，悉以私罪论。"①

三、创制新的断例

社会生活不断变化，律文规范的社会生活总是有限的，通过"谳"，宋代不断创制新的断例。仁宗庆历三年，诏刑部、大理寺"集断狱篇为例"，规定在法无明文规定的情况下可以援引断例；比如前文所述阿云之狱创制了新的按问欲举之法，前面议决的成案可以作为后来案件的裁判标准。谳狱议决的成案编纂为断例要经过法定程序，作为法令的辅助和补充。

因为对鞫谳分司制的误读，学界对宋代司法审判活动中的"谳"认识并不清楚。通常把谳解释为判，其实从宋代法律史料的考辨结果来看，宋代谳的核心内容仍然是议罪，也就是对疑难案件作出处理决定。谳的过程就是决疑的过程。这个决议的过程具有中国文化的特色。

按照谳狱主体和程序的不同，宋代的"谳"可以分为断谳与奏谳；断谳主要在府州军地方官府和中央的大理寺，均实行断谳合一制，其追求的目标是法律适用准确；任何司法机关对于判决不当的案件均可以质疑，并提出驳议，可以针对事实，也可以针对处理结果，这贯穿于断狱的始终，在最终决定作出之前，有处断权的机关可以反复谳，中央还专门设置谳狱的机关，对其他司法机关的判决结果进行复核。

奏谳则是死罪案件存在刑名疑虑、情理可悯的情形时上报皇帝，由皇帝召集中政府官员集体讨论决定案件处理结果，其重心在于衡平情轻法重、轻重法轻案件的判决结果，对案件全面讨论使"尽其词，穷其情"。断谳重法，奏谳允情。谳的结果是重新解释法律条文、补充具体规则或者创制断例，谳这一司法活动最终也影响到立法。

① 马端临：《文献通考》卷一百七十，中华书局2011年版，第5100页。

总之，在宋代，谳这一司法活动与秦汉并无本质不同，是为在官僚体制内实现断决疑案的目的，事实上，很多疑案在这个过程中得到合理的解决，这也是值得我们重视的法律现象。

第九章　理学和宋元时期的人心政俗之变

王安石变法之后自上而下以法变俗转变为自下而上的社会重塑，理学家士大夫在礼法社会重塑中发挥了重要的主体作用。南宋到元是宋元变革的定型期，经过长时间的探索，礼法和风俗的冲突逐渐化解。宋元时期法律和法律的冲突主要集中在婚姻、家庭和丧葬争讼上，将《名公书判清明集》和《元典章》记载的同一类型的案件做比较，会发现二者的处理基本一致，背后的观念和原理就是南宋之后开始起支配作用的理学。由宋到元，婚姻缔结、维持和解除纳入朱子家礼的调整范围，家庭成员、近亲属之间的争讼经过曲折反复重新回到唐律确定的法律规范之下，但民间分家习惯被官方承认并吸收进法律；丧葬习俗更为复杂，墓田制度由民间习惯变成法律制度，违反礼法的丧葬行为被法律矫正，而更多的民间丧葬礼被官方的士庶丧葬礼确认。宋元之际的法律与风俗的冲突走向融合的过程，也是宋代司法传统的历史转型的过程，宋代司法传统从伦理—秩序转向元代的秩序—伦理，从而形塑了元明清三代近八百年的社会纠纷解决模式。

第一节　以法变俗：理学家通过司法整合法律与风俗的冲突

一、司法维护婚姻之防

婚姻是礼俗之本，儒家认为有天地然后有男女，男女婚配是礼之始。女子一与夫合，终身不改。宋代法律规定，男女一旦订婚之后，不许悔婚，否则要受到刑罚处罚。唐宋律典的规定，“诸许嫁女，已报婚书及有私约，而辄悔者，杖六十。虽无许婚之书，但受聘财亦是。若更许他人者，杖一百；已成者，徒一年半……女追归前夫，前夫不娶，还聘财，后夫婚如法”。① 事实上在宋代这一法律规定是被各级官府严格贯彻执行的。在南宋时期刘后村曾经判过《已回定帖而翻悔》的案件：

谢必洪亲笔书写定亲帖子，明确允诺将谢宅女子与刘教授宅男子议亲，“定帖之内，开载奁匣数目，明言谢氏女子与刘教授宅宣教议亲，详悉明白”，后来谢迪离不肯招认定亲帖子，但引上全行书铺辨验，见得上件帖子系谢迪男必洪亲笔书写。刘克庄引用了上述法律条文，并批判词：

> 定帖分明，条法分明，更不从长评议，又不赍出缣帖，必要讯荆下狱而后已……再判：在法：诸背先约，与他人为婚，追归前夫。已嫁尚追，况未嫁乎？刘颖若无绝意，谢迪只得践盟，不然，争讼未有已也。仰更详法制，两下从长对定，申。再判：照放，各给事由。②

刘克庄认为本案有婚姻定帖，白纸黑字，法律规定也很清楚，根本不应该有争议。谢家必须将女儿嫁给刘家，否则就会招致刑罚惩治。可见，在南宋中后期，定亲后不许悔婚仍然是婚姻缔结的基本原则。男女婚配被认为是最重要的伦理，不允许因为情势变化而改变，改变的不仅是婚约，而是传统社会儒家最重视的名分大义，即所谓天无二日、国无二君、女无再嫁之理。

宋人王结在其《善俗要义·正婚姻》中认为，“人伦之道，始于夫妇；夫妇之本，正自婚姻。婚姻之事，又当谨其始，而亲信以终之也。凡娶妇嫁女，必先察其壻妇性行及其家法何如，然后明立婚约。称其贫富，办纳聘财及物，虽有多寡不同，必须精粹坚好，却不得以滥恶充数。其要约日期，各宜遵守。又当随其丰俭，聊备酒食，以会亲戚故旧。此所以合姻娅之欢，厚男女之别，以和夫妇，以正人伦也”。③ 针对当时的风俗，王结已经指出善良风俗不应当只关心聘财，而

① 窦仪等撰，薛梅卿点校：《宋刑统》，中国政法大学出版社 1998 年版，第 137 页。

② 中国社会科学院历史研究所宋辽金元史研究室点校：《名公书判清明集》，中华书局 1987 年版，第 347 页。

③ 杨一凡主编：《中国古代地方法律文献》，社会科学出版社 2007 年版，第 1366 页。

不管结婚对象的品性。婚姻是人伦之始，关乎夫妇和，子孙昌荣。

在《善俗要义·明要约》中王结针对婚姻争讼案件屡发的现状进行批评，认为婚约不明正是婚俗败坏的表现：

> 近年风俗愈薄，巧伪日增，凡田宅、婚姻、债负、良贱，偶因要约不明，多致争讼昏赖，紊乱官府，动辄岁年，干碍平人，妨误生计……今后民间婚姻、田宅等事及两相贸易，合立文约者，皆须分明开写年月、价值、期限、证佐，以备他日检勘。①

这种婚姻风俗和法律的冲突是根本性的，一女二嫁通常是为了钱财。王结评论说："近年婚姻之家，贫慕富贵权势，不为男女远图，或结婚之后，随即乖争。计较聘财多寡，责望资装厚薄，兴讼连年，紊乱官府。以致男大不婚，女长不聘，妇姑不和，翁婿相怨。伤风害义，莫此为甚。"②在儒家话语体系中，这是义和利的冲突。法律显然是维护了伦理，改变贪财好利的风俗。

据史籍记载，宋元江南地区有典妻之风，就是丈夫与别的男子签订典妻契约，约定妻子做别人的妻子或者妾一段时间，期满后双方继续夫妻关系。这种风俗早在北宋就为当时的地方官员所注意。苏轼在论及青苗法危害时说道："二十年间，因欠青苗至卖田宅、雇妻女、投水自缢者，不可胜数。"③苏轼在这里所说的雇妻还是被迫的。而在南宋《清明集》中，记载有雇妻的案例，这显然是双方合意的结果。这桩案件是署名为天水的法官经手的案件，案件的事实大概如下：

陈思永本是北宋名臣陈升之的五世孙，到了南宋，穷困潦倒，"思永之女嫁与吴子晦为妻，亦是宦家之后。不能自立，家道扫地，与其妻寄寓于陈季渊之家，陈氏与针指以自给，为贫至此"。后来陈氏的母亲刘氏到官府告状，称女儿被吴子晦典给别人了。官府因为涉及名臣之后，决心调查此事，抓过来吴子晦问其典妻之事，开始还有所隐瞒，后来另一当事人雷司户拿出来了典妻文书，此事大白。官府因为陈氏是官宦之后，所以对案件非常重视：

---

① 杨一凡主编：《中国古代地方法律文献》，社会科学出版社2007年版，第1411页。

② 王结：《善俗要义·正婚姻》，载《影印文渊阁四库全书》，台湾"商务印书馆"1986年版，第986页。

③ 李焘：《续资治通鉴长编》卷三百八十四，中华书局2004年版，第16443页。

> 官司以其为陈秀公之孙，不忍坐视其失身，永为上世之玷，不得不为施行。追到吴子晦，方且力讳其事，索到雷司户雇契，再三诘问，方据剖露。详其初欲雇之时，始则招吴子晦饮酒，诱致先留陈氏在其家一夕，次日方令立契，若将陈氏略行究问，必有甚不韪者，司正不欲尽情根究耳。①

根据当时的法律规定："在法，雇妻与人者，同和离法。"吴子晦雇妻于人，按照和离的合依上条定断，官司未欲尽情施行。法官根据案件的情况，判决刘氏把女儿领回家。在这桩雇妻案中，不仅有陈氏的丈夫吴子晦，接受雇妻的雷司户，契约上签字的还有保人，保人居然是陈氏的叔叔陈季渊，陈季渊在契约上画押同意侄女雇于他人做妻。法官对此非常愤怒：

> 且令刘氏当官责领其女归家，若其夫子晦有可供赡，不至失所，却令复还。万一不能自给，无从赡养其妻，合从刘氏改嫁，官司却当备条给据。陈季渊名相之诸孙，受人濡沫，却与亲侄女着押雇契，此岂复有人心。引押下，请门长自行遣。仍牒门长照会，从所陈，住罢所给义庄米。雷司户干人程八乙别吴子晦免收坐，并刘如圭放。雇契毁抹。②

由此可见，南宋时期雇妻是按照法律上的和离来处理的，双方婚姻关系解除。《宋刑统·户婚律》规定："若其卖妻为婢原情即和离异，夫自嫁者，依律两离，卖之充贱，更合此条。"这里通过判例的形式明确了在法律上，将妻子雇卖与他人的这一行为等同于夫妻和离。

在汉人婚姻礼法中，妻子"虽有弃状而有三不去，一经持公姑之丧，二娶时贱后贵，三有所受无所归，即不得弃。其犯奸者，不用此律"。③ 除了七出三不

① 中国社会科学院历史研究所宋辽金元史研究室点校：《名公书判清明集》，中华书局1987年版，第382页。

② 中国社会科学院历史研究所宋辽金元史研究室点校：《名公书判清明集》，中华书局1987年版，第382页。

③ 陈高华、张帆、刘晓、党宝海点校：《元典章》卷十八，天津古籍出版社2011年版，第646页。

去，男女解除婚姻关系还有义绝。夫妻以义合，义绝则离。夫妻在长时间的生活中，如果相互侵害或者近亲属之间相互侵害或者与一定范围内的近亲属通奸，则夫妻之间势必难以共同生活下去。所以法律规定强制其离婚。

《宋刑统》列举的“义绝之状”包括“义绝谓殴妻之祖父母、父母，及杀妻外祖父母、伯叔父母、兄弟姑姊妹，若夫妻祖父母、父母、外祖父母、伯叔父母、兄弟姑姊妹自相杀，及妻殴夫之祖父母、父母，杀伤夫外祖父母、伯叔父母、兄弟姑姊妹，及与夫之缌麻以上亲若妻母奸，及欲害夫者，虽会赦皆为义绝”。① 到南宋则增加了“强奸离异条”。

《庆元条法事类》卷八十规定：“妻被夫同居亲强奸，虽未成，而其愿离者亦听。”《名公书判清明集》在“将已嫁之女背后再嫁”一案中记载谢三阿吴受公公胡千三的调戏，虽未成奸，“阿吴固难再归其家”而判离异。同卷“杂门·诸色犯奸”条又规定：“诸令妻及子孙妇若女使为倡，并媒合与人奸者，虽未成，并离之（虽非媒合，知而受财者，同），女使放从便。”南宋时期法律变化非常值得注意，说明妻子在家庭生活中，受到性侵犯的事情时有发生，这和当时的社会风俗有密切关系。《清明集》中丈夫接受财物让妻子勾引少年卖淫的案件很多，如支乙在衢州大街上开了一家茶馆，实际上二楼是赌场，他的妻子就在一楼勾引不良子弟，出卖色相。还有将妻子卖给他人，接受财物将妻子嫁给他人的案件，这在南宋民间社会似乎较常见，但是这是严重违反礼法的行为。依照当时的法律规定：“诸和娶人妻及嫁之者，各徒二年，即夫自嫁者亦同，仍两离之。”

《清明集》中翁甫判决的一个案件就是丈夫转让妻子给他人，不仅后面的改嫁婚姻被判无效，原来的夫妻关系也被断离，法官判决妻子另行改嫁。在判词中，翁甫详细进行了说理：

> 叶四有妻阿邵，不能供养，自写立休书、钱领及画手模，将阿邵嫁与吕元五，父子共交去官会三百贯，尚有未尽会二百贯寄留叶万六家。既已亲书交钱，又复经官陈理，若如此而可取妻，是妻可以戏卖也。吕元五贪图阿邵为妻，令裴千七夫妻与杨万乙啜诱叶四，虽已写约，尚未心服，而遽占留阿

① 窦仪等：《宋刑统》，中华书局1984年版，第223页。

邵在家。若如此而可得妻，是妻可以力夺也。律有两离之法，正为此等。阿邵身为叶四妻，虽夫不良，且合依母，遽委身于吕元五，惟恐改嫁之不速。如此而可免罪，是妻可以擅去也。三名按法各得徒罪，且就本县各勘杖一百，照条两离之。①

二、司法维护家庭伦理

家庭是传统社会的基本单元，也是儒家教化的基础。父慈子孝、兄友弟恭、夫和妇听，长惠幼顺，这是儒家最重视的伦理规则，这些规则都集中在家庭内部。中国传统社会又特别重视“孝”，法律中规定有“不孝”罪，严厉惩罚子孙的不孝行为。可是在南宋到元这一段历史时期，我们可以看到为数众多的家庭争讼案件，这和统治者宣扬提倡的家庭和睦恰恰相反。在家庭争讼中，不仅有近亲属之间的争财竞产，甚至还有兄弟分家之讼，父母讼子案件，这中间所有的争讼都是围绕一个“利”字而发生，看来单纯的道德说教并不能防止人们的逐利之风，这样的案件发生之后，宋元时期的法官将如何处理呢？

母子至亲，骨肉之情。从儒家伦理来讲，子对母唯有尽孝义务，且有孝经一书传诵万世，以规训人们的行为。唐宋法律中，不孝行为列十恶重罪。违反者有刑罚以待之。儿子不孝，母亲一旦提出告诉，官府势必追究。宋代江南地区风俗凉薄，《清明集》中就记载了两桩母讼子的案件。

一个是胡颖判的案件，阿周以讼其子马圭不孝。胡颖接到案件大感羞愧，认为自己教化不明，竟然发生如此人伦惨变，急忙审讯，发现这个马圭果然是个不孝子，十年前他的父亲就告他不孝。

亟呼其母至前，询问其状，乃备陈马圭不肖之迹，父母与之以田，则鬻之，勉其营生，则悖之，戒其赌博，则违之。十年之前，已尝为父所讼，而挞以记之矣，今不惟罔有悛心，而且以为怨。其间更有当职之所不忍闻者。

① 中国社会科学院历史研究所宋辽金元史研究室点校：《名公书判清明集》，中华书局1987年版，第352页。

观其所为若此，则是真为恶人，非复如陈元之可化矣。当职心实忿焉，从其母之所请，刑之于市，与众弃之矣。早间其母又执至其父遗嘱，哀矜恻怛之情，备见于词意间，读之几欲堕泪，益信天下无不慈之父母，只有不孝之子。罔极之恩，马圭虽粉骨碎身，其将何以报哉！但其父既有乞免官行遣之词，而其母亦复恻然动念，不胜舐犊之爱，当职方此老吾老以及人之老，亦何幸其遂为母子如初欤！①

马圭好赌成性，破荡家产。父母给他田地，他却卖掉并把钱花光了。导致父母年老，无依无靠。十年前父亲曾经到官府告过他，官府曾对他行笞刑，父亲最后还是原谅了他。父亲抱恨而死，立有遗嘱，虽然马圭不孝，父亲还是为他着想，不让官府依律治他的罪，只是笞责记过。现在马圭怙恶不悛，毫无悔改，母亲无奈再次将他告上官府。年迈无依的阿周还是顾及母子之情，不愿儿子被判处不孝之罪。胡颖决定先教后刑：

今更不欲坐马圭之罪，押归本家，恳告邻舍、亲戚，引领去拜谢乃母，友爱乃弟，如再有分毫干犯，乃母有词，定当科以不孝之罪。所有马早遗嘱，录白一纸入案，更以一纸付马圭，归家时时诵读，使之知乃父爱之如此其至，则天理或者油然而生尔。仍特支官会二十贯，酒肉四瓶付马圭，仰将归家，以为诸召亲戚、邻舍之用。②

蔡杭也审理过一个父亲告儿子的案件。告发事由是子盗父牛，实际上背后的原因还是不孝，但是从这个案件中我们可以看到父子异居异财已经是普遍现象。儿子娶妻成家之后，父母与其分家析产也是民间生活的常态。但是按照法律规定就比较麻烦，首先分家异居异财就已经违反了“父母在、别籍异财”条，构成不孝。本案中儿子不仅不供养父母，还盗取父亲的耕牛，如果按照案件的实际情

① 中国社会科学院历史研究所宋辽金元史研究室点校：《名公书判清明集》，中华书局1987年版，第363页。

② 中国社会科学院历史研究所宋辽金元史研究室点校：《名公书判清明集》，中华书局1987年版，第363页。

况，儿子构成窃盗和不孝。但是因为二人是亲父子，法官很难依律处断，还是选择了教化为先。判词是：

> 子盗父牛，罪当笞。至于不孝一节，本州当有以教化之，岂可便行编管。送州佥厅，且将彭明乙枷项日程，仍令日设拜其父，候父慈子孝，即与疎放。①

胡颖判的另外一个案件也是母讼子不孝，表现是不供养。寡妇阿蒋状告其子钟千乙妄用其钱，导致其贫不聊生。胡颖这次同样没有对钟千乙施以刑法。

> 嫠妇阿蒋，茕然孑立，所恃以为命者，其子钟千乙而已。其子狼狈如许，既不能营求勺合，以赡其母，阿蒋贫不聊生，至鬻其榻，以苟朝夕，剥牀及肤，困穷极矣！钟千乙又将其钱妄用，久而不归，致割其爱，声诉于官，此岂其情之得已哉！钟千乙合行断治，今观其母羸病之余，喘息不保，或有缓急，谁为之倚，未欲寘之于法，且责戒励，放。自此以后，仰革心悔过，以养其母。本州仍支五斗，责付阿蒋，且充日下接济之须。②

南宋法官在面对父母讼子的案件时，实际上是劝解、教导和接济共用，并不机械援用法条，而是根据案件的具体情况来决定如何处断。无论是法律还是教化，其目标是统一的，就是要维护纲常伦理秩序，这在理学家法官看来，是万世不易之理。所以他们考虑的不仅是其行为是否构成犯罪的问题，儿子的行为构成不孝犯罪没有问题。但是一旦定罪量刑，会让原本已经受到损害的伦理关系雪上加霜，也会更加恶化父母的处境。所以宋代理学家法官在面对人伦案件的时候，是以教育、劝诫、解决实际困难为主。实际上，南宋法官面对江南社会的小家庭时，非常无奈，他们认为父子异居、兄弟分家已经是民间生活的常态，要解决这

① 中国社会科学院历史研究所宋辽金元史研究室点校：《名公书判清明集》，中华书局1987年版，第359页。

② 中国社会科学院历史研究所宋辽金元史研究室点校：《名公书判清明集》，中华书局1987年版，第364页。

个问题，单纯靠法律是不行的，必须重建基层家庭秩序。用刑罚制裁不能让儿子尽孝，也不会让伦理亲情恢复。

《论语》开篇就讲"孝悌也者，其为仁之本欤？"悌讲的就是兄友弟恭，是仅次于父慈子孝的伦理规则。兄弟和睦，协力同心一直是儒家倡导的家庭生活准则。为了防止亲人反目、手足相残，十恶中规定有恶逆、不睦的犯罪。但是现实生活中，由于兄弟要分家析产，存在直接的利益冲突，所以兄弟争财竞产的案件经常发生。南宋绍熙三年三月九日户部出台的法令，其实认可了兄弟分家习惯。"凡祖父母、父母愿为摽拨而有照据者，合与行使，无出入其说，以起争端。"这就在事实上承认了民间分家析产的合法性。兄弟分家之后，因为能力、品性、际遇各不相同，原本分得的同样的家产后来就会差异巨大。加之兄弟之中生养子女、家财是否有人继承不同，兄弟之间发生争讼的可能性就大大增加了。分析宋元时期的兄弟争业案例，我们按照身份和血缘关系分为亲生兄弟、同父异母兄弟、生子和嗣子之讼。

三、司法和合兄弟之情

南宋名公吴革就审理过亲生兄弟争财的案件，他是如何平衡财产和伦理的关系呢？案情大致情况是这样的：

潘琮、潘柽是亲兄弟，在没有分家之前，哥哥潘琮将土地出典给潘祖华。后来兄弟分家，潘柽将田地断卖。双方发生纠纷："今县断既不伏而经府，府断又不伏而陈词，反覆嚣讼，首尾四年。"潘琮、潘柽乃亲兄弟，虽是潘琮出典于兄弟未分之前，却是潘柽断卖于兄弟既分之后，盖此田系分在潘柽名下，所以潘柽自行书契断卖，即非盗卖潘琮之产。且潘柽不特断卖此一项承分田产而已，其卖住房、桑地与祖应，亦潘柽亲书契字，笔迹皆可比证。则此田果潘柽已分之产，果潘柽自卖自书之契，在祖应不当执未分无用之簿，昏赖为潘琮之物，妄行取赎。潘琮伪造证据，编造事实，想昏赖兄弟的产业。吴革查明了事实，对案件作出评判：

> 小人为气所使，惟利是趋，所争之田不满一亩，互争之讼不止数年，遂使兄弟之义大有所伤而不顾，官司更不早与剖决，则阋墙之祸，何时而已。

定限十日结绝，申。①

胡颖审理的兄弟之讼案件冲突更加激烈。邹应祥、邹应龙、邹应麟是亲兄弟，邹应龙先到官府告其兄邹应祥，两个月后，邹应祥诉邹应龙不恭，邹应麟也诉邹应龙不友，三兄弟迭相告诉。邹应祥控诉邹应龙“挥肱以折其齿，执梃以叩其胫”。事实究竟如何呢？胡颖通过艰苦的取证，查明了事实。

且应祥尝养应龙之子为子，已不幸短命而死，则又养其女以为女矣，及笄而嫁之。为兄如此，亦不可谓之不友矣。应龙何乃不念天显，而不恭如此之甚邪？岂惟不恭而已哉，堂有慈亲，年踰六十，义既乖于同气，孝宁慰于母心，好货财，私妻子之念一炎于中，遂至不孝于母，不恭于兄，不友于弟，举天下之大恶，一朝冒为之而弗顾，若人也，真禽兽之不若矣，尚何面目以戴天履地乎！②

面对法律和家庭情义的冲突，胡颖作出平衡。

今应祥、应麟恐伤慈母之怀，不欲终讼，固足以见不藏怒，不宿怨之心，但应龙罪恶不可胜诛，难尽从恕。以恩掩义者，兄弟之至情也，明刑弼教者，有司之公法也，二者不可偏废。邹应龙从轻勘一百。

南宋后期后村先生刘克庄曾经面对一个几乎完全相同的案件：

丁瑠、丁增系亲兄弟，父死之时，其家有产钱六、七贯文。丁瑠不能自立，躭溺村妇，纵情饮博，家道渐废，逮至兄弟分析，不无偏重之患。既分之后，丁瑠将承分田业典卖罄尽。又垂涎其弟，侵渔不已。丁增有牛二头，

① 中国社会科学院历史研究所宋辽金元史研究室点校：《名公书判清明集》，中华书局1987年版，第173页。

② 中国社会科学院历史研究所宋辽金元史研究室点校：《名公书判清明集》，中华书局1987年版，第371页。

寄养丘州八家，丁瑠则牵去出卖。丁增有禾三百余贴，顿留东田仓内，丁增则搬归其家。丁增无如兄何，遂经府、县，并牵牛搬禾人陈论。追到丁瑠，无以为辞，却称牛是衆钱买到，禾系祖母在日生放之物。寻行拖照，丁增买牛自有照据，祖母身死已久，安得有禾留至今日。盖丁增原系东田居住，因出赘县坊，内有少租禾安顿东田仓内。丁瑠挟长而凌其弟，逞强而夺其物，而到官尚复巧辨饰非，以盖其罪。官司不当以法废恩，不欲尽情根究，引监丁瑠，备牛两头，仍量备禾二贴，交还丁增。①

刘克庄根据本案的证据和各方供词查明了案件事实，也辨明了是非。认定丁瑠侵渔其弟财产，将兄弟家的牛牵走盗卖。后来又百般狡辩，被一一拆穿。事实虽然查明，是非也分得清楚，但是刘克庄认为兄弟争财不能比照常人判决，还是要维持伦理：

产业分析之不均，财物侵夺之无义，固是不得其平。然而人伦之爱，不可磨灭，若一一如常人究极，至于极尽，则又几于伤恩矣。所以辨明是非，物归原主即可，不需要穷追猛打，非要按律处断。”在另一个兄弟争财案件中，他也明确说“天伦之至爱，举天下无越于此”，如一味唯利是图，不知同气之大义，颠冥错乱，绝灭天理，则为风教之羞。所以审理案件的几位官员，都力主和议。同时也明确态度：“肆无餍之欲，嚣讼不已，明正典刑，有司之所不容姑息也。②

嗣子是父母本来无亲生子，立本族同宗子侄辈为嗣。立嗣之后又有亲生子的情况经常发生，这就造成血缘上的亲生子和法律上的合法继承人之间发生财产争夺。从情感上讲，父母当然希望自己亲生子把财产全部继承，但是嗣子确是法律保护的继承人，是有继承资格的，在这种财产争讼中，父母通常和亲生子站在一

① 中国社会科学院历史研究所宋辽金元史研究室点校：《名公书判清明集》，中华书局1987年版，第373页。

② 中国社会科学院历史研究所宋辽金元史研究室点校：《名公书判清明集》，中华书局1987年版，第374页。

方，嗣子居于被动地位。

南宋清明集记载的《母在不应以亲生子与抱养子析产》案件便是一桩亲生子和立嗣子分家析产的案件。陈文卿没有孩子，就抱养了一个叫陈厚的孩子作为养子将来继承香火，是为嗣子。抱养之后，陈文卿的妻子吴氏连续生了两个孩子，分别叫陈谦、陈寅。在陈文卿生前，就给他们兄弟三人分家，把产业分成三份，让陈厚出去另过日子。陈文卿去世后，吴氏把剩余财产再分为三份，彻底把家分了。陈厚拿到分得的产业，很快就把家产卖了。后来陈厚就陷入了困窘之中，“谦、陈寅挟母以治其兄，至谓陈厚殴母”，就是想把陈厚彻底赶出去，整个家庭陷入兄弟争讼之中。法官分析了案件发生的原因，就是因为父母偏爱自己的亲生子，想为二人多留财产，甚至想把嗣子扫地出门。

法官认为：“吴氏夫妇若贤，则于有子之后，政当调护均一，使三子雍睦无间言可也。无故自以产业析而三之，文卿既死之后，吴氏又以未分之业析之。陈厚自鬻己产，固为不是，然使吴氏初无偏私之意，未卽分开产业，至今同爨而食，母为之主，则陈厚虽欲出卖而无从。”①

兄弟之间产生的诉讼，甚至告发陈厚殴打母亲这样的恶逆之罪都是虚构出来的。“至谓陈厚殴母，于状内称于十月二十九日陈状判执者，此特谦、寅买填印白纸，栽添讼本而已。”②

法官判决认定母在二子分家析产是违法的，按照法律来处理，还讲明了其中的道理。“准法，父母在，不许别籍异财者，正欲均其贫富，养其孝弟而已。今观吴氏子母违法析产以与陈厚者，是欲蹙之使贫也。昔姜氏恶庄公，爱叔段，东莱吕氏云：爱恶二字，乃是事因。今吴氏爱恶何以异此。幸今吴氏母子因陈厚论收诡户，稍肯就和，此当职之所深愿也。唤上陈厚，当厅先拜谢其母，陈谦、陈寅次拜谢其兄，唤乡司克除陈厚、陈谦、陈寅三户之外，其余范从政、陈梦龙、陈氏儿陈堪下黄庚、三姐、陈文卿等五户物业，并归陈文卿一户，而使吴氏掌之，同居共爨，遂为子母兄弟如初。他时吴氏考终之后，从条只将陈文卿一户分

① 中国社会科学院历史研究所宋辽金元史研究室点校：《名公书判清明集》，中华书局1987年版，第278页。

② 中国社会科学院历史研究所宋辽金元史研究室点校：《名公书判清明集》，中华书局1987年版，第278页。

与三子，陈厚不得再分陈谦、陈寅两户物业，以其已经分析立户，自行卖尽故也。若以法意言之，谦、寅两户亦合归并，但陈厚既已自卖其所受之产，不欲归并，以遂陈厚重叠分业之科，此又屈公法而徇人情耳。仍给据与谦、寅为照。陈厚者，归与妻子改节以事其亲，笃友以谐其弟，自此以后，无乖争凌犯之习，以厚里闾，尤令之所望也。仍申。”①这个判决否定了生前分家的效力，最后又将所有的财产合并起来，归为一体，目的在于厚风俗，正人伦。

四、司法维护宗族之亲

按照儒家的伦理规则和礼的要求，人们首先亲其所亲，然后向外推展，孝亲到友恭兄弟再到敦睦九族、亲仁乡里。但是在宋元判例中，可见到大量的近亲属争讼和同宗的侵夺案件，这些案件使民风浇薄，强者凌弱，众者欺寡，完全背离儒家的社会理想。法律如何处理这些案件呢？

南宋翁甫曾经审理过叔叔侵夺侄子财产案件。杨天常乃杨提举之幼子，出为伯统领后，本不当再得杨提举下物业。今其亲侄杨师尧等诉，谓天常占提举位一千三百硕谷田。翁甫经过调查，发现此案因时间久远，已经无法查明事实，只能根据现有的干照来认定财产所有人。他判道：

> 在法：分财产满三年而诉不平，又遗嘱满十年而诉者，不得受理。杨天常得业正与未正，未暇论，其历年已深，管佃已久矣，委是难以追理。请天常、师尧叔姪各照元管，存睦族之谊，不必生事交争，使亡者姓名徒挂讼牒，实一美事。如不伏所断，请自经向上官司。②

胡颖审判的一个案件大致相同，是叔父谋吞并幼侄财产案。胡颖查明案件事实，发现李细二十三在哥嫂去世之后，把自己的儿子作为哥嫂的养子继承全部家产，把哥嫂的亲生子李文孜逼得无家可归，胡颖愤怒至极。他说：

① 中国社会科学院历史研究所宋辽金元史研究室点校：《名公书判清明集》，中华书局1987年版，第278页。

② 中国社会科学院历史研究所宋辽金元史研究室点校：《名公书判清明集》，中华书局1987年版，第135页。

李文孜蕞尔童稚，怙恃俱亡，行道之人，所共怜悯。李细二十三为其叔父，非特略无矜恤之心，又且肆其吞噬之志，以己之子为兄之子，据其田业，毁其室庐、服食、器用之资，鸡、豚、狗、彘之畜，毫发丝粟，莫不奄而有之。遂使兄嫂之丧，暴露不得葬，孤遗之姪，逃遁而无所归。其灭绝天理，亦甚矣！

光出离愤怒是无济于事的，此案怎么处理呢。胡颖认为按照法律规定即使李细二十三的儿子真的是兄嫂生前所养，“在法，所养子孙破荡家产，生不能侍养，死不能安葬，实有显过，官司审验得实，可以剥夺其继承权。今其不孝不友如此，其过岂止于破荡家产与不侍养而已，在官司亦当断之以义，遣逐归宗。况叔侄乎?”①李细二十三勾结主簿，编造谎言，侵夺侄子财产，已经构成犯罪。依法应当严惩。

在宗族之中，叔侄是旁系血亲中最亲的关系，因为争财竟产相欺凌侵夺，远一点的关系更不用说了。南宋另一位名公吴革所判的案件则是属于宗族欺孤占产案。

正如吴革所说，“宗族亲戚间不幸夭丧，妻弱子幼，又或未有继嗣者，此最可念也。悼死而为之主丧，继绝而为之择后，当以真实恻怛为心，尽公竭力而行之，此宗族亲戚之责之义也。近来词诉乃大不然，死者之肉未寒，为兄弟、为女婿、为亲戚者，其于丧葬之事，一不暇问，但知欺陵孤寡，或偷搬其财物，或收藏其契书，或盗卖其田地，或强割其禾稻，或以无分为有分，或以有子为无子，贪图继立，为利忘义，全无人心，此风最为薄恶。非特小人，如梁万三、阿曹等之讼而已，甚至儒衣儒冠，亦有此讼，太守甚窃愧之”。②

案件的经过是这样的：刘传卿生有一男一女，女的叫季五，男的叫季六，季六长大后娶阿曹为妻，季五娘招赘梁万三为女婿。后来刘传卿死了，不久他的儿子季六也死了，再后来季五娘又死了。家中就剩下季六的妻子阿曹和他的儿子春

① 中国社会科学院历史研究所宋辽金元史研究室点校：《名公书判清明集》，中华书局1987年版，第285页。

② 中国社会科学院历史研究所宋辽金元史研究室点校：《名公书判清明集》，中华书局1987年版，第236页。

哥，孤儿寡母守着刘家一份家产度日。刘家的家产业由阿曹主管。梁万三作为赘婿，妻子去世了，本来和这家已经没有关系，但是他想霸占刘家的家产，勾结刘氏家族诸人，典卖据有刘氏产业。攫取其家财，后盗卖其产业，既占据其茶店，又强取其田租，至于刘季六之丧与其妻之丧，至今暴露而不葬，则悉置之不问。

刘氏为什么要支持梁万三呢？打的都是自己的算盘，如吴革所说，“刘氏房族，往往或利于并吞，或利于继立”，所以和梁万三勾结在一起，图谋刘家财产。吴革查明事实之后，判决“将见存产置籍印押，责付阿曹管业，不许典卖，以俟其子之长。但于其间会计所费，给之资，速将其夫季六安葬，仍略支拨钱物，责付梁万三自葬其妻。所有梁万三已据占典卖田业，仍合理还，庶几天理人情，各得其当。如梁万三尚敢恃强，欺凌占据，即请申解，切将送狱研究，照条施行。仍榜市曹，以示劝诫。”①

五、司法昭示孝敬之意

赘婿在传统社会原本地位低下，但是到了宋元时期，入赘之风盛行，特别是元代女婿长时间和岳父母生活在一起，对岳父母尽孝，照顾他们的生活，甚至为其养老送终，这样女婿就和岳父母之间形成了亲密关系。但是，法律上女婿毕竟不是儿子，从服制上说，岳父母和女婿之间是缌麻亲，是五服中最远的一层亲戚，其法律地位比儿子相差甚远，在岳父母家产发生分割或者继承时，往往是没有女婿的份额的，财产还是诸子均分，但是宋元时期，已经开始考虑行孝女婿可以分配一定的财产份额。

若以正常婚姻论之，宋代法律是不支持女婿的继承权的。本节用刘克庄所判的一个家产分割案来说明这个问题。

周丙不幸去世，留下一个遗腹子和女儿周细乙娘。按照法律规定，遗腹子和周细乙娘都有继承权。在法：“父母已亡，儿女分产，女合得男之半。遗腹之男，亦男也，周丙身后财产合作三分，遗腹子得二分，细乙娘得一分”，如此分析，方合法意。但是周细乙娘看到妻子娘家无人，就想从中分得一份财产，便将岳父

① 中国社会科学院历史研究所宋辽金元史研究室点校：《名公书判清明集》，中华书局1987年版，第236页。

家最好最肥沃的田地划给自己一大块，说是岳父岳母赠与自己的，并伪造了凭据和文书。刘克庄查明事实，明确宣告，对于岳父家的财产，女婿没有继承权，根本无权拿走肥沃的田地，李应龙所提供的证据也都是假证据。当即"索上周丙户下一宗田园干照并浮财账目，将硗腴好恶匹配作三分，唤上合分人，当厅拈阄。金厅先索李应龙一宗违法干照，毁抹附案"。①

南宋年间，王有成之父王万孙因对父母供养有缺，致使其父母老无所养，不得不栖身于女婿李茂先家，也就是王有成的姑母家。后王万孙父母的生养死葬，皆由女婿李茂先承办。王万孙父母临终前将自己承佃的职田遗嘱给女婿李茂先。为此，王有成多次到官府缠诉，追索其祖父职田承租权。审案官员审理后判决，此项职田仍由李茂先承佃，且以王有成无故扰乱官府工作秩序为由，责罚其竹篦二十下。为了下面评析方便，现将部分判词摘录于下："王有成之父王万孙昨因不能孝养父母，遂致其父母老病无归，依栖女婿，养生送死，皆赖其力。况此项职田，系是官物，其父之遗嘱，其母之状词，与官府之公据，及累政太守之判凭，皆李茂先承佃。王有成父子不知负罪引慝，尚敢怨天尤人，紊烦官司凡十余载，合行科断王有成决竹篦二十。"

此案中，王有成祖父当年承佃的"职田"，虽在其临终前以遗嘱形式转给了女婿李茂先，但仍需官府重新制发承佃凭证，李茂先只凭其岳父遗嘱并不能取得该项"职田"的承佃权。故判词中有"此项职田系是官物，其父之遗嘱，其母之词状，与官司之公据，及累政太守之判凭"等语。因此，女婿在一定条件下是能够继承岳父母家的财产的。

法官通过本案确立了一个女婿继承的规则，这个规则为后世所接受，实质是昭示了儒家提倡的孝义。元典章中记载了多个判例，给予养老女婿财产继承权。

第二节　以礼化俗：宋代理学家重塑基层社会秩序

宋王朝一直在非常大力地推行文明，"一道德，同风俗"，而且国家通过政治

① 中国社会科学院历史研究所宋辽金元史研究室点校：《名公书判清明集》，中华书局1987年版，第277页。

权力推行文明还得到了士大夫和乡绅的认可。皇权统治国家，乡绅建构社会。乡绅与国家在对文明的推进方面，表现得非常一致，并且行之有效。首先，通过礼制的恢复与重建，由一系列的礼仪，确认权力的天赋正当性。其次，建立一个有权威的国家系统，恢复和确认政治、经济与文化的秩序，获得民众的认同。最后，恢复与重建知识、思想与信仰世界的有效性，以教育和考试培养阶层化的知识集团，建立制度化的文化支持系统，以重新确立思想秩序。①

程颢在《请修学校尊师儒取士札子》中所言：治天下以正风俗、得贤长为本。宋兴百余年，而教化未大醇，人情未尽美，士人微谦退之节，乡闾无廉耻之行，刑虽繁而奸不止，官虽冗而材不足者，此盖学校之不修，师儒之不尊，无以风劝养励之使然耳。以去圣久远，师道不立，儒者之学几于废熄，惟朝廷崇尚教育之，则不日而复。古者一道德以同俗，苟师学不正，则道德何为一？今人执私见，家为异说，支离经训，无复统一，道之不明不行，乃在于此。②

“一道德，同风俗”是宋代官方和士绅阶层都讲得很多的一句话，在推进以“道德”为中心，改变和整顿“风俗”的文明，使国家道德伦理趋向同一，社会秩序趋向规范这一点上，皇权所象征的“国家”与士绅所代表的“社会”是一致的。

正如南宋嘉泰三年（1203年）一个官员上疏中说的，“治道之要在正风俗，而风俗之别，则有二焉，曰民俗，曰士俗，民俗不正，士俗救之”。③

《宋会要辑稿》刑法二记载，政和二年（1112年）吕堂上书还提到，东南数州之地，特别是宣歙，其次是江宁，再次是饶信，有“男多叫杀其男，女多则杀其女”的“薅子”之风，这是发生在我们今天看来是文明区域的事情，但后来在官方的干预下，表面上这种土风渐渐消失。

宋代的一道德同风俗理念在实践中也得到贯彻。宋代的士大夫以强烈的主体精神和担当意识推动一道德、同风俗。从宋代的法律与风俗的关系来看，以下几个特点：

一是构建法律和风俗共同的伦理内容。宋代的法律体系承自前代，《宋刑统》

① 葛兆光：《中国思想史》（第二卷），复旦大学出版社2001年版，第170页。

② 程颢、程颐：《二程集》，中华书局1988年版，第295页。

③ 徐松辑，刘琳、刁忠民、舒大刚、尹波等校点：《宋会要辑稿》刑法二，中华书局1957年版，第6421页。

承袭《唐律疏议》几乎没有变动，法律的指导原则是“一准乎礼”，宋代统治者和士大夫将这些法律中的原则真正作为社会生活的原则，且要主动构建法律所维护的社会秩序，让社会生活符合礼的要求，整个社会和法律一样，都要“一准乎礼”。

二是以法律去除不符合礼的原则的行为。因为国家有崇尚的道德规范，对于违反道德规范的惯习行为进行纠正，对一些“恶习”“陋俗”进行强制改变。

三是士大夫身体力行，用“乡约”去构建基层社会新秩序，培养新风尚和新民俗，用家法族规去实现敦亲睦族，整合宗族力量，使之成为新风尚和新民俗的主要承载者。

宋元时期，统治者面临法律与风俗的冲突，极力调和其矛盾，自上而下是以礼定法、以法变俗，国家制定礼、法，人们普遍遵守。官员在执行过程中，遇到法律与风俗的冲突，则维持伦理根本，以教化为主要方法，极少使用刑罚。在宋代，众多的士大夫主张重建基层社会，从敦亲睦族开始，改造基层社会的生活状态和规范，使之逐渐适应礼法的要求，经过宋元时期持续的努力，终于改变了中国的基层社会的结构，也基本化解了法律和风俗之间的矛盾。

一、治标之策：法律和行政手段的配合

面对丧葬法律和风俗的严重冲突，统治者如果严格执行法律，必然出现大量的徒流罪犯，赭衣塞路，狱满为患。历史教训和现实国情都使得统治者不会也不可能选择这种解决方式。宋代统治者选择了和缓的儒家方式，教化为主，刑罚为辅，对民间业已形成的风俗，不强制短期内迅速革除，而是逐渐改变，对违法者不克重刑，而是竭力消除火葬产生的根源。所以《宋史·刑法志》说宋初统治者虽立重典，而执法以忠厚为本，“其君一以宽仁为治，故立法之制严，而用法之情恕”。

在用法忠恕思想的指引下，在地方上，火葬律文禁令其实并未被认真遵守，地方官员虽熟悉朝廷敕令，但在实践中基本没有按照律文执行，宋代没有因实行火葬遭到刑事处罚的案例，“国朝著令，贫无葬地者，许以系官之地安葬。河东地狭人众，虽至亲之丧，悉皆焚弃。韩琦镇并州，以官钱市田数顷，给民安葬，至今为美谈。然则承流宣化，使民不叛于礼法，正守臣之职也。方今火葬之惨，

日益炽甚，事关风化，理宜禁止。仍饬守臣措置荒闲之地，使贫民得以收葬，少裨风化之美"。① 宋仁宗庆历六年（1046年），"侍御史黄君，楚俗，死者焚弃，委其骨于野，死者焚而委其骨于野，君为访谕使，收瘗，至辍俸以济之"②，"韩稚圭镇并州，以官镪市田数顷，俾州民骨肉之亡者有安葬之地"③，范纯仁帅太原，"俾僚属收无主烬骨，别男女，异穴以葬。又檄诸郡仿此，不可以万数计"。④ 这些官员在地方"待俗以礼法"，力图"规变薄俗"。这些做法受到士大夫的好评，被认为是古循吏所为，因而载入史籍，传为美谈。

从韩琦、范纯仁等地方官员在火葬盛行的河东地区采取的措施来看，并没有按照法律追究火葬亲人者的刑事责任，而是用行政手段试图改变这些习俗。

为了解决无地贫民安葬的问题，国家设置漏泽园，为贫民实行土葬提供公共墓地。此举始于神宗，元丰二年三月（1079年），"诏给地葬畿内寄蓑之丧，无所归者，官瘗之"，⑤ 到徽宗时期，全国各州县普遍设立了漏泽园，⑥ 南宋时，统治者曾多次下令设置漏泽园，葬埋无主尸骨。南宋还确立墓田法，保护实行土葬者的合法权益。南宋尚书省指挥曾经有详细的解释："婺州申：墓禁内起造屋宇，合不合毁拆？及日后听与不听起造斫伐？如是田园，听与不听地主垦种？本所看详，虽在禁步内，既非己业，惟日后不许安葬外，如不愿卖，自从其便，仍不许于步内取掘填垒。"⑦这就说明墓田有禁步，受到法律特殊保护，土地和墓田所有权人不一致时，墓田权益优先。

二、治本之略——重建宗法关系和乡土社会

即便是采取了有效的行政手段矫治流俗，众多的士大夫对丧葬风俗违反礼法的现状还是非常忧虑的，他们认为丧葬风俗败坏会影响到儒家理想社会秩序的建

① 脱脱等：《宋史》，中华书局1985年版，第2918~2919页。

② 刘挚：《忠肃集》卷一三，四库全书本。

③ 江少虞：《宋朝事实类苑》，上海古籍出版社1980年版，第275~276页。

④ 楼钥：《攻媿集》卷七十四。与周辉：《清波杂志》卷十二所载略同。

⑤ 脱脱等：《宋史》，中华书局1985年版，第297页。

⑥ 脱脱等：《宋史》，中华书局1985年版，第391页。

⑦ 中国社会科学院宋辽金元史研究室点校：《名公书判清明集》，中华书局1987年版，第323页。

立。对丧葬风俗发表意见的有诸多名公巨卿，北宋王安石、司马光、程颐、胡寅，南宋的朱熹、黄震、真德秀，无论他们政见如何，在对待丧葬风俗这一问题上，立场却非常一致，就是必须探求风俗败坏的原因，重建礼制秩序。程颐说："古人之法，必犯大恶则焚其尸。今风俗之弊，遂以为礼，虽孝子慈孙，亦不以为异……可不哀哉？"①王安石说："父母死，则燔而捐之水中，其不可，明也；禁使葬之，其不可，亦明也。然而吏相与非之乎上，民相与怪之乎下，盖其习之久也，则至于戕贼父母而无以为不可，故曰禁之不可也。"②朱熹更是明确反对火葬，态度坚决地要求弟子不能循俗"用释道火化"，而要从自身做起，移风易俗。③ 最为难能可贵的是，宋代士大夫认识到要改变风俗，实行儒家的葬仪，必须重建礼仪赖以生长的宗法秩序，培育起和礼相一致的社会关系。为此，他们从自身开始，进行了重塑乡俗的实践，决意使人们改变行为方式，自觉遵守礼仪要求，日远罪而不自知。

新的宗法制度和乡土社会的形成具有明显的社会效果，宗族力量增强，宗法关系确立使得社会成员重新进入一个集体，贫穷的社会成员能够得到及时的帮助和救济，人们有能力实现礼制的要求。这就清除了火葬盛行的主要社会根源，另外，宗族关系、乡土社会使人们形成基于血缘和地缘的团体，形成相对封闭的社会关系网，限制商品经济的规模和城镇的进一步发展，对社会流动确实起到了禁锢作用，这就对火葬兴起的另两个因素也产生间接的影响。元代在宋代宗族制度发展基础上，受宋代朱熹《家礼》影响，兴建祭祀四世以上祖先的宗族祠堂在增多，而且宗族的规模及组织化程度越来越高。祭祀祖先香火背后，相适应的还有设立祭田、编撰族谱、举办义学、共修族规等现象，反映了宗族凝聚力的增强，族长的作用也在加强。清代张履指出"今世宗祠合族，数十百千咸在，似起于元之季世"。④ 因此，宋元以后，随着宗族力量的壮大，曾经兴盛一时的火葬风俗逐渐走向消亡。

---

① 程颢、程颐：《二程集》，中华书局 1984 年版，第 58 页。

② 吕祖谦：《宋文鉴》，中华书局 1992 年版，第 1763 页。

③ 朱熹：《朱子语类》，中华书局 1986 年版，第 3281 页。

④ 《皇朝经世文续编》卷六，转引自周积明、宋德命幸编：《中国社会史论》上卷，湖北教育出版社 2005 年版，第 322 页。

《朱子家礼》在仪式的环节上虽然沿用古制，但在增损上已经有自己的特色。《元典章》在《礼部卷》中提到，元代婚姻礼制条是依据朱熹的《朱子家礼·婚礼》订立的，是撮合变通古六礼而成的。王晓清甚至说："朱熹的家礼是至元婚礼的直接翻版。"影响具体体现在：第一，朱熹删繁就简"六礼"成"三礼"在元代婚姻礼制上得到了体现。第二，朱熹倡导的"议婚"，在元代婚制中明文确立，并成为订婚程序的首项礼仪。第三，朱熹比较重视庙见的宗法意义，所以把庙见的两个组成部分，"妇见舅姑"和"庙见"格外强调，而且在时间周期上明确缩短为三日庙见。元代法律是采用了的，而且是丝毫未见修改于至元八年（1271 年）尚书省就批准了礼部上呈的婚姻礼制，具体内容为："契勘人伦之道，婚姻为大。即今聘财筵会，已有定例外，据拜门一节，系女真风俗，遍行合属革去外，据汉儿人旧来体例，照得朱文公家礼内婚礼，酌古准今，拟到各项事理。"①都省议得，登车、乘马、设次之礼，贫家不能办者，从其所欲外，据其余事理，依准所拟。这条记载说明元政府将女真等民族的婚俗均进行了革除，主要根据"汉儿人"体制与《朱子家礼》的规定，对婚礼的礼仪程序作了明确的法律规定。

《家礼》作为儒家礼学的重要著作之一，在南宋时期由于皇权式微、民不聊生、礼学复兴艰辛等客观原因并没有得到很好的推行，对民间的影响力极为有限。随着蒙古族颠覆南宋入主中原之后，出于统治的需要元廷颁布诏书正式确立《家礼》的官方地位，成为全国通用家礼，也是自元代开始，《家礼》的经典性被永久确立，明清两代沿袭。

朱熹的《家礼》也规定婚后第三日，家长要带新妇见于祠堂，主人要念念有词"子某之妇某氏，敢见"。仪式完成以后，标志着女子正式成为男方家族中的正式成员，入籍男家族谱。元代，"三日，主人以妇见于祠堂"。② "庙见"仪式在"六礼"中是如此重要，以至于历代在增减中都毫无意外地保留。推测起来，举行这样的仪式是为了通过仪式的强化作用构成一种精神威压，"使女子在道德品行上受到男方家庭的约束，迫使其婚后恭顺丈夫、孝敬公婆、善待其他家庭成员，以

① 方龄贵点校：《通制条格》卷三，中华书局 2001 年版，第 138 页。
② 方龄贵点校：《通制条格》卷三，中华书局 2001 年版，第 1 页。

保证男方家庭的和睦和谐”。① 据汉儿人旧来体例，照得朱文公《家礼》内《婚礼》，酌古准今，拟到各项事理。登车、乘马、设次之礼，贫家不能办者，从其所欲外，据其余事理，依准所拟。② 而且，法律还非常注重社会有效性，给予民间自行变通的空间很大除了规定“登车、乘马、设次之礼，贫家不能办者，从其所欲”以外，还鉴于当时“作赘召婿之家往往甚多”，“虽非古礼，亦难革拨”，法令作出了“权依时俗而行”的规定，对元代婚俗的形成具有积极意义。大德元年五月，由于陕西有“吃干羊”婚俗。“婚姻之家召媒求聘，未尝许肯，先吃干羊”，而吃干羊仪式却不意味着订婚已成。往往是前家未走，后家又来。为此，御史台要求“遵用礼部定到汉人议婚、纳采等例”，礼部“合准台拟，禁约”。③

以法成俗包括两种含义，一是国家将必须要遵守的秩序规则和伦理原则制定为法律，法令颁布，人们普遍遵守，改变原来的行为习惯。二是国家法律根据情势变化和每年实际情况，吸收一部分习惯进入法律，以缓和法律和风俗的紧张关系。前者主要依靠执法，后者则依靠立法和司法。

礼既颁行，法亦随之。宋代君臣曾努力运用法律移风易俗。如张永德在南阳时，唐邓之俗，家有病者，虽父母亦弃去弗省视，故病者辄死。武胜节度使张永德请严刑禁之。④ 范旻在广西也是如此，邕州俗重祠祭，被病者不敢治疗，但益杀鸡豚，徼福于淫昏之鬼。范旻下令禁止，出俸钱市药物，亲为和合，民有言病者给之。获痊愈千计。⑤

随着经济的发展，人口流动性加快，宋代乡里不再是单一家族居住，而是多个姓氏的人们共同居住生活，为了维护乡里的伦理秩序，士大夫们制定了乡民共同遵守的乡约。典型的有北宋张时举定《弟子职女诫乡约家仪乡仪》，吕大钧制定的《吕氏乡约仪》，南宋朱熹又对《吕氏乡约仪》做出增删，编成《增损吕氏乡约》，主要内容包括要求加入乡约者：(1)德业相劝；(2)过失相规；(3)礼俗相交；(4)造请拜揖。这些规范约束同乡居住成员的日常行为，劝导人们遵守礼法，违

① 祝瑞开：《中国婚姻家庭史》，北京学林出版社 2002 年版，第 68 页。

② 方龄贵点校：《通制条格》卷三，中华书局 2001 年版，第 36~38 页。

③ 方龄贵点校：《通制条格》卷三，中华书局 2001 年版，第 50 页。

④ 李焘：《续资治通鉴长编》卷四，中华书局 2004 年版，第 37 页。

⑤ 李焘：《续资治通鉴长编》卷十二，中华书局 2004 年版，第 116 页。

背乡约将受到相应的惩罚，严重的要开除乡籍。

经过宋代士大夫的努力，以宗子或者族长为核心的宗族社会在民间逐渐建立起来，在解决民间纠纷中发挥着极为重要的作用。首先，宗子作为宗族首领，多是仕宦之子，有社会地位，受过良好的儒家教育，引导宗族成员"父子亲，兄弟和，妻子相好"，敦亲睦族，和谐相处。其次，宗族组织可以处理族内成员各种纠纷，处罚违反族规的行为。在宗族中，士绅调解解决宗族内部的财产纠纷，邻里纠纷，族长采用训诫、惩戒等方式制裁违反族规的行为。最后宗族解决民间纠纷和官方司法结合起来，共同处理复杂的民间纠纷，即所谓"官批民调"。在日常生活中，宗族社会的纠纷解决机制维持着基层社会秩序的稳定。

楼钥《周伯济墓志铭》载明州人周伯济居乡期间，"田有逋负，未尝讼于官。公赋则先期而输，间至质贷，了无愠色。寡言若讷，不为谄谀。克勤小物，深忧远虑。举足如蹈规矩。遇人无少长，与之均礼。真有不欺暗室之意。教子甚笃，每以门户之重训饬之"。尽管寥寥数语，却恰可与《袁氏世范》中"赋税宜预办""存恤佃客""节用有常理""言语贵寡简""礼不可因人分轻重"诸条相印证。此外如婺源人赵德蕴居家"诚以处己，宽以待下，俭以家居。"明州人李宗质自临安通判退职家居后，"时出其余以济人，遇岁寒，散廪以食贫者"。明州人周伯范居乡，"年登半百，即以棺椟施贫人之丧，所济甚众。官道倾圮，加以甃甓，行者赖焉。经理家务，井井有条，时出其余以周人之急。姐妹既行，及宗族之疏远者，恩意有差"。又如陈亮所撰墓志铭载婺州人陈性之居乡"不交涉官吏"；永康人周叔辩"其所后之父有女子三人，尽以其产自随，斥其毫末以与叔辩，已又以势夺之，叔辩亦不较也"。叶适《陈叔向墓志铭》载处州陈叔向"侍父孝谨，宣教君(其父——引者按)殡，不解衣者数月。……祭庙以主，合族以宗，行义修，内外完，彬彬乎一乡之和也。"

乡约是中国古代基层中的一种重要组织，最早的乡约是由北宋熙宁年间理学家吕大钧为应对乡役制所导致的乡村失序而创立的，史称"吕氏乡约"。对于吕氏乡约的文本内容，理学大师朱熹曾做过修订，因此在南宋士大夫间颇有影响。江南士大夫也曾从风而起，在家乡推行乡约。如婺州东阳(今属浙江金华)人李大有(1158—1223年)，字谦仲，曾任太常博士，乡居时在家乡讲求乡约，"正岁乡之大夫士属于序，谦仲为正齿位，仿古饮酒礼，且取前贤乡约乡仪锓梓以风示之，士习用劝”。又如休宁人程永奇，号格斋先生，是朱熹的弟子，“居家尝仿伊川宗会法，以合族人，又举行吕氏乡约，冠婚丧祭悉用朱子礼，乡族化之”。

理学型士大夫在努力实现儒家理想的社会状态，通过改变社会成员的关系稳定社会秩序，最大限度地减少犯罪发生的可能性。理学型士大夫为恢复三代礼治，把主要精力投入基层社会秩序的建设，大批的理学型士大夫身体力行，成为地方领袖，他们编订家法族谱重建宗族秩序，制定乡约里规将基层社会关系伦理化。宋代基层社会关系伦理化的过程就是社会成员关系固化的过程，社会流动性大大削弱、犯罪的可能性大大降低，一个由宗法伦理为主导的基层社会秩序逐渐形成。

第十章　理学兴起与宋代司法传统的历史转型

明人陈邦瞻云：宇宙风气，其变之大者有三：洪荒一变而为唐、虞，以至于周，七国为极；再变而为汉，以至于唐，五季为极；宋其三变，而吾未睹其极也。变未极，则治不得不相为因。① 近世历史学者或从文化角度将中国古代史分为二周期、三阶段，或从经济史角度分为四分期，大多将宋代作为一个分界线。“唐宋变革论”已为越来越多的学者所接受，法律史视野下的唐宋社会变动的研究也在日益走向深入。就司法传统而言，学界虽对中国古代的司法主体、司法程序、司法经验和审判技艺展开多方面研究，但研究者或将中国司法传统视为一贯，或只专注于断代的司法研究。中国古代司法传统是否发生历史转型，何时转型，如何转型则少有关注。若从司法传统角度对中国古代史进行分期，则可分为三阶段：上古司法时期(夏商周至战国)，中古司法时期(秦汉至唐)，近世司法时期(宋元至清)。本章主要论述汉唐中古司法向宋清近世司法的转型内涵、过程及其决定性力量。

第一节　汉代司法则天传统及其实践

一、汉代司法则天的理论

(一)司法为何则天：汉儒的天人相应观对司法的影响

任何一个王朝政权都宣称自己受命于天，具有当然的合法性，于是天象和政

① 陈邦瞻：《宋史纪事本末》，中华书局 2015 年版，第 1191 页。

事就有了密切的联系。从汉代以来，历代王朝都遵循天人感应的学说构建统治秩序。

汉儒的天人相应之说，起源远在春秋之前。① 子思、孟子继承之，发为五行妖祥之论，齐国邹衍主张五德终始，创阴阳家一派，但其主旨与儒家相通，意在用天道证人事，限制君权，爱惜人命。② 这种思想被秦汉统治者所接受，为官方确认的政治信仰。董仲舒将阴阳五行与儒家思想结合，提出天人相应哲学观，这就为司法则天提供了思想基础。

1. 天为人本

董仲舒认为，万物之中，天人关系最相类，“为生不能为人，为人者，天也，人之人本于天，天亦人之曾祖父也，此人之所以乃上类天也。人之形体，化天数而成；人之血气，化天志而仁；人之德行，化天理而义；人之好恶，化天之暖清；人之喜怒，化天之寒暑；人之受命，化天之四时；人生有喜怒哀乐之答，春秋冬夏之类也。喜，春之答也，怒，秋之答也，乐，夏之答也，哀，冬之答也，天之副在乎人，人之情性有由天者矣，故曰受，由天之号也”。③ 天是人之本，虽不赋予其生命，但却使人具有人性。人所具有的仁义、好恶、喜怒皆是仿效天之不同元素。天既是人之本，便具有惩罚人的终极权力。人们之间发生狱讼是违背天赋予的本性，必然要受到天的惩罚，然而，天意高难问，谁能领会天意、解释天意，代表天来惩罚不符合天道的人的行为呢？是代天巡狩万民的天子。

2. 王者配天，象天行政

天子为天人之媒介。其政制象天，庆赏刑罚交替使用。“天有四时，王有四政，若四时，通类也，天人所同有也。庆为春，赏为夏，罚为秋，刑为冬。庆赏罚刑之不可不具也，如春夏秋冬不可不备也；庆赏罚刑，当其处不可不发，若暖暑清寒，当其时不可不出也；庆赏罚刑各有正处，如春夏秋冬各有时也；四政者

---

① 冯友兰：《中国哲学史》，北京大学出版社 2013 年版，第 46~65 页。

② 萧公权认为：“战国君权逐渐专制，邹衍五德九州之天谈，其意正在以异说警时君，使其知主运可移而威势难恃。汉儒惩秦专制之失，略袭其旨，欲以灾异符命戒惧人主，使之自敛，不复为纵恣专横之事。此盖图以天权限制君权，藉防君主专制之流弊。”参见氏著《中国政治思想史》，辽宁教育出版社 1998 年版，第 273 页。

③ 董仲舒撰，苏舆注：《春秋繁露义证》卷十一，中华书局 1992 年版，第 318 页。

不可以相干也，犹四时不可相干也；四政者不可以易处也，犹四时不可易处也。”①对于天子来说，天之四时变化意味着庆赏刑罚，四者必须具备且交相为用，才能使政通人和。

那么何时适用庆赏，何时适用刑罚呢？董仲舒用阴阳五行解释说：

“阴之行，春居东方，秋居西方，夏居空右，冬居空左，夏居空下，冬居空上，此阴之常处也；阳之行，春居上，冬居下，此阳之常处也。阴终岁四移，而阳常居实，非亲阳而疏阴，任德而远刑与！”②阴主刑杀，常处于冬季，所以冬季断刑、执行刑罚，一年四季只有冬季主刑杀，说明上天有好生之德，任德而远刑。这就要求天子施政当以德为主，以刑为辅，先教化而后刑罚。

（二）司法如何则天：汉代司法活动对天秩的模拟

司法作为天子政事的重要内容必不可少，则必须有一套规则体系来规范司法活动，这也要从天象变化中寻求根据。无论是司法机关、监狱的设置、罪名与刑罚种类的创立，刑事政策的采用，刑罚的执行都和自然星象变化一一对应。下面本节将分别论述之。

1. 法天设狱

汉儒以阴阳五行解释儒家经典，将“狱”与天上的星相对应起来，狱的功能被强化，同时狱也被神秘化。

《史记·天官书》云：“北斗七星，所谓‘旋、玑、玉衡以齐七政’。”在斗魁中，贵人之牢。《集解》孟康曰：“传曰：天理四星在斗魁中，贵人牢名曰天理”。《索隐》：天理，理贵人牢，宋均曰：“以理牢狱也。”《正义》：“占：明，及其中有星，此贵人下狱。”③

“有句圜十五星，属杓，曰贱人之牢，其牢中星实则囚多，虚则开出。《正义》：‘贯索九星在七公前，一曰连索，主法律，禁暴强，故为贱人牢。牢口一星为门，欲其开也。占：星悉见则狱事繁，不见则刑务减，动摇则斧钺用，中虚则改元，口开则有赦，人主尤，若闭口，及星入牢中，有自系死者’。”④

① 董仲舒撰，苏舆注：《春秋繁露义证》卷十三，中华书局1992年版，第353页。
② 董仲舒撰，苏舆注：《春秋繁露义证》卷十一，中华书局1992年版，第336页。
③ 裴骃：《史记集解》，中华书局2012年版，第426页。
④ 裴骃：《史记集解》，中华书局2012年版，第427页。

在史记的记载中，有三个显而易见的特点：第一，将牢分为贵人之牢和贱人之牢，① 不同等级身份的人分类羁押由不同的星座为根据；第二，将星座拟制为牢狱，星座实虚决定系囚多少，这是中国古代典型的形象比拟的思维；第三，星相变化预兆刑狱和政事的变化，而观测星相、占卜星变的知识为皇家垄断，这势必将刑狱神秘化，将断罪处刑和释囚的权力垄断到最高统治集团手中。

汉代以后法天设狱另一个证据是：各级监狱都设在官府正堂的西侧或西南侧，西方属阴，对应金、秋和刑杀，其空间结构正是遵循阴阳五行和天序。

2. 秋冬行刑

“秋冬行刑制”并非始于汉朝，在《左传》中就有“赏以春夏、刑以秋冬”的说法，在《礼记·月令》以五行之金德论证秋冬行刑的合理性，汉代董仲舒则用阴阳五行学说详细地论述了刑罚与四时、阴阳的关系。他说：“天地之常，一阴一阳，阳者天之德也，阴者天之刑也”；“春，喜气也，故生。秋，怒气也，故杀。夏，乐气也，故养。冬，哀气也，故藏。”②君主应当根据阴阳四时春夏行赏，秋冬行刑。“春者，天之所以生也；仁者，君之所以爱也；夏者，天之所以长也；德者，君之所以养也；霜者，天之所以杀也；刑者，君之所以罚也。”③秋冬行刑的思想在董仲舒之后已经成为汉代的司法实践，从窦婴、夏侯胜、黄霸等人受刑的时节来看，均是秋冬时节，而湖北江陵张家山汉墓出土的《奏谳书》，计有春秋至西汉的案例20余件。其中西汉案例占16件。从地方官吏向廷尉呈报奏谳案例的月份来看，全部是在七至十二月之间，这就说明秋冬行刑已经成为司法官员普遍奉行的原则。

3. 灾异、星变省刑

董仲舒认为灾异的根本原因是国家失政的天象反映。他说，“凡灾异之本，尽生于国家之失，国家之失乃始萌芽，而天出灾害以谴告之；谴告之，而不知变，乃见怪异以惊骇之；惊骇之，尚不知畏恐，其殃咎乃至。以此见天意之仁，

① “牢”本义是指关养牲畜的栏圈，在秦汉之后被引申为牢，在汉代牢和狱含义相同。详细的论证参见宋杰：《汉代牢狱的管理制度》，载《秦汉研究》第五辑，第25~45页；李娟：《〈汉书〉司法语义场研究》，四川大学2006年博士学位论文。

② 董仲舒撰，苏舆注：《春秋繁露义证》卷十二，中华书局1992年版，第341页。

③ 班固：《汉书》，中华书局1962年版，第2515页。

而不欲陷人也"①。董仲舒认为，政事有失，上天将会以出灾异的形式谴告统治者，统治者必须接受谴告，修补政事缺失。若不听天谴，不从天命，则会受到天罚。明智的统治者必须恭答天诫，修明政治。

与刑罚有关的是水灾，"水有变，冬湿多雾，春夏雨雹，此法令缓，刑罚不行；救之者，忧囹圄，案奸宄，诛有罪"。② 此时当遵天命，严格执行法律，刑罚有罪。当刑罚失序，也会出现灾异："刑罚不中则生邪气。邪气积于下，怨气蓄于上。上下不和则阴阳缪戾而妖孽生矣"，③ 解决犯罪的根本方法在于德行教化，"天下所未和平者，天子之教化不政也……王者有明着之德行于世，则四方莫不响应风化，善于彼矣。故曰：悦于庆赏，严于刑罚，疾于法令"。④

西汉中期以来，汉儒已经习惯于将天象和人间政事具体、一一地对应。司马迁认为："在天成象，有同影响。观文察变，其来自往"，"日变修德，月变省刑，星变结和。凡天变，过度乃占"⑤。班固的《汉书·五行志》更是全面接受了董仲舒的思想，引用《易传》和《左传》说明刑罚和灾异的关系。"易传曰：弃法律，逐功臣，杀太子，以妾以妻，则火不炎上"，"诛罚绝理，厥灾水……辟遏有德兹谓狂，厥灾水，水流杀人，已水则地生虫。归狱不解，兹谓追非，厥水寒，杀人。追诛不解，兹谓不理"，《左氏传》昭公六年三月，"火星出于周五月，而郑以三月作火铸鼎，刻刑辟书，以为民约，是为刑器争辟，故火星出，与五行之火争明为灾，其象然也，又弃法律之占也"。⑥

（三）汉代司法则天传统的特点

两汉时期形成了对后世影响深远的司法则天传统，其特点有三：

第一，司法则天的主体是天子，即皇帝。皇帝作为上天在人间的管理者是最高司法权威，只有皇帝一人能够上通天意，根据自然规则制定人间规则，对违反

① 董仲舒撰，苏舆注：《春秋繁露义证》卷三，中华书局1992年版，第259页。
② 董仲舒撰，苏舆注：《春秋繁露义证》卷十四，中华书局1992年版，第386页。
③ 董仲舒撰，苏舆注：《春秋繁露义证》卷十四，中华书局1992年版，第386页。
④ 董仲舒撰，苏舆注：《春秋繁露义证》卷十四，中华书局1992年版，第401页。
⑤ 司马迁：《史记》，中华书局1962年版，第4233页。
⑥ 班固：《汉书·五行志》，中华书局1962年版，第3222页。

人间规则者先教而后刑。在理想状态下，皇帝在宰相百官的辅佐之下能够准确把握天意，将包括司法在内的各项政事处理得当，使阴阳和合，政通人和。但在施政过程中，皇帝或大臣不免会出现失误造成错案冤狱或案件积压、囚犯滞留，这就会使阴阳失和，出现水旱灾异或者星象凶兆，为弥补过失，皇帝会采取非常手段清理积案，疏理系囚，这就是只有皇帝才能实施的赦宥和录囚。

第二，司法则天强调德主刑辅和道德教化。在汉代以来形成的司法则天传统中，德主刑辅是非常重要的内容。这是皇帝和士大夫都必须遵循的原则。对皇帝而言，其"德"主要体现在立法简，刑罚宽，用刑矜恕。对士大夫而言，则在于养民、富民、教民，以儒家教义教育百姓遵守伦理，日迁善而不自知。德主刑辅的核心在于统治者以德行示范和伦理教化提高人民的道德水平，对一般民众尽可能少用刑法或者不用刑罚，刑罚只对严重违反伦理秩序且怙恶不悛者适用。皇帝追求的是全国性的"刑措"，士大夫则追求自己辖下的狱讼一空。

第三，司法则天的核心内容是人间司法活动和天象运行的对应关系，天象运行对司法活动起决定作用，司法活动必须遵守天象的昭示。根据天人感应学说和因天施政的理念，司法机关和监狱的设置是依据天上的星座，人的行为构成犯罪的根本原因在于违反了自然规则，司法的过程是能够领会天道的皇帝、士大夫们对行为人的行为是否违反自然规则的评判，对应处刑罚处罚者适用刑罚，而对一般的犯罪者则施以薄惩示戒。若司法活动符合天意或自然秩序，则是应天顺人。反之则是天怒人怨，必须修政省刑，使司法活动重回自然确定的秩序上来。

二、司法则天传统下的汉代司法活动

在司法则天传统之下，皇帝掌管最高司法权，很多司法官员依附皇权，依据皇帝个人好恶乃至个人私利司法，这些人被史书称为"酷吏"。西汉郅都是执法严厉的典型代表，它"为人勇，有气力，公廉，不发私书，问遗无所受，请寄无所听。常自称曰：'已倍亲而仕，身固当奉职死节官下，终不顾妻子矣'。"①赵禹"为人廉据。为吏以来，舍毋食客。公卿相造请禹，禹终不报谢，务在绝知友宾

① 司马迁：《史记》卷一百二十二，中华书局1962年版，第3133页。

客之请，孤立行一意而已。见文法辄取，亦不覆案，求官属阴罪”。① 周阳由“所爱者，挠法活之；所憎者，曲法诛灭之”，② 完全将对个人的爱憎之情作为其执法的标准。张汤“所治即上意所欲罪，予监史深祸者；即上意所欲释，与监史轻平者”。③张汤执法的依据并不是法体本身，也不是对他人的爱憎，而是以皇帝的态度作为其执法的标准。两汉的酷吏，他们更多秉承的是法家的传统，执法严，用刑重，甚至将法律作为工具，“以情乱法”，而与他们相对的是以儒家经义从事法律活动的循吏。

汉代儒学定为一尊之后，儒家思想成为官方意识形态的主流，大量儒生通过征召、征辟成为官员。汉昭帝很早就提出要与“良两千石”共治天下，实现政平讼理的政治理想。汉代的儒生进入政治领域，出任地方官员，治理一方百姓，迅速将自身的理想付诸实践，儒家文化向地方逐渐渗透。④ 汉代士大夫在地方上的司法成就并不显著，他们将主要的精力放在养民、抚民、教民上，以此来消除犯罪产生的根源，有少数循吏士大夫在其治下实现了“狱空”。

比如西汉的焦贡、召信臣，东汉的虞延、牟融，召信臣的狱空实践无疑具有典型的代表性。他基本上是按照儒家养民、富民、教民的仁政实施实现了狱空的理想。

史载召信臣“其治视民如子，所居见称述，好为民兴利，务在富之。躬劝耕农，出入阡陌，止舍离乡亭，稀有安居时。行视郡中水泉，开通沟渎，起水门提阏凡数十处，以广溉灌，岁岁增加，多至三万顷。民得其利，蓄积有余。信臣为民作均水约束，刻石立于田畔，以防分争。禁止嫁娶送终奢靡，务出于俭约。府县吏家子弟好游敖，不以田作为事，辄斥罢之，甚者案其不法，以视好恶。其化大行，郡中莫不耕稼力田，百姓归之，户口增倍，盗贼狱讼衰止。吏民亲爱信臣，号之曰召父”。⑤ 召信臣是后世儒家推崇的循吏，他勤政爱民，为百姓兴利

① 司马迁：《史记》卷一百二十二，中华书局 1962 年版，第 3138 页。

② 司马迁：《史记》卷一百二十二，中华书局 1962 年版，第 3135 页。

③ 司马迁：《史记》卷一百二十二，中华书局 1962 年版，第 3139 页。

④ 余英时：《汉代循吏与文化传播》，载氏著《中国思想传统的现代诠释》，江苏人民出版社 1988 年版，第 167 页。

⑤ 班固：《汉书》卷八十九，中华书局 2000 年版，第 2699~2700 页。

除害，改风化俗，率民归农。他并不是强干的司法官员，也不是通过司法审判将刑狱迅速审结，而是从根本上消除犯罪产生的根源——贫困和社会不公。另一个循吏焦遂在面对盗贼蜂起的渤海，以抚民安民为要义，采用和缓的手段对待灾民暴动，迅速安定了秩序。

东汉顺帝时(约公元125年)，韦义受太傅桓焉辟举，任职事务繁杂、难以治理的郡县，先后任广都、陈二县令，“政甚有绩，官曹无事，牢狱空虚。广都为生立庙。及卒，三县吏民为义举哀，若丧考妣”。① 和召信臣不同，韦义采取的是无为而治，不干预百姓的生活，不扰乱既存的社会秩序，约束公权力不侵扰平民，在统治关系相对简单的社会背景下，与民休息可以维持稳定的社会秩序，减少犯罪的发生。

东汉光和五年(公元182年)，童恢为不其令，严格管理属下官吏，惩恶奖善“吏有犯违禁法，辄随方晓示。若吏称其职，人行善事者，皆赐以酒肴之礼，以劝励之”。对人们的农业生产规范管理，“耕织种牧，皆有条章”。在他的治下，不其县人们奉公守法，皆服王化，“一境清静，牢狱连年无囚。比县流人归化，徙居三万余户”。② 和召信臣和韦义都不同，童恢是从治吏入手整顿社会秩序，在组织松散的社会里，吏是直接和百姓打交道的官方代表，在缺少监督的情况之下，极有可能滥用权力，损害百姓的利益，激起社会矛盾。童恢惩治吏人的违法行为，鼓励吏人为善行，规范农民最主要的活动——农业生产，这实际上是综合了儒法两家的做法。

三、汉代司法则天传统下的行刑原则

正如武树臣先生所指出的，齐国文化和齐国学者的阴阳五行说对秦朝的政治法律活动施以重要影响，齐国阴阳家的法律思想提出的春夏行德、秋冬行刑的德刑时令说为以董仲舒为代表的汉儒所吸收，成为正统法律思想的重要组成部分，被汉代历代统治者沿用，深刻影响中国古代社会的法律生活。齐法家的司法时令

① 范晔：《后汉书》卷二十六，中华书局1965年版，第921页。

② 范晔：《后汉书》卷七十六，中华书局1965年版，第2481页。

说集中保留在《礼记·月令》(《吕氏春秋》十二纪每纪的首篇)和《管子》中。①

在《管子·四时》中，已经把四时变化和国家刑罚的实施联系起来，认为顺应四时则生福，违反四时施政则生祸。

> 唯圣人知四时，不知四时，乃失国之基……是故阴阳者，天地之大理也；四时者，阴阳之大经也；刑德者，四时之合也。刑德合于时则生福，诡则生祸。

《管子·形势解》对四时阴阳变化作出解释，将四时变化和君主的赏赐刑罚联系起来：

“春者，阳气始上，故万物生。夏者，阳气毕上，故万物长。秋者，阴气始下，故万物收。冬者，阴气毕下，故万物藏。故春夏生长，秋冬收藏，四时之节也。赏赐刑罚，主之节也，四时未尝不生杀也，主未尝不赏罚也，故曰春夏秋冬，不更其节也。”但是《管子》书中并未明确将君主的赏赐刑罚和自然界的四时确定地联系起来。

最早提出秋冬行刑的是《春秋左传》中的楚国大夫声子(公孙归生)说的一段话，他是这么说的：

> 古之治民者，劝赏而畏刑，恤民不倦，赏以春夏，刑以秋冬。是以将赏，为之加膳，加膳则赐，此以知其劝赏也。将刑，为之不举，不举则彻乐，此以知其畏刑也。②

声子的说法和《管子》书中所表述的思想明显不同，声子认为上古治民的君主对刑罚是敬畏的，怀有怵惕之心，刑以秋冬根本着眼点不在于顺应四时变化，更多的是对刑罚的慎重和畏惧。

明确提出秋冬行刑，并将刑罚实施的各月份规定得非常清楚而具体的是《礼

---

① 武树臣：《中国法律思想史》，法律出版社 2017 年版，第 164～165 页。

② 阮元校刻：《春秋左传正义》，中华书局 2009 年版，第 4323 页。

记月令》，这也是后世秋冬行刑主要理据：

> 仲秋之月……乃命有司，申严百刑，斩杀必当，毋或枉挠，枉挠不当，反受其殃。
>
> 季秋之月……乃趣狱刑，毋留有罪。
>
> 孟冬之月……察阿党，则罪无有掩蔽。

从《礼记月令》记载的内容来看，仲秋（农历十月）是断罪月，轻重罪行都要在本月内作出处断，季秋（农历十一月）则要清理留狱，罪不至死者疏决，农历十二月，孟冬季节，在四时中属于纯阴之月，要执行死刑。其令曰：“天节已几，刑杀无赦，虽有盛尊之亲，断以法度。毋行水，毋发藏，毋释罪。”①

按照《礼记月令》的要求，死刑执行必须在冬月，其他时间是不能杀人的。如果违背时令施行刑罚就会导致灾祸，《礼记》中也记载了这些不遵从自然时令而产生的灾祸：春夏如果行秋令，“则其国大水，寒气熄，至寇戎来”，春夏行冬令，“则阳气不胜，麦乃不熟，民多相掠”。所以司法不仅和四时密切相关，和灾异也有了关联，后世往往会根据发生的灾害来推断司法出现了问题，这样，通过礼记月令，司法活动和自然环境的变化就产生了密切的对应关系，统治者完全可以按照礼记月令的安排进行司法活动，以顺应天时，避免灾祸。

从汉初开始，秋季决囚开始进入律典。一改秦朝四时行刑的“虐政”，按照时令决囚行刑。即所谓“秦为虐政，四时行刑；圣汉初兴，改从简易。萧何改律，季秋论囚”。② 汉武帝时，大儒董仲舒引阴阳五行学说解释儒家经典，提出天人感应学说，主张庆赏罚刑按照春夏秋冬四时顺序进行，“以庆副暖而当春，以赏副暑而当夏，以罚副清而当秋，以刑副寒而当冬”。③ 在东汉，以时行政成为统治者的指导思想。元初六年二月乙卯的诏书明确要求按照礼记月令的规定施政，④ 至迟在东汉章帝时，规定立春之后不报囚犯，“《春秋》于春每月书王者，

---

① 严可均编：《全上古三代秦汉三国六朝文》，中华书局 1958 年版，第 88 页。

② 范晔：《后汉书》卷四十六，中华书局 1965 年版，第 1551 页。

③ 董仲舒撰，苏舆注：《春秋繁露义证》卷十三，中华书局 1992 年版，第 353 页。

④ 范晔：《后汉书》卷一百四，中华书局 1965 年版，第 2501 页。

重三正慎三微也，律十二月立春不以报囚。汉章帝下诏，按照礼记月令的要求，在律文中确定，无以十一月、十二月报囚。理由是《月令》冬至之后有顺阳助生之文，而无鞠狱断刑之政。联咨访儒雅，稽之典籍，以为王者生杀宜顺时气。① 接下来是三国两晋南北朝，按照陈寅恪先生的说法，魏晋承汉律有所发展，南朝继承的乃是汉律，北朝则继承魏律"。② 南朝陈天嘉元年十二月，有诏书云，"古者春夏二气，不决重罪……自今孟春讫于夏首，罪人大辟事已款者，宜且申停"。③ 与之相对应，北齐河清元年正月己亥，诏断屠杀，以顺春令。经过三国两晋南北朝遵从前代并进一步发展，《礼记月令》中的行刑思想被付诸实践，隋唐时期，秋冬行刑被立为律条，成为国家的法律制度。中华法系的代表律典《唐律疏议》在断狱篇中规定"立春后秋分前不决死刑"条，该条规定："诸立春以后秋分以前决死刑者，徒一年。其所犯虽不待时，若于断屠月及禁杀日而决者，各杖六十。待时而违时者，加二等。"疏议引狱官令解释说决不待时的犯罪包括犯恶逆、谋叛、谋大逆、谋反四种重大犯罪，还包括奴婢、部曲杀害主人，这五类犯罪决不待时，但在大祭祀及致斋、朔望、上下弦、二十四气、雨未晴、夜未明、断屠月日及假日，也不执行死刑，"违而决者，各杖六十"。④ 断屠月指的是正月、五月、九月及十直日，不得行刑。《唐律》中规定的秋冬行刑制度被宋所继承，两宋三百多年间，因为人口增加，宋代判决死刑的数量剧增，经常有大臣上奏要求坚持汉唐的秋冬行刑制度，重视人命。至此，由汉至唐宋，秋冬行刑思想从儒家经典表述完成制度化，礼法关于刑罚执行的规定融为一体，是所谓"一准乎礼"。

从唐宋律的规定中也可以看到，并非所有的死刑都要等到秋天决断、冬天行刑，十恶重罪中的前四恶和奴仆部曲杀害主人就不必等到秋天处断、冬天执行，这是秋冬行刑的例外。但是，绝大部分死刑遵守了秋冬行刑原则。

与宋代同时的辽已经突破了秋冬行刑的理念，创制了死罪免谳即决制度，辽道宗清宁二年，下诏："凡强盗得实者，听即决之"，死刑听所在官司即决，

① 范晔：《后汉书》卷十一，中华书局 1965 年版，第 41 页。
② 陈寅恪：《隋唐制度渊源论略》，商务印书馆 2006 年版，第 3 页。
③ 姚思廉：《陈书》本纪三，中华书局 1972 年版，第 52 页。
④ 刘俊文：《唐律疏议笺解》卷三十，中华书局 1996 年版，第 2101 页。

将死刑核准权下放到诸路长官，这从根本上违反了秋冬行刑原则。① 代辽而起的金则继承了唐代的秋冬行刑原则，但同时也沿袭了辽代的强盗决不待时制度，金世宗大定十三年诏："立春后立秋前，及大祭祀，月朔望，上下弦，二十四气，雨未晴、夜未明，休暇并禁屠宰日，皆不听死刑，惟强盗则不待秋后。"②

元代彻底改变了秋冬行刑原则的限制，确立了重囚不待秋分施行。至元八年，尚书省奏报：议得以后重囚，经省部推问，再交监察御史复审无冤，不待秋分，逐旋施行。③《新元史·刑法志》中记录了元朝的法典，其中直接处死、凌迟处死的行为有一百多种，规定在72条中。明代继承元代的立法，弘治十年，奏定真犯死罪决不待时者，凌迟12条，斩37条，绞12条；真犯死罪秋后处决者，斩一百条，绞86条。从此死刑分为决不待时和秋后处决两种，清承明制，顺治定律："乃于各条内分晰注明，凡律内不注监候者，皆立决也，凡例不言立决者，皆监候也。"④从此，死刑分为立决和监候，为数众多的死刑要等到秋审论决，冬日执行。

从宋到元明清能够清楚看到，决不待时犯罪数量的增加，远超唐律，且死刑被固定分为立决和监候，监候逐渐成为"虚拟死刑"。⑤《礼记月令》中"秋冬行刑"原则至此被一分为二，决不待时和秋后问斩同时并存，不顺时行刑的情形越来越多，这种变化为什么会发生，在法律思想史上又意味着什么呢？

一个重要的原因是少数民族政权建立，辽是契丹族建立的政权，继起的是女真族建立的金朝，然后是蒙古族建立对全国的统治，是为元朝。辽金元政权对汉文化的继承是有限的，对儒家文化的认可度较低，传统的天道思想日渐式微。反映在立法上，大量的少数民族习惯成为国家法律，司法和天的联系越来越少，刑罚重惩戒和镇压功能，酷刑大量增加，义刑义杀的思想基本被抛弃，这是秋冬行刑原则发生改变的时代背景和社会政治原因。但这并不是最重要的，还有一个关

① 脱脱等：《辽史》卷六十二，中华书局1974年版，第945页。
② 脱脱等：《金史》卷四十五，中华书局1975年版，第1017页。
③ 王恽：《王恽全集汇校》卷八十七，中华书局2013年版，第3566页。
④ 赵尔巽：《清史稿》卷一百四十三，中华书局1977年版，第4194页。
⑤ 孙家红：《清代死刑监候研究》，社会科学文献出版社2007年版，第20页。

键的因素是唐宋之际，汉族士大夫对汉代以来则天行刑的原则进行了批判，批判的主要力量是宋代的理学家。

第二节 宋代司法传统的特征

一、汉唐以来司法则天传统的沿袭

宋代皇帝继承了汉代以来的司法则天传统，沿袭并发展了赦宥、录囚制度。北宋真宗和徽宗时期，赦宥频繁真宗在位 26 年，大赦 27，曲赦 14，特赦 4，德音 5，录囚 22 次；徽宗在位 25 年，大赦 26，曲赦 14，德音 37。① 录囚方面，宋代形成了固定的雨旱、灾异录囚制度。咸平三年(1000 年)、四年(1001 年)二月，京师缺雨，亢旱不止。宋真宗御崇政殿，“录在京诸司系囚死罪者详覆之，馀悉从轻，杖已下释之”，大中祥符五年(1012 年)五月一日，真宗亲疏决京师系囚，下诏曰：“朕抚驭寰区，忧勤旰昊，属歊蒸之戒候，虑刑罚之滋冤。是用祗率旧章，亲决庶狱，虽浩穰之地，咸被于矜宽，而溥率之间，岂无于淹系？爰申诞告，式洽至仁。应两京诸路流罪降从徒，徒、杖、杖已下并放。内十恶、五逆、官典犯赃、持杖行劫、盗官物、伪造符英放火等罪，不在此限”。亢旱和久雨都被认为是阴阳不和的表现，阴阳不和最主要的原因之一就是狱有冤滥，所以每逢雨旱天气，皇帝都会亲自录囚，以感召和气。绍兴五六年，湖南大旱，人民流离失所，社会秩序动荡不安，湖南路州县兴起大狱，因受牵连被逮捕，死于监狱的无辜者甚众，朝廷下令：“除有罪当系者治之，其余干系一切疏放，诏本路宪臣躬亲巡行。”后此政策推及南宋各路，当年判决死刑案件 234 人。②

咸平元年(998 年)二月六日，以彗星见，真宗“御崇政殿，录在京诸司系囚并减等，情理可恕者，并释之”。天圣十年(1032 年)七月二十五日，“以兴国寺灾，见禁人更不根问，并特放罪。三京畿县见禁罪人，各差官减降疏决，杂犯死

① 马端临：《文献通考》卷一百七十三，中华书局 2011 年版，第 5167~5171 页。

② 李心传：《建炎以来系年要录》卷三十、一百三，中华书局 1988 年版，第 726、1679 页。

罪降从流，流罪从徒，杖已下并放”。庆历五年(1045年)四月一日，以司天监言：四月朔日，太阳当食，而阴晦不见，仁宗“亲录系囚，杂犯死罪以下递降一等，杖已下释之。命监察御史刘元瑜等往三京疏决”。①

从咸平三年(1000年)冬到四年春，宋朝境内大部分州县遇到大旱。二月十二日，真宗下诏云：“去冬以来，嘉雪未普，今春将半，膏泽尚愆。农事方典，亢阳是惧，编走郡望，精祈上穹，感应未闻，祗畏良切。得非郡国之内，狱讼滋彰，狴牢之间，缧系淹久，或伤气，乃兆灾氛。是遣使车，巡行诸路，决其留滞，务尽哀矜。宜今库部员外郎程渥等乘驿分诣诸路，疏理系囚，杖已下并放，内有公然淹缓刑狱之处，具事以闻。”②

咸平六年(1003年)二月十九日，真宗“遣朝臣使臣分往京东西、淮南水灾州军赈恤贫民，疏理刑狱”。景德三年(1006年)九月五日，“以淮南秋旱民饥，命转运使疏理管内系囚”，大中祥符二年(1009年)五月十二日，“以陕西旱，遣三司盐铁判官杨可驰驿往疏决系囚。除罪至死及官典犯赃外，徐流罪已下递降一等，杖已下释之，杂犯死罪情理可闵者奏裁”。

天禧四年，四川大旱，人民遭受饥荒，物价飞涨，犯罪多发，真宗命令吕夷简等赈灾，疏决当地囚犯。“益、梓州路物价翔踊，命知制诰吕夷简、引进副使曹仪乘传赈恤之。夷简等请所至劳问官吏将校，仍取系囚与长吏等原情从轻决遣。”③

当发生星变时，皇帝就会认为是其政事不修的谴告。派特使去各地查看刑狱是否有冤滞。如绍兴十五年正月七日，彗星出现东方，皇帝就下诏求应对之策，“慧星见，朕甚惧焉，卿等可图所以消弭之道”。时任宰相的秦桧就论及“太宗、真宗朝尝缘彗星疏决狱囚等事”，高宗下令“避殿减膳，宽民力，恤滞狱，度几应天下以实不以文”，降诏曰：“太史奏慧出东方，朕甚惧焉，已避殿减膳，侧躬省愆，尚虑征科苛扰，狱系淹延，致伤和气，上干垂象，逐路提点刑狱官躬亲诣所

① 徐松辑，刘琳、刁忠民、舒大刚、尹波等校点：《宋会要辑稿》刑法五，上海古籍出版社2014年版，第8455页。

② 徐松辑，刘琳、刁忠民、舒大刚、尹波等校点：《宋会要辑稿》刑法五，上海古籍出版社2014年版，第6679页。

③ 李焘：《续资治通鉴长编》卷九十五，中华书局2004年版，第2185~2186页。

部决狱，具已决遣、未决遣及尽绝月日，逐一以闻。应枝蔓干连人，日下疏放，仍准备朝廷遣官检察，其有贪酷官吏，并仰按劾，重行黜责，其行在刑狱，令刑部郎官、监察御史躬亲逐一决遣。”①京师派刑部侍郎和监察御史决遣系囚，地方诸路派提刑司官员到所辖州县决狱，将系囚羁押情况、案件审结情况上报朝廷，将牵连羁押的无辜者迅速查明释放，对违反犯罪的官员追究其责任。绍兴二十六年七月，彗星再出东方，高宗下了几乎相同内容的诏书，以应答天变。

按照天人感应的解释，发生地震也意味着刑狱有冤情，地震的方位通常显示着冤案的地点，如南宋时地震西北，预示四川刑狱有冤情，这时就要派遣特使去巡视。京师地震则更为严重，比如建炎六年六月二十八日，刑部尚书故交修言："奉诏为六日己巳地震，察冤系禁苛扰等事，欲乞差委本部郎官诣临安府并仁和钱塘两县、大理寺、殿前马步军司点检见禁催督结绝，其诸路州县及应有刑狱去处，欲委逐路提点刑狱官检察。从之。”无法判断冤案的发生地，则按照惯例对全国的刑狱进行检查。

二、宋代理学家对“司法则天”的批判和“惟良折狱”精神的回归

先秦之际，刑书未备，《吕刑》云：“惟良折狱。”其意在于司法必须依赖贤士大夫。贤士大夫根据礼的精神和原则处理案件。追求的目标是不杀无辜、不罚无罪，不枉屈人。其指导思想是“明德慎刑”，所以宁失不经，不杀无辜，是德政在司法领域内的表现。汉代法律指导思想为“德主刑辅”，司法则要顺天而行。“仲秋之月，乃命有司，申严百刑，斩杀必当，毋或枉挠。枉挠不当，反受其殃。季秋之月，乃趣狱刑，无留有罪。孟冬之月，是察阿党，无所掩蔽。”

司法则天，顺应四时阴阳变化，目的是得天地之和。如汉和帝时司徒鲁恭上疏云：“其决狱案考，皆以立秋为断，以顺时节，育成万物，则天地以和，刑罪以清矣。”②这实际上不符合先秦儒家及时决狱的思想，人为延长了断狱的时限，且造成刑狱羁押，不足赏善罚恶，违背了立刑的目的。

---

① 曾枣庄、刘琳主编：《全宋文》(第240册)，上海辞书出版社、安徽教育出版社2006年版，第91页。

② 范晔：《后汉书》卷二十五，中华书局1965年版，第880页。

从儒家经典中追求的刑事司法目标是刑期无刑，听讼致无讼。在秦则为重刑主义，以刑止刑，汉代则采取"以德去刑"，在具体司法活动中，采用经义决狱，而赏刑则依照天时、天象的变化来适用。为了实现以德去刑，汉代频降赦宥，减轻对犯罪人和系囚的处罚，轻刑化的司法导致罚不当其罪，如仲长统所说："夫当赏者不赏，则为善者失其本，望而疑其所赏；当罚者不罚，则为恶者轻其国法，而怙其所守。苟如是也，虽日用斧钺于市，而民不去恶矣；日锡爵禄于朝，而民不兴善矣。"①

秋冬行刑是汉代以来形成的一个重要的刑罚执行原则，它被认为顺应了天道而在中国古代的司法中发挥着重要的作用。和秋冬行刑原则相对应的是不受季节的限制执行死刑，这在法律史上称为"决不待时"，决不待时是秋冬行刑原则的例外，通常会因为违反天道和司法时令而遭致谴责，但是决不待时的死刑执行实践在历史上长期存在，它甚至也能够从"天道"中寻找自己的依据。最典型的例子就是隋文帝杨坚和大理少卿赵绰的一次争论。

《隋书·刑法志》记载：帝尝发怒，六月棒杀人，大理少卿赵绰固争曰："季夏之月，天地成长庶类，不可以此时诛杀。"帝报曰："六月虽曰生长，此时必有雷霆。天道既于炎阳之时震其威怒，我则天而行，有何不可？"遂杀之。②

赵绰反对六月杀人的理据就是"王者生杀宜顺时气"的秋冬行刑通说，认为秋冬行刑才符合天道，盛夏不能执行死刑。但是隋文帝杨坚的反驳也非常有力，他认为盛夏虽然万物生长，但此时上天有雷霆之怒，他在六月棒杀人就如上天盛夏的雷霆，他的司法也是则天而行。杨坚在这次论辩中提出了一个非常重要的"隋文帝之问"，两人争辩的问题核心在于"司法如何则天"，具体到死刑执行问题上，究竟是秋冬行刑顺应天道还是决不待时符合司法则天思想。

秋冬行刑的本意是顺天时行刑，在汉代是统治者司法则天的重要组成部分。这里的天更多的是自然之天，秋冬行刑是遵循自然界四季更替，配合其阴阳变化。从汉至唐实行近一千年，成为历代王朝尊奉的重要原则。到了唐朝中后期，这个原则受到著名文学家、诗人柳宗元的挑战，他认为秋冬行刑与季节联系毫无

① 徐干：《中论解诂》，中华书局 2014 年版，第 357 页。

② 魏征等：《隋书》卷二十，中华书局 1978 年版，第 715 页。

道理，不应该成为万世不易的原则。

柳宗元在《断刑论》批判汉以来的司法则天逻辑。他说：

“夫圣人之为赏罚者非他，所以惩劝者也。赏务速而后有劝，罚务速而后有劝，罚务速而后有惩，必曰赏以春夏、刑以秋冬而谓之至理者，伪也。”赏罚不及时，就起不到劝惩的作用，想要实现无刑的目标是根本不可能的。

柳宗元是从刑赏的功能和效果角度来批评赏以春夏、刑以秋冬的，他认为，这样根本起不到奖善罚恶的效果，刑赏必须及时才能发挥应有的作用。

“秋冬为善者，必俟春夏而后赏，则为善者必怠；春夏为不善者，必俟秋冬而后罚，则为不善者必懈。”这样做的直接后果就是“为善者怠，为不善者懈，是驱天下之人入于罪也”。①

所以他主张，刑赏要及时，不用等到法定季节。这种说法在一准乎礼的唐律实施过程中，并不占主流，纵观中国法律思想史，柳宗元也是极少数反对秋冬行刑的人。柳宗元的讨论，主要限于刑罚功用范围，并未触及则天行刑的理论根基，直至则天行刑理论根基的是宋代的理学家士大夫们。司法既然要遵循天地时令变化，则司法真正解决社会矛盾和问题。

杨坚认为，他六月杀人(其实是不受秋冬行刑原则的制约)同样是符合天道和自然规律的，甚至更加符合天人感应的学说。所谓“天垂象，圣人则之”，“观雷电而制威刑，睹秋霜而有肃杀”，从这个意义上说，作为天之子的皇帝在六月像上天一样发雷霆之怒完全是合理的，但是，如果他可以在夏季随意执行死刑，那么秋冬行刑这个古老的原则就会失去限制作用而变得毫无意义。那么秋冬行刑思想从何而来？它是不是不容挑战和违反的呢？

其实宋明理学家已经发现了“隋文帝之问”，认为隋文帝提出的问题构成了对儒家司法原则的挑战，必须予以反驳。湖湘学派的代表人物胡寅对“隋文帝之问”进行评价，他说：

则天而行，人君之道，尧、舜、禹、汤、文、武之盛，由此而已。文帝所言，大哉王言也，而其事则非也。宪天者以庆赏法春夏，以刑威法秋

① 柳宗元：《柳宗元集》卷三，中华书局1979年版，第90页。

冬……雨露犹人君之惠泽也，雷霆犹人君之号令也，生成万物之时固有雷霆，而雷霆未尝杀物，隋文取则雷霆，而乘怒杀人，其违天多矣。①

胡寅认为，隋文帝作为君王，的确应该则天而行，这是没错的，古代圣王都是则天而行。但关键在于，如何则天而行。首先，隋文帝对天象的理解是错误的，雷霆并不是实施刑罚，而是君主的号令，就像上天对世间发布命令一样。其次，隋文帝对雷霆的作用理解也是错误的，雷霆雨露，都是要生成万物，体现的上天之仁，而不是要以雷霆伤害人。最后，以庆赏法春夏，以刑威法秋冬，这是真正意义上的司法则天。胡寅提出一个基本的判断，君王司法则天绝不是对天象的机械模仿，而是要遵循天好生恶杀的大仁，否则就是违反天道，盛怒杀人，是为不义。司法则天最终依据的儒家最根本最核心的“仁”和“义”。明代理学家丘浚说得更为清楚：

天立君以主生人，欲其则天道以为治，使天所生得全生。今为天之子，不能奉天道以养天民，反假天之威以害之，使天无知则以，天道有矩，岂肯容之耶？②

丘浚认为，隋文帝不能体物爱人，从根本上违反了儒家的“仁”，他解释什么才是帝王应该遵循的天道：

刑者阴事也，阴道属义，人君奉天出治，当顺天道肃杀之威而施刑害殺戮之事，所以法天时行义道也。然秋之为秋所以成乎春，义之为义所以全乎仁，有春而无秋则生物不成，有仁而无义则生民不安，方天地始肃之时则不可以赢，亦犹天地始和之时不可以缩也。是则圣人之用刑虽若不得已而实不容已也，于不容已之中而存不得已之心，不容已者上天讨罪之义，不得已者

① 胡寅：《读史管见》，岳麓书社2011年版，第555页。

② 沈家本：《历代刑法考》，中华书局1985年版，第1241页。

圣人爱物之仁。①

这段话从儒家义理上解释了为什么要秋冬行刑，核心在于“义刑、义杀”，刑罚是不得已而用之，用刑罚的目的不是杀人，是让生民能够拥有稳定的社会生活秩序，对于严重违反天道(儒家伦理)的罪行进行惩罚，惩罚的目的是为生而不是为死。宋明理学家对司法则天作出了完全不同的解释，从法天象到法天道，从司法对天象的简单机械的模仿、应对到对天理、天道的理解、服膺、遵从，这是汉唐到宋明司法理念的重大变化，这种变化正是因为理学兴起对法律思想的全面改造，宋代以降，但从死刑的判决和执行来看，思想和制度已经发生重大的变革。

原因在于：宋代理学家士大夫重新解释了天，将汉代的自然之天改造为义理之天，他们反对将天象和司法进行机械的联系，认为司法应当遵循天理而不是天象，所以，他们反对雨旱赦宥，也反对秋冬行刑，主张明刑弼教。秋冬行刑是儒家经典《礼记月令》创制的行刑原则，后经汉代新儒家的天人合一理论被强化，东汉时期成为正式的法律制度，隋唐律典有专条予以规范。该原则至元明发生大变，决不待时的犯罪种类数量众多，经秋审断决的死刑逐渐成为虚拟死刑，根本不符合秋冬行刑则天司法的本意。宋元理学家犯罪观和刑罚思想的变化和少数民族依天顺时司法观念淡化是其主要原因。古老的司法则天原则及其影响逐渐消失。

第三节　宋代司法传统的转型

一、从官僚司法到惟良折狱

秦汉以来，统治者选拔任用官僚实施统治，逐渐形成庞大的官僚群体。官僚日常处理重要的任务之一便是司法。在长期的官僚政治实践中，形成了官僚司法模式。官僚司法的特征有三：一是司法案件的处理遵循“上报—批复”的层级审核制，我们也可以称之为案牍审复制。在这种行政化的司法体制之下，产生的是司法是诸多政务中的一种，各级官员都是案件的经办者，不是决定者，所以把司法

① 沈家本：《历代刑法考》，中华书局1985年版，第1235~1236页。

当作行政任务来完成，这就使得案件处理案牍化、形式化特征明显，办案官员对上级负责而不是对当事人负责。二是官员司法考核制，统治者对官员的司法事务官吏和其他政绩一样进行考核，考核的标准是办理案件的效率和错误率，这二者实际是存在矛盾的，但是负有纠错责任的上级官员没有发现错误便与下级官员形成了"一荣俱荣、一损俱损"负有连带责任的利益共同体，这就导致错案在不同级别的衙门中流转，每一次审复之后便强化一次"正确"，而纠正错误则面对强大的阻力和风险，官员在这种考核体制下形成了利益共同体意识和办铁案理念。功利性严重。三是蔑视人命和人的利益，草菅人命、随意处置争讼的行为多见。官僚司法的官僚不关注案件纠纷和案件当事人本身，而是关注案件处理和自己的利害关系，在这种情况下，案件事实不是最重要的，当事人也不是最重要的，自己的利益才是最重要的，故而恣意司法的草菅人命和口号司法下的践踏利益随处可见。在官僚司法之下，民命民瘼是被忽视的。这种官僚司法显然是与儒家的司法理念是相悖的，宋代理学家对这种现象是深恶痛绝的，他们批评将司法与司法者个人福祸相连，有信仰福报的司法者常常宽纵罪犯，认为全活人命可得福报，理学家士大夫认为这是乱法，不会带来福报。理学家还对司法希求恩赏的行为进行批评，认为他们从自己的私欲出发，不可能作出公正的判决，私欲违反了天理。理学家还批判了司法连带责任制所造成的官官相卫现象。

按照宋代理学家的司法理念，要回归到先秦儒家提出的"惟良折狱"，和"惟良折狱"相对的是"非佞折狱"。折狱不在能言善辩，不在于迎合上意，不在于精明算计，而在于没有夹杂自己的私欲，去私则能公正审判，能平和对待纠纷和两造。宋代的理学家士大夫主张折狱本身就是明明德的过程，让天理昭然，人情重新和洽，如此折狱，非能去私的贤士大夫不可。

二、从以势服人到以理服人

秦汉之后的司法和行政是一体的。地方是行政长官兼理司法。司法事务的处理是行政化的。行政长官处理包括狱讼在内的政务主要依靠行政权威。从史料来看，汉唐的循吏和酷吏虽然行事手段不同，但是其利用"势"来决断诉讼都是非常明显的。比如酷吏喜欢使用强制手段对付当事人，以严刑峻法逼取口供，为实现其目的不择手段。如汉代的酷吏、唐代的酷吏来俊臣、周兴等人。但是即使是循吏，也是以行政命令的形式作出裁断。所谓的片言折狱就是根据事实的某一方面或者行为表现作出决断，这样的决断就是由循吏自身的内心确信作出。比如著名的黄霸断儿实际上是黄霸根据当事人的反应作出的当机立断，何武断剑存在同样的问题，现在保留下来的史家记载的古代案例，可以看到司法的特点是：

(1)在制度设计上，下级官府需要将审判结果逐级上报，上级官府则可以纠正夏季官府的错误，其中有一个背后的逻辑就是官府级别越高，作出的裁判越正确，皇帝则是不会犯错误的圣人。

(2)在各级官府中，虽然由专门负责审判的官员，但是他们只是提供判决意见，长官才具有最终的决定权，司法事务服从于长官的权力。

(3)在审判中，当事人处于被讯问、被裁判的地位，在裁判作出后，只能通过乞鞫和诉冤表达不服，重审是仍然是被动的。司法裁判的主动权始终在官府。

在这种制度设计下，甚至在法家的理想中，法律的推行就是要借助“势”。变法的推行依靠隆君形成的皇帝至高无上之势，各级官府在处理地方政务特别是执法时当然也需要具备相应的势。

在这种制度设计下，司法裁判也是官方文书的一种，事实认定和判决结果并不侧重对当事人说理，而是按照公文的行文逻辑对上级官府报告。这种司法裁判依赖于势和力自上而下推行。

在宋代，理学兴起之后，发生了重大变化。制度变化是要求宋代对亲民官长吏亲决囚，要求州县长官要亲自审理案件，宋太宗曾经三令五申要求长吏亲决囚。以至于“食禄居官之士，皆亲民决狱之人”。① 最根本的变化在于法官的说理方式的变化。对比唐代和宋代的判词可以发现有以下四点不同：

一是唐代判词重文理，宋代理学家的判词重文理。无论是张鷟的《龙筋凤髓判》，还是白居易的《百道判》都可以看到唐代的判词对文辞特别讲究，判词就是一篇骈文。但是《名公书判清明集》重的判词则侧重于说理，包括事实的认定和法官的推理过程，常常是充分利用事物之理和人伦之理来分析问题，推导出结论。

二是唐代判词重是非判断而轻法律，宋代判词则注重将天理、国法人情相结

① 徐松辑，刘琳、刁忠民、舒大刚、尹波等校点：《宋会要辑稿》选举十三，中华书局1957年版，第2366页。

合。在唐代判词中，可以看到法官主要依据自己的价值观念作出是非判断，在区分是非的基础上再适用法律。宋代的判词则是将国法和天理作为裁断是非善恶的标准，然后“参酌人情”。

三是唐代判词是在事实确定基础上的判决，由于案件事实是假定的，只需要判断是非就可以了，所以内容相对比较简单，主要展示的是判词作者的判断是非的能力和文辞水平。宋代的判词则主要侧重于事实的认定，对于证据和供状进行比勘，发现其中存在的问题，对事实作出认定。

四是唐代的判词是给上级官府和更高级别的官员看的，所以文采飞扬、辞藻华丽，不熟悉典故的当事人是根本看不懂的。所以唐代判词实际上是不同官员之间的文牍交流，而宋代法官断案，必须给当事人“断由”也就是判决理由说明书。断由不仅是对当事人的释理明法，还是当事人到上级官府申诉的凭证。这样的断由就需要充分说理，且面向社会公开。

从上述四点内容来看，可以确定，宋代之前的司法裁判依据的是法官之势，也就是权力形成的威和执行的压迫。所以法官重判断而轻说理。理学兴起之后，理学家士大夫侧重对案件的透彻说理，他们认为只有明辨是非才能真正推行教化，才能彰显道理。这是宋代理学家法官明显不同于前代的地方。

纵观宋代地方官“情理”司法审判所反映的价值，无论是刑事审判或民事审判，以封建纲常伦理道德为主的“人情、天理”贯穿其司法的全过程。情理与法意的协调，人情与天理的融合的，道德与法律的结合，法随人情而变通等执法理念的出现与司法实践中的运用，其法的功能被软化，情的功能被张扬，人们的法观念被淡化，维权意识已削弱，甚至放弃，法律的权威性已遭到极大的破坏。当然，民事纠纷中以“情、理、法”融为一体的劝和调解，如能综合考量争讼双方的真实情况，恰当地运用，在解决民众矛盾纠纷中，确实也起到了积极的作用。

总之，宋代的“情理”司法也有其很多精华，需要今人去探索研究。但切记封建社会下的“情理”司法审判，在人治因素的干扰下，真正的依法判决是根本不存在的，甚至统治者自坏其法，其产生结果是“臣庶之家，贵近之列，交通请托，巧诈营为，阴致货赇，密输珍玩，夤缘结纳，侵扰权纲”。到了南宋时期，司法黑暗，吏治腐败，国家渐渐走向衰亡。这些历史教训值得我们去总结和反思，对当今的司法改革提供一点资鉴。

三、理学家在宋代司法传统转型中的作用

从北宋中期以后，宋代崛起一个理学型士大夫集团，他们重新诠释儒家经典，阐明儒家义理之说，将儒家的治世理想作为奋斗目标。他们对司法则天的传统制度展开激烈的批评，在官僚政治占据统治地位的时代保持独立的精神和风骨，有宋一代，理学型士大夫一直在探索儒家思想的本原和礼法秩序重建的路径。在理学型士大夫的努力之下，宋代的司法理念在南宋时期发生根本性的变化，司法目标从清理留狱、奏报狱空到无冤是求，折狱方式从口供中心主义向侦查中心主义转变，最重要的是理学型士大夫改造了汉代以来的司法权威，使司法则天转向情理法折狱，这是宋代司法传统转型的核心问题。

天理作为宇宙的最高实体和道德规范的源泉，自然也是礼与法的本原，归根结底是天理的体现。理学家们认为："礼者非礼之礼，是自然底道理。"礼(法)作为人们言行的规范，"守礼所以立身也，安礼而乐和，斯为盛德矣"。人们言行合于礼法，也就达到了"仁"的境界，个人就能立身，国家即可安礼而乐和，因为礼即理，"上下之分，尊卑之义，理之当也，礼之本也"。朱熹说："宇宙之间，一理而已。天得之而为天，地得之而为地，而凡生于天地之间者，又各得之而为性。其张之为三纲，其纪之为五常，盖皆此理之流行，无所适而不在。"礼法(刑罚)依据自然而然的天理，天理是礼法(刑罚)的本原，内在根据，即法源于理"，而礼法(刑罚)的本原、内在根据，即法源于而礼法(刑罚)则是天理在法制领域内的具体表现，即"理"化为法(刑)这就从法哲学原则上回答了法的起源，并且从本体论，本末论高度论证了礼法的正当性。

从北宋初期开始，思想家对"天"进行理性化的改造，认为天循理而动，天与万物都遵循相同的规律。如此，就把礼和理结合起来，逐步将天伦理化，将信仰从天上拉回人间。经过二百年的努力，宋代的理学体系完成，理学家士大夫成功地将汉代以来的"自然之天""神灵之天"改造为"伦理之天"，从而将天理和人间礼法秩序统一起来，并试图将最高统治者也纳入这个范畴，因而他们反对皇帝滥赦，以私意乱公法。在这个全新的思想体系内，君主的行为只有服从天理，他的权力才具有合法性。

司法方面，宋代的理学型士大夫改变了汉代以来的价值体系和司法模式，首

先对天人感应提出尖锐的批评，反对天象和政事的具体的、刻板的一一对应关系。在具体司法实践中，具有理想主义的理学型士大夫集团对汉代以来的司法则天模式进行清算，抵制官僚阶层将狱空作为谋求利益的手段，自觉运用情理折狱原则进行司法实践，追求狱讼无冤。这就需要从现存证据中查明案件事实，从案件事实中寻找犯罪嫌疑人，这就使得理学型士大夫的司法具有知识理性的特征。从北宋到南宋，理学型士大夫将司法理念付诸实践，在传统司法经验的基础上，提高了审讯技术，从具体实践中创造性地发展了检验理论，格物致知的理学理论在司法实践中得到贯彻。

理学占据统治地位之后，法官司法应当按照天理、国法、人情办理案件，平狱决讼。在《清明集》中，能够看到理学家针对不同性质的案件所作的判词，其运用法律、参酌情理的断决能力与现代法官相比毫不逊色，所有的判决都以天理为根本依据，这就在整个社会中建立共同的思想基础。

理学型士大夫主张明刑弼教，这改变了汉代以来的德主刑辅指导原则。在司法体制内的理学型士大夫主要是通过明刑来实现教化的目标为了使人间秩序符合天理，宋代的士大夫在基层社会重构了礼制秩序，官方和民间的价值观念高度同构，社会结构的伦理化和礼制化发展使情理决狱的司法能为社会广泛接受，宋代的司法官员依靠上层建构和底层实践重造了意识形态和与其相适应的社会组织形式，司法遵循的价值和理念为公众服从，司法权威得以重塑。

如此一来，汉代以来形成的司法制度虽然在延续，但具体的实施过程已经发生了根本的变化。汉代以来的信仰和文化被质疑进而颠覆，科学的精神和理念开始觉醒。南宋嘉定之后，司法权威不是来自信仰和传统，而是来自理性和经验。在刑事审判中广泛使用先进的侦查检验技术和审讯方法，民事诉讼中重视调查、证据和分析、推理；皇帝的最高司法权威并不绝对，人们开始质疑并成功推翻最高统治者的判决。地方长官的也不具备当然的司法权威，大量的中间阶层介入狱讼，使宋代的司法官员必须掌握娴熟的断狱听讼技巧，使判决结果符合实际情况，如此才有可能为诉讼当事人所信服。这样，在宋代以后，中国传统的司法模式发生根本转型，从司法则天走向情理折狱。

儒家理想的天下是圣人用王道治理的天下。他们所推崇的周文王之治便是三代之后的典型。圣人以德治国，郁郁乎文哉，以文化和道德的优势使得四夷宾服，自觉自愿接受臣服，自然而然地王风化及天下。一个广为人知的故事就是两位诸侯争夺土地的边界，各不相让，到周地找文王解决纠纷，却发现他们所争夺的正是周人所揖让的，两人羞惭而退，再也不争讼了。这就是周文化以德化怨的典型事例，也是后世儒家的理想。儒家理想的状态在宋代被理学家概括为修身、齐家、治国、平天下。君子只有具有德行才能率先垂范，然后为民表率，如《诗·周南·关雎序》所云："美教化，移风俗。"后来周公制礼，对人们的行为进行规范，通过这些规范的学习和实践，人们可以成为君子。人们都能够彬彬有礼，自然不会作奸犯科，如《礼记·经解》所说："故礼之教化也微，其止邪也于未形。"这就实现了儒家理想的社会图景。

礼崩乐坏之后则不然，君主不是靠王道而是靠武力征服取得天下，在儒家看来是霸道。这样的君主当然不是理想的圣主，本来也没有资格统治天下。但是汉代以后儒家承认了靠武力征服取得天下的君主们的统治的正当性，设计各种制度让他们进行儒家理想的实践，并以天命、天谴作为威慑来制约至高无上的君权。希望能改造君主和他的继任者们，并取得了很大程度上的成功。儒家思想成为正统思想，德治也是最高的信条。统治者和他选拔任命的官员们一起教化百姓，使之符合儒家的伦理规范和道德要求。

所谓教化，就是"教以化之"(《毛诗序》)。教化，有时又叫风化、王化、道化、风教德教、训导，等等，总之一个意思，就是按照符合统治阶级利益和意志的道德规范来教育、感化民众，达到维护社会秩序，巩固统治的目的。此即所谓"经术尊则教化美"(柳冕)，"教化美而风俗美"(董仲舒)，从而"天下安宁"。

> 夫万民之从利也，如水之走下，不以教化堤防之，不能止也。是故教化立而奸邪止者，其堤防完也；教化废而奸邪并出，刑罚不能胜者，其堤防坏也。古之王者明于此，是故南面而治天下，莫不以教化为大务。立太学以教于国，设庠序以化于邑，渐民以仁，摩民以义，节民以礼，故其刑罚甚轻而禁不犯者，教化成而习俗美也。①

① 班固撰，颜师古注：《汉书》卷五十六，中华书局1962年版，第2503页。

大体上，汉代以后的历代统治者基本上都逐步接受了这个治国理念，除了五胡乱华和佛教传入之后有些变化。虽然这种重伦理、重教化的特点虽在两汉时期已经奠定，但在汉代以后、宋代以前的相当长一段时期内并不稳固，特别是在佛教影响日益扩大的背景下，儒家的主张显得很是式微。情况到宋代发生了根本的变化，理学的兴起，使传统的伦理得到了新的巩固和发展。在宋代，皇权所代表的国家(state)政治权力和士绅所代表的社会(society)知识权力共同支持和提倡的生活伦理和道德，通过教化，一步步从都市扩展到乡村，从中心地域辐射到周边地区，从上层士人传播到下层民众，并逐步确立了中国的生活伦理同一性。

最后，将宋元法律与风俗的冲突放在更长的历史时空中进行审视，回应一下学术界争议最大的唐宋变革论和宋元变革论。其实从历史发展的脉络来看，法律与风俗的矛盾一直都存在，只不过不同时代解决这个问题的方法不同而已。但是，在宋代，这个问题变得更加重要，因为它涉及一场政治革命。宋代和它之前所有的朝代都不同的地方在于，出现了一个具有主体意识的士大夫群体或者说是阶层，他们以天下为己任，担当作为，想要改造社会，致君尧舜，得君行道，实现儒家的理想。所以他们强烈渴望"一道德、同风俗"，但是在如何实现三代之治，如何改造社会风俗，实现儒家理想，宋代士大夫之间发生了激烈的争论，争论双方的代表人物就是王安石和司马光。争论在未分结果之时北宋灭亡，南宋继之而起，统治者自觉转向理学家的治国平天下主张。

士大夫阶层制定具有约束力的家训、族规、乡约，规范人们日常行为，试图建立理想的基层秩序。

宋代士大夫沿袭修身齐家的传统，制定家庭成员行为规范——家训。两宋著名的家训有吕祖谦的《阃范》，董正公的《续家训》，司马光的《家范》《居家杂仪》，袁采的《世范》，张时举的《弟子职女诫乡约家仪乡仪》，柳玢的《戒子拾遗》，孙奕的《示儿编》，真德秀的《真西山先生教子斋规》，陆游的《放翁家训》，朱熹的《朱子家礼》《朱子训子贴》，刘清之的《戒子通录》，叶梦得的《石林家训》，方昕的《集事诗鉴》，曹淇的《训儿录》等。宋代的家训和前代相比出现了新的特点：家法家规和国家有关家庭伦理的礼法相呼应，且具有明显的强制性。如司马光的《居家杂仪》要求"凡为家长，必谨守礼法，以御子弟及家众"，这是对家长笼统的要求，具体到婚姻就要遵守七出三不去原则，《家范》："按礼有七出，顾所以出之，用何事耳。若妻实犯礼而出之，乃义也。”真德秀的《教子斋规》说：“凡为人要识道理，识礼数。在家庭事父母，入书院事先生。并要恭敬顺从，遵依教诲。与之言则应，教之事而行，毋得怠慢，自任己意。”将礼法进一步和日常生活结合起来，作为日常行为规范。家训的强制性体现在禁止性规定和惩罚规定上，禁止性规定如《居家杂仪》：“凡为子为妇者，毋得蓄私财，俸禄及田宅所入，尽归之父母舅姑。当用，则请而用之。不敢私假，不敢私与。”惩罚性规定最典型的是包拯的遗训：“后世子孙仕宦。有犯赃者，不得放归本家，死不得葬大茔中。不从吾志，非吴子若孙也。”这些家训作为行为规范，直接约束家庭成员的行为。

宋代族谱的编订也发展到历史的新阶段，从符承宗撰《符彦卿家谱》、向瑊撰《向敏中家谱》到欧阳修撰《欧阳氏族谱》、苏洵撰《苏氏族谱》，逐渐确立了族谱的体例，此后族谱大量出现。编写族谱是要按照礼制的要求重新组建宗族组织，要“收宗族，厚风俗，使人不忘本”，所以要明宗族谱系，按照五服确定亲属关系，立宗子法，族长享有依照族规处理宗族事务的权力，同一宗族的成员遵守族规，服从族长。族规具有强制约束性，族长拥有管理和惩戒权，这就使族规具备了法律规范的性质。

从宋元时期婚姻争讼案件反映出来的法俗矛盾，宋元家庭纠纷和礼俗冲突、宋元丧葬习俗和法律的冲突梳理，可以看到诉讼中的法律与习惯、宋元时期礼、法、俗的冲突与融合过程。通过搜集整理了宋元时期近百个婚姻、家财和丧葬争讼案件，可见到各案中所涉及的法律、风俗及其冲突之处。通过清明集和元典章所记载的案件，我们对宋元时期相同类型的案例进行比较分析，总结发现这些同类案件在审理过程中的同与不同、变与不变。从相同和不变中概括中国传统法律的根本与传承过程，从变化中总结宋代司法传统的历史转型，阐明了宋代司法传统从“伦理—秩序”转向元代的“秩序—伦理”，从而形塑了元明清三代近八百年的社会纠纷解决模式。

法学界则将由风俗习惯长期演变而来的逐渐制度化的规则定义为“民间法”。民间法的学者们充分重视国家法律和民间风俗的紧张关系，他们在调查民间习俗、整理少数民族习惯方面做了大量的工作，且依据西方法社会学或法人类学理论提出一些解决具体问题的方案，但没有从中国历史中特别是社会变化剧烈的历史时期寻找事实和经验。本章是在二者基础上的一些新的探索，在宋元改朝换代之际，异族入主中原之时，司法面对社会变动有何变化，法律如何因应社会的变迁。其中最能体现民间风俗的就是婚姻、家财和田宅诉讼，事关人伦和身家姓命，小民和官府均投入巨大精力解决争讼，其中所蕴含的思想、经验和智慧值得深究。

整体看来，法律与风俗的融合有自上而下的以法变俗和自下而上的以礼化俗，前者又分为两种情况一是国家制定法律矫正风俗，以强力移风易俗，二是法律因时而变，吸纳民间通行的习惯和规范，前者以王安石变法为代表的，后者则以《元典章》为典型。自下而上的以礼化俗需要长时间艰苦的努力，需要士大夫的主导，坚持不懈按照儒家伦理原则重建宗族秩序。从敦亲睦族到亲仁乡党，逐渐将人际关系伦理化，南宋以降数百年，都是沿着这条道路进行的，这也最终形成了后来的乡土中国。

参考文献

一、著作类

[1]《十三经注疏》，中华书局1980年版。
[2]《道德经》，中华书局，新编诸子集成丛书2008年版。
[3]《商君书》，中华书局1986年版。
[4]《韩非子》，中华书局2008年版。
[5]《逸周书》，上海古籍出版社2007年版。
[6]《大元圣政国朝典章》，中国广播电视出版社影印元刊本1998年版。
[7]（汉）班固：《汉书》，中华书局2000年版。
[8]（清）毕沅：《续资治通鉴》，线装书局2009年版。
[9]（汉）蔡质：《汉官典职仪式选用》，王云伍主编《丛书集成初编》，商务印书馆1930年版。
[10]（宋）陈淳：《北溪大全集》，四库全书本2002年版。
[11]（宋）陈均：《皇朝编年纲目备要》，中华书局点校本2006年版。
[12]（宋）陈亮：《陈亮集》，中华书局1974年版。
[13]（宋）陈耆卿：《嘉定赤城志》，中华书局1990年版。
[14]（宋）陈师道：《后山谈丛》，中华书局2007年版。
[15]（宋）陈襄：《州县提纲》，四库全书本2005年版。
[16]（宋）陈元晋：《渔墅类稿》，商务印书馆1936年版。
[17]（明）程敏政辑撰，何庆善、于石点校：《新安文献志》，黄山书社2004年版。

[18]（宋）程颢、程颐：《二程遗书》，上海古籍出版社 2000 年版。
[19]（汉）董仲舒：《春秋繁露》，中华书局 2012 年版。
[20]（宋）窦仪：《宋刑统》，中华书局 1984 年版。
[21]（宋）范成大：《吴郡志》，江苏古籍出版社 1986 年版。
[22]（宋）范公偁：《过庭录》，中华书局 1986 年版。
[23]（南朝宋）范晔：《后汉书》，中华书局 1965 年版。
[24]（宋）方勺：《泊宅编》，中华书局 2012 年版。
[25]（唐）房玄龄：《晋书》，中华书局 1974 年版。
[26]（唐）房玄龄：《唐律疏议》，中华书局 1998 年版。
[27]（宋）高斯得：《耻堂存稿》，丛书集成本 1995 年版。
[28]（宋）龚明之：《中吴纪闻》，上海古籍出版社 2012 年版。
[29]（宋）桂万荣：《棠荫比事》，上海古籍出版社 1986 年版。
[30]（宋）洪迈：《容斋随笔》，岳麓书社 1994 年版。
[31]（宋）洪迈：《夷坚志》，中华书局 1981 年版。
[32]（宋）胡榘修编纂：《宝庆四明志》，《宋元方志丛刊》，中华书局 1990 年版。
[33]（宋）胡太初：《昼帘绪论》，四库全书本，上海古籍出版社 1987 年版。
[34]（宋）胡寅：《斐然集》，中华书局 1993 年版。
[35]（宋）黄干：《勉斋集》，四库全书本 1992 年版。
[36]（清）黄以周：《续资治通鉴长编拾补》，中华书局 2004 年版。
[37]（明）黄宗羲：《宋元学案》，浙江古籍出版社 1992 年版。
[38]（宋）江少虞：《宋朝事实类苑》，上海古籍出版社 1981 年版。
[39]（元）孔齐：《至正杂记》，四库全书本 2000 年版。
[40]（唐）李淳风：《乙巳占》，丛书集成初编本 2003 年版。
[41]（宋）李昉：《太平御览》，中华书局 1960 年版。
[42]（宋）李觏：《李觏集》，中华书局 2011 年版。
[43]（唐）李林甫：《唐六典》，中华书局 1999 年版。
[44]（宋）李焘：《续资治通鉴长编》，中华书局 2004 年版。
[45]（宋）李心传：《建炎以来系年要录》，中华书局 1956 年版。
[46]（唐）李延寿：《北史》，中华书局 2003 年版。

[47](宋)李元弼:《作邑自箴》,民国涵芬楼影印本1989年版。
[48](宋)林表民编:《赤城集》卷八,影印文渊阁四库全书本1979年版。
[49](宋)刘清之:《戒子通录》,四库全书本1987年版。
[50](后晋)刘昫:《旧唐书》,中华书局1975年版。
[51](宋)刘爚:《云庄集》,四库全书本1990年版。
[52](宋)刘宰:《漫塘文集》,线装书局2004年版。
[53](宋)楼钥:《攻媿集》,四部全书本1985年版。
[54](清)陆心源:《宋史翼》,中华书局1991年版。
[55](宋)陆游:《老学庵笔记》,中华书局1979年版。
[56](宋)陆游:《家世旧闻》,中华书局1993年版。
[57](宋)罗大经:《鹤林玉露》,中华书局1983年版。
[58](宋)罗浚、方万里:《宝庆四明志》,中华书局1990年版。
[59](宋)吕希哲:《吕氏杂记》,永乐大典本1982年版。
[60](宋)吕祖谦:《东莱集》,四部全书本1981年版。
[61](宋)吕祖谦:《宋文鉴》,上海古籍出版社1994年版。
[62](宋)吕祖谦:《童蒙训》,商务印书馆1937年版。
[63](元)马端临:《文献通考》,浙江古籍出版社1999年版。
[64](宋)欧阳修:《欧阳修集》,中华书局2001年版。
[65](清)潘永因:《宋稗类钞》,书目文献出版社1985年版。
[66](南朝宋)裴骃:《史记集解》,中华书局2012年版。
[67](宋)潜说友:《咸淳临安志》,中华书局1990年版。
[68](明)邱浚:《大学衍义补》,林冠群等点校,京华出版社1999年版。
[69](唐)瞿昙悉达:《开元占经》,中国书店出版社1989年版。
[70](宋)邵伯温:《邵氏闻见录》,中华书局1983年版。
[71](清)沈家本:《历代刑法考》,中华书局1985年版。
[72](南朝)沈约:《宋书》,中华书局1974年版。
[73](宋)沈作喆:《寓简》,知不足斋本1972年版。
[74](宋)司马光:《涑水记闻》,中华书局1989年版。
[75](宋)司马光:《温公家范》,天津古籍出版社1995年版。

[76]（宋）司马光：《资治通鉴》，岳麓书社2009年版。
[77]（宋）司马光：《传家集》，上海古籍出版社1987年版。
[78]（汉）司马迁：《史记》，中华书局1982年版。
[79]司义祖编：《宋大诏令集》，中华书局1962年版。
[80]（宋）宋慈：《洗冤集录》，上海古籍出版社2008年版。
[81]（宋）宋敏求编：《唐大诏令集》，学林出版社1992年版。
[82]（宋）苏轼《苏轼文集》，中华书局点校本1990年版。
[83]（宋）苏颂：《苏魏公文集》，中华书局点校本1988年版。
[84]（宋）苏洵：《嘉佑集》，上海古籍出版社1993年版。
[85]（宋）田况：《儒林公议》，商务印书馆1937年版。
[86]田涛、郑秦点校：《大清律例》，法律出版社1999年版。
[87]（元）脱脱：《宋史》，中华书局1977年版。
[88]（元）脱脱：《辽史》，中华书局1977年版。
[89]（元）脱脱：《金史》，中华书局1977年版。
[90]（宋）叶梦得：《石林燕语》，中华书局1984年版。
[91]（宋）叶适：《叶适集》，中华书局1961年版。
[92]佚名：《名公书判清明集》，中华书局1987年版。
[93]（宋）袁采：《袁氏世范》，天津古籍出版社1995年版。
[94]（宋）岳珂：《金佗粹编》，中华书局1988年版。
[95]（宋）王安石：《尚书新义》，国立编译馆1983年版。
[96]（宋）王得臣：《麈史》，上海古籍出版社1986年版。
[97]（清）王夫之：《读通鉴论》，中华书局1975年版。
[98]（宋）王巩：《甲申杂记》，知不足斋丛书1996年版。
[99]（明）王淮、杨士奇：《历代名臣奏议》，上海古籍出版社1989年版。
[100]（宋）王君玉：《国老谈苑》，丛书集成初编本1988年版。
[101]（宋）王明清：《挥麈后录》，中华书局1961年版。
[102]（宋）王溥：《唐会要》，上海古籍出版社2012年版。
[103]（明）王世贞：《皇明异典述》，明世经堂刻本1981年版。
[104]（宋）王炎：《双溪文集》，四库全书本1982年版。

[105]（宋）王应麟：《玉海》，四库全书本 1983 年版。
[106]（宋）王栐：《燕翼诒谋录》，中华书局 2007 年版。
[107]（宋）魏了翁：《鹤山集》，四库全书本 1992 年版。
[108]（宋）魏泰：《东轩笔录》，中华书局 2013 年版。
[109]（北齐）魏收：《魏书》，中华书局 1974 年版。
[110]（唐）魏征：《隋书》，中华书局 1971 年版。
[111]（宋）吴曾：《能改斋漫录》，上海古籍出版社 1984 年版。
[112]（宋）吴自牧：《梦粱录》，三秦出版社 2004 年版。
[113]（宋）徐梦梓：《三朝北盟会编》，上海古籍出版社 1987 年版。
[114]（宋）谢深甫：《庆元条法事类》，黑龙江人民出版社 2002 年版。
[115]（清）徐松：《宋会要辑稿》，中华书局 1957 年版。
[116]（清）严可均编：《全隋文》，商务印书馆 1999 年版。
[117]（宋）颜元：《颜元集》，中华书局 1987 年版。
[118]（唐）杨倞注：《荀子》，影印文渊阁四库本 1970 年版。
[119]（明）杨慎：《升庵全集》，商务印书馆 1937 年版。
[120]（明）杨仲良：《皇宋通鉴长编纪事本末》，黑龙江人民出版社 1999 年版。
[121]（隋）姚思廉：《梁书》，中华书局 1973 年版。
[122]（宋）虞俦：《尊白堂集》，艺文印书馆 1959 年版。
[123]（宋）喻良能：《香山集》，上海古籍出版社 2011 年版。
[124]（金）元好问编：《中州集》，中华书局 1959 年版。
[125]（元）张光祖：《言行龟鉴》，浙江出版集团 2013 年版。
[126]（清）张廷玉《明史》，中华书局 1974 年版。
[127]（宋）张载：《张载集》，中华书局 1978 年版。
[128]（宋）曾巩：《曾巩集》，中华书局 1984 年版。
[129]曾枣庄编：《全宋文》，上海辞书出版社、安徽教育出版社 2006 年版。
[130]（清）赵尔巽：《清史稿》，中华书局 1977 年版。
[131]（宋）赵汝愚：《宋朝名臣奏议》，上海古籍出版社 1999 年版。
[132]（清）赵舒翘：《提牢备考》，法律出版社 1997 年版。
[133]（清）赵翼：《二十二史札记》，中华书局 1984 年版。

[134](宋)黄岩孙:《仙溪志》,载《宋元方志丛刊》四,中华书局 1990 年版。
[135](宋)真德秀:《西山文集》,四库全书本 1980 年版。
[136](宋)郑瑶、方仁荣:《景定严州志》,中华书局 1990 年版。
[137](宋)郑克:《折狱龟鉴》,中国刑警学院出版社 1985 年版。
[138](宋)周淙:《乾道临安志》,中华书局 1990 年版。
[139](宋)周密:《癸辛杂识》,中华书局 1988 年版。
[140](宋)周密:《武林旧事》,齐鲁书社 1996 年版。
[141](宋)周应合:《景定建康志》,中华书局 1990 年版。
[142](宋)庄绰:《鸡肋编》,中华书局 1983 年版。
[143](宋)朱熹、吕祖谦:《近思录》,四库全书本 1981 年版。
[144](宋)朱熹:《朱子家礼》,四库全书本 1982 年版。
[145](宋)朱熹:《朱文公文集》,上海书店出版社 1989 年版。
[146](宋)朱熹、李幼武:《宋名臣言行录》,江苏广陵古籍刻印社 1987 年版。
[147](宋)朱熹:《晦庵集》,上海古籍出版社、安徽教育出版社 2002 年版。
[148](宋)庄绰:《鸡肋编》,中华书局 1983 年版。
[149]曹家齐:《宋代交通管理制度研究》,河南大学出版社 2002 年版。
[150]陈会林:《地缘社会纠纷解决机制研究——以中国明清两代为中心》所作序言,中国政法大学出版社 2009 年版。
[151]陈顾远:《中国法制史概要》,商务印书馆 1959 年版。
[152]陈戍国:《中国礼制史·宋辽金夏卷》,湖南教育出版社 2002 年版。
[153]陈寅恪:《隋唐制度渊源略论稿》,上海三联书店 2001 年版。
[154]戴建国:《唐宋变革时期的法律与社会》,上海古籍出版社 2010 年版。
[155]戴建国:《宋代刑法史研究》,上海古籍出版社 2008 年版。
[156]杜奉胜:《中国历史发展理论——比较马克思和韦伯的中国论》,台湾正中书局 1997 年版。
[157]范忠信:《中国法律传统的基本精神》,山东人民出版社 2001 年版。
[158]费孝通:《乡土中国 生育制度》,北京大学出版社 1998 年版。
[159]冯友兰:《中国哲学史》,北京大学出版社 2013 年版。
[160]甘怀真:《皇权、礼仪与经典诠释:中国古代政治史研究》,华东师范大学

出版社 2008 年版。
[161]葛兆光:《中国思想史》(两卷本),复旦大学出版社 2001 年版。
[162]顾元:《衡平司法与中国传统法律秩序——兼与英国衡平法相比较》,中国政法大学出版社 2006 年版。
[163]郭东旭:《宋代法制研究》,河北大学出版社 2000 年版。
[164]郭明:《中国监狱学史纲》,中国方正出版社 2005 年版。
[165]郭明:《学术转型与话语重构——走向监狱学研究的新视域》,中国方正出版社 2003 年版。
[166]郝铁川:《中华法系研究》,复旦大学出版社 1997 年版。
[167]何勤华、魏琼编:《董康法学文集》,中国政法大学出版社 2005 年版。
[168]黄宽重:《宋代的家族与社会》,东大图书股份有限公司 2006 年版。
[169]黄留珠:《秦汉仕进制度》,西北大学出版社 1985 年版。
[170]黄时鉴辑点:《元代法律资料辑存》,浙江古籍出版社 1988 年版。
[171]江晓原:《星占学与传统文化》,广西师范大学出版社 2004 年版。
[172]雷海宗:《中国通史选读》,北京大学出版社 2006 年版。
[173]李华瑞:《王安石变法研究史》,人民出版社 2004 年版。
[174]李甲孚:《中国监狱法制史》,台湾"商务印书馆"1984 年版。
[175]李晓航:《洗冤录——宋五案传奇》,陕西人民出版社 2010 年版。
[176]李之亮:《宋代郡守通考》,巴蜀书社 2001 年版。
[177]李之亮:《宋代京朝官通考》,巴蜀书社 2003 年版。
[178]李之亮:《宋代路分长官通考》,巴蜀书社 2003 年版。
[179]梁方仲:《中国历代户口、田地、田赋统计》,中华书局 2008 年版。
[180]梁漱溟:《梁漱溟全集》,山东人民出版社 1990 年版。
[181]林端:《韦伯论中国传统法律》,台湾三民书局 2003 年版。
[182]林文勋、谷更有:《唐宋乡村社会力量与基层社会控制》,云南大学出版社 2005 年版。
[183]林正秋:《南宋都城临安》,西泠印社 1986 年版。
[184]柳立言:《宋代的家庭和法律》,上海古籍出版社 2008 年版。
[185]柳立言:《宋代的宗教、身份与司法》,中华书局 2012 年版。

[186]刘馨珺：《明镜高悬——南宋县衙的狱讼》，北京大学出版社 2007 年版。
[187]刘泽华：《士人与社会》，天津人民出版社 1992 年版。
[188]刘子健：《中国转向内在——两宋之际的文化内向》，赵冬梅译，江苏人民出版社 2002 年版。
[189]罗家祥：《朋党之争与北宋政治》，华中师范大学出版社 2002 年版。
[190]吕志兴：《宋代法制特点研究》，四川大学出版社 2001 年版。
[191]那思陆：《清代州县衙门审判制度》，中国政法大学出版社 2004 年版。
[192]倪正茂主编：《法史思辨：二〇〇二年法史年会论文集》，法律出版社 2002 年版。
[193]漆侠：《中国经济通史·宋代经济卷》，经济日报出版社 1991 年版。
[194]秦晖：《传统十论》，复旦大学出版社 2004 年版。
[195]卿希泰主编：《中国道教史》，四川人民出版社 1996 年版。
[196]瞿同祖：《中国法律与中国社会》，商务印书馆 2010 年版。
[197]沈家本：《历代刑法考》，中华书局 1985 年版。
[198]孙雄：《监狱学》，商务印书馆 2011 年版。
[199]陶晋生：《北宋士族：家族·婚姻·生活》，中央研究院历史语言研究所 2001 年版。
[200]陶希圣：《清代州县衙门刑事审判制度与程序》，台湾食货出版社 1972 年版。
[201]萧公权：《中国政治思想史》，辽宁教育出版社 1998 年版。
[202]辛鸣：《制度论——关于制度哲学的理论建构》，人民出版社 2005 年版。
[203]徐道隣：《中国法制史论集》，台湾志文出版社 1976 年版。
[204]徐吉军：《中国风俗通史·宋代卷》，上海文艺出版社 2001 年版。
[205]徐茂明：《江南士绅与江南社会(1368—1911 年)》，商务印书馆 2004 年版。
[206]徐少锦、陈延斌：《中国家训史》，陕西人民出版社 2003 年版。
[207]徐忠明：《案例、故事与明清时期的司法文化》，法律出版社 2006 年版。
[208]薛梅卿等主编：《中国监狱史》，群众出版社 1986 年版。
[209]薛梅卿、赵晓耕主编：《两宋法制通论》，法律出版社 2002 年版。
[210]薛梅卿：《宋刑统研究》，法律出版社 1997 年版。

[211]薛晓源、陈家刚主编：《全球化与新制度主义》，社会科学文献出版社 2004 年版。
[212]杨鸿烈：《中国法律发达史》，商务印书馆 1930 年版。
[213]余英时：《士与中国文化》，上海人民出版社 1997 年版。
[214]余英时：《朱熹的历史世界——宋代士大夫政治文化的研究》，生活·读书·新知三联书店 2004 年版。
[215]王善军：《宋代宗族和宗族制度研究》，河北教育出版社 2000 年版。
[216]王星贤、黎靖德：《朱子语类》，中华书局 1986 年版。
[217]王云海主编：《宋代司法制度》，河南大学出版社 1992 年版。
[218]王志亮主编：《中国监狱史》，广西师范大学出版社 2009 年版。
[219]魏殿金：《宋代刑罚制度研究》，齐鲁书社 2009 年版。
[220]吴晗、费孝通等著：《皇权与绅权》，天津人民出版社 1988 年版。
[221]张晋藩：《中国法制通史》，法律出版社 1999 年版。
[222]张希清等：《宋朝典章制度》，吉林文史出版社 2001 年版。
[223]张荫麟：《北宋四子之生活与思想》，《儒家思想新论》，台北正中出版社 1958 年版。
[224]郑秦：《清代司法制度研究》，湖南教育出版社 1988 年版。
[225]郑寿彭：《宋代开封府研究》，国立编译馆中华丛书编审委员会 1980 年版。
[226]周宝珠：《北宋开封府研究》，河南大学出版社 1992 年版。
[227]周密：《宋代刑法史》，法律出版社 2002 年版。
[228]朱瑞熙等：《宋辽西夏金社会生活史》，中国社会科学出版社 1998 年版。
[229][美]约翰·N. 德勒巴克等编：《新制度经济学前沿》，张宇燕译，经济科学出版社 2003 年版。
[230][美]马伯良：《宋代的法律与秩序》，杨昂、胡雯姬译，中国政法大学出版社 2010 年版。
[231][法]米歇尔·福柯：《规训与惩罚》，刘北成、杨远缨译，生活·读书·新知三联书店 1999 年版。
[232][法]勒内·达维德：《当代主要法律体系》，漆竹生译，上海译文出版社 1984 年版。

[233][美]杜赞奇:《文化、权力与国家》,王福明译,江苏人民出版社 2003 年版。
[234][美]贾志扬:《宋代科举》,东大图书股份有限公司 1995 年版。
[235][美]伯尔曼:《法律与宗教》,梁治平译,中国政法大学出版社 2003 年版。
[236][美]张仲礼:《中国绅士》,李荣昌译,上海社会科学出版社 1991 年版。
[237][美]E·博登海默:《法理学:法律哲学与法律方法》,邓正来译,中国政法大学出版社 1999 年版。
[238]涂尔干:《社会分工论》,三联书店 2012 年版。
[239]涂尔干:《自杀论》,商务印书馆 2008 年版。
[240][德]马克斯·韦伯:《儒教与道教》,洪天富译,江苏人民出版社 1993 年版。
[241][德]马克斯·韦伯:《支配的类型》,简乐、康惠美译,广西师范大学出版社 2004 年版。
[242][美]约翰·N. 德勒巴克等编:《新制度经济学前沿》,张宇燕译,经济科学出版社 2003 年版。
[243][荷]冯客著:《近代中国的犯罪、惩罚和监狱(1895—1949)》,江苏人民出版社 2008 年版。
[244][日]仁井田陞:《唐令拾遗》,东京大学出版社 1933 年版。
[245][日]宫崎市定:《宋元时代的法制与裁判机构——〈元典章〉成立的时代背景和社会背景》,载《中国法制史考证》,中国社会科学出版社 2003 年版。
[246][日]石川重雄:《宋代的狱空政策》,《唐宋法律史论集》,上海辞书出版社 2007 年版。
[247][日]滋贺秀三:《清代州县衙门诉讼的若干研究心得——以淡新档案为史料》,载刘俊文编:《日本学者研究中国史论著选译(八)》,中华书局 1993 年版。

二、论文类

[1]陈景良:《讼学、讼师与士大夫:宋代司法传统的转型及其意义》,载《河南省政法管理干部学院学报》2002 年第 1 期。

[2]陈景良：《宋代“法官”、“司法”和“法理”考略——兼论宋代司法传统及其历史转型》，载《法商研究》2006年第1期。

[3]陈景良：《文学法理、咸精其能——试论两宋士大夫的法律素养》(上、下)，载《南京大学法律评论》1996年秋季号、1997年春季号。

[4]陈景良：《试论宋代士大夫司法活动中的德性原则与审判艺术——中国传统法律文化研究之二》，载《法学》1997年第6期。

[5]陈景良：《试论宋代士大夫的法律观念》，载《法学研究》1996年第6期。

[6]陈景良：《反思法律史研究中的“类型学”方法——中国法律史研究的另一种思路》，载《法商研究》2004年第5期。

[7]陈晓枫、柳正权：《中国法制史研究世纪回眸》，载《法学评论》2001年第2期。

[8]陈寅恪：《冯友兰中国哲学史下册审查报告》，载《金明馆丛稿二编》，上海古籍出版社1980年版

[9]程民生：《论士大夫政治对皇权的限制》，载《河南大学学报》(社会科学版)1999年第3期。

[10]戴建国：《熙丰诏狱述论》，载《上海师范大学学报》2013年第1期。

[11]刁培俊：《宋代乡村精英与社会控制》，载《社会科学辑刊》2004年第2期。

[12]邓建鹏：《中国法律史研究思路新探》，载《法商研究》2008年第1期。

[13]范愉：《诉讼社会与无讼社会的辨析和启示——纠纷解决机制中的国家与社会》，载《法学家》2013年第1期。

[14]方潇：《灾异境遇：中国古代法律应对机制及其当代意蕴》，载《政治与法律》2004年第3期。

[15]方潇：《古代中国天学视野下的天命与价值革命》，载《法制与社会发展》2005年第6期。

[16]方潇：《法律如何则天：星占学视域下的法律模拟分析》，载《中外法学》2011年第4期。

[17]高鸿钧：《无话可说与有话可说之间——评张伟仁先生的〈中国传统的司法和法学〉》，载《政法论坛》2006年第5期。

[18]郭学信：《“以儒立国”与北宋士大夫的精神风貌》，载《山东师范大学学报》

(人文社会科学版)2001年第6期。
[19]郭学信:《士与官僚的合流——宋代士大夫文官政治的确立》,载《安徽师范大学学报》(人文社会科学版)2005年第5期。
[20]何忠礼:《略论宋代士大夫的法律观念》,载《浙江学刊》1996年第1期。
[21]贺卫方:《中国古代司法的三大传统及其对当代的影响》,载《河南政法管理干部学院学报》2005年第3期。
[22]贺卫方:《中国古代司法判决的风格与精神——以宋代判决为基本依据兼与英国比较》,载《中国社会科学》1990年第6期。
[23]贺卫方:《中国司法传统的再解释》,载《南京大学法律评论》2000年秋季号。
[24]黄宽重:《从中央与地方关系互动看宋代基层社会演变》,载《历史研究》2005年第4期。
[25]季怀银:《宋代清理"留狱"活动述论》,载《中州学刊》1990年第3期。
[26]贾玉英:《特别路区——宋代开封府界制度考》,载《中国史研究》2009年第1期。
[27]蒋大椿:《当代中国史学思潮与马克思主义历史观的发展》,载《历史研究》2001年第4期。
[28]金滢坤:《论唐五代宋元的社条与乡约(二)——以吕氏乡约、龙祠乡社义约为中心》,载《敦煌研究》2008年第1期。
[29]李交发:《中国传统诉讼文化轻重之辨》,载《求索》2001年第5期。
[30]李治安:《宋元明清基层社会秩序的新建构》,载《南开学报》(哲学社会科学版)2008年第3期。
[31]刘复生:《宋朝"火运"论略——兼谈"五德转移"政治学说的终结》,载《历史研究》1997年第3期。
[32]刘广安:《中国法史学基础问题反思》,载《政法论坛》2006年第24卷第1期。
[33]梁治平:《法律史的视界:方法、旨趣与范式》,载《中国文化》十九、二十期。
[34]柳立言:《南宋的民事裁判:同案同判还是异判》,载《中国社会科学》2012

年第8期。

[35]刘浦江：《“五德终始”说之终结——兼论宋代以降传统政治文化的嬗变》，载《中国社会科学》2006年第2期。

[36]刘欣：《宋代“家礼”——文化整合的一个范式》，载《河南理工大学学报》(社会科学版)2006年第4期。

[37]刁培俊、张国勇：《宋代国家权力渗透乡村的努力》，载《江苏社会科学》2005年第4期。

[38]尤陈俊：《新“法律史”如何可能——美国的中国法律史研究新动向及其启示》，载《开放时代》2008年第6期。

[39]马小红：《“确定性”与中国古代法》，载《政法论坛》2009年第1期。

[40]马作武：《古代息讼之术探讨》，载《武汉大学学报(哲学社会科学版)》1998年第2期。

[41]马作武：《“录囚”“虑囚”考异》，载《法学评论》1995年第4期。

[42]苗书梅：《宋代县级公吏制度初论》，载《文史哲》2003年第1期。

[43]苗书梅：《宋代州级公吏制度研究》，载《河南大学学报》(社会科学版)2004年第4期。

[44]苗书梅：《宋代知州及其职能》，载《史学月刊》1998年第6期。

[45]苗书梅：《宋代州级属官体制初探》，载《中国史研究》2002年第3期。

[46]齐文心：《殷代的奴隶监狱和奴隶暴动》，载《中国史研究》1979年第1期。

[47]任志安：《无讼：传统中国法律文化的价值取向》，载《政治与法律》2001年第1期。

[48]史广全、于逸生：《对传统无讼立法的考察与反思》，载《北方法学》2010年第5期。

[49]宋杰：《汉代牢狱的管理制度》，载《秦汉研究》2011年第五辑。

[50]苏亦工：《法律史学研究方法问题商榷》，载《北方工业大学学报》1997年第4期。

[51]孙国栋：《唐末宋初之际社会门第之消融》，载《新亚学报》1995年第4期。

[52]万安中：《中国古代监狱管理制度的研究及其特征》，载《广东社会科学》2000年第5期。

[53]王国维:《论今年之学术界》,载《王国维遗书》之《静安文集》。
[54]王善军:《宋代的宗族祭祀和祖先崇拜》,载《世界宗教研究》1999 年第 3 期。
[55]王慎荣:《〈元史〉诸志与〈经世大典〉》,载《社会科学辑刊》1990 年第 2 期。
[56]王艳:《宋代的章服赏赐》,载《史学月刊》2012 年第 5 期。
[57]王志强:《〈名公书判清明集〉法律思想初探》,载《法学研究》1997 年第 5 期。
[58]王志强:《中国法律史叙事中的"判例"》,载《中国社会科学》2010 年第 5 期。
[59]薛梅卿:《我国监狱及狱制探源》,载《法学研究》1995 年第 4 期。
[60]严音莉:《"天人合一"理念下的无讼与和解思想及其影响》,载《政治与法律》2008 年第 6 期。
[61]杨建宏:《〈吕氏乡约〉与宋代民间控制》,载《湖南师范大学社会科学学报》2005 年第 5 期。
[62]杨建宏:《论宋代民间丧葬、祭祀礼仪与基层社会控制》,载《长沙大学学报》2006 年第 7 期。
[63]杨建宏:《论宋代家训家范与民间社会控制》,载《船山学刊》2005 年第 1 期。
[64]余蔚:《宋代的节度、防御、团练、刺史州》,载《中国历史地理论丛》第 17 卷第 1 辑,2002 年 3 月刊。
[65]于游:《解读中国传统法律文化中的无讼思想》,载《法律文化研究》2009 年第 1 期。
[66]于语和:《试论"无讼"法律传统产生的历史根源和消极影响》,载《法学家》2000 年第 1 期。
[67]于语和:《〈周易〉"无讼"思想及其历史影响》,载《政法论坛》1999 年第 3 期。
[68]于语和:《试论"无讼"法律传统产生的历史根源和消极影响》,载《法学家》2000 年第 1 期。
[69]张凤仙:《试析宋代的"狱空"》,载《河北大学学报》1993 年第 3 期。

[70]张利：《宋代"名公"司法审判精神探析——以〈名公书判清明集〉为主要依据》，载《河北法学》2006年第10期。

[71]张其凡：《"皇帝与士大夫共治天下"试析》，载《暨南学报》(哲学社会科学版)2001年第6期。

[72]张伟仁：《中国传统的司法和法学》，载《现代法学》2006年第5期。

[73]张伟仁：《清代法学教育》(上、下)，载《台大法学论丛》十八卷第一期、二期。

[74]张兆凯：《先秦秦汉时期监狱制度绪论》，载《文史博览·理论》2006年第11期。

[75]张正印：《宋代司法中的"官弱吏强"现象及其影响》，载《法学评论》2007年第5期。

[76]赵瑶丹：《宋代户籍制度和人口数问题研究综述》，载《中国史研究动态》2001年第1期。

[77]郑萍：《村落视野中的大传统与小传统》，载《读书》2005年第7期。

[78]周扬波：《宋代乡约的推行状况》，载《浙江大学学报》2005年第5期。

[79]祖慧：《论宋代胥吏的作用及影响》，载《学术月刊》2002年第2期。

三、硕博学位论文

[1]陈刚：《南宋江南士大夫与江南法律秩序的构建》，中南财经政法大学2009年博士学位论文。

[2]陈洁：《宋代监狱制度探析》，西南政法大学2010年硕士学位论文。

[3]陈亚敏：《宋朝狱空现象研究》，郑州大学2011年硕士学位论文。

[4]李娟：《〈汉书〉司法语义场研究》，四川大学2006年博士学位论文。

[5]李小美：《宋代狱政管理制度及其实施研究》，山东大学2011年硕士学位论文。

[6]李游：《从无讼到恢复性司法》，中国政法大学2006年博士学位论文。

[7]刘伟：《宋代牢城研究》，河北大学2010年硕士学位论文。

[8]杨建宏：《宋代礼制与基层社会控制》，四川大学2006年博士学位论文。

[9]张立进：《政治学视域的制度文明研究》，中国社会科学院研究生院2012年

博士学位论文。

[10]张敏：《从法治层面谈宋代双层统治格局的构建》，湖南师范大学 2006 年硕士学位论文。

[11]张正印：《宋代狱讼胥吏研究》，中南财经政法大学 2008 年博士学位论文。

[12]周鑫：《儒士新地方性格的成长：以元代江西抚州儒士为中心》，南开大学 2007 年博士学位论文。